Exilforschung · Ein internationales Jahrbuch · Band 11

EXILFORSCHUNG

EIN INTERNATIONALES JAHRBUCH

Band 11
1993
FRAUEN UND EXIL
Zwischen Anpassung und
Selbstbehauptung

Herausgegeben im Auftrag der
Gesellschaft für Exilforschung / Society for Exile Studies
von Claus-Dieter Krohn, Erwin Rotermund,
Lutz Winckler und Wulf Koepke
unter Mitarbeit von Inge Stephan

edition text + kritik

Anschriften der Redaktion:

Prof. Dr. Erwin Rotermund
Fachbereich 13
Johannes Gutenberg-Universität Mainz
Welderweg 18
55128 Mainz

Prof. Dr. Lutz Winckler
Vogelsangstraße 26
72131 Ofterdingen

Die Deutsche Bibliothek – CIP-Einheitsaufnahme

Frauen und Exil : zwischen Anpassung und Selbstbehauptung / hrsg. im Auftr. der Gesellschaft für Exilforschung von Claus-Dieter Krohn ... unter Mitarb. von Inge Stephan. – München : edition text + kritik, 1993
  (Exilforschung ; Bd. 11)
  ISBN 3-88377-446-4
NE: Krohn, Claus-Dieter [Hrsg.]; GT

Satz: offizin p + p ebermannstadt
Druck: Weber Offset GmbH, München
Buchbinder: Buggermann & Wappes GmbH & Co KG, München
Umschlagentwurf: Dieter Vollendorf, München
© edition text + kritik GmbH, München 1993
ISBN 3-88377-446-4

Inhalt

Vorwort 7

In memoriam
Barbara Lube 11

Heike Klapdor — Überlebensstrategie statt Lebensentwurf.
Frauen in der Emigration 12

Sonja Hilzinger — »Ich hatte nur zu schweigen«.
Strategien des Bewältigens und des Verdrängens der Erfahrung Exil in der Sowjetunion am Beispiel autobiographischer Texte 31

Gabriele Mittag — Erinnern, Schreiben, Überliefern.
Über autobiographisches Schreiben deutscher und deutsch-jüdischer Frauen 53

*

Irmela von der Lühe — Geschwister im Exil: Erika und Klaus Mann 68

Lutz Winckler — Louise Straus-Ernst: *Zauberkreis Paris*. Erfahrung und Mythos der »großen Stadt« 88

Eva-Maria Siegel — Zeitgeschichte, Alltag, Kolportage oder Über den »Bourgeois in des Menschen Seele«. Zum Exilwerk Hermynia Zur Mühlens 106

Anne Stürzer — »Schreiben tue ich jetzt nichts... keine Zeit«. Zum Beispiel: Die Dramatikerinnen Christa Winsloe und Hilde Rubinstein im Exil 127

Ruth Dinesen — Exil als Metapher. Nelly Sachs: *Flucht und Verwandlung* (1959) 143

Laureen Nussbaum / Uwe Meyer — Grete Weil: unbequem, zum Denken zwingend 156

Dirk Krüger	»Vater, du mußt mir zuerst etwas erklären. Was bedeutet staatenlos? Wie kommt es, daß jemand staatenlos ist?« Kinder- und Jugendliteratur im Exil – Erinnerungen an die deutsch-jüdische Autorin Ruth Rewald	171

*

Gabriele Hofner-Kulenkamp	Versprengte Europäerinnen. Deutschsprachige Kunsthistorikerinnen im Exil	190
Christhard Hoffmann	Zerstörte Geschichte. Zum Werk der jüdischen Historikerin Selma Stern	203
Beate Schmeichel-Falkenberg	Aufforderung zum Überleben. Lotte Goslar und das Exil	216
Dorothea Dornhof	»Nur nicht stillschweigen müssen zu den Verbrechen seines Landes«. Gespräch mit Lisa Fittko, Chicago, 14. Dezember 1992	229

*

Sabine Rohlf / Susanne Rockenbach	Auswahlbibliographie »Frauen und Exil«	239

Kurzbiographien der Autorinnen und Autoren   278

Vorwort

Die Erforschung des weiblichen Exils hat erst spät eingesetzt. Impulse gingen von der feministischen Literaturwissenschaft, aber auch von anderen Fachdisziplinen, den Kunst-, Geschichts- und Sozialwissenschaften etwa, aus. Der vorliegende Band widmet sich vorrangig literarischen und autobiographischen Aspekten des weiblichen Exils; kunst- und geschichtswissenschaftliche Beiträge sollen aber den Blick auf andere Bereiche und Themen ausweiten. Historisch-philologische Interessen an der Rekonstruktion von Lebensläufen, Texten und individueller Werkgeschichte berühren sich dabei mit explizit feministischen Fragestellungen nach den spezifischen Überlebensmustern von Frauen im Exil.

Der Einleitungsbeitrag von Heike Klapdor formuliert eine Reihe von Fragen und diskutiert methodische Alternativen ihrer Beantwortung, die in den nachfolgenden Beiträgen eine Rolle spielen: es geht um die konkreten Lebensbedingungen von Frauen im Exil und die geschlechtsspezifischen Muster ihrer Verarbeitung in Autobiographik, Kunst und Wissenschaft. Unterschiede in der Interpretation weiblicher Lebensgeschichte lassen sich zurückführen auf zwei grundverschiedene Haltungen in den zeitgenössischen Texten selbst: der Tendenz zur Verklärung der geschichtslosen Rolle der Mutter und Helferin stehen Versuche einer pragmatischen Verteidigung weiblicher Emanzipation gegenüber. ›Überlebensstrategie statt Lebensentwurf‹ – diese Formel enthält den Vorschlag, das Exil der Frauen nicht fundamentalistisch in weiblichen ›Wesensmerkmalen‹ auszudeuten, sondern als historischen Vorgang zu beschreiben, der der Rettung erworbener und das heißt sozialer Identität galt. In diesem Zusammenhang wird der Hinweis auf das Schicksal jener Frauen bedeutsam, die im Exil – unter großen Schwierigkeiten – ihren künstlerischen und beruflichen Weg fortgesetzt haben. Von ihnen handeln die Beiträge des vorliegenden Bandes.

*

Wie schwer sich die weibliche Autobiographie mit der Aufarbeitung von fundamentalistischen Leitbildern tut, zu denen neben den Geschlechterrollen auch politische Überzeugungen und Doktrinen gehören, zeigen die Beiträge von Sonja Hilzinger und Gabriele Mittag. Die Analyse von Lebenserinnerungen und autobiographischer Fiktion deutscher Emigrantinnen in der Sowjetunion – Waltraut Nicolas, Trude Richter, Hedda Zinner – zeigt das Ausmaß politischer und privater Verdrängung bei überzeugten Sozialistinnen. Sonja Hilzinger stellt fest, daß die Lagererfahrungen der Autorinnen, der

Verlust der Lebensgefährten nur in Ausnahmefällen zu einer grundsätzlichen Kritik am politischen Ideal geführt haben, die Auseinandersetzung sich vielmehr auf eine Ebene verschiebt, auf der die Lebenstragödie ästhetisierend als sinnvoll ausdeutbar wird. Im Beitrag Gabriele Mittags über die Lebenserinnerungen Susanne Bachs, Eva Buschs, Elsbeth Weichmanns, Martha Feuchtwangers geht es nicht um politisch-weltanschauliche, sondern um geschlechtsspezifische Einsichten und Blockierungen. Positiv wird an diesen Lebensgeschichten von Frauen der Blick auf die weiblichen Aspekte von Exil, Internierung und Flucht vermerkt. Die Defizite: die ›Privatheit‹ der Erinnerungen, die das weibliche Lebensschicksal in dem Maß, in dem die geschichtlichen Zusammenhänge ausgeblendet werden, dem Leben des männlichen Partners zuordnen. Die Unfähigkeit der Autorinnen, ›Ich‹ zu sagen, läßt das eigene Leben gleichsam als Kristallisation des männlichen ›Zitats‹ erscheinen.

*

Ganz anders Erika Mann, deren geschwisterliche Lebens- und Arbeitsbeziehungen zu Klaus Mann Irmela von der Lühe untersucht. Selbstbewußt, kooperativ, sorgend und verantwortungsvoll – so zeichnet sich ihr Charakter in den Briefen an den Bruder, den Tagebüchern Klaus Manns, den gemeinsamen Arbeiten der dreißiger und frühen vierziger Jahre ab. Irmela von der Lühe, deren Erika-Mann-Biographie demnächst erscheint, entwirft das Bild einer Frau, die – ohne die lebenslange Geschwisterbindung aufzugeben – zunehmend eigene Statur als Schriftstellerin und Journalistin gewinnt. Klaus Mann hatte Schwierigkeiten, die neue Rolle seiner Schwester zu akzeptieren; sein Festhalten an der frühen Beziehungsformel der Geschwister, nach der die Verantwortung im Leben Erika, in der Literatur ihm selbst zufiele, war eine der Ursachen für die Entfremdung der Geschwister in den vierziger Jahren.

Von der Wiederentdeckung vergessener oder wenig bekannter Autorinnen und ihrer Werke handeln die nachfolgenden Beiträge des literaturwissenschaftlichen Hauptteils. Lutz Winckler schreibt über die Kunstwissenschaftlerin und Schriftstellerin Louise Straus-Ernst. In ihrem wiederentdeckten, 1935 im *Pariser Tageblatt* veröffentlichten Roman *Zauberkreis Paris* verarbeitet sie widersprüchlich weibliche Exilerfahrung. Autobiographisches und zeitgeschichtliches Material wird zum Tableau der Pariser Emigration, insbesondere auch der Lebensbedingungen von Frauen geformt. Die Identifizierung der ›großen Stadt‹ mit Weiblichkeitsbildern der konservativen Zivilisationskritik verhindert gleichzeitig die fiktionale Ausgestaltung weiblicher Emanzipation im Exil: die Erfahrung der Fremde schlägt um in regressive Heimatsuche, Identität wird in traditionellen Geschlechter- und Familienrollen beschworen. – Den Übergang von Exilerfahrung zum Mythos thematisiert auf eine, die Spannung von Exil und Heimatsuche poetisch ausdeutende Weise, das Werk von Nelly Sachs. In einer eindringlichen Interpretation der Gedichtsammlung *Flucht und Verwandlung* zeichnet Ruth Dinesen den Prozeß der Transposition des lyrischen Ich und seiner Sprache in die Bildlichkeit jüdischer Kosmogonie nach. Im Mittelpunkt des Beitrags steht die Interpretation des Gedichts *Tänzerin*, das Ruth Dinesen als Metapher der mystischen Braut der Kabbala und als Umschreibung der dichterischen Existenz der Lyrikerin selbst deutet. Daß die mythische Sehnsucht nach Vereinigung mit dem Ursprung, für die diese Figur und der Zyklus insgesamt einstehen, unerfüllbar bleibt, Dichtung des Exils daher stets auf der Suche nach Erfüllung, Heimat, Sinn bleibt, ist der Inhalt der religiösen Bekehrung und der ästhetischen Konzeption von Nelly Sachs.

Eva-Maria Siegel, Anne Stürzer, Laureen Nussbaum und Uwe Meyer sowie Dirk Krüger bemühen sich in ihren Beiträgen um die Rekonstruktion von Werkbiographien und Genres. Hermynia zur Mühlens Exilwerk – neben den Erzählungen die Romane *Unsere Töchter die Nazinen*, *Ein Jahr im Schatten*, *Als der Fremde kam* – sozialgeschichtlich zu würdigen, ist die Absicht des Beitrags von Eva-Maria Siegel. Die lebensgeschichtlich motivierte, moralisch orientierte Kritik am Bürgertum und der kapitalistischen Zwischenkriegswelt wird als thematische, die Auseinandersetzung mit der traditionellen Frauenliteratur und ihren Rollenklischees wird als die formale, wirkungsästhetische Komponente des literarischen Werks Hermynia zur Mühlens vorgestellt. Daraus folgt eine pragmatische Einschätzung der Romane und Erzählungen als literarischer ›Gebrauchsformen‹ – einer Literatur, die unter den restriktiven Bedingungen des Exils am kritischen Umbau der Unterhaltungsliteratur, ihrer Öffnung für die soziale und politische Thematik weiterarbeitet. – Anne Stürzer untersucht die Exildramen Christa Winsloes und Hilde Rubinsteins. Es sind vor allem die unveröffentlichten Werke der nach Schweden emigrierten Hilde Rubinstein, die eine Wiederentdeckung und Auseinandersetzung lohnen. In ihren autobiographisch motivierten, als Zeitstücke gegen die Diktaturen Hitlers und Stalins angelegten Gefängnisdramen schildert Hilde Rubinstein die Zerstörung von Frauenschicksalen in einer existentiellen Sprache, die den zeitgeschichtlichen Horizont transzendiert. Christa Winsloe hingegen scheitert mit ihrem Versuch einer theatralischen Gestaltung des Pazifismus von Frauen: die von ihr zitierte weibliche Gegenwelt zum Krieg bleibt orientiert an männlichen Vorbildern und Werten, die zu Kampf und Zerstörung eine zumindest vermittelte Beziehung haben. – Dem Nachkriegswerk der deutsch-jüdischen Schriftstellerin Grete Weil gehen Laureen Nussbaum und Uwe Meyer in ihrem Beitrag nach. Im Mittelpunkt der Romane und Erzählungen über Faschismus und Widerstand steht das Thema der ›Schuld‹ der Autorin, Überlebende des Holocaust zu sein. Seit dem *Brautpreis* (1988) treten Fragen jüdischer Identität und Motive jüdischer Mythologie in den

Vordergrund. Ein literarisches Lebenswerk, so das vorläufige Resümé der Verfasser, das vom Identitätsproblem einer deutschen Jüdin handelt, die in Deutschland und nicht in Israel ihre Heimat gefunden hat. – Das wenig bekannte Gebiet der Kinder- und Jugendliteratur im Exil betritt Dirk Krüger mit seinem auf intensiven Recherchen beruhenden Beitrag über die deutsch-jüdische Autorin Ruth Rewald, die 1933 nach Frankreich floh und ihr Talent in den Dienst der antifaschistischen Aufklärung stellte (*Janko. Der Junge aus Mexiko, Tsao und Jing-Ling, Vier spanische Jungen*). 1942 wurde sie nach Auschwitz deportiert, wo sie umkam.

*

Der Band schließt mit Ausblicken auf Frauenbiographien außerhalb der Literatur: Kunsthistorikerinnen, die Tänzerin Lotte Goslar, die Historikerin Selma Stern, die politische Emigrantin Lisa Fittko.

Gabriele Hofner-Kulenkamp gibt einen Überblick über die Schicksale emigrierter Kunsthistorikerinnen und berichtet über die wichtigsten Aufnahmeländer, College-, Universitäts- und Museumskarrieren, wissenschaftliche Veröffentlichungen. Als Fazit kann festgehalten werden, daß das Exil in allen Fällen eine Unterbrechung und Verlangsamung, teilweise auch den Abbruch der wissenschaftlichen Laufbahn bedeutet hat. Vor dem Hintergrund erschwerter Arbeits- und Lebensbedingungen, der familiären Belastungen gerade der Frauen sind Museums- und Universitätskarrieren wie die von Helen Rosenau in England, Sabine Gova in den USA, Elisheva Cohen in Jerusalem und Ursula Hoff in Australien bemerkenswerte Ausnahmen geblieben. – Leben und Werk der jüdischen Historikerin Selma Stern zeichnet Christhard Hoffmann nach. Für die Verfasserin der mehrbändigen Darstellung *Der preußische Staat und die Juden*, eine Dokumentation deutsch-jüdischer Emanzipation und Akkulturation, bedeutet das Jahr 1933 einen zweifachen Bruch. Der Faschismus zerstörte die wissenschaftliche Karriere Selma Sterns in Deutschland und zwang sie 1941 zur Emigration in die USA; der Holocaust entzog ihrem Werk die historische und existentielle Grundlage, wie sie das von der Aufklärung und bürgerlichem Fortschrittsdenken sich herschreibende Projekt deutsch-jüdischer Akkulturation darstellte. Auf die historische Katastrophe reagierte Selma Stern, die in den USA eine erfolgreiche Universitätskarriere absolvierte, mit der Rückkehr zu den Quellen jüdischer Identität – im historischen Roman und der wissenschaftlichen Biographie. Zugleich aber schließt sie das unterbrochene Lebenswerk mit der Veröffentlichung des Schlußbandes preußisch-jüdischer Geschichte ab. Ein lebensgeschichtlicher Widerspruch, den die Historikerin damit vor sich selbst rechtfertigt, daß sie ihr Werk als ›Requiem‹ auf die in der Vertreibung und im Holocaust endende Geschichte der deutschen Juden bezeichnete.

Eine ganz anders geartete künstlerische Biographie in der Emigration stellt Beate Schmeichel-Falkenberg mit der Tänzerin Lotte Goslar vor. Neben Valeska Gert eine der bedeutendsten Vertreterinnen der modernen Tanzpantomime, gelang es ihr, im Unterschied etwa zur gleichaltrigen Julia Marcus, die in Frankreich ihren Lebensunterhalt als Gymnastiklehrerin bestritt, in den USA eine künstlerische Existenz aufzubauen. Mit Erika Manns »Pfeffermühle« Ende 1936 in die USA gekommen, erhielt sie nach dem Scheitern des Kabaretts wichtige Engagements in New York und Hollywood, wo sie auch an Brechts *Galilei*-Aufführung beteiligt war. 1954 gründet Lotte Goslar ein eigenes Tanzensemble, mit dem sie ab 1959 ununterbrochen in New York arbeitet. Der mit ihr befreundete Hans Sahl nannte als Wesen ihrer Kunst den ›Abbau des Feierlichen‹. Dies erklärt ihr antifaschistisches Engagement in den dreißiger Jahren, charakterisiert aber auch grundsätzlich ihren zwischen Ausdrucks- und Grotesktanz vermittelnden künstlerischen Stil, dessen Sprache – Komik und Satire – überall verstanden werden kann.

Ebenfalls in den USA lebt Lisa Fittko, die Walter Benjamin und unzählige andere Emigranten über die Pyrenäen führte. In einem Gespräch mit Dorothea Dornhof über ihre 1992 erschienenen Erinnerungen aus den Jahren 1933 bis 1940, *Solidarität unerwünscht*, äußert sie sich über ihre doppelte Identität als deutsche Jüdin und politische Emigrantin, ihre Entscheidung, in den USA zu leben, ihre Einstellung zum Nachkriegsdeutschland.

Eine Bibliographie von Sabine Rohlf und Susanne Rockenbach am Ende des Bandes gibt einen Einblick in den gegenwärtigen Stand der wissenschaftlichen Erforschung des weiblichen Exils zwischen 1933 und 1945. Sie soll Anregungen für weitere Entdeckungen und Untersuchungen vermitteln.

In memoriam Barbara Lube

Ende April dieses Jahres erreichte uns die traurige Nachricht vom plötzlichen Tod Dr. Barbara Lubes. Die Gesellschaft für Exilforschung, auch die Redaktion des Jahrbuches, verdanken ihr außerordentlich viel. Neben ihrer beruflichen Tätigkeit als wissenschaftliche Mitarbeiterin und später als Leiterin einer Privatschule hat Frau Lube das zeitaufwendige Amt der Schatzmeisterin unserer Vereinigung innegehabt. Sie übte es seit deren Gründung im Jahre 1984 mit eminentem Sachverstand, großer Energie und ungewöhnlicher Gründlichkeit aus und sicherte der Gesellschaft für Exilforschung dadurch nicht nur ihre wirtschaftliche Existenz. Wir werden Barbara Lube nicht vergessen.

Heike Klapdor

Überlebensstrategie statt Lebensentwurf
Frauen in der Emigration

»Frankreich, 1. September 1939. Lieber Wieland, ich schreibe Dir in einem sehr kritischen Moment. Bis Du den Brief hast, werden wir alle wissen, was aus uns geworden ist. (...) (Ich) sitze da herzlich allein mit meinen zwei Kindern, und der ganze Ort ist leer und totenstill. (...) Was mich dabei angeht, so kann ich gar nichts sagen, was aus meinem Roman wird (...). Ich habe die schönsten Pläne, nie habe ich, nie hätte ich so gut wie jetzt arbeiten können. Wenn ich mit dem Roman fertig bin, will ich ein kleines Buch schreiben ›Gewöhnliches und gefährliches Leben‹. (...) Nur etwas, Wieland, ist schlimm, es geht mir furchtbar schlecht. Man merkt es bei mir nicht so, denn ich kann nicht in Sack und Asche gehn und jammern, aber es geht mir so, daß jede Beendigung der Arbeit nur mit einem wirklichen Kräfteverlust, mit einem solchen Verlust von sog[enannter] Lebenssubstanz möglich ist, daß ich immer fürchte, meine ganze Arbeit ist gefährdet.«[1]

Der Einmarsch der deutschen Truppen in Frankreich bedeutet für Anna Seghers, Paris verlassen zu müssen. In der Umgebung der Stadt hatte sie sich 1933 flüchtig und gleichwohl um alltägliche Ordnung bemüht niedergelassen. Das Land schien der deutschen Schriftstellerin, die erneuter Verhaftung zuvorgekommen war und über Prag und die Schweiz Frankreich erreicht hatte, ein gewöhnliches im gefährlichen Leben versprochen zu haben:

»Wir haben die Kinder an der Grenze abgeholt. Wie die Wahnsinnigen stürzten sie sich in unsere Arme und blieben dort unbeweglich. Vollkommene, unendliche Sicherheit bei diesen unbeständigen Wesen, ihren Eltern, sie, die auf dieser Welt die am wenigsten geschützten sind, von allen Stürmen geschüttelt. (...) Unsere Gastgeberin macht uns eine Suppe. Sie nennt mich ›ma fille‹. Das ist wahrscheinlich nur ein ganz alltäglicher Ausdruck, aber er tut mir gut. Diese Frau, das ist Frankreich, das uns empfängt. Man wird hier gut arbeiten können.« Das hält Anna Seghers in Tagebuchblättern fest, die 1938 in einer französischen Zeitschrift veröffentlicht wurden.[2] Jeanne Stern, ihre Weggefährtin und spätere Biographin, berichtet davon:

»Sie nahm sich in einem Vororthäuschen eine möblierte Wohnung. Wenige nur kannten ihre Adresse. (...) Die Kinder gingen zur Schule. Der Mann setzte seine wissenschaftliche Forschung in Bibliotheken und Instituten fort. Und wenn der Haushalt mit seinen kleinlichen Sorgen sie belästigte, wenn die vier Wände sie zu erdrücken drohten (...), fuhr sie mit dem nächsten Vorortzug nach Paris, setzte sich in ein Kaffeehaus, immer dasselbe, an einen leeren Tisch, unbekümmert um das Gewirr, um das Gewoge, und schrieb.«[3]

Neben dem *Kopflohn*, der 1933 als erster Exilroman bei Querido in Amsterdam erscheint, und dem *Siebten Kreuz*, dessen vermeintlich einziges Manuskript Anna Seghers 1940 auf der Flucht durch das besetzte Frankreich weinend vernichtet, entsteht etwas von »größter Aktualität«, wie Anna Seghers im Dezember 1939 an Franz Carl Weiskopf schreibt.[4] Es ist jenes kleine Buch über das »gewöhnliche und gefährliche Leben«, von dem im Brief an Wieland Herzfelde die Rede ist und das sie schon im März 1939 Johannes R. Becher ankündigt: »Sehr gern möchte ich über das ›gewöhnliche Leben‹ schreiben. In diesem Zusammenhang will ich versuchen, etwas abzuhandeln, was bisher noch niemand versucht hat. Die einfache Darstellung unserer lebendigen Gefühle und Empfindungen im Verhältnis zum ›gefährlichen Leben‹.«[5]

Doch das kleine Buch trägt einen anderen Titel, und er nennt die, die für Anna Seghers im Brennpunkt des ›gewöhnlichen und gefährlichen Lebens‹ stehen: *Frauen und Kinder in der Emigration*.

Frauen im Exil: Die Schriftstellerin Anna Seghers, deren Roman *Transit* als der überragende literarische Entwurf vom »gefährlichen und gewöhnlichen Leben« im antifaschistischen Exil gilt[6], die Emigrantin Anna Seghers maß einem Thema »größte Aktualität« und Bedeutung bei, das innerhalb des weiten und etablierten Feldes der Exilforschung nur allmählich Beachtung erfährt.[7]

Die Forschung spricht gemeinhin von ›den Emigranten‹. Insofern sie als sozialwissenschaftliche und historische Forschung die soziale, berufliche, politische Struktur der Emigration analysiert, vernachlässigt sie – bis heute – die Kategorie des Geschlechts. Sie fragt, was im ›melting pot‹ Exil die flüchtigen SPD-Angehörigen von denen der KPD unterscheidet, den mittellosen linken Schriftsteller vom enteigneten jüdischen Kommerzienrat, den politisch organisierten Arbeiter vom humanistisch gesonnenen Akademiker, und sie fragt inzwischen nach den Wirkungen des Exils auf die jüngste Generation der Exilanten, auf die Kinder. Aber sie subsumiert unter das – männliche – Subjekt des Emigranten die Frau und problematisiert die Geschlechterdifferenz als soziale Kategorie nicht.[8]

Dabei wird dieser Aspekt schon während des Exils thematisiert: »In dem Flüchtlingsheer, das sich, aus den Diktaturländern kommend, über die Erde ergießt, finden sich viele Frauen. Es sind mehr Frauen unter den Flüchtlingen, als dem Prozentsatz entspräche. Denn, nimmt man an, daß, außer den aus Rassegründen in Deutschland (und nun auch in Italien) Verfolgten, in der Hauptsache die politisch Aktiven es sind, die von den Diktatoren die Kerker- oder Todesstrafe zu fürchten haben, und bedenkt man ferner, wie wenige

Frauen (wiederum prozentual) offiziell aktiv politisch tätig waren, dann überrascht die Zahl der weiblichen Exilierten durch ihre Größe. Überdies gibt es unter den exilierten Männern viele, die auf Zureden ihrer Frauen die Heimat verließen. Und fast scheint es, als ob die Frauen im allgemeinen schneller und gründlicher als die Männer zu der Erkenntnis gekommen seien, daß in den faschistischen Ländern zu leben, qualvoll und schändlich sei.«[9] Mit dieser Feststellung beginnt Erika Mann einen Vortrag in Amerika, der den Titel trägt *Business and Professional Women in Exile*.

Frauen im Exil: Mit dem Blick auf das Geschlecht als eine Kategorie, die in den sozialen, politischen und ökonomischen Definitionen der Gesellschaft verschwindet, entdecken Anna Seghers und Erika Mann etwas womöglich Spezifisches, etwas, das jenseits sozialer und ideologischer Kategorien die Frauen – als Geschlecht – von den Männern unterscheidet, etwas, das unter den Bedingungen des gefährlichen Lebens existentiell wird. »Was wiegt der Anteil der Frau?« fragt Anna Seghers:

»Nach dem Anlaß der Emigration pflegt man die Familien in politische und wirtschaftliche Emigranten einzuteilen. Aber die Wirklichkeit entzieht sich oft allzu straffen Einteilungen. Wirtschaftlich oder politisch – sobald die Last untragbar, sobald das Leben unlebbar, sobald der Entschluß zur Emigration unweigerlich ist, tritt die Frau ganz auf den Plan. Dieser Entschluß erweckt ihr ganzes Wesen, Teile ihres Wesens, die ein gewöhnliches, alltägliches Leben wahrscheinlich nie gezeigt hätte. (...) In einem gegebenen Augenblick, wenn es nun wirklich fortgeht, dann überwiegt in diesem Umzug aus höchster Verantwortung, Entscheidung auf eigentümliche Weise das Technische, das Umzugsmäßige. Ob ein Möbelwagen gepackt werden soll oder ein Rucksack, ob ein paar Banknoten eingenäht werden müssen oder Butterbrote geschmiert, der letzte Laib Brot von daheim; denn Brot ist ja wie Sprache, einmalig.

Die Frau, die die Grenze passiert hat, die eines Abends am Gare de l'Est ankommt, die ist hellwach, nicht bloß aus Gespanntheit, aus Erschöpfung – hellwach in ihr ist die Kraft, die vielleicht ihr Leben lang, vielleicht Jahrhunderte verschüttet war, weil niemand ihrer bedurfte. Jetzt ist sie wieder die Frau von Kriegszügen, von Verbannungen, von Völkerwanderungen. Sie wird vor den ungewöhnlichsten Augenblick gestellt, auf daß sie ihn zwinge, die Züge des gewöhnlichen Lebens anzunehmen, damit man ihn ertragen kann. Auf dem fremden, wilden Bahnhof, im Geknatter der fremden Sprache, hält sie Gepäck und Kinder zusammen. Mißtrauisch mustert sie das Zimmer, von dem der Mann behauptet, es sei provisorisch. Sie reißt das Fenster auf. Sie hat das Nähzeug zur Hand und näht rasch einen Knopf fest. Sie beschnuppert das Bettzeug. Der Mann schimpft wohl über all das Gehabe, doch ist er plötzlich erleichtert. Der furchtbarste Augenblick des gemeinsamen Lebens wird dadurch gezähmt und gebändigt. Geht diese Kraft der Frau ab, dann ist es schwerer für die Familie. Ob sie die Familie eines bolschewistischen Metallarbeiters ist oder eines jüdischen Schneiders.«[10]

Für die deutschen Antifaschisten und Juden, die sich flüchtend retten, bedeutet der Nationalsozialismus eine politische Niederlage und die Zerstörung kultureller und sozialer Identität. Aber ihre Flucht erzwingt mehr und anderes als die mühevolle Organisation der Emigranten und die ernsthafte Diskussion politischer Strategien. Vertrieben zu sein, verlangt die Kraft für einen fragilen und doch praktischen Entwurf einer wie immer gearteten Existenz, den Entwurf für ein obgleich flüchtiges, so doch alltäglich stattfindendes und alltäglich zu bewältigendes Leben. Von welcher Bedeutung dies in den Wirrnissen der Emigration ist, das scheint mit der Aufmerksamkeit für die Frauen hervorzutreten. Ob sie sich »gesträubt (haben) bis zuletzt, sich angeklammert (haben) an Hausrat und Tüllgardinen« und »in den meisten Fällen einfach ›dem Mann folgen‹« – so Anna Seghers[11], oder ob sie ihren Männern zureden – so Erika Mann, der Anteil der Frauen wiegt offenbar viel, »sobald der Entschluß zur Emigration unweigerlich ist.«

Beide Autorinnen, Anna Seghers und Erika Mann, suchen natürlich nach dem Grund dieser »Kraft«, dieser »stillen, beträchtlichen Leistung«. Und beide vermuten ihn – in der Natur, das heißt in der natürlichen Wesensbestimmung des Weiblichen: »Man hat gesagt, Frauen seien wie Kinder, – viele von ihnen seien ›verspielt‹, – sie steckten voller ›Phantasie‹ und entbehrten häufig einer starken und bindenden Beziehung zur Realität. Daran mag Wahres sein. Vielleicht aber ist es gerade dies, – dies niemals völlig Gebundensein an das Jetzt und den Augenblick, das den Frauen die Möglichkeit gegeben hat, sich eine Zukunft vorzustellen, die so völlig anders, so gänzlich verschieden von dem war, was sich augenblicklich Realität nannte. Ein Mann, der – nehmen wir an – seit 30 Jahren an ein und derselben Universität tätig ist, kann sich nicht vorstellen, seinen Platz zu verlassen. (...) Eine Frau dagegen, aufgrund ihrer leichteren Körperlichkeit, – aufgrund ihrer Phantasie, die man ›verspielt‹ oder begabt nennen möge, kann sich das Verschiedenste vorstellen, – sie wurzelt in der Realität des Augenblicks nicht so unbedingt, nicht so erdenschwer, wie der Mann. Dafür kann es sein, daß gewisse menschliche Begriffe, – gewisse Vorstellungen in ihr tiefer wurzeln als beim männlichen Partner.«[12]

Frauen sind für Erika Mann demnach unabhängiger von gesellschaftlichen und beruflichen Bindungen, von Bindungen an Gegenwart – den »Augenblick« – und an Traditionen – »Sicherheit« und Gewohntes. Sie sind unabhängiger von Zukunftsentwürfen, von Lebensentwürfen. Zugleich wurzeln in ihnen Begriffe wie Humanität und Treue tiefer und unverbrüchlicher. Das ist ein Entwurf wie ein Kompliment, aber eben ein Entwurf; eine idealisierte Phänomenologie eher als eine historische Herleitung und eine soziologische Analyse. Es ist ein Entwurf, dessen Wesensbestimmung des Weiblichen in der Tradition der Geschlechtscharakteristik des 18. und 19. Jahrhunderts steht, einer Ideologie der Geschlechtertypologie, die unter anderem die fatale Folge hatte, die Differenz zwischen weiblichem Selbstbild und allgemeinem (das heißt männlichem) Fremdbild zu verwischen.[13]

Auch Anna Seghers spricht von der »eigentümlich« praktischen Handlungsweise der Frauen – eine wenig genaue Wendung, die jener überkommenen Theorie vom Wesen des Weiblichen entspringt. Die unmittelbare Verknüpfung der Emigration aus Nazi-Deutschland mit »Kriegszügen, Verbannungen, Völkerwanderungen« und die These von der »jahrhundertelang verschütteten Kraft der Frauen« ist keine historische, allemal keine historisch-materialistische Argumentation. Sie fällt aus der Gesellschaftstheorie einer Marxistin unvermittelt heraus, wenn Anna Seghers zugleich die Beziehung des antifaschistischen Schriftstellers zum Volk so definiert: »Nicht durch mystische Blutsbande ist der Schriftsteller mit dem Volk verknüpft, sondern durch soziale. Nicht an der Stelle, wo er durch irgendeine schleierhafte Rassenzugehörigkeit seiner zufälligen Geburt dem Volke anhängt, sondern (...) durch jene Klasse, jene Schicht, mit der er sich innerhalb seines Volkes identifiziert.«[14]

Zwar formuliert Erika Mann vage – »es scheint« –, was sich für Anna Seghers schlagartig erhellt, doch beider Erklärungen gehören selbst in ihrer Gegensätzlichkeit – der mangelnden Bindung an Realität einerseits bzw. genuinen Bindung andererseits an Realität – dem geschlechtstypologischen Kanon an.

Anna Seghers und Erika Mann hatten keineswegs als einzige ein Augenmerk für das Schicksal der Frauen. *Frauen in der Emigration*, so überschrieb der *AUFBAU* am 1. März 1940 seinen Leitartikel. An bevorzugter Position reklamierte die große Emigrantenzeitung »besondere Beachtung und Pflege« für das »Problem der Frau in der Emigration«: »Die Last, die auf den Schultern der Emigrantenfamilie liegt, ist schwer. Sie ist nicht immer gleich verteilt, und sehr häufig fällt der schwerste Teil auf die Schultern der Frau. Das Schicksal einer Familie in der Emigration hängt sehr häufig mehr von der Frau und ihrer seelischen Spannkraft ab als vom Mann. Gelingt es ihr, die Hindernisse zu überwinden, so wird die Familie wieder vorwärts kommen, stürzt sie, so wird sie die Familie mit sich reißen.«[15]

Auffällig ist hier die unmittelbare Verbindung zwischen Frau und Familie, eine Verbindung, deren Bestand fraglos in den Händen der Frau liegt. Auch Anna Seghers hatte es unterstrichen: »Geht diese Kraft der Frau ab, dann ist es schwerer für die Familie.« Die selbstverständliche Verbindung zwischen Frau und Familie wird, so scheint es, im Zeichen der gefährdeten Existenz kostbar.

Wie hier im März 1940 der New Yorker *AUFBAU* machen Emigrantenzeitungen auf die Lage der Frauen im Exil aufmerksam, und sie berichten damit über etwas, das Anna Seghers in den Fragebögen eines Pariser Emigrantenbüros festgehalten fand: »Sie ist schon bald siebzig. Ihr Mann war Kaufmann, der Sohn im Geschäft des Vaters, der Schwiegersohn Arzt. Diese drei Männer verloren durch den Judenboykott ihre Lebensgrundlage. Ihre Hoffnung, hier in Paris neu aufzubauen, erwies sich schnell als sinnlos. Die Umsiedlung hatte ihre kleinen Ersparnisse verschluckt. Die drei Familien leben mit fünf Kindern in zwei schlechten Zimmern von Unterstützungsgeldern, verzweifelt, müde, schon etwas verwahrlost. – Die alte Frau war ihr Leben lang nichts anderes gewesen als Mutter und Großmutter. Das ständige Unterstütztwerdenmüssen geht ihr gegen den Stolz. Sie kommt auf den Gedanken, heimlich selbstgebackenes Gebäck zu verkaufen. Aus Zufallsverkäufen wird ein richtiger Beruf. Jetzt ist diese alte Frau die Ernährerin von elf Menschen.«[16]

Eine gleichsam dem weiblichen Geschlecht innewohnende und historisch bloß verschüttete Kraft scheint sich für Anna Seghers im Zeichen existentieller Krise zu entfalten, um dem furchtbar Ungewohnten, aber Realen Züge eines gewöhnlichen Lebens zu verleihen. Die furchterregendsten Augenblicke zähmt und bändigt eine für sie weibliche Fähigkeit. Es ist ein Begriff vom genuin mütterlichen Wesen der Frauen, der in Anna Seghers' Schilderungen hervortritt. Die Emigrantinnen, das sind versorgende Ehefrauen, Mütter, Großmütter, Frauen, denen die Flucht keine Berufstätigkeit raubte. Ihre Natur hat unter gefährdeten Verhältnissen einen psychologischen und einen ökonomischen Effekt. Erika Mann spricht von den »vielen ›business and professional women‹« unter den exilierten Frauen, die die Energie haben, überall hinzugehen, »auch auf den Mond.«[17]

Beide doch hellsichtigen, klugen Autorinnen werden von etwas vereinnahmt; womöglich davon: Die Erfahrung einer spezifischen Überlebenskraft der Frauen scheint Suggestivkraft zu besitzen. Sie scheint eine konkrete Erfahrung zu sein, in der unausgesprochen und ungebrochen gesellschaftliche Übereinkünfte wirksam sind.

Jenseits des ideologiekritischen Blicks jedoch sprechen die Darstellungen dieser Erfahrungen in der Tat von etwas Bedeutsamen. In den vielen dokumentarischen und autobiographischen Exiltexten ist von der konkreten Bewältigung des Alltags im Exil an ungezählten Stellen die Rede, – in einem Maße übrigens, das seine Mißachtung durch die Exilforschung als Ignoranz gegenüber dem Alltag im Exil zu erkennen gibt. Neben der Exilliteratur[18] gibt das biographische Material – Briefe, Erinnerungen, Autobiographien – auf bereitwillige Weise Einblick in die Bewältigung der Lebensbedingungen. Und immer wieder wird bemerkt, daß die Frauen den Lebensunterhalt verdienten.

»Weitaus häufiger als vom Ertrag ihrer (angelegten) Kapitalien haben die geflohenen Intellektuellen von der Mitarbeit ihrer Familienangehörigen, vornehmlich der Ehefrauen gelebt.«[19] Dies hält Hans-Albert Walter im zweiten Band seiner Exilstudien fest. Er gehört zu den wenigen Exilforschern, die die Rolle der Frauen bemerken.

Der emigrierte Theatermann Ernst-Josef Aufricht schreibt in seinen Erinnerungen: »Auch in den kommenden schwierigen Lagen der Emigration waren es die Frauen, die ihre Familien oft vor der äußersten Not bewahrten. (...) Sie packten zu, wo es nötig war, verrichteten alle Arbeit im Haus und in den ausgefallensten Berufen, wenn sie sich anbot und Geld brachte.«[20]

Daß die Frauen das materielle Überleben garantierten, daß er und der Philosoph Ernst Bloch zeitweise von dem lebten, was die Frauen verdienten, betont der Schriftsteller Alfred Kantorowicz in seinem Bericht über das Exil: »Lassen wir beiseite, wie wir uns teils mit Artikeln für die Emigrantenpresse, zuweilen auch für Zeitschriften (...) bzw., das gilt ganz allgemein für unsere Frauen, durch Abschreibearbeiten, Näharbeiten oder Haushaltshilfen, von Monat zu Monat kärglich durchbrachten.«[21] In Amerika verdiente seine Frau als Sekretärin im German Institute der New Yorker Universität das notwendige Geld.

Ob sie mit einem Mittagstisch für Badegäste an der italienischen Riviera den Lebensunterhalt bestritten, wie Yvette Prost-Leonhard, die Frau des Schriftstellers Rudolf Leonhard, ob sie Handschuhe nähten wie die Sängerin Hilda Bondi oder Pelztiere wie Elsbeth Weichmann, im Wohnzimmer der New Yorker Wohnung einen Frisiersalon eröffneten, so Charlotte Beradt, oder ein Wiener Caféhaus an der 5th Avenue aufmachten[22]; keine Idee erschien ihnen absurd, wenn sie Geld brachte. Der Schriftsteller Alfred Unger berichtet: »(Meine Frau entdeckte in England), daß es ausgerechnet in einem Land voller Badeorte etwas nicht gab, was in Deutschland jedes Warenhaus führte – innen gummierte Toilettentaschen. Herstellung und Verkauf machte sie ganz allein. Als es mir 1937 gelungen war auszuwandern, hielt uns ihre Arbeit über Wasser. (...) Mit meinen Artikeln (...) hatte ich keinen großen Erfolg. Ich versuchte es mit Filmscripts (...). Aber erst nach 6 Jahren in England konnte ich uns dadurch ernähren.«[23]

Emigrantinnen haben jede Art von Arbeit angenommen. Sie haben ungewöhnliche Initiativen ergriffen, um das Leben im Exil auf materielle Füße zu stellen. Es war glücklichen Zufällen geschuldet, wenn die Emigrantinnen Arbeit als Übersetzerinnen, als Rundfunkautorinnen oder -sprecherinnen fanden oder Sprachunterricht gaben. Sie suchten nach solchen Arbeitsmöglichkeiten, unerschrocken gerade auch nach solchen, die die fremde Sprache voraussetzten. Einkommen schien den Zuwachs der Fremdsprachenkenntnisse zu beflügeln – zumindest bei den Frauen. Auch hier trifft man auf jene eigentümlich verschiedenen Reaktionen: Eigneten sich die Frauen sehr viel leichter eine fremde Sprache an – die Voraussetzung dafür, im fremden Land Fuß zu fassen –, verharrten die Männer, zumindest die Intellektuellen, voller

Zorn und Verzweiflung in der Muttersprache, letztlich voller Vertrauen in die Flexibilität ihrer – zumeist auch intellektuellen – Frauen. Die Bedrohung durch den fremden Sprachraum, weil »sprachliche Assimilation (...) zum Identitätsverlust, zur Selbstaufgabe«[24] führt, traf beide Geschlechter. Solche Erklärung für das verzweifelte Verharren der Männer in der eigenen Sprache, wie sie Hans-Albert Walter oder Manfred Durzak geben, der Hinweis gar auf womöglich ›größere Sprachbegabtheit‹ der Frauen, diese Erklärungen übergehen die materielle Voraussetzung solcher Haltung: die sprachliche Assimilation und die ökonomische Verantwortung der Frauen.

Dieses verdeckte Verhältnis zur (relativen) Sicherheit steckt nicht allein im Phänomen der sprachlichen Assimilation. Alfred Kantorowicz schildert in einem 1935 geschriebenen kleinen Essay mit dem Titel *Alltag in der Emigration* einen grauen, armen, zerfaserten und mit Hoffnung vollen Tag in Paris, den ein deutscher emigrierter Intellektueller durchlebt, zerrieben vom Streit mit der Concièrge um Telefonkosten, zerrissen von den vielen Anforderungen, denn ein Aufsatz will geschrieben sein, ein Aufruf ist zu verfassen, eine Versammlung soll vorbereitet werden und ein Treffen mit den Genossen ist verabredet. Zwischen den Anforderungen seiner politischen und schriftstellerischen Arbeit zerreißt der Emigrant gehetzt die Zeit. Aber er verdient kein Geld. Woher kommt die bescheidene Summe für das tägliche Leben, für Miete, Brot und Druckkosten? »Seit 1 Woche hatte seine tapfere und anmutige junge Frau Abschreibearbeit in einem Büro aushilfsweise erhalten. (...) Sie ließ ihm beim Fortgehen 10 Francs auf dem Tisch.« Ein Satz unter den vielen des Textes. An seinem Ende ein zweiter zwischen der Überarbeitung des Hugo-Aufsatzes und der nächtlichen Arbeit an einem Buch: »Um halb acht kommt seine Frau. Sie essen Käsestullen.«[25] Zwei schmale Sätze, in denen verdeckt die materielle Voraussetzung für die Existenz erscheint. Welche Lektüre, welche Diskussion entbehrt die Frau bei dieser ›Arbeitsteilung‹?

Der Schriftsteller Ernest Bornemann hat sich auf der PEN-Club-Tagung 1980 bei den Frauen bedankt: »(Die Frauen verdingten sich) in Berufen, die sie nicht gelernt hatten. Sie mußten lernen, auf dem Gasfeuer im möblierten Zimmer zu kochen. Sie mußten den verzweifelnden Mann mit Trost und Hoffnung versorgen – mit einer Hoffnung, die sie selbst keineswegs verspürten. Die meisten unserer großen Autoren wären im Exil verreckt, wenn die Frauen sie nicht irgendwie durchgefüttert hätten. Deshalb nach all den Jahren nochmals all diesen Frauen ein Wort des Dankes.«[26]

Die in der Dokumentation des Exils beschworenen Fähigkeiten wie Pragmatismus, Realitätstüchtigkeit, Optimismus und Anpassungsfähigkeit wurzelten für die Zeitgenossinnen im natürlichen Wesen der Frau. Diese Kräfte schienen einem weiblichen Geschlechtscharakter anzugehören. Auch Ernest Bornemann war vor einer weder historisch noch natürlich begründbaren

Kategorie nicht gefeit, wenn er dies Verhalten der Frauen in der Emigration zum Begriff von der Frau als Heimat im Exil verdichtete.[27]

Warum den Frauen in der Emigration die konkrete Aufgabe der Existenzsicherung zufallen konnte, erklärt sich anderen aus sozio-politischen Traditionen, die im Exil höchst virulent werden: Das *AUFBAU*-Editorial fand die Begründung, warum die Last der Familie und der Existenz auf den Schultern der Frau liege, in der mangelnden beruflichen Qualifikation der Frauen: »Dazu kommt, daß die Einwanderin, wenn sie körperlich dazu imstande ist, im Haushalt und in den ungelernten Arbeitssparten leichter ein paar Dollars verdienen kann als der Mann, der nach differenzierterer Arbeit sucht und – was er auch immer anfangen will – auf einen höheren Wochenlohn Anspruch erheben muß (und deshalb schwerer Arbeit findet).«[28]

Die mangelnde berufliche Qualifikation der Frauen, die also gemeinhin Hausfrauen gewesen zu sein scheinen, verhindert Ansprüche auf eine besondere Arbeit. Solche Arbeit hat dann weder eine spezifische, das heißt anspruchsvolle Berufserfüllung noch eine spezifische, das heißt gute Bezahlung zur Folge. Arbeit allein gegen und wegen Geld, also ›Jobs‹ waren zu bekommen, und sie waren den unqualifizierten und zugleich so pragmatischen Frauen zuzumuten.

Hans-Albert Walter hat diesen Gegensatz zwischen der ersehnten Berufstätigkeit und dem ›Job‹ als ein Gefälle begriffen, versehen mit dem Stigma sozialer Degradation. Daß die Emigrantinnen den Part des ›Jobs‹ übernahmen, schien ihm als Lösung denn auch naheliegend: als unqualifizierte Frauen schienen sie einen ›Job‹ nicht als sozialen Abstieg zu begreifen. »(Man) sollte (...) aber auch nicht vergessen, mit welch verzweiflungsvollem Eifer Schriftsteller und Journalisten ihrer hoffnungslos unterbezahlten Arbeit nachgingen (...). Schließlich darf man auch die psychische Funktion nicht übersehen, die dieses zähe Festhalten an der ›eigentlichen‹ Arbeit hatte. Wer schließlich im Exil die Fortführung des politischen Kampfes an anderem Ort sah, mußte dem wohl auch in seiner Arbeit einigermaßen Rechnung tragen. Auch dieser Aspekt hat also mitverursacht, daß die Frauen in so starkem Maße am Existenzkampf beteiligt waren.«[29]

Tatsächlich haben Frauen sehr häufig als Kindermädchen, als Serviererinnen, als Putzfrauen und Haushaltshilfen Geld verdient. Solche Anstellungen in privaten Haushalten entsprachen den traditionellen Rollenzuweisungen ebenso, wie die Verantwortung für die Familie der Tradition entsprach. Der Zirkelschluß der traditionellen gesellschaftlichen Bestimmung der Frau schien unter den Bedingungen des Exils wie ein Schulterschluß zu wirken: Weil die ›natürliche Bestimmung‹ der Frau die Familie ist, entbehrt sie einer qualifizierten Berufsausbildung. Diese mangelnde Qualifikation prädestiniert sie, unter Krisenbedingungen Arbeit zu suchen und Geld zu verdienen, denn die Frau stellt keine ideellen und materiellen Ansprüche an eine Berufstätigkeit. Das Exil fordert diese Arbeitsteilung zwischen den Geschlechtern offenbar extrem: Die weniger qualifizierten Frauen sichern die Existenz.

Die Biographien der Frauen, die im Exil Pelztiere nähten, im Restaurant bedienten, sich als Schneiderinnen, Friseurinnen oder Vertreterinnen versuchten, widersprechen allerdings diesem Zusammenhang.

Die Schülerin des Philosophen Leonhard Nelson und Lehrerin der Naturwissenschaften Erna Blencke gehörte zu denen, die 1933 nach dem ›Gesetz zur Wiederherstellung des Berufsbeamtentums‹ entlassen worden waren. Mit einem Brotgroßhandel bestritt sie ihren Lebensunterhalt; er diente zugleich als Tarnung für eine Widerstandsgruppe. 1938 verließ die gefährdete Erna Blencke Deutschland; Frankreich sollte die erste Exilstation werden. In Paris arbeitete sie für Zeitschriften der politischen Emigration wie die *Blätter für kritisch-aktiven Sozialismus*, für die *Sozialistische Warte* und für das *Buch*, eine Zeitschrift für die unabhängige deutsche Literatur. Die deutsche Besetzung Frankreichs veranlaßte die zweite Flucht. In Paris schon interniert, brachte ein Transport Erna Blencke ins berüchtigte Frauenlager Gurs in den französischen Pyrenäen. Mit Hilfe des ›International Rescue and Relief Committee‹ erhielt sie ein Visum für die Vereinigten Staaten. Dieser Überfahrt voraus ging die abenteuerliche Befreiung aus dem Lager. 1941 erreichte Erna Blencke die USA. Anfänglich von Quäkern unterstützt, fand sie in Amerika in einem medizinischen Verlag eine Anstellung; zugleich veröffentlichte sie die von Willi Eichler in England herausgegebenen Berichte von Widerstandskämpfern auch in Amerika. Die Mitarbeit bei den Exilzeitschriften in Paris hatte die Lehrerin Erna Blencke kaum ernährt. Also nahm sie Hausarbeit an und arbeitete als Servierin in einem Pariser Emigrantenlokal.

Unter ihren Kolleginnen dort hätte sie die Juristin Ruth Fabian treffen können. Ruth Fabian war Mitglied der Sozialistischen Arbeiterpartei gewesen und gehörte in der Emigration dem illegalen Parteivorstand an. Ihr politisches Engagement zwang die Juristin 1935 zur Flucht aus Deutschland, die auf abenteuerliche Weise nach Paris führte. Die deutsche Besetzung 1940 zwang auch Ruth Fabian zur Flucht nach Südfrankreich und weiter, mit einem kleinen Kind, in die Schweiz (1942). Hier wie auch schon in Frankreich arbeitete sie in internationalen Flüchtlingskomitees, wie zum Beispiel dem Zürcher Arbeiterhilfswerk. Ruth Fabian und ihr Mann, der Journalist Walter Fabian, hatten in Paris ein Zeitungsausschnittbüro betrieben. Das schmale Einkommen reichte nicht. Die Juristin kellnerte im kleinen Emigrantenlokal.

Die Architektin Karola Bloch lernte fast jedes europäische Land aus dem Blickwinkel eines Emigrantendaseins kennen, bevor sie mit Ernst Bloch und dem Sohn die Vereinigten Staaten erreichte. Hier unternahm sie neben allen möglichen Jobs auch den wenig überzeugenden Versuch, als Vertreterin Geld zu verdienen.[30]

Die Journalistin und Sachbuchautorin Charlotte Beradt blieb ihrer Profession treu und schrieb im New Yorker Exil für Zeitschriften und übersetzte ihr Buch *Das dritte Reich des Traums*. *The Third Reich of Dreams* – Aufzeichnungen von Träumen zu Beginn des Faschismus in Deutschland – erregte großes Aufsehen und verkaufte sich schlecht. Leben konnten sie und ihr Mann, der Schriftsteller und Anwalt Martin Beradt, nicht von dieser Arbeit; den Lebensunterhalt bestritt Charlotte Beradt mit einem Haarfärbesalon in ihrer Wohnung, und ihre »Kundinnen stellten einen Querschnitt von oben bis unten durch die Exilbevölkerung dar.«[31]

Auch die Schriftstellerin und promovierte Philologin Lili Körber hatte in Deutschland 1932 mit einem Buch politisches Aufsehen erregt. Unter dem Titel *Eine Frau erlebt den roten Alltag* hatte sie einen Reportage-Roman über ihren Aufenthalt als Fabrikarbeiterin in der Sowjetunion geschrieben. *Der rote Alltag* war in wenigen Monaten vergriffen gewesen. Ihr zweites Buch *Eine Jüdin erlebt das neue Deutschland*, 1934 in Wien erschienen, wurde auf Intervention der Nationalsozialisten in Österreich verboten. Mit dem Soziologen Eric Gravé ging Lili Körber nach Frankreich. Sie verdiente ihren Lebensunterhalt mit Zeitungsartikeln und mit Deutschunterricht. Das Ehepaar emigrierte 1941 in die USA. Einen Amerika-Roman hat Lili Körber nicht mehr geschrieben. Sie hat als Krankenschwester gearbeitet und dies ihren Beruf genannt: »Es war das Gefühl, daß man in diesem Beruf wirklich etwas tun kann, daß man gebraucht wird.«[32]

Die Jüdin Ruth Gompertz, Titelheldin des zweiten Romans von Lili Körber, konnte sich nicht zur Emigration entschließen: »Was werde ich in Paris anfangen? Lächerlich. Wenn ich Musikerin, Pianistin, meinetwegen Sängerin wäre. Aber so bin ich an die Sprache gebunden. Wegfahren, um dort Kellnerin oder Bardame zu sein? Danke schön.«[33]

Die sprachliche Assimilation, die Lili Körber nicht gelang, stellte für die promovierte Germanistin und filmerfahrene Elisabeth Freundlich kein Problem dar. Als Jüdin und als engagierte Linke mußte sie mit der Familie 1938 nach dem Einmarsch der Deutschen in Österreich fliehen. Bis 1940 hatte Elisabeth Freundlich in Paris aktiv zur Bildung einer österreichischen Exilgruppe, der Ligue de l'Autriche vivant, beigetragen. »Brotberufe«, wie sie es nannte, verhalfen zu Geld: »Schwarzarbeit, Jobs aller Art, meist körperliche Arbeit, Unterrichten war schon das Höchste!«[34]

Die Besetzung Frankreichs machte die erneute Flucht notwendig. Die Familie reiste mit Emergency Visa nach Amerika. Ohne Berufspraxis, aber mit hervorragenden Englisch-Kenntnissen bot Elisabeth Freundlich amerikanischen Colleges Vorträge an. Sie entschloß sich zu einem amerikanischen Studienabschluß und wählte den kürzesten Studiengang: Bibliothekarin. Man stellte sie im Metropolitan Museum of Art an. Als Amerika die Männer zum Kriegsdienst einzog, unterrichtete Elisabeth Freundlich in Princeton und an anderen Colleges. Nebenbei druckten Zeitungen wie die *Austrian American Tribune* ihre Artikel und Rezensionen. Im Gepäck von Elisabeth Freundlich, die 1950 gemeinsam mit Günther Anders nach Wien zurückkkehrte, befanden sich ein Roman und eine Erzählung.[35] Für Elisabeth Freundlich wie auch für die emigrierte deutsche Schriftstellerin Adrienne Thomas oder die Historikerin Gerda Lerner, die heute an der University of Wisconsin lehrt, waren die Jahre in Amerika keine »verlorenen Jahre« gewesen.

Doch sie konnten »verlorene Jahre« bedeuten: Die Sozialwissenschaftlerin Toni Oelsner, ausgebildet am Frankfurter Institut für Sozialforschung, versuchte ihre Forschungsarbeiten ab 1939 in den USA an der New Yorker New School fortzusetzen. Ohne Anstellung, ohne Unterstützung verfaßte sie weiter Arbeiten zur Wirtschafts- und Sozialgeschichte der Juden in Deutschland. Das Exil und seine ökonomischen Anforderungen verhinderten den Erfolg ihrer Bemühungen: »Ich kam aus der Wissenschaft vollkommen heraus, als ich als freie Übersetzerin und Fremdsprachen-Privatlehrerin arbeitete. Das ist für einen Alleinstehenden sehr riskant, weil Aufträge unregelmäßig sind, man Telefon braucht usw. Und die Leute wissen ja nicht, wie das war, wenn man so ganz allein war. Das konnte sich ja keiner vorstellen.«[36]

Die promovierte Philologin Doris Dauber hat in ihrem autobiographischen Roman *Eine Nacht – ein Leben* den eindrucksvollen Versuch gemacht, von der Erschütterung durch die Exilwirren eine entsetzenerregende Vorstellung zu geben. In einem von Krankheit gezeichneten Exilleben nahm die Akademikerin alles an: in Paris, in England und Irland, dann in Süd-Amerika war sie Hausmädchen, Kindermädchen, schlecht bezahltes Mädchen für alles. »Dienstmädchen, Nachtwächterin im Irrenhaus, Paketpackerin in einem Versandgeschäft sind nicht gerade sozial hochstehende Berufe. Aber man kann die Treppe noch tiefer hinabsteigen. Und ich steige sie hinab bis zur untersten Stufe, ohne daß mir eine Perle aus der Krone fällt. Im Gegenteil: wie bei allen früheren Berufen erweitert sich mein Horizont. Ich werde in einem Nachtlokal Klosettfrau, die einzige Verdienstmöglichkeit, die sich mir bietet.«[37]

Die Jüdin, Sozialistin und Ärztin Käte Frankenthal hatte von ihrem Exil ebenso Ungewöhnliches zu berichten. Für die »dreifach Verfluchte«[38] war die Emigration nach der Machtergreifung das Naheliegende. Über Prag führte der Weg nach Paris. Hier verdiente sich Käte Frankenthal Geld mit deutschem Konversationsunterricht, den die passionierte Reiterin verbunden mit Reitstunden Töchtern aus besseren Familien gab. 1936 kam sie in Amerika an. Sie absolvierte das Englisch-Examen und erreichte es, daß man ihr eine medizinische Lizenz erteilte. Käte Frankenthal konnte sich später als Psychiaterin niederlassen und wurde 1946 eine der ersten Diplomkandidaten des renommierten William Alason White Institutes of Psychiatry[39] – zu dessen Lehrkörper sie später als Psychoanalytikerin gehören würde. Doch zuvor sah sich die Ärztin auch in Amerika mit der Notwendigkeit konfrontiert, für das bloße Überleben sorgen zu müssen: »Ich suchte Dutzende von Agencies auf, von der professionellen bis zur Fabrikarbeiter-Vermittlung. (...) Ich mußte mich selbständig machen, konnte aber nichts investieren. Ich bewunderte, welche Mengen von Icecream hier in der heißen Zeit überall verschlungen wurden. Ich ging zu einem Verteiler, mietete einen Kasten und verkaufte Icecream in den Straßen von New York.«[40]

Die autobiographischen Schilderungen des Exils zeigen, daß die schreibenden Emigrantinnen – Journalistinnen, Sachbuchautorinnen, Schriftstellerinnen – die Abkehr von ihrer Profession nicht scheuen, wenn die Realität der Existenz den Schritt in die ›Banalität des Überlebens‹ verlangt. Die Bedingungen des Exils verantworten gerade bei ihnen darüber hinaus Veränderungen, Neuorientierungen in der schriftstellerischen Praxis: Das Exil wird Gegenstand, Thema von Romanen und Erzählungen bei Lili Körber und Elisabeth Freundlich, bei Adrienne Thomas (*Reisen Sie ab, Mademoiselle, Das Fenster zum East River*), Irmgard Keun (*D-Zug dritter Klasse, Kind aller Länder*), Anna Seghers (*Transit, Post ins gelobte Land, Das Obdach*), Anna Gmeyner (*Café du Dôme*), Stella K. Hershan (*11. März 1938*), Hilde Spiel (*Lisas Zimmer*) und Vicki Baum (*Hotel Shanghai*). Diese Literatur ist autobiographisch geprägt. Die Autobiographik versteht sich als Dokumentation der historischen Ereignisse zum Beispiel bei Hanna Schramm (*Menschen in Gurs*) und Gertrud Isolani (*Stadt ohne Männer*), und Erika Manns schriftstellerische Arbeit im Exil präsentiert die besondere Form der ›faction‹[41], der Verbindung von fiktionaler und dokumentarischer Darstellung in *The Lights Go Down* und *10 Millionen Kinder*[42], ein literarisches Verfahren, das auch Anna Seghers' Essay *Frauen und Kinder in der Emigration* kennzeichnet. Das Exil erzwingt den Wechsel der literarischen Gattungen; Drama und Lyrik finden weder Bühnen noch Verleger, und insbesondere hier erweist sich der Einbruch des Nationalsozialismus, der die Autorinnen aus Deutschland vertreibt, als Vernichtung einer Kunstepoche.[43] Die literarische Kraft der Dramatikerin Christa Winsloe (*Mädchen in Uniform*) geht mit dem Wechsel zum Roman (*Passegiera, Life Begins*) verloren. Die szenische und dramatische Gestaltungskraft Anna Gmeyners (*Heer ohne Helden, Automatenbüfett*) rhythmisiert den Erzählstil ihrer Romane (*Manja, Café du Dôme*).[44] Gerade Anna Gmeyner aber repräsentiert zusammen mit Vicki Baum, Gina Kaus, Hertha Pauli, Victoria Wolff und Salka Viertel noch einen anderen Wechsel, den das Exil mit sich bringt: Schriftstellerinnen entdecken das Schreiben für den Film als »Nische«[45]. Die Filmarbeit betrachten sie als Broterwerb, als zur Existenzsicherung unerläßlichen Job, der ihnen keinen literarischen Ruhm, dafür aber Geld einbrachte: »Ich nahm jeden Job an, den ich bekommen konnte, obwohl es mir nicht leicht fiel, in den Studios zu arbeiten. (...) Es war sicherlich nicht gut für meine Reputation (...), aber ich brauchte das Geld. Wir waren jetzt eine sechsköpfige Familie, und ich war diejenige, die sie erhalten mußte«[46], so Gina Kaus, und Salka Viertel betonte: »Mein wöchentlicher Scheck bei MGM war zu wichtig, denn der Exodus aus Deutschland hatte begonnen, und es verging kein Tag, an dem ich nicht in Briefen um Hilfe gebeten wurde.«[47]

»Die beruflich weniger qualifizierten Frauen sichern die Existenz der Ehe, der Familie«, so wurde das Phänomen erklärt, daß die Emigrantinnen so häufig und so auffällig erwerbstätig – nicht berufstätig – wurden, bzw. daß ihnen und nicht den Männern Jobs zugänglich waren.

Die angeführten Beispiele zeigen allerdings etwas anderes: Frauen mit spezifischen Berufsausbildungen, mit Berufen, die einen hohen sozialen Status genossen, Frauen, die mindestens ebenso beruflich qualifiziert waren wie die Männer, sichern das materielle Überleben. Ihre Berufsausbildung und ihre Berufspraxis hindern sie nicht an einer existentiell notwendigen Umorientierung. Offenbar flexibel, pragmatisch und hartnäckig stehen die Emigrantinnen für ihre Existenz und für die der Familie ein – das bloße Überleben rückt andere Werte und Identifikationen in den Hintergrund. Auch diese Frauen zeigen die Fähigkeiten, die Anna Seghers als »beträchtliche Leistung« der »einfachen Frau« so hervorgehoben hatte. Diese Emigrantinnen scheuen den Rückschritt in so etwas wie traditionelle weibliche Aufgabenfelder nicht, wenn Hausarbeit oder Kinderbetreuung bezahlt wurden. Nur Käte Frankenthal hat hier selten konsequent argumentiert. Die sogenannte klassische Bestimmung der Frau – Kinder und Haushalt – begriff sie als Beruf, allerdings als einen, für den sie nicht geeignet sei: »Alle Art von Hausarbeit und Kinderhüten kam nicht in Betracht wegen meiner völligen Unfähigkeit dafür.«[48]

Die Emigrantinnen haben die Verschiedenheit der Reaktionen auf die Bedingungen des Exils wahrgenommen. Sie sahen, wie manche Männer sich durch die Anforderungen, Jobs annehmen zu sollen, »erniedrigt und beleidigt« fühlten.[49] »Den Frauen ist es viel leichter gefallen, sich umzustellen. Die haben jede Arbeit angenommen. Und als Frauen waren sie solche Arbeiten ja auch eher gewohnt. Die Männer hatten es da oft schwerer. Für sie bedeuteten diese Arbeiten einen sozialen Abstieg. Als Frau fühlt man sich verantwortlicher für das Funktionieren des Alltagslebens«[50], dies ist die Einschätzung der Literaturwissenschaftlerin Margot Ruben, die mit dem Schriftsteller Karl Wolfskehl nach Neuseeland emigrierte. Die Juristin Ruth Fabian hat diese Einschätzung geteilt. Und mit ihnen die gastgebenden Länder: Die Amerikanerin Lena M. Phillipps hatte in einem Gespräch mit Erika Mann betont, wie leicht es sei, den Frauen zu helfen – läge es nur an ihnen. Sie war nach langer Verbandstätigkeit als Präsidentin der International Federation of Business and Professional Women überzeugt: »Frauen sind so anpassungsfähig, sie lernen so schnell, sie adaptieren sich an eine neue Umgebung weit geschickter als die Männer.«[51]

Den Frauen ist es leichter gefallen, sich im Zeichen der Krise dem Allgemeinen und Notwendigen zu unterwerfen, die elementaren Voraussetzungen des Überlebens zu schaffen, statt an der erschütterten Identität zu verzweifeln. Überlebensstrategie statt Lebensentwurf ist das Gesetz der Krise für die emanzipierte Frau. Die Krise wirft die politisch und wirtschaftlich emanzipierte Frau des 20. Jahrhunderts aus der vermeintlich irreversiblen gesellschaftlichen Selbstbestimmung zurück in die traditionelle Bestimmung des Weiblichen.

Anna Seghers' Bild von der einfachen, gütigen, mütterlichen, starken Frau ignoriert diesen Einbruch. Es ist einfacher, vereinfachend. Es ist auf bemerkenswerte Weise unhistorisch, universal, unabänderlich. Völkerwanderungen, Kriegszüge, Verbannungen: die existentielle Bedrohung fordert die Frauen mit der Kraft heraus, die ihnen seit eh und je eignet und die ihren gesellschaftlichen Ort bestimmt: ihre Mütterlichkeit, Fürsorge, ihre Verantwortung für das gewöhnliche Leben.[52]

Die Vorstellung von solchem geschlechtsspezifischen Vermögen entspringt einer obsoleten Theorie vom Wesen der Frau und zeigt dennoch auf etwas Reales: Im unhistorisch und naturhaft definierten Begriff von der Frau, vom Weiblichen, ist die Überlebensstrategie Teil des weiblichen Lebensentwurfs.

Erika Mann ignoriert den Einbruch nicht. Ihre Intention ist, jenseits ihrer Erklärungsversuche, sehr viel eindeutiger der Moderne und der emanzipierten Frau verpflichtet. Sie entwirft kein Bild, gefüttert bloß von Erfahrungsberichten, sondern sie dokumentiert. In ihrem Blickfeld steht die berufstätige Frau der Gegenwart, die als Emigrantin »vor allem nicht bleiben darf«. Ihre Recherchen und ihr Vortrag führen dem Publikum die fatalen Einreise-, Aufenthalts- und Arbeitsbedingungen vor Augen. Auch wenn sich für Erika Mann die Emigrantin durch jene spezifische Fähigkeit des Überlebens auszeichnet, begreift sie sie doch als Kraft, die die Frauen *für sich* nutzen: um Fuß zu fassen, Erfolg zu haben, sich »zu Hause« zu fühlen.

Der Blick auf die Frauen in der Emigration ist in der zeitgenössischen wie in der gegenwärtigen Perspektive zumeist ein Blick zugleich auf die Familie und auf die Dimensionen des Alltagslebens im Exil. Diese Identifizierung verhindert weitere Erkenntnisse über die »migration from Nazi Germany under the aspect of gender«[53]. Ihre Erforschung benötigt statt dessen differenzierende sozialökonomische und sozialpsychologische Kriterien, die die *verschiedenen Reaktionen der Geschlechter auf die Bedingungen des Exils* erfassen. Insofern ist noch immer »etwas abzuhandeln, was bisher noch niemand versucht hat«.

1 Brief von Anna Seghers an Wieland Herzfelde, 1.9.1939. In: Ursula Emmerich u. Erika Pick (Hg.): *Anna Seghers – Wieland Herzfelde: Gewöhnliches und gefährliches Leben. Ein Briefwechsel aus der Zeit des Exils 1939–1946.* Darmstadt u. Neuwied 1986, S. 34–35. — 2 Tagebuchblätter von Anna Seghers. Zitiert nach: Frank Wagner: *Anna Seghers.* Leipzig 1980, S. 29. — 3 Jeanne Stern: »Das Floß der Anna Seghers«. In: Kurt Batt (Hg.): *Über Anna Seghers. Ein Almanach zum 75. Geburtstag.* Berlin u. Weimar 1975, S. 77–78. — 4 In: *Anna Seghers – Wieland Herzfelde: Gewöhnliches und gefährliches Leben,* a.a.O., S. 186. — 5 Ebd., S. 186. — 6 Anna Seghers: *Transit* (Mexiko 1942, deutschsprachige Erstausgabe 1948). Frankfurt/M.-Olten-Wien 1985 (in der Bibliothek Exilliteratur, hg. v. Hans-Albert Walter). Vgl. hierzu insbes. Hans-Albert Walter: *Anna Seghers' Metamorphosen. Transit – Erkundungsversuch in einem Labyrinth.* Frankfurt/M.-Olten-Wien 1985; Jürgen Barkhoff: »Erzählung als Erfahrungsrettung. Zur Ich-Perspektive in Anna Seghers' Exilroman *Transit«.* In: *Exilforschung. Ein internationales Jahrbuch.* Bd. 9: *Exil und Remigration.* München 1991. — 7 Die ersten grundlegenden Arbeiten zum Thema wurden von Gabriele Kreis: *Frauen im Exil. Dichtung und Wirklichkeit.* Düsseldorf 1984, und Heike Klapdor-Kops: *Heldinnen. Die Gestaltung der Frauen im Drama deutscher Exilautoren 1933-1945* (Ergebnisse der Frauenforschung an der Freien Universität Berlin, Bd. 3). Weinheim u. Basel 1985, vorgelegt. Auf methodisch unterschiedliche Weise durchgeführt, gingen beide Untersuchungen von derselben Frage aus: inwieweit die ›Heldinnen‹, die augenfällig idealen und positiven Frauenfiguren der Exilliteratur vor dem Hintergrund einer realen Situation – des Überlebens im Exil – entstehen und sich ihr Entwurf womöglich aus Erfahrungen des Exils speist. In der Folge erschienen zahlreiche biographisch orientierte Einzeluntersuchungen und Wieder- bzw. Erstveröffentlichungen von Werken exilierter Schriftstellerinnen. Vgl. zum Thema Frauen im Exil: Renate Wall: *Verbrannt, verboten, vergessen. Kleines Lexikon deutschsprachiger Schriftstellerinnen.* Köln 1986; Shelley Frisch: The Germanic Review. Special Issue: *Women in Exile* 62 (1987) No. 3; Claudia Schoppmann: *Im Fluchtgepäck die Sprache. Deutschsprachige Schriftstellerinnen im Exil* (Anthologie von Texten). Berlin 1992. — 8 Wolfgang Benz nennt in der Einleitung seines Buches über *Das Exil der kleinen Leute* die Erfolge der etablierten Exilforschung »beachtlich« (S. 8), merkt jedoch an, daß die Perspektive auf literarische, politische und gelehrte »Emigrantenprominenz« »nicht das gewöhnliche Exil« erfaßt (S. 9). Alltagsleben und reale Existenz der Emigrantinnen und Emigranten bedürfen »als beträchtliches Stück der Realität der Erforschung erst noch« (S. 9). (Wolfgang Benz (Hg.): *Das Exil der kleinen Leute. Alltagserfahrung deutscher Juden in der Emigration.* München 1991). Vgl. in theoretisch-begrifflicher Hinsicht: Herbert A. Strauss: »Zur sozialen und organisatorischen Akkulturation deutsch-jüdischer Einwanderer der NS-Zeit in den USA«. In: Wolfgang Frühwald u. Wolfgang Schieder (Hg.): *Leben im Exil. Probleme der Integration deutscher Flüchtlinge im Ausland 1933–45.* Hamburg 1981; Gisela Bock: »Historische Frauenforschung: Fragestellungen und Perspektive«. In: Karin Hausen (Hg.): *Frauen suchen ihre Geschichte.* München 1983, S. 22 ff.; Gisela Bock: *Geschichte, Frauengeschichte, Geschlechtergeschichte.* European University Institut Florenz EUI Working paper No. 87/273. Florenz 1987. Vgl. überdies zum Thema: Manfred Briegel u. Wolfgang Frühwald (Hg.): *Die Erfahrung der Fremde. Kolloquium des Schwerpunktprogramms der DFG.* Hamburg 1988. — 9 Erika Mann: *Business and Professional Women in Exile* (Ms.). In: Erika Mann Archiv der Handschriftensammlung der Stadtbibliothek München (Sign. EM 33), S. 1. — 10 Anna Seghers: »Frauen und Kinder in der Emigration«. In: *Anna Seghers – Wieland Herzfelde: Gewöhnliches und gefährliches Leben,* a.a.O., S. 129-131. Erika Mann hielt in den USA einen Vortrag über *Women and Children as Hitler's Victims.* Ms. im Erika Mann Archiv der Handschriftensammlung der Stadtbibliothek München (Sign. EM 199). — 11 Ebd., S. 129. — 12 Erika Mann: *Business...,* a.a.O., S. 1-2. — 13 Diesem Entwurf korrespondiert ein Frauenbild in der Exilliteratur aus männlicher Sicht, für das Berthold Viertels Gedicht *Die Frauen* exemplarisch ist: »Die durchs Exil uns trugen / Die Frauen, uns verbunden, / Die törichten und klugen / Haben den Weg gefunden. // Der ging über Berge und Meere, / Im endlosen Trott und mit Hast. / Und der Mann war oft eine schwere, / Undankbare Last. // (...) Als ob wir zuhause wären / Auf der ziellosen Flucht. // Nester zu baun und zu räumen, / Wie es dem Zufall gefällt. / Und von der Zukunft zu träumen / In zerfallender Welt.« Aus: Ernst Ginsberg (Hg.): *Berthold Viertel: Dichtungen und Dokumente. Gedichte, Prosa, Autobiographische Fragmente.*

München 1956, S. 58. — **14** In: Freies Deutschland 1 (1941/42) No. 12, S. 16. Zitiert nach: Lieselotte Maas: *Deutsche Exilpresse in Lateinamerika.* Frankfurt/M. 1978, S. 20. — **15** AUFBAU Vol. VI, No. 9, 1.3.1940. Vgl. auch den Bericht über die erste Veranstaltung der Immigrants Conference 1939 zum Thema ›Frauen in der Emigration‹ im AUFBAU vom 15.3.1940; Will Schaber: »Frauen im Alltag. Über die Arbeit des Deutschen Historischen Instituts in Washington«. In: AUFBAU, 22.12.1989. — **16** Anna Seghers: »Frauen und Kinder in der Emigration«, a.a.O., S. 133–34. — **17** Erika Mann: *Business...*, a.a.O., S. 6. — **18** Vgl. hierzu vor allem die Exilromane, z.B. von Lion Feuchtwanger (*Exil*), Adrienne Thomas (*Reisen Sie ab, Mademoiselle*), Klaus Mann (*Der Vulkan*), Bruno Frank (*Der Reisepaß*), Anna Gmeyner (*Café du Dôme*) und Irmgard Keun (*D-Zug dritter Klasse*). Den emigrierten jüdischen Filmagenten Paul Kohner, dessen Agentur in Hollywood ab 1937 zu einer Drehscheibe der in die USA emigrierten Künstler, Filmleute und Schriftsteller wurde, erreicht im Januar 1949 die Synopsis eines Romans *Exiled in Paradise.* Seine Autorin Meg Hale bittet Kohner zu prüfen, ob »the topic has any chance«: Die Handlung »deals with a woman who came to this country from abroad.« Allein mit zwei Kindern ist die Heldin »confronted with the necessity to earn living.« Sie eröffnet ein Foto-Studio, hat Erfolg und bezieht ein großes Haus für sich und »all people from abroad for whom she is trying to make a home of her house.« Der Briefkopf von Meg Hale weist auf ein Foto-Studio hin, und offensichtlich hat die Autorin Biografisches verarbeitet, das 1949 im Zeichen von Dankbarkeit gegenüber dem Gastland steht. (Brief von Meg Hale an Paul Kohner. In: Sammlung Paul Kohner im Nachlaßarchiv der Stiftung Deutsche Kinemathek Berlin. Der für die Exilforschung bedeutende Nachlaß der Agentur Kohner wurde 1989 bis 1992 mit Mitteln der DFG erschlossen.) — **19** Hans-Albert Walter: *Deutsche Exilliteratur 1933–1950.* Bd. 2: *Asylpraxis und Lebensbedingungen.* Stuttgart 1978, S. 245. — **20** Ernst-Josef Aufricht: *Erzähle, damit du dein Recht erweist.* Frankfurt/M.-Berlin-Wien 1966, S. 145. — **21** Alfred Kantorowicz: *Exil in Frankreich. Merkwürdigkeiten und Denkwürdigkeiten.* Bremen 1971, S. 58. — **22** Vgl. hierzu die Schilderungen von Charlotte Beradt in: Bernt Engelmann (Hg.): *Literatur des Exils. Eine PEN-Dokumentation.* München 1981, S. 29 ff., und in: Gabriele Kreis: *Frauen im Exil,* a.a.O., S. 92 ff. — **23** Alfred Unger: »Die Entwicklung einer geistigen Front gegen die Verfälschung der deutschen Kultur durch die Nazis«. In: Walter Zadek (Hg.): *Sie flohen vor dem Hakenkreuz. Selbstzeugnisse der Emigranten. Ein Lesebuch für Deutsche.* Reinbek bei Hamburg 1981, S. 151–152. — **24** Manfred Durzak: »Laokoons Söhne. Zur Sprachproblematik im Exil«. In: Akzente 21 (1974), H. 1, S. 55. — **25** Alfred Kantorowicz: »Alltag in der Emigration«. In: ders.: *Porträts. Deutsche Schicksale.* Berlin 1947, S. 83, 86. — **26** Ernest Bornemann: »Vom freiwilligen Exil«. In: *Literatur des Exils. Eine PEN-Dokumentation,* a.a.O., S. 54. Peter Gay hat auf ähnliche Weise die Verdienste der Frauen und ihre Bedeutung im Exil gewürdigt in einem Vortrag über *Das erste Geschlecht – eine Würdigung und ein Überblick* auf der Tagung »Women in the Emigration after 1933«, Washington D.C., Oktober 1991. — **27** Ebd. Vgl. hier auch das Bild, das Berthold Viertel in seinem Gedicht entwirft: »Als ob wir zuhause wären / Auf der ziellosen Flucht« (a.a.O., S. 58). — **28** In: AUFBAU Vol. VI, No. 9, 1.3.1940. — **29** Hans-Albert Walter: *Deutsche Exilliteratur 1933–1950.* Bd. 2, a.a.O., S. 246. — **30** Unter dem Titel *In der Fremde zu Haus? Frauen im Exil* fand 1982 in Hamburg eine Diskussionsveranstaltung statt, zu der Ruth Fabian, Erna Blencke, Karola Bloch, die Lyrikerin Magdalene Marcuse-Grünberg und die Kindergärtnerin Ruth Gleißberg eingeladen waren, um mit den Exilforscherinnen Gabriele Kreis, Hamburg, Pascale Eberhard, Paris, und Heike Klapdor, Berlin, über ihre Exilerfahrungen zu sprechen. Die Schilderungen hier gehen auf dieses Gespräch zurück. Vgl.: Heike Klapdor: »In der Fremde zu Haus? Frauen im Exil. Bericht über ein Gespräch«. In: EXIL 1982, Nr. 3. Darüber hinaus: Ruth Fabian und Corinna Coulmas: *Die deutsche Emigration in Frankreich nach 1933.* München 1978. Gabriele Mittag (Hg.): *Gurs. Deutsche Emigrantinnen im französischen Exil.* Berlin 1991. — **31** Charlotte Beradt, in: *Literatur des Exils. Eine PEN-Dokumentation,* a.a.O., S. 33. — **32** Zitiert nach: Gabriele Kreis: »Lili Körber. Leben und Werk«. Vorwort zur Neuauflage des Romans *Die Ehe der Ruth Gompertz* von Lili Körber. Mannheim 1984, S. 13. Vgl. zum Zusammenhang von Emigration und schriftstellerischer Arbeit bei Lili Körber auch: Herta Wolf: »Lili Körber. Eine Emigration in die Vergessenheit«. In: Johann Holzner u.a. (Hg.): *Eine schwierige Heimkehr. Österreichische Literatur im Exil 1938–1945.* Innsbruck

1991, S. 285 ff. — **33** Lili Körber: *Die Ehe der Ruth Gompertz.* Mannheim 1984, S. 205. — **34** Zitiert nach: Gabriele Kreis: *Frauen im Exil,* a.a.O., S. 71. — **35** *Der Seelenvogel* (erschienen 1986), *Invasion Day* (1948). 1986 erschienen in Mannheim unter dem Titel *Finstere Zeiten.* Vier Erzählungen von Elisabeth Freundlich, mit einem Nachwort von Werner Fuld. — **36** »›Bloch hielt einen Vortrag über Träume vom besseren Leben.‹ Gespräch mit Toni Oelsner«. In: Mathias Greffrath (Hg.): *Die Zerstörung einer Zukunft. Gespräche mit emigrierten Sozialwissenschaftlern.* Reinbek bei Hamburg 1979, S. 246. — **37** Doris Dauber: *Eine Nacht — ein Leben.* Buenos Aires 1945. Die Erinnerungen, die die Autorin einen Roman nennt, widersprechen jedem Amusement. Sie halten ein von Verfolgung und Krankheit gezeichnetes Leben fest, aufgeschrieben in einer vom Tode dunklen Nacht (Prolog und Epilog). — **38** Käte Frankenthal: *Der dreifache Fluch: Jüdin, Intellektuelle, Sozialistin. Lebenserinnerungen einer Ärztin in Deutschland und im Exil.* Hg. von Kathleen M. Pearle u. Stephan Leibfried. Frankfurt/M. 1981. Grete Schön, die mit Hilfe des Filmagenten Paul Kohner in die Vereinigten Staaten einreisen und 1939 die Tschechoslowakei verlassen konnte, nannte es in einem Brief an Kohner »ein Malheur, Emigrantin und Jüdin zu sein, eines davon würde ausreichend genügen.« Ihren Dank für das Affidavit verband sie mit der Versicherung, »dass ich Euch keinem in Amerika zur Last fallen werde (...). Ich habe es gelernt, mir mein Brot selbst zu verdienen.« (Brief von Grete Schön an Paul Kohner, 16.8.1939. In: Sammlung Paul Kohner, a.a.O.) — **39** Vgl. hierzu auch das Schicksal von Hertha Nathorff, einer ehemals erfolgreichen Medizinerin in Berlin, die nach dem Tode ihres Mannes in Amerika eine fünfte ›Karriere‹ machte als Psychotherapeutin an der angesehenen Alfred Adler Mental Hygiene Clinic. (*Das Tagebuch der Hertha Nathorff. Berlin – New York. Aufzeichnungen 1933–1945.* Hg. u. eingeleitet von Wolfgang Benz. Frankfurt/M. 1988). — **40** Käte Frankenthal: *Der dreifache Fluch,* a.a.O., S. 242–243. — **41** Guy Stern u. Brigitte V. Sumann: *Women's Voices in American Exile.* (Ms.) Vortrag, gehalten auf der Tagung »Women in the Emigration after 1933«, Washington D.C. 1991 (S. 6). — **42** Vgl. hierzu: Irmela von der Lühe: »Gegen den Alltag. Erzählungen aus dem Alltag. Erika Manns ›The Lights Go Down‹ 1940«. In: Helmut F. Pfanner (Hg.): *Der Zweite Weltkrieg und die Exilanten. Eine literarische Antwort.* Bonn 1991, S. 159 ff. 1993 erscheint: Irmela von der Lühe: *Erika Mann. Eine Biographie.* Frankfurt/M. — **43** Der Einbruch des Nationalsozialismus in Deutschland zerstörte den nach dem Ersten Weltkrieg sich entfaltenden Erfolg von Dramatikerinnen. Vgl. hierzu: Heike Klapdor-Kops: »Dramatikerinnen auf deutschen Bühnen. Notwendige Fortsetzung einer im Jahr 1933 unterbrochenen Reflexion«. In: TheaterZeitSchrift 9 (1984), S. 57 ff. und: Anne Stürzer: *Dramatikerinnen und Zeitstücke. Ein vergessenes Kapitel der Theatergeschichte von der Weimarer Republik bis zur Nachkriegszeit.* (Ergebnisse der Frauenforschung an der Freien Universität Berlin, Bd. 30). Stuttgart 1993. — **44** Vgl. hierzu: Anna Gmeyner: *Manja. Roman um fünf Kinder.* Mit einem Vorwort von Heike Klapdor-Kops. Mannheim 1984; Heike Klapdor-Kops: »›Und was die Verfasserin betrifft, laßt uns weitersehen.‹ Die Rekonstruktion der schriftstellerischen Laufbahn Anna Gmeyners«. In: *Exilforschung. Ein internationales Jahrbuch.* Bd. 3: *Gedanken an Deutschland im Exil.* München 1985; Heike Klapdor-Kops: »Anna Gmeyner. Eine Heimkehr, die noch stattzufinden hat«. In: Johann Holzner u.a. (Hg.): *Eine schwierige Heimkehr. Österreichische Literatur im Exil 1938-1945.* Innsbruck 1991. — **45** Guy Stern u. Brigitte V. Sumann: *Women's Voices in American Exile,* a.a.O., S. 12. — **46** Gina Kaus: *Und was für ein Leben* (Erinnerungen). München 1979, S. 255–256. — **47** Salka Viertel: *Das unbelehrbare Herz. Ein Leben in der Welt des Theaters, der Literatur und des Films* (Erinnerungen). Hamburg u. Düsseldorf 1970, S. 187. Die Korrespondenzen im Agenturarchiv Paul Kohner enthalten einiges Material über die Arbeit der exilierten Drehbuchautoren. Vgl. zum Thema auch: Hans-Bernard Moeller: »Exilautoren als Drehbuchautoren«. In: John M. Spalek u. Joseph Strelka (Hg.): *Deutschsprachige Exilliteratur seit 1933.* Bd. 1: *Kalifornien.* Bern u. München 1976. — **48** Käte Frankenthal: *Der dreifache Fluch,* a.a.O., S. 211. — **49** Alice Herdan-Zuckmayer: *Die Farm in den grünen Bergen.* Frankfurt/M. 1956, S. 13. — **50** Margot Ruben im Gespräch mit Gabriele Kreis. In: Gabriele Kreis: *Frauen im Exil,* a.a.O., S. 83. — **51** Erika Mann: *Business and Professional Women,* a.a.O., S. 7. — **52** Dieses Bild bestimmt im übrigen die Frauenfiguren in Anna Seghers' Romanen und Erzählungen, vgl. hierzu neben *Transit* die Erzählungen *Post ins gelobte Land* (1943–44) und *Das Obdach* (1941), ein »Denkmal der Dankbarkeit« für das

Zufluchtsland Frankreich (zit. nach: Frank Wagner: *Anna Seghers*, a.a.O., S. 44). Unter den Bedingungen des Exils gewinnt das Schreiben eine existentielle Funktion, die Anna Seghers in einem Brief an Wieland Herzfelde deutlich macht: »Man ist manchmal schrecklich allein, aber wenn ich arbeite, wenn ich meine Erzählungen und meine Romane schreibe, bleibe ich ruhig und tapfer und fröhlich« (*Anna Seghers – Wieland Herzfelde. Gewöhnliches und gefährliches Leben*, a.a.O., S. 38). Dieses Verhältnis von Erleben und Verarbeiten produziert im Werk ein Verhältnis von Mythos und Realität, und gerade die Frauengestalten haben eine mythologische Dimension: »Mythologische Tiefe haben die zeitgenössischen Erzählungen (...). Diese Verschmelzung ist das Zeichen ihrer Prosa« (Christa Wolf: »Zeitschichten«. In: *Anna Seghers. Ausgewählte Erzählungen*. Darmstadt u. Neuwied 1983, S. 363). — **53** Guy Stern u. Brigitte V. Sumann: *Women's Voices in American Exile*, a.a.O., S. 1.

Sonja Hilzinger

»Ich hatte nur zu schweigen«
Strategien des Bewältigens und des Verdrängens der Erfahrung
Exil in der Sowjetunion am Beispiel autobiographischer Texte

I

Verschweigen, Verdrängen, Vergessenwollen sind lebensgeschichtliche und gesellschaftliche Verhaltensweisen, die sich besonders in der deutschen Geschichte verhängnisvoll ausgewirkt haben. Aus der »Unfähigkeit zu trauern« (Alexander und Margarete Mitscherlich) erwuchs die »Zweite Schuld« (Ralph Giordano) der Deutschen im Westen des geteilten Landes. Spätestens nach der Vereinigung der beiden deutschen Staaten wurde deutlich, daß sich die jeweilige Blindheit der West- und der Ost-Deutschen auf dem rechten bzw. dem linken Auge auf fatale Weise ergänzt hatte. Die menschenvernichtende Politik der Nationalsozialisten, die Deutschland und Europa mit Massenmord, Krieg und Terror überzogen, kann nicht relativiert werden durch die stalinistischen Verbrechen gegen die Menschlichkeit, die bis zum Zusammenbruch der Länder des Stalinismus andauerten.

Zur deutschen Geschichte dieses Jahrhunderts gehören nicht nur die Menschen, die den Faschismus an die Macht brachten, sondern auch diejenigen, die ihn unter Einsatz ihres Lebens bekämpften, und diejenigen, die ins Exil gezwungen wurden. Unter den Nazigegnern, die mit der Kommunistischen Partei sympathisierten oder Parteimitglieder waren, wählten viele die Sowjetunion als Exilland, weil sie dort ihren antifaschistischen Kampf fortsetzen und in ihren erlernten Berufen arbeiten konnten.

So zum Beispiel die Schauspielerin und Kabarettistin Hedda Zinner (geboren 1905), die 1935 gemeinsam mit ihrem Mann Fritz Erpenbeck nach Moskau emigrierte, wo sie als Rundfunkkommentatorin und Hörspielautorin arbeitete; oder die promovierte Germanistin und 1. Sekretärin des Bundes proletarisch-revolutionärer Schriftsteller Trude Richter (geboren 1899), die 1934 nach Moskau kam, sich hier, betreut von Georg Lukács, habilitierte, Lehrbücher für deutsche Sprache und Literatur schrieb und als Deutschlehrerin arbeitete; oder die Ärztin Edith Auerbach (geboren 1903), die 1935 in die Sowjetunion emigrierte und in Saratow an der wolgadeutschen Medizinischen Fakultät als Oberärztin tätig war; oder die Stenotypistin Gertrud Bernier (geboren 1901), die 1934 nach Moskau kam und zuerst in der Redaktion der *Deutschen Zentral Zeitung*, später als Sanitätshelferin arbeitete;

32 Sonja Hilzinger

oder die Kindergärtnerin Margarete Buber-Neumann (geboren 1901), die Schauspielerin Carola Neher (geboren 1905), die Fotografin und Journalistin Waltraut Nicolas (geboren 1897), die Stenotypistin Grete Wilde (geboren 1904) – die Liste der deutschen Emigrantinnen in der Sowjetunion nach 1933 ist um viele Namen zu verlängern. Die Lebensgeschichten dieser Frauen wurden durch die Erfahrungen im sowjetischen Exil ebenso entscheidend wie unterschiedlich geprägt. Nur wenige überlebten die Zeit des Krieges und der stalinistischen Repressionen relativ unbeschadet, wie Hedda Zinner, Berta Lask, Dora Wentscher, Klara Blum, Inge von Wangenheim, Olga Halpern, Ruth von Mayenburg, Else Wolf (und andere). Viele wurden vom sowjetischen Geheimdienst NKWD verhaftet und überlebten bis zu zwanzig Jahre Lagerhaft und Verbannung, darunter Alice Abramowitz, Edith Auerbach, Tatjana Beck, Lilly Beer-Jergitsch, Margot Benjamin, Gertrud Bernier, Julie Bevern, Irma Brandt, Lotte Brann, Gertrud Braun, Helene Busse, Berta Daniel, Berta Dausacker, Gerda Dirr, Klara Döll, Emma Dornberger, Hilde Duty, Frieda Düwell, Wilhelmine-Karoline Edelberg, Anni Etterer, Anna Fehler, Karla Flach, Anna Franken, Flora Franken, Selma Gabelin, Dorothea Garai, Elisabeth Glesel, Marta Globig-Tschjan, Roberta Gropper, Luise Hadrossek, Katharina Harig, Brunhilde Hebel, Elisabeth Hemmerling, Helene Kausmann, Jeanette Kippenberger, Margot Kippenberger, Anna Christina Kjossewa, Elfriede Klaege, Margrit Knipschild, Erna Kolbe, Elisabeth Kupferstein, Frida Lenz, Susanne Leonhard, Käthe Lesch, Elinor Lipper, Marie Löwe, Nora Macker, Kreszentia Mühsam, Anna Müller, Ilse Münz, Fanny Neumann, Erna Petermann, Luise Rang-Sebelin, Lotte Rautenberg, Charlotte Reutter, Trude Richter, Friederike Ries, Käthe Röhrig, Emma Rupprecht, Antonie Satzger, Anni Sauer, Erna Schäfter, Olga Shapiro, Adele Schiffmann, Elisabeth Schmidt, Eva Schneider, Elisabeth Schneidratus, Betty Schönfeld, Käthi Schulz, Irmgard Schünemann, Anna Stegmaier, Edith Steinberger, Emma Stenzer, Ruth Minna Stolpin-Pintschuk, Else Taubenberger, Anna Trottner, Cläre Vater, Inge Völker, Johanna Wilke, Else Würz, Ruth Zimmt, Helene Zirkel. Unter den Frauen, die ohne Gerichtsverfahren erschossen wurden oder in Gefängnissen und Arbeitslagern ums Leben kamen, waren Valentina Adler, Irene Benz, Else Boguslawski, Erna Dannemann, Maria Drechsler, Dorothea Friedländer, Goldine Fröhlich, Gertrud Ganske, Käthe Gußfeld, Hedi Gutmann, Thea Kippenberger, Änne Krüger, Wilhelmine Lass, Martha Moritz, Erna Müller, Charlotte Mundt, Carola Neher, Maria Osten, Käthe Pohl, Ruth Prange, Anna Remmele, Martha Ruben-Wolf, Anna Schmückle, Marga Schröder, Gerda Schüler, Erna Schulz-Masla, Anna Tieke, Grete Wilde. Eine Anzahl Frauen schließlich wurde ausgewiesen oder im Rahmen des deutsch-sowjetischen Nichtangriffsvertrags aus stalinistischen Lagern nach Nazideutschland abgeschoben oder kehrte aufgrund von Repressionen nach Deutschland zurück wie Elisabeth Bitsch,

Franziska Bohak, Margarete Buber-Neumann, Elsa Buchmüller, Lydia Feyerherd, Frieda Gewert, Charlotte Grünberg, Franziska Günther, Hilde Hauck, Hilde Hauschild, Anna Herzig, Karoline Herzig, Margarete Mengel, Nina Metzger, Gertrud Meyer, Charlotte Müller, Waltraut Nicolas, Betty Olberg, Edith Philipp, Käthe Rosenbaum, Jenny Schulvater, Ernestine Schweitzer, Marianne Selter, Margarete Siebert, Anna Singvogel, Brunhilde Weinreich-Rubinstein, Erna Wloch und andere. Über das Schicksal vieler anderer Emigrantinnen ist nichts weiteres bekannt.[1] Die Lebensbedingungen im sowjetischen Exil waren sehr unterschiedlich; durch den Überfall der deutschen Wehrmacht auf die Sowjetunion verschlechterten sich die Lebensverhältnisse insgesamt, von den Evakuierungen waren auch deutsche Emigranten betroffen. Diejenigen, die während der ersten Verhaftungswelle 1936 bis 1938 verhaftet worden waren, waren gänzlich isoliert; weder Informationen über den deutsch-sowjetischen Nichtangriffsvertrag noch über den Einmarsch der Wehrmacht in Österreich und in der Tschechoslowakei, weder Nachrichten vom Verlauf des Krieges im Westen noch vom Überfall auf die Sowjetunion und schließlich von der militärischen Niederlage des Nationalsozialismus haben sie erreicht. Das Leben und die körperliche Arbeit in den Lagern fanden unter unvorstellbar schweren Bedingungen statt. Die Lagerwelt war mit einer eigenen sozialen Hierarchie ausgestattet, die kriminellen Häftlinge tyrannisierten die politischen, die Frauen prostituierten sich für ›Lebensmittel‹ im weitesten Sinn, die Essensversorgung hing von der Arbeitsleistung ab, die Häftlinge wurden durch die klimatischen Bedingungen, durch Hunger und Krankheit zugrundegerichtet. Übereinstimmenden Angaben und Schätzungen zufolge haben nur etwa 10% aller Häftlinge in den stalinistischen Lagern die Haft überlebt.[2] Von den Überlebenden kehrten die meisten Mitte der fünfziger Jahre in die DDR zurück. Die Problematik der Rückkehr und Wiedereingliederung ehemaliger politischer Emigranten aus der Sowjetunion, die dort Opfer der stalinistischen Säuberungen geworden waren, wurde in der DDR offiziell verdrängt.[3] Von den aus Stalins Lagern zurückgekehrten Kommunisten forderten ihre Genossen Schweigen.[4]

II

Im westlichen Nachkriegsdeutschland wurden die Säuberungen und ihre deutschen Opfer zum Thema während des Kalten Krieges.[5] Insbesondere die Erfahrungsberichte überlebender Opfer wie Margarete Buber-Neumann (1901–1989) (*Als Gefangene bei Stalin und Hitler*, 1949) oder Susanne Leonhard (1895–1984) (*Gestohlenes Leben. Schicksal einer politischen Emigrantin in der Sowjetunion*, 1956) wurden gegen den ausdrücklichen Willen ihrer

Autorinnen zur politischen Waffe gegen den Kommunismus funktionalisiert.[6]

Der autobiographische Bericht einer weiteren Autorin ist heute nahezu vergessen: Waltraut Nicolas' Buch *Die Kraft, das Ärgste zu ertragen. Frauenschicksale in Sowjetgefängnissen* (1958).[7] Nicolas' Bericht umfaßt die Zeit kurz vor ihrer Verhaftung in Moskau im November 1936 bis zum Augenblick der Auslieferung an die Deutschen im Januar 1941 in Brest-Litowsk. Wie andere Heimkehrer aus der Sowjetunion mußte Nicolas einen schriftlichen Bericht über ihren Aufenthalt abgeben und wurde in den Kriegsjahren regelmäßig zu Gestapo-Verhören bestellt. In dieser Zeit schrieb sie ihre Lagererinnerungen auf.

Nicolas' Bericht beginnt mit der Beschreibung einer unheimlichen Stimmung im herbstlichen Moskau, wo die Männer des NKWD, des sowjetischen Geheimdienstes, auf Menschenfang ausgehen. Bildhaft und konkret gibt Nicolas ihr Erleben wieder, allerdings unter nahezu völliger Auslassung von Daten. Bei der politischen Standortbestimmung ihrer Person und der politischen Bewertung des Erlebten und Gesehenen geht sie sehr zurückhaltend vor. Reflexionen zielen nicht auf politische Zusammenhänge, sondern ausschließlich auf Persönliches: die Liebe zu ihrem Mann, den Sinn der Ehe, die Bedeutung des christlichen Glaubens für ihr Leben.[8] Verhaftung, Verhöre, Haft in Massenzellen, Deportation und die Strapazen des Lageralltags beschreibt Nicolas als terroristische Willkürakte einerseits, denen sie ohnmächtig ausgeliefert ist, und als Weg der Bewährung, der Selbstfindung und der Solidarität mit Leidensgenossinnen andererseits, der das Eigentliche jedes Menschen unverstellt zutrage treten ließ. Eines Tages begegnet sie bei einem Transport im Gefängniswagen, dem ›Schwarzen Raben‹, ihrem Mann; dessen Mitgefangene schicken ihr, als sie getrennt werden, Lebensmittel und Zigaretten. Durch diesen Akt der Solidarität entsteht in ihr ein Vertrauen, das während ihrer Lagerzeit durch nichts zu erschüttern gewesen zu sein scheint. »Ich weiß auf einmal: was auch mit dir geschieht, du wirst nie allein sein. Immer werden Menschen da sein, die dir helfen, die auf dich warten, weil der gleiche Wind eure Schicksale verwehte.«[9]

Dieser vertrauensvollen Ergebenheit stehen in hartem Kontrast gegenüber die Berichte über das Leben in den Lagern und die Lebensgeschichten von Mitgefangenen, über die Absurdität der Beschuldigungen, denen die politischen Gefangenen ausgesetzt sind, über Verrat und Denunziation, über Prostitution, Diebstahl und Erpressung, über massenhaftes Sterben von Gefangenen an Ruhr, Typhus, Skorbut und anderen Krankheiten, über Hunger, Kälte, körperliche Schwerstarbeit, über das Begrabensein bei lebendigem Leib. »Und langsam geht uns ein Begriff auf, was das ist: das Lager Kotlas. Es ist nicht irgendein von Stacheldraht begrenztes Terrain, das vielleicht als kleiner Punkt auf der Landkarte verzeichnet ist, – es ist ein Land, mindestens so groß wie Bulgarien. Ein unheimliches, unerschlossenes Land, in das man Tausende von Gefangenen gejagt hat, um es urbar zu machen.«[10]

Die Rationalisierung der Massenverhaftungen als planvolle Maßnahme zur Urbarmachung unwirtlicher Gebiete der Sowjetunion wie Kasachstan, Mittelasien, Marinsk, Kolyma, die Komi-Republik usw. wird in Nicolas' Bericht zwar angeführt, aber gleichzeitig als verhängnisvoller Trugschluß sichtbar gemacht.[11]

Im Winter 1940/41 kommt Nicolas ›auf Transport‹ nach Moskau; ihre Mitgefangenen denken, sie käme frei. Beim Abschied von der russischen Ärztin Tatjana und dem Deutschen Wagner gibt sie ein stummes Versprechen, »denen draußen [zu] erzählen von uns«[12]. Daß sie frei kommen wird und die anderen im Lager bleiben, wird für Nicolas zur Last »einer unbezahlbaren Schuld«[13]. Im Moskauer Gefängnis Butyrka kommt sie in eine Zelle, wo deutsche Gefangene auf ihre Ausweisung warten. Im Gespräch mit der Zellengenossin Hanna beginnt Nicolas das Erlebte zu bewerten; was ihr selbst angetan worden ist, glaubt sie vergessen zu können, aber nicht die Schicksale ihrer Mitgefangenen. Die Übergabe der vier Frauen und vierzehn Männer an die Deutschen ist die Schlußszene des Buches. Nicolas nutzt diese Episode, um zu zeigen, wie die Sowjets den Auslieferungsvertrag sabotierten: Während die NKWD-Leute die Namen verlesen, gehen die Aufgerufenen über die Brücke an der russisch-polnischen Grenze »dem heimatlichen Ufer zu«[14], aber sieben Mann müssen zurück, weil die Namensliste vom Wind weggeweht wird.

Das völlige Fehlen von Haß und Bitterkeit und ideologischer Auseinandersetzung, das Mitgefühl und die Solidarität, die Waltraud Nicolas' Berichte von Mitgefangenen prägen und die dokumentarische Genauigkeit, mit der sie alltäglich gewordene furchtbare Erlebnisse und Beobachtungen in Gefängnissen und Lagern festhält, machen ihr Buch zu einem Zeugnis, das sich jeglicher Funktionalisierung entzieht; es spricht nicht die Sprache einer Ideologie, sondern die Sprache der Menschlichkeit.[15] Die Bearbeitung der Lagererfahrung geschieht in Nicolas' Buch vor allem durch Relativierung: zum einen relativiert sie ihr eigenes Schicksal als eines von unzähligen anderen, die häufig noch furchtbarer sind; zum anderen relativieren die Gedanken an ihren – wie sie jahrelang glaubte – weiterhin inhaftierten Mann das eigene Leid. Hinter dieser Strategie steht letztlich die im christlichen Glauben verankerte Vorstellung von der Nichtigkeit des einzelnen Lebens und Leidens, gemessen am Leid der Welt. Insofern Nicolas von sich selber spricht, geschieht dies nicht, indem sie ihr Erleben individualisiert, sondern indem sie es exemplifiziert. Dieser Teil ihrer Lebensgeschichte, den sie in ihrem Buch beschreibt, wird zum Exempel dessen, was Menschen anderen Menschen antun können im Namen einer Ideologie.

Die Restauration in der Nachkriegszeit, das Vergessenwollen und Verdrängen von Faschismus und Krieg erlebte Nicolas als politisches Klima, das auch sie zum Schweigen brachte, weil sie nicht bereit war, in die antikommunistischen Parolen des Kalten Krieges einzustimmen.[16] Fremdheit und Einsamkeit, das Gefühl, zwischen zwei Fronten als ›Verräterin‹ vergessen zu sein, bestimmten ihr Leben in Deutschland.

III

In ihrem Roman *Das Vertrauen* (1968) hat Anna Seghers das Schweigen als gültiges Denk- und Handlungsmuster der fünfziger Jahre in der DDR literarisch abgebildet. Die Wahrheit – daß deutsche Kommunisten, die vor dem Faschismus in das ›Vaterland der Werktätigen‹ geflohen waren, während der stalinistischen Säuberungen verfolgt, inhaftiert, deportiert und ermordet worden sind – sei den Menschen, die für den sozialistischen Aufbau gewonnen werden sollten, nicht zuzumuten, würde sie nur verwirren.[17] Im Herbst 1953 läßt Seghers Richard Hagen, den Parteisekretär im Stahlwerk Kossin und ehemaligen Spanienkämpfer, ein Gespräch mit dem vom russischen Kommandanten eingesetzten Werksleiter Ulsperger führen, in welchem dieser in Andeutungen von seiner kurzzeitigen Verhaftung während der stalinistischen Säuberungen spricht. Auf Richards Frage, warum Ulsperger ihm und den anderen nicht die Wahrheit gesagt habe, erwidert dieser: »Was für 'nen Zweck hätte das gehabt? (...) Denk du mal nach, was hätte sich denn für dich geändert, wenn du's gewußt hättest, daß dort mal ein Ulsperger schuldlos eingesperrt wurde? Hättest du jetzt im Juni etwas andres getan? Nein, du hättest nichts anderes getan. Und in Hitlerdeutschland? Erst recht nicht. Und in Spanien, gegen Franco, der den Bauern Erde und Wasser stahl und wieder stiehlt? Nein, nichts anderes. Also. (...) Ohnedies hat sich viel geändert. Jetzt gibt es andre Sachen, ganz andre Probleme.«[18]

Nach innerer Auseinandersetzung, die ihn in große Erregung versetzt, gibt Richard Ulsperger recht und macht gerade dessen Schweigen zum Kernpunkt seiner Vorbildlichkeit. »Hochachtung? Ich weiß nicht, wie man es nennt. Ich weiß nur, ohne Menschen wie ihn wäre unsere Welt nicht, was sie ist. Ich weiß nur, so wie er handeln nur vollständig treue, unbeirrbar furchtlose Menschen. Was man ihm antat an Ungerechtem, kann er von sich abschütteln, als sei es unwichtig, ein Fehler, der zufällig ihn betraf.

Es hinderte ihn nicht, kann ihn nicht hindern, vollständig zu uns zu gehören. Er hat all die Jahre geschwiegen. Hat er damit recht getan? Ja, er hat recht getan. Er hat nichts sagen können. Viele Leute wären erst recht wieder irr und wirr geworden.

Was auch Ulsperger geschieht, er würde nie irr, seinem Vertrauen tat es keinen Abbruch.«[19]

Schweigen und damit Verdrängung und Zensur lag über der Erfahrung ›Exil in der Sowjetunion‹, und zwar nicht nur für diejenigen, die Opfer der Säuberungen geworden waren. In den siebziger Jahren erschienen zum Beispiel die autobiographischen Bücher *Die Plakette* (1972) von Trude Richter und *Über zehn Meere zum Mittelpunkt der Welt* (1977) von Helmut Damerius, in denen die fast zwanzigjährige Haft- und Verbannungszeit beider Autoren keine Erwähnung fand.[20] Richters und Damerius' Berichte umfassen jeweils ihre Lebensgeschichten, eingebunden in die Geschichte des Bundes proletarisch-revolutionärer Schriftsteller (BPRS) bzw. der Agitprop-Gruppe »Kolonne Links«, bis zur Emigration in die Sowjetunion. Hedda Zinners Erinnerungsbuch *Auf dem roten Teppich. Erfahrungen, Gedanken, Impressionen* (1978)[21] beginnt mit der Mitteilung Wilhelm Piecks im Juni 1945, sie werde nach Deutschland zurückkehren; das Jahrzehnt von 1935 bis 1945 im sowjetischen Exil bleibt ausgespart, Thema der autobiographischen Sammlung, die durch einmontierte Briefe, Reden, Protokolle und anderes mehr ergänzt wird, sind ihre Erinnerungen an die Jahre von 1945 bis 1975, in denen Hedda Zinner eine vielseitige literarische Produktivität entfaltete.[22]

Das Schweigen als Ergebnis von Zensur und Selbstzensur scheint ein generationsspezifisches Problem zu sein. Die politische Sozialisation der um die Jahrhundertwende geborenen KommunistInnen war eine stalinistische, sie war orientiert an der sowjetorthodoxen Interpretation des Marxismus-Leninismus und ausgerichtet auf die Sowjetunion Stalins. Der Marxismus wurde als geschlossenes System rezipiert, dessen Doktrin keiner Veränderung durch Erfahrungen und Erkenntnisse zugänglich war, die im Widerspruch zur Theorie standen. Als Verkörperung der revolutionären Idee in der Geschichte galt die Partei, die von ihren Mitgliedern Gehorsam und Gläubigkeit forderte. Vor dem Hintergrund der schwierigen, krisenhaften Entwicklung der Weimarer Republik und schließlich der Schrecken des ›Dritten Reiches‹ gewann das idealisierte Bild der Sowjetunion an Bedeutung und Perspektive. Den von den Nationalsozialisten Verfolgten bot das »sozialistische Vaterland« Schutz und Sicherheit. Daß – außerhalb des faschistischen Machtbereichs – die stalinistischen Säuberungen »zur größten Kommunistenverfolgung aller Zeiten«[23] wurden, wurde für Zeitgenossen und Opfer zu einer »Jahrhunderttragödie, an tragischem Gehalt der antiken überlegen«[24]. Diese Tragödie literarisch zu gestalten, ihren Figuren Gesicht und Stimme zu geben und sie zu überwinden, sei nur denjenigen möglich – so schrieb Johannes R. Becher –, die in diese Problematik verstrickt waren, weil sich in ihnen diese Tragödie verkörpere.[25]

IV

Becher hat nur bedingt recht behalten. Nicht die ehemaligen Sowjetunion-Emigranten, sondern SchriftstellerInnen der zweiten und dritten Generation, die unter dem DDR-Stalinismus zu leiden hatten, griffen das Thema stalinistischer Säuberungen im Exil auf. Eines der frühesten veröffentlichten Zeugnisse dieser Auseinandersetzungen in der Literatur der DDR ist Helga Novaks (geboren 1935) *Ballade von der reisenden Anna* (1958), die ihrem ersten, in Westdeutschland erschienenen Gedichtband (1965) den Titel gab[26], und als vorläufig letztes Zeugnis soll Gabriele Eckarts (geboren 1954) Erzählung *Samarkand*[27] in diesem Kontext zitiert werden. Helga Novak und Gabriele Eckart teilen die gemeinsame Erfahrung des DDR-Stalinismus zum Beispiel mit ihren Schriftstellerkollegen Karl-Heinz Jakobs (geboren 1929) und Hans Noll (geboren 1954). Für Jakobs wurden in der Zeit der Auseinandersetzung um die Biermann-Ausbürgerung die Berichte Dorothea Garais aus ihrer Lagerzeit an der Kolyma und das ihr auferlegte Schweigen zum Katalysator für seine Lösung von der Partei[28], und für Hans Noll wurde die Lebensgeschichte Olga Schapiros zu einem Exempel seiner Auseinandersetzung mit dem Stalinismus[29]. Die ältere Generation der KommunistInnen wartete auf ein Zeichen, daß die Zeit für die Wahrheit, für das Ende des Schweigens gekommen sei. Mit der Wahl Gorbatschows zum Generalsekretär der KPdSU 1988, mit Perestrojka und Glasnost schien diese Zeit gekommen.

Hedda Zinner, die zu den profiliertesten unter den älteren DDR-AutorInnen gehörte, legte 1988 und 1989 zwei Bücher vor, die mit unterschiedlichen literarischen Mitteln die Erfahrung sowjetisches Exil thematisieren: Die Erzählung *Die große Ungeduld* (Berlin 1988) und der autobiographische Bericht über den zehnjährigen Aufenthalt in der Sowjetunion *Selbstbefragung* (Berlin 1989) ergänzen sich gegenseitig. Anne Lehmbrück, Journalistin und SED-Genossin in Berlin und Protagonistin der Erzählung, hat über die Jahre in der sowjetischen Emigration Tagebuch geführt. Ihr Mann kam in einem stalinistischen Lager ums Leben, worüber sie ihrem gemeinsamen Sohn gegenüber schwieg. Als der Sohn Peter nach 1956 die Wahrheit über den Tod seines Vaters erfährt, begibt er sich aus politisch (wegen der gebremsten und halbherzigen Auseinandersetzung mit dem XX. Parteitag der KPdSU) und persönlich (wegen des Schweigens der Mutter) motivierter Enttäuschung in den Westen, wo er sich einer linksradikalen Gruppe anschließt, später in die Illegalität geht und schließlich als Terrorist erschossen wird. Sein Tod zwingt seine Mutter, sich Rechenschaft über ihr eigenes Leben zu geben. Als Ergebnis ihres Nachdenkens und erinnerten Nacherlebens beschließt sie, dem Wunsch ihres Sohnes folgend, ihr Tagebuch aus der Moskauer Emigration »neu zu schreiben, aus heutiger Sicht, heutiger Zeit, mit ihrem Wissen um Wege und Irrwege, Freude und Kummer, Glück und Unglück«[30].

Voraussetzung dieses Neu-Schreibens ist jedoch weniger die Einsicht in die verhängnisvollen Folgen ihres und anderer Genossen Schweigen, als die Tatsache, daß es wieder Grund gibt, »hoffnungsvoll auf die Sowjetunion«[31] zu schauen. Trotz dieser Hoffnung enthält der Schluß der Erzählung ein deutlich resignatives Moment. »Hätte Peter länger gelebt, vielleicht hätte er den Unterschied zwischen der großen Ungeduld des Terroristen und der brennenden Geduld des wirklichen Revolutionärs begriffen. Aber was heißt das schon (...) Geschichte wird nicht begriffen, sondern erlebt, durchlebt. Gäbe es ein vorgezeichnetes Gesetz, dem sie planvoll folgte, so wäre es aller Aufgabe, dies zu ergründen. Doch sie hält für die Menschen nicht mehr als einige große Gesetzmäßigkeiten bereit, die sich als Summe allen Wollens und Wirkens, allen Lebens und aller Tode tendenziell durchsetzten. Indem wir Grenzen erkennen, die der geschichtliche Prozeß setzt, können wir sie möglicherweise sprengen. Indem wir, in unserer Ungeduld, Geduld auf Geduld häufen, erreichen wir vielleicht nächste Ziele.«[32]

Obwohl die Genossin Anne Lehmbrück eine erzählerisch eher schwache Figur und die Handlung durch die Häufung dramatischer Momente etwas überfrachtet ist[33], bleibt das Verdienst Hedda Zinners, die verhängnisvollen Auswirkungen des Schweigens dieser Elterngeneration für das Leben ihrer Kinder zu zeigen. Bevor Peter seine Mutter und sein Land verläßt, wirft er ihr vor: »Du hast gelogen, Mutter. Dein Schweigen war eine Lüge.«[34]

Der autobiographische Bericht *Selbstbefragung* geht nicht auf ein Tagebuch zurück, sondern er setzt sich aus Erinnerungen, Aufzeichnungen und Reflexionen über das Jahrzehnt von 1935 bis 1945 zusammen. Im Vorwort gibt Hedda Zinner unter der Überschrift »Die große Ungeduld« selbstkritisch Auskunft über die »kaum beschreiblichen Illusionen«, mit denen sie und ihr Mann Fritz Erpenbeck 1935 in die Sowjetunion kamen, und darüber, wie lange sie versucht hatten, sich »vor dem Begreifen der Wahrheit zu retten«[35].

»Wir begrüßten begeistert jeden sowjetischen Erfolg, wir befürworteten aus schwer errungener Einsicht revolutionäre Härten, wir begriffen nicht die gesetzlose Entartung in der Zeit des Personenkults, suchten nach seinem unbegreiflichen Gesetz. Als gute Freunde, Genossen, verhaftet wurden, für deren Unschuld ich mich verbürgt hätte, brach für mich eine Welt zusammen, und doch blieb mir mein Weltbild. Und als ich wieder fähig war, die Umwelt wahrzunehmen, sah ich, die Geschichte entwickelte sich im ganzen nach diesem Bilde; die Gebrechen des Kapitalismus wurden nicht weniger, die Errungenschaften des Sozialismus wurden mehr, das Land, in dem wir so viel Schönes, so viel Schweres erlebt hatten, wurde zur Weltmacht – und zur Friedensmacht. Ja, die Geschichte verlangt eine zuweilen unmenschliche Geduld von uns.«[36]

Eingebettet in eine Reihe von Episoden aus dem Moskauer Alltag sind die beiden kurzen Kapitel »Zwei Schriftsteller« und »Die Frauen auch«[37], in denen Zinner von der Verhaftung Ernst Ottwalts und Hans Günthers und (ohne Namensnennung) ihrer Frauen Waltraut Nicolas und Trude Richter berichtet. Sie verschweigt jedoch, daß Ottwalt und Günther in sibirischen Lagern umgekommen, Nicolas und Richter aus Haft und Verbannung zurückgekehrt sind. Zinner kommentiert: »Diese Zeit in meinen Erinnerungen nachzuvollziehen, mir und den nach uns Kommenden auch darüber Rechenschaft zu geben, fällt mir sehr schwer. Ich begann zu zweifeln an Dingen, an denen ich nicht zweifeln durfte, wollte ich nicht an mir selbst zweifeln. Wie soll ich mich aber rechtfertigen für Geschehnisse, die ich damals noch nicht begreifen konnte und die für mich bis zum heutigen Tag nicht zu klären sind? (...) es ist schwer, die Geschichte nicht von sich aus zu sehen, das eigene kleine Leben auszuklammern. Es ist schwer, sich selbst zu objektivieren und in die Geschichte einzuordnen.«[38] Die Unschärfen in der Darstellung nehmen zu, je näher die Autorin den ›weißen Flecken‹ kommt, die durch Zensur und Selbstzensur ›geschützt‹ werden. Die Schockwirkung, welche die damaligen Geschehnisse auf Hedda Zinner ausübten, scheint noch immer anzuhalten, und eine analytische Darstellung des Erlebten aus dem Rückblick, mit heutigem Wissen und heutiger Erkenntnis, unmöglich zu machen.

Im Unterschied zu Waltraut Nicolas und auch zu Trude Richter gehörte Hedda Zinner nicht zu den Opfern der stalinistischen Säuberungen, sondern sie wurde Zeugin dessen, was anderen geschah. In Erzählung und Bericht versucht sie mit unterschiedlichen Mitteln, der Verdrängung und dem Schweigen auf die Spur zu kommen. Zwar kann sie im autobiographischen Bericht grundsätzlich ihre frühere gläubige Haltung der Sowjetunion Stalins gegenüber kritisch beleuchten, aber es gelingt ihr nicht, zum Beispiel die konkreten Schicksale von Ottwalt, Nicolas, Günther und Richter zu nennen und daraus Schlußfolgerungen zu ziehen. Was der *Selbstbefragung* versperrt blieb, gelingt auch in der Erzählung nicht überzeugend. Allerdings ermöglicht die Fiktionalisierung des Erfahrungskomplexes die Herstellung eines Erklärungszusammenhangs, der auf die Realität übertragbar ist. Das Schweigen der Elterngeneration entlarvten ihre Kinder als Lüge; dies impliziert die Aussage, daß die offene und öffentliche Auseinandersetzung mit dem Stalinismus eine Chance hätte sein können, die Jüngeren, ihre Kritik und ihre Entwürfe in bezug auf das sozialistische Modell DDR ernst zu nehmen und einzubeziehen. Mit der Fiktionalisierung geht jedoch nicht nur ein Abrücken vom eigenen Erleben, sondern auch die Identifikation mit einer Opferfigur einher, die stellvertretend für die Autorin (und im weitesten Sinn für die DDR-Gesellschaft als ganze) jenen selbstkritischen und schmerzhaften Erkenntnisprozeß durchlebt, der zum Eingeständnis einer schuldhaften Mitverantwortung an den Folgen des Schweigens führt.

In anderer Weise als das Verfahren der Relativierung der persönlichen Erfahrung, das Nicolas für ihren autobiographischen Bericht anwendet, wirkt die Fiktionalisierung des eigenen Erfahrungshintergrunds in Zinners Erzählung. Durch dieses Stilmittel greift Zinner über das zeugnishafte Dokumentieren hinaus; sie gestaltet einen gesellschaftlich verursachten und existierenden Konflikt in individueller Brechung und tritt damit ein in die Auseinandersetzung um die Problematik der stalinistischen Säuberungen im Exil und des erzwungenen Schweigens darüber in der DDR.

Dieselbe Absicht verfolgt auch Elfriede Brüning (geboren 1910)[39] in ihrem Buch *Lästige Zeugen? Tonbandgespräche mit Opfern des Stalinismus* (1990). Ihr öffentliches Nachdenken über die Gründe für das Schweigen über die stalinistischen Säuberungen im Exil und ihre Opfer im Vorwort ihres Buches ist ein Dokument von unschätzbarem Wert, weil es zeigt, wieviel Mut und Kraft dazugehören, das Schweigen zu brechen. Elfriede Brüning, die wie Waltraut Nicolas, Hedda Zinner und Trude Richter Mitglied des Bundes proletarisch-revolutionärer Schriftsteller (BRPS) war, lebte während der Zeit des Nationalsozialismus in Deutschland. In Brünings Buch stehen verschiedene Textsorten nebeneinander: Gesprächsprotokolle, Tagebuchauszüge, Briefe und dokumentarische Texte. Die Autorin tritt fast ganz hinter ihre Texte zurück, sie ist lediglich anwesend in ihrer Anteilnahme, ihren Fragen und vor allem ihrem Wunsch, den Opfern der Stalinzeit Gerechtigkeit zuteil werden zu lassen. Brünings Intention ist nicht die lebensgeschichtliche, sondern die gesellschaftliche Aufhebung der Verdrängung, welche die deutschen Opfer der stalinistischen Säuberungen offiziell ihrer Existenz beraubte.

V

Die Bewältigung der Tragödie durch ihre Ästhetisierung im Sinne Bechers unternahm Trude Richter in ihrer Autobiographie *Totgesagt* (1990).[40] Ihre Erinnerungen begann sie vermutlich Mitte der sechziger Jahre zu schreiben, und wahrscheinlich hat sie bis Ende der siebziger Jahre an dem Manuskript gearbeitet. Das Buch *Totgesagt* ist bis auf geringfügige stilistische Korrekturen identisch mit dem Typoskript, das sich im Nachlaß befindet. Der erste Teil, *Vom großen und vom kleinen Werden*, stellt die eigene Entwicklung – beginnend mit Kindheit und Jugend über die Studienjahre und die Festigung ihrer politischen Überzeugung bis zur Emigration in die Sowjetunion – in den Kontext der politischen Entwicklung der Weimarer Republik bis zur Machtübernahme der Nationalsozialisten. Am Beginn steht das vierzigjährige Jubiläum des BPRS im Jahr 1968, das Anlaß gibt zum Rückblick auf seine Geschichte, am Ende die Verhaftung in Moskau und die Trennung von Hans Günther.

Der zweite Teil, *Tod und Auferstehung*, beschreibt das »Leben nach dem Tode«[41], zwanzig Jahre Lager und Verbannung. Rückblickend erschien ihr diese Zeit als »Szenen ein und derselben Tragödie (...), die ich heute, glaube ich, mit vollem Recht als eine optimistische bezeichnen darf. – Aber es war eine Tragödie – der Versuch, ein Leben nach dem Tode zu führen, d.h. Mensch zu bleiben auch unter den widrigsten Umständen.«[42]

Nicht nur der Hinweis auf die Tragödie gibt Anlaß, Trude Richters Erinnerungen auch als Literatur, das heißt als nach ästhetischen Maßgaben gestaltete Erfahrung und Realität zu verstehen. Ihr Schreibkonzept ist dem sozialistischen Realismus verpflichtet; dazu gehörte, einen Konflikt nicht nur realitätsgetreu zu erfassen, sondern auch seine Lösung zu zeigen, die Perspektive, die aus dem Dilemma hinausführte: nicht nur den Tod, sondern auch die Auferstehung; nicht nur die Schrecken der stalinistischen Säuberungen, sondern den Glauben an den Menschen, die Treue zur sozialistischen Idee, die Teilnahme am Aufbau des neuen Deutschland.

Nach Stalins Tod versuchte Trude Richter, noch in der Sowjetunion, das, was ihr von den eigenen Leuten angetan worden war, ihre subjektive Tragödie, durch Abstrahierung und Rationalisierung in den Griff zu bekommen. Die Bewältigung des Traumas gelang jedoch nur scheinbar: es war nicht wirklich bewältigt, sondern durch Ästhetisierung geglättet. Mit ihrer Rückkehr in die DDR schließt sich der Kreis dieser klassisch anmutenden Autobiographie, in der sich nach Auffassung der Autorin persönliche und historische Entwicklung gleichgerichtet vollenden und in der auch die überwundenen Tragödien ihren Sinn und ihre Notwendigkeit erweisen. Nach Stalins Tod hatte Trude Richter geschrieben: »Es muß das *Ziel* bleiben, aus dem eigenen Leben ein Kunstwerk zu machen, in dem alles sich zum Ganzen fügt, vom einheitlichen Geist und Willen geprägt ist, bei größter Mannigfaltigkeit der praktischen Tätigkeit.«[43] Dieser Vorgabe folgte sie in der Gestaltung ihres eigenen Lebens. So wollte sie ihr Leben sehen, und so sollten es andere sehen.

Die beschönigende, glättende Darstellung der Jahre in Arbeitslagern und in der Verbannung wird vor dem Erfahrungshintergrund der Berichte von Susanne Leonhard und Waltraut Nicolas auf beklemmende und irritierende Weise deutlich.[44] Der Kontext der Säuberungen und ihre politische Bewertung fehlen in Trude Richters Erinnerungen vollständig.[45] Für Trude Richter – so beschrieb sie es in ihren Erinnerungen an die Fahrt aus dem Moskauer Gefängnis Butyrka nach Wladiwostok und nach Kolyma im Herbst 1937 und an den Abschied von der Sowjetunion im Frühjahr 1957 – war die Lager- und Verbannungszeit ihr Beitrag zum »Aufbau des Sozialismus«[46]. Solche Rationalisierungen, mit denen sie furchtbare Erlebnisse milderte und beschönigte, sind schwer zu begreifen.[47] Die einzige Stelle ihres Berichts, wo Schmerz und Trauer als authentische Gefühle mit elementarer Gewalt hervorbrechen, ist Trudes Reaktion auf die Nachricht, daß ihr Mann im Oktober 1938 im Durchgangslager Wladiwostok umgekommen war.[48]

Die zwanzig Jahre Haft und Verbannung änderten nichts an Trude Richters

Treue zur sozialistischen Idee, an ihrer grundsätzlichen Übereinstimmung mit der stalinistischen Politik und mit der gesellschaftlichen Entwicklung in den Ländern des Stalinismus nach dem Weltkrieg.

Mit der Heimkehr und dem Ausblick auf die sechziger Jahre endet der veröffentlichte Text, nicht aber das Typoskript. In dessen erstem Teil, *Einstimmung*, beschrieb Trude Richter ihren ersten Tag in Berlin. Sie zeichnete hier – in Straßenszenen, in Begegnungen und Gesprächen mit Menschen – ein so idealisiertes Bild des DDR-Sozialismus, daß es von heute aus betrachtet nahezu parodistisch wirken muß.[49] Im zweiten Teil, *Das große und das kleine Jubiläum*, zog Trude Richter eine zweifach positive Bilanz am 20. Jahrestag der DDR und an ihrem 70. Geburtstag. Ihre Arbeit als Stadtverordnete in Leipzig, als Dozentin am Literaturinstitut, die Literaturentwicklung seit dem Bitterfelder Weg, die Wahlverwandtschaft mit einer Journalistik-Studentin, die ihre Adoptivtochter wurde, und der Kampf um die Wiederveröffentlichung von Hans Günthers Werk sind Themen dieses Berichts. »Auch die bitteren Jahre buche ich nun als Gewinn: sie lieferten mir – neben vielen anderen – Maßstäbe für die Widersprüche und Gefahren, mit denen unser Jahrhundert trächtig ist, aber auch – und das ist ausschlaggebend – für die ganz enormen Kräfte und Möglichkeiten des Menschen, ihrer Herr zu werden.«[50]

Die kritiklose Idealisierung des DDR-Sozialismus der sechziger Jahre ist mit heutigem Wissen nur schwer nachzuvollziehen; es ist die Fortsetzung der früheren Idealisierung der Sowjetunion, und es ist auch dieselbe Haltung, mit der Trude Richter diesen Teil ihrer Erinnerungen schrieb: die des Glaubens an eine widerspruchsfreie, gesetzmäßige Entwicklung des Sozialismus. Trude Richter kämpfte darum, ihre vollständigen Erinnerungen in der DDR zu veröffentlichen, und holte dazu den Rat von Freunden ein, denen sie das Typoskript zu lesen gab. Im Nachlaß gibt es Briefe aus den Jahren 1980/81, die auf diese Lektüre antworteten. Ihnen ist gemeinsam, daß diese Lebensgeschichte, von der sie nichts wußten, sie nachhaltig erschütterte. Alle plädierten für eine Veröffentlichung von *Tod und Auferstehung* – Erwin Strittmatter mit der Begründung, »(...) weil ich die Befürchtung in mir nicht zum schweigen bringen kann, daß sich eine solche Zeit wiederholen könnte.«[51]

Erwin und Eva Strittmatter, Rainer Kirsch und Marianne Lange suchten Trude Richter zu überzeugen, auf die Veröffentlichung des DDR-Teiles zu verzichten, weil er zu beschönigend und deshalb unglaubwürdig sei für die Leser in der DDR. Rainer Kirsch präzisierte die Ursache seiner Erschütterung nach der Lektüre des Typoskripts und machte darin einen Generationsunterschied deutlich; der Bericht sei »erschütternd«, schreibt er und fährt fort: »Nicht nur der mitgeteilten Fakten wegen, die ja hier kaum einer detailliert kennt, sondern auch als Dokument einer Befindlichkeit, die für mich und sicher viele zwar verständlich = erklärbar, aber doch schwer nachvollziehbar ist; ich meine Dein fortdauerndes, nur gelegentlich von der Gewalt der

Tatsachen ›überspültes‹ Bestreben, zu rechtfertigen. Dieses, in seiner Art eigentlich religiöse Bewußtsein hat Dir, verstehe ich recht, freilich überhaupt erst ermöglicht, das alles zu überleben und zu überstehen; ich sage nicht, ungebrochen zu überstehen. Daß Du aber den Bruch (die Kosten des Überlebens) so naiv und gleichsam bitter frohgemut sehen läßt, macht die Sache groß. Daß ich Dir in der Substanz der Rechtfertigungen nicht folgen kann, wirst Du, da Du mich kennst, ohnehin vermuten; ich halte dafür, das, was hinter bürgerliche Rechtsstaatlichkeit und bürgerliche Freiheiten (die ja Teil unseres ›Erbes‹ sind) zurückgeht, Sozialismus nicht genannt werden könne, welche Notwendigkeiten für das Zurückgehen immer bestehen oder behauptet werden.«[52]

Von diesem Generationsunterschied, der sich in einer kritischen, nicht gläubigen Haltung zum Sozialismus und in achtungsvollem Verständnis der älteren Genossin gegenüber äußert, zeugt zum Beispiel auch das 1983 entstandene Porträt Trude Richters von Elisabeth Schulz-Semrau[53], deren Mann Max Walter Schulz gegen das ausdrückliche Verbot von Kurt Hager den Abdruck von »Station Kilometer Sieben« aus *Tod und Auferstehung* in der Zeitschrift *Sinn und Form* durchsetzte. Erst durch diese Veröffentlichung wurde Trude Richters Lebensgeschichte öffentlich bekannt, ein Jahr vor ihrem Tod.

VI

»Sie war erbittert über die Leipziger Literaturprofessorin Trude Richter, die unter dem Titel *Die Plakette* eine Autobiographie veröffentlicht hatte, in der sie von ihrem revolutionären Leben berichtete, nicht aber davon, daß ihr Mann 1938 in der Sowjetunion ermordet worden war und sie selbst mehr als zwanzig Jahre in sowjetischen Konzentrationslagern an der Kolyma und in sibirischer Verbannung gelebt hatte.«[54]

Die Rede ist von Dorothea Garai[55], deren Verbannung auch in der DDR kein Ende nahm. Das, was sie zu erzählen hatte, wollte niemand hören. In dem Schriftsteller Karl-Heinz Jakobs fand sie einen Zuhörer, der in zahlreichen vielstündigen Sitzungen ihre Lebensgeschichte aufzeichnete, sie jedoch zugleich funktionalisierte, indem er sie zum Katalysator seiner eigenen Auseinandersetzung mit und Lösung von der SED machte. Er beschreibt, wie Garai, ermutigt durch den XX. Parteitag, nach ihrer Rückkehr nach neunzehnjähriger Lagerhaft und Verbannung 1956 zu sprechen begann:

»Sie klagte nicht an, sie enthüllte nicht, sie jammerte nicht, kühl und diszipliniert erzählte sie ›von dort‹, vermied erschreckende Details, erzählte mit vereinfachtem Vokabular ohne solche häßlichen Wörter wie: Konzentrationslager, Erschießungen, Zwangsarbeit, Massenmord, Folterkeller, Verbannung und NKWD-Schergen.

Hätte sie doch den Mund gehalten. Hätte sie doch darauf verzichtet, im Recht zu sein. Hätte sie doch nicht darauf bestanden, die Wahrheit zu schreiben. Dann wäre auch sie heute eine berühmte Schriftstellerin, wäre Doktor und Professor, Träger hoher Orden und Auszeichnungen. Ihre Geschichten heißen: ›Lisa‹, ›Das Gesuch‹, ›Die letzte Chance‹, ›Ein Lagermärchen‹, ›Eine wahre Geschichte‹, ›Ein Laib Brot‹, und alle spielen sie unter Gefangenen oder Verbannten.

Man hat sich wahrscheinlich lange über sie unterhalten, bis man sich entschloß, ihr in Berlin keine Arbeit zu geben. Sie hatte alles, was ein neues Gesellschaftssystem benötigte von seinen freien Bürgern, sie war kühn, aufopferungsbereit, treu und verschwiegen. Selbst nach neunzehn Jahren währender Fahrt durch wüsteste Regionen hing sie eigensinnig und unbelehrt ihrem Jugendideal an.«[56]

Der Aussage Jakobs zufolge geben die von ihm erwähnten Erzählungen Garais einen unmittelbaren, auf beschönigende Darstellung gänzlich verzichtenden Eindruck des Lagerlebens. Die Tatsache, daß dieser Stoff sie nachhaltig und ausschließlich beschäftigte, spricht dafür, daß ihr Versuch der Bewältigung das wiederholte Durcharbeiten des traumatischen Erfahrungsbereichs war.

In den Jahren 1963 bis 1973 wechselte Dorothea Garai mehrere Briefe mit Alfred Kurella (1895–1975), Mitglied der Akademie der Künste der DDR, wie sie Emigrant in der Sowjetunion, wo sein Bruder Heinrich 1937 während der Säuberungen erschossen wurde. In diesen Briefen berichtet Dorothea Garai zwar von den furchtbaren Jahren in den Lagern – furchtbar »nicht nur darum, weil ich als Frau im ›Gulag‹ (d. bedeutet, untergeordnet unter die doppelte Willkür, nämlich auch der Schwerverbrecher, wehrlos ausgeliefert den tiefsten Erniedrigungen), nicht nur darum, sondern noch als ›Deutsche‹«[57] –, aus denen sie schwere körperliche und psychische Schäden davontrug, aber diese Erlebnisse scheinen ihr Trauma verloren zu haben; vielleicht deshalb, weil Garai sie schreibend bewältigen konnte. Viel schwerer wog ein anderes, zweites Trauma, das ihr nicht in der Sowjetunion, sondern nach ihrer Rückkehr in der DDR zugefügt worden war. Im ersten Brief an Kurella vom Juni 1963 schreibt Dorothea Garai sachlich:

»Ich lebe hier völlig isoliert. Dresden ist eine mir fremde Stadt, ich bin aus Berlin emigriert. Aber man hat mir 1955 Berlin nicht erlaubt (...) obwohl ich rehabilitiert bin. So bin ich dazu verurteilt, hier als Rentnerin zu leben, kein Verlag hat mir die Möglichkeit gegeben, meine alte (bis 1936) Arbeit wieder aufzunehmen. Ich habe ja nichts vorzuweisen – dort, wo ich war, konnte man ja schließlich keine ›Werke‹ schreiben oder übersetzen. Meine jahrelangen diesbezüglichen Versuche hier in der DDR nach meiner Heimkehr 1955 blieben alle erfolglos.«[58]

Unter dieser Isolation – ohne Freunde, ohne Arbeit, ohne gesellschaftliche

Aufgabe sein zu müssen – litt Dorothea Garai in einem Ausmaß, das sie in die Worte vom »letzte[n] und tiefste[n] Riß in meinem Leben«[59] faßte: in der alten Heimat nicht wieder heimisch werden zu dürfen, lebenslang eine ›Verbannte‹ zu bleiben.

Die lebensgeschichtlichen Interviews in *Lästige Zeugen? Tonbandgespräche mit Opfern der Stalinzeit* und *»Wenn Du willst Deine Ruhe haben, schweige«. Deutsche Frauenbiographien des Stalinismus* bestätigen diese Erfahrung Dorothea Garais grundsätzlich, wenngleich nicht durchgängig in der von ihr erfahrenen Härte. Das Schweigen – schweigen müssen, zum Schweigen verurteilt sein – ist gleichbedeutend mit seelischem Sterben, es setzt das Begrabensein bei lebendigem Leib fort. Der Mensch, der am Sprechen, am Aussprechen und Vermitteln wesentlicher Erlebnisse und Erfahrungen gehindert wird, kann weder sich selbst noch Beziehungen zu anderen Menschen entwickeln.[60] Die Partei und die politische Öffentlichkeit der Ulbricht-Ära, die den RückkehrerInnen aus der Sowjetunion Schweigen abnötigten, wollten dieses ›Problem‹ gesellschaftlich verdrängen. Die Opfer des Faschismus fanden in der DDR eine Gesellschaft, die ihrer Kampfes- und Leidenserfahrung eine Stimme gab, die Opfer des Stalinismus hingegen existierten offiziell nicht, sie hatten zu schweigen.

Die Lektüre der Lebensberichte dieser Generation von Kommunisten macht deutlich, daß eine Definition des Stalinismus, wollte sie der psychischen Realität auch seiner Opfer gerecht werden, nicht nur das Verbrecherische und Deformierende einschließen müßte, sondern auch die Haltung vertrauensvoller Gläubigkeit. Diese Gläubigkeit hat es objektiv ermöglicht, die Opferbereitschaft und Ideale dieser Genossinnen und Genossen zu mißbrauchen und nicht nur ihr Schweigen über das Vergangene, sondern auch die Duldung neuen Unrechts zu erpressen. Dieser Vorgang scheint tatsächlich nur noch mit dem Begriff ›Tragödie‹ angemessen zu erfassen. Tragisch waren nicht nur die traumatischen Erfahrungen dieser Kommunisten, die Opfer der Säuberungen wurden, sondern auch ihr Schweigen.

In dem lakonischen Satz von Anni Sauer: »Ich hatte nur zu schweigen«[61] ist die Verbitterung spürbar über die Enteignung eines wesentlichen Teils ihrer Vergangenheit und die Trauer darüber, daß sie nach ihrer Rückkehr in die DDR dort keine Heimat mehr fand. Wie kann unter solchen Bedingungen eine lebensgeschichtliche Bewältigung der menschlichen Tragödien, von denen hier die Rede ist, möglich sein?

1 Namen und Informationen sind folgenden Quellen entnommen: *In den Fängen des NKWD. Deutsche Opfer des stalinistischen Terrors in der UdSSR.* Hg. vom Institut für Geschichte der Arbeiterbewegung. Berlin 1991. – Hans Schafranek: *Zwischen NKWD und Gestapo. Die Auslieferung deutscher und österreichischer Antifaschisten aus der Sowjetunion an Nazideutschland 1937–1941.* Frankfurt/M. 1990. – Hermann Weber: *»Weiße Flecken« in der Geschichte. Die KPD-Opfer der Stalinschen Säuberungen und ihre Rehabilitierung.* Frankfurt/M. 1989. – Irene Hübner: *Unser Widerstand.* Frankfurt/M. 1982. – Hans Noll: *Der Abschied. Journal meiner Ausreise aus der DDR.* Hamburg 1985. – Karl-Heinz Jakobs: *Das endlose Jahr. Begegnungen mit Mäd.* Düsseldorf 1983. – Wolfgang Leonhard: *Die Revolution entläßt ihre Kinder.* Köln 1990. – Markus Wolf: *Die Troika.* Düsseldorf 1989. – Renate Wall: *Verbrannt verboten vergessen. Kleines Lexikon deutschsprachiger Schriftstellerinnen 1933–1945.* Köln 1988. – Klaus Jarmatz, Simone Barck, Peter Diezel (Hg.): *Exil in der UdSSR.* Leipzig 1979 und Frankfurt/M. 1979 (= Kunst und Literatur im antifaschistischen Exil 1933–1945. Bd. 1). – Ruth von Mayenburg: *Hotel Lux. Das Absteigequartier der Weltrevolution.* München 1978. – *Die Säuberung. Moskau 1936: Stenogramm einer geschlossenen Parteiversammlung.* Hg. von Reinhard Müller. Reinbek 1991. – David Pike: *Deutsche Schriftsteller im sowjetischen Exil 1933–1945.* (¹1981) Frankfurt/M. 1992. – Elfriede Brüning: *Lästige Zeugen? Tonbandgespräche mit Opfern der Stalinzeit.* Halle/Leipzig 1990. – Meinhard Stark (Hg.): *»Wenn Du willst Deine Ruhe haben, schweige«. Deutsche Frauenbiographien des Stalinismus.* Düsseldorf 1991. – Die Forschungslage zur Problematik der deutschen Emigration in der Sowjetunion kann nach lange nicht befriedigend; dies gilt ebenso für die Darstellung der Lebens- und Arbeitsbedingungen der deutschen Kulturschaffenden im Exil in der Sowjetunion. Neben den wichtigen, aber nicht unumstrittenen Arbeiten des amerikanischen Germanisten David Pike (1981) einerseits und des von einem Kollektiv an der Akademie der Wissenschaften der DDR, zu dem neben Klaus Jarmatz, Simone Barck und Peter Diezel noch sechs weitere MitarbeiterInnen gehörten, erarbeiteten Band 1 der Reihe *Kunst und Literatur im antifaschistischen Exil 1933–1945* (1979) sind vor allem autobiographische Schriften für die Erforschung des Exils in der Sowjetunion herangezogen worden. Seit Mitte der achtziger Jahre begannen, begünstigt durch Gorbatschows Glasnost-Politik, Forschungen sowjetischer Historiker über das Ausmaß der stalinistischen Säuberungen. Durch die Öffnung bislang verschlossener oder unbekannter Archive in den Ländern des Stalinismus gelangten wichtige Materialien an die Öffentlichkeit, welche unter anderen die Grundlage boten für die westlichen Veröffentlichungen von Hermann Weber (1989), Hans Schafranek (1990), Reinhard Müller (1991) und für die umfänglichste Zusammenstellung von Namen und Daten zu deutschen Opfern des stalinistischen Terrors in der Sowjetunion, der von einer 25köpfigen Arbeitsgruppe im Institut für Geschichte der Arbeiterbewegung in Berlin im Dietz-Verlag veröffentlichten Sammlung *In den Fängen des NKWD.* Gerade diese umfangreichste Dokumentation verdeutlicht, wieviel Forschungsarbeit noch zu leisten ist. Für die Aufnahme eines Namens gab es zwei Kriterien, die auch durch die verfügbare Quellenlage bedingt waren: Verhaftung durch das NKWD und Zugehörigkeit zur deutschen Arbeiterbewegung (unter Einschluß von Ausländern und Staatenlosen). Das bedeutet: »Nicht aufgenommen sind jene deutschen Emigranten, vor allem eine große Zahl von Frauen und Kindern Verhafteter, die aus Moskau ausgewiesen, nach Sibirien, Mittelasien oder ans Eismeer verbannt, während des Krieges in Lagern der Arbeitsarmee untergebracht oder zusammen mit Wolgadeutschen in entlegene Landesteile deportiert und der ständigen Aufsicht durch die Dienststellen des NKWD unterworfen wurden.« (S. 6) – »Ebenfalls nicht aufgenommen sind jene deutschen Emigranten, die während des Krieges den harten Bedingungen der Evakuierung erlagen (...).« (S. 7) – »Nicht berücksichtigt wurden (...) deutsche Firmenvertreter und andere in der UdSSR tätige deutsche Staatsbürger, die mit der Arbeiterbewegung keinen Kontakt hatten und deren Freilassung und Überstellung nach Deutschland die deutsche Botschaft offenbar größtenteils erreichte, ebensowenig gebürtige Sowjetdeutsche bzw. Personen, die als Kriegsgefangene in Rußland verblieben waren, aber nie in der deutschen Arbeiterbewegung tätig wurden.« (S. 7). – 2 Vgl. Weber: *»Weiße Flecken«,* a.a.O., S. 33 u.a. – »Zu den Quellen« und »Zur Thematik«. In: *In den Fängen des NKWD,* a.a.O. – 3 Vgl. *In den Fängen des NKWD,* a.a.O., S. 383 f. u.a. – Weber: *»Weiße Flecken«,* a.a.O., v.a. Kap. 2. — 4 Vgl. *In den Fängen des NKWD,* a.a.O., S. 383 u.a. – Weber: *»Weiße Flecken«,* a.a.O., S. 38 u.a. – Elfriede Brüning:

Lästige Zeugen?, a.a.O. Das Zitat im Titel ist dem Protokoll »Anni Sauer«, S. 132, entnommen.
– Sonja Hilzinger: »Bewältigen und verdrängen, sprechen und schweigen. Zur Auseinandersetzung um das sowjetische Exil am Beispiel von Trude Richter«. Vortrag, gehalten auf der Tagung »Frauen im Exil« (Gesellschaft für Exilforschung / Katholische Akademie Hamburg) in Hamburg, Oktober 1992. Die Dokumentation der Tagungsbeiträge erscheint voraussichtlich 1993 im Kore-Verlag, Freiburg. — 5 Vgl. Weber: »*Weiße Flecken*«, a.a.O., S. 43 ff. – Michael Rohrwasser: *Der Stalinismus und die Renegaten. Die Literatur der Exkommunisten.* Stuttgart 1990, S. 10 ff. – Gabriele Fritz-Ullmer: *Auseinandersetzung antifaschistischer Exil-Schriftsteller mit dem Problem des Stalinismus in Autobiographien der Nachkriegszeit.* Frankfurt/M. 1987.(Fritz-Ullmer bezieht sich in ihren ausführlicheren Darstellungen ausschließlich auf autobiographische Texte männlicher Autoren.) – Hermann Kuhn: *Bruch mit dem Kommunismus. Über autobiographische Schriften von Ex-Kommunisten im geteilten Deutschland.* Münster 1990. (Kuhn untersucht u.a. die autobiographischen Texte von Margarete Buber-Neumann und Susanne Leonhard). — 6 Margarete Buber-Neumann, geb. Thüring (1901–1989) war KPD-Mitglied seit 1926 und mit dem KP-Spitzenfunktionär Heinz Neumann verheiratet. Beide emigrierten 1935 in die Sowjetunion. Neumann wurde im Frühjahr 1937 verhaftet und einige Monate später erschossen. Seine Frau wurde 1938 verhaftet, zu 5 Jahren Arbeitslager verurteilt und nach Karaganda deportiert. 1940 wurde sie via Brest-Litowsk an Deutschland ausgeliefert. Bis 1945 war sie im KZ Ravensbrück. Nach Kriegsende lebte sie als Autorin zeitgeschichtlicher Bücher in Frankfurt/M. Ihr Buch *Als Gefangene bei Stalin und Hitler*, das zuerst 1949 erschien und zahlreiche Neuauflagen erlebte, wurde von westdeutschen Kommunisten als Fälschung diskreditiert. Vgl. Schafranek: *Zwischen NKWD und Gestapo*, a.a.O., S. 194 ff. Zu Buber-Neumanns autobiographischen Texten vgl. Kuhn: *Bruch mit dem Kommunismus*, a.a.O. – Susanne Leonhard, geb. Köhler (1895–1984) war Mitglied der Spartakus-Gruppe, von 1919–1925 Mitglied der KPD und arbeitete 1933–1935 illegal für die KPD. 1935 emigrierte sie mit ihrem Sohn Wolfgang nach Moskau. 1936 wurde sie verhaftet, und in ein Lager bei Workuta deportiert; seit 1946 lebte sie in sibirischer Verbannung. 1948 kehrte sie in die SBZ zurück, wo sie ihren Sohn wiedertraf. Beide verließen 1949 illegal die SBZ, Susanne Leonhard lebte in Stuttgart. 1956 erschien ihr Buch *Gestohlenes Leben*, dessen Manuskript bereits 1950 abgeschlossen war. Sie schrieb über sich: »Ich bin dieselbe revolutionäre Sozialistin geblieben, die ich war, als ich im Spartakusbund unter Karl Liebknecht kämpfte und gerade, weil ich das Ziel des Kommunismus in der Erlösung der Menschheit aus der Sklaverei sehe, empöre ich mich dagegen, daß der stalinistische Sklavenhalterstaat von seinen treuen Anhängern wie von seinen heftigsten Gegnern als kommunistisch bezeichnet wird.« (Susanne Leonhard: *Fahrt ins Verhängnis. Als Sozialistin in Stalins Gulag.* Freiburg, Basel, Wien 1983, S. 252 f.). — 7 Auf der Titelrückseite der Ausgabe Bonn (Athenäum-Verlag) 1958 steht der Vermerk: »Das Buch erschien früher unter dem Titel: Irene Cordes: Der Weg ohne Gnade.« Wie der Bibliographie von Kuhn: *Bruch mit dem Kommunismus*, a.a.O., S. 319, zu entnehmen ist, erschien unter dem Pseudonym Irene Cordes: *...laßt alle Hoffnung fahren* 1942 die erste Auflage, unter dem Titel *Der Weg ohne Gnade* 1943 die zweite. Ob die beiden früheren Ausgaben mit der späteren identisch sind, habe ich bis jetzt nicht prüfen können. – Waltraut Nicolas, geb. Bartels (1897–1962) war Fotografin und Journalistin und mit dem Schriftsteller Ernst Ottwalt verheiratet. Seit 1932 war sie Mitglied der KPD, 1933 emigrierte sie mit ihrem Mann zuerst nach Dänemark, wo die Ottwalts in engem Kontakt zu Brecht/Weigel standen, 1934 dann über Prag nach Moskau. 1936 wurden beide verhaftet und zu fünfjährigen Freiheitsstrafen verurteilt. Ernst Ottwalt kam 1943 in einem sibirischen Lager ums Leben, Waltraut Nicolas war bis 1940 im Lager Kotlas und wurde 1941 nach Deutschland ausgeliefert, wo sie unter Gestapo-Aufsicht stand. 1942 wurde sie in Berlin wegen Vorbereitung zum Hochverrat zu einem Jahr Gefängnis verurteilt. Nach 1945 lebte sie in Westdeutschland, wo sie erst 1958 vom Tod ihres Mannes erfuhr. Über die Zeit nach der Auslieferung an Deutschland schrieb sie in *Viele tausend Tage. Erlebnisbericht aus zwei Ländern.* (Stuttgart 1960). — 8 Waltraud Nicolas »stammte aus einer Pfarrersfamilie, man sah es ihr an, man spürte es an ihrer Art« schreibt Lisa Fittko (*Solidarität unerwünscht. Erinnerungen 1933–1940.* München, Wien 1992, S. 105), die Ernst und Traute Ottwalt in der Prager Emigration begegnete. — 9 Nicolas: *Die Kraft, das Ärgste zu ertragen*, a.a.O., S. 77. — 10 Ebd., S. 240. —

11 Vgl. ebd., S. 252 f. — 12 Ebd., S. 300. — 13 Ebd., S. 303. — 14 Ebd., S. 307. — 15 Der folgende autobiographische Bericht, *Viele tausend Tage* (1960), kann als Ergänzung und Fortschreibung des ersten gelten. In erster Linie ist es der Versuch, den Tod ihres Mannes zu verarbeiten, indem sie sich des gemeinsamen Lebens bis zur Trennung im Gefängnis von Stalingrad erinnert – nachdem sie fast zwanzig Jahre auf seine Rückkehr gewartet hatte. Nicolas ordnet ihr persönliches Schicksal in die Lebensgeschichten anderer Frauen ein, die wie sie auf ihren Mann, Bruder, Sohn oder Vater warteten. Man erinnert sich vielleicht der Figur der Marie in Anna Seghers' Exilroman *Transit* (1944), die überall nach ihrem Geliebten sucht und des Suchens und Wartens nie müde wird. Alfred Kantorowicz hat in seinem Buch *Deutsche Schicksale. Intellektuelle unter Hitler und Stalin* (Wien 1964, S. 171 ff.) auch über Ernst Ottwalt und Waltraut Nicolas geschrieben. Er zitiert u.a. jene Szene aus Nicolas' Buch, in der sie beschreibt, wie Rudenko, der Hauptankläger der Sowjetunion bei den Nürnberger Prozessen, Ernst Ottwalt, den Autor des Buches *Deutschland erwache. Geschichte des Nationalsozialismus* (1932) als Kronzeugen der Anklage aufruft – Ottwalt, »den die gleiche Sowjetmacht als ›Feind‹ in die Arktis verbannt hatte« (Nicolas: *Viele tausend Tage*, a.a.O., S. 118). — 16 Vgl. Nicolas: *Viele tausend Tage*, a.a.O., S. 19, 23, 26, 112 u.a.m. – Ebenso wie Nicolas erging es jungen Heimkehrerinnen aus der Sowjetunion, die sie betreute. Sie waren als Zivilinternierte in den letzten Kriegswochen als Arbeitskräfte verschleppt worden und in den fünfziger Jahren aus sibirischen Lagern zurückgekehrt. Auch diese jungen Frauen blieben mit ihren traumatischen Erfahrungen allein, sie schwiegen, viele ihr Leben lang. Vgl. *Bald nach Hause – Skoro domoi. Das Leben der Eva-Maria Stege.* Aufgezeichnet von Sigrid Moser. Berlin 1991. – Ursula Roland: *Wie eine Feder im Wind. Meine Zeit in Stalins Lagern.* Berlin 1991. — 17 Bemerkenswert ist, daß dieses Muster sich wiederfindet im Brief der Kommunistin Erna K., die nach ihrem Gespräch mit Elfriede Brüning dessen Veröffentlichung in einem Brief vom Oktober 1989 mit dem Hinweis auf dessen ›ungünstigen‹ Zeitpunkt ablehnte: »In dieser Situation sind die schlimmen Erinnerungen an die Zeit des Stalinismus, die nun schon mehr als ein halbes Jahrhundert zurückliegen, zwar nicht in meinem persönlichen Leben vergessen, aber heute ohne Bedeutung und brächten nur Verwirrung in die Bevölkerung.« (Elfriede Brüning: *Lästige Zeugen?*, a.a.O., S. 153 f.) Meinhard Stark beschreibt im Vorwort seines Buches *»Wenn Du Deine Ruhe haben willst, schweige«. Deutsche Frauenbiographien des Stalinismus*, a.a.O., das drei lebensgeschichtliche Interviews enthält, daß und wie Erna K. diese Auffassung überwand (S. 8 f.). — 18 Anna Seghers: *Das Vertrauen*. Roman. Berlin, Weimar ³1980, S. 448. — 19 Ebd., S. 449. Allerdings findet sich im Roman auch z.B. folgende doppelsinnige Aussage, die Richards Gedanken über Ulsperger wiedergibt: »Stalins Schatten, so ungeheuer, so mächtig, lag immer auf ihm, ich war weit von ihm weg.« (S. 298). – Von der faszinierenden »Festigkeit (...), die sonst niemand besaß« und der »Unbeirrbarkeit, die ein Halt schien« (Hans Noll: »Vorwort«. In: Anna Schlotterbeck: *Die verbotene Hoffnung. Aus dem Leben einer Kommunistin.* Hamburg 1990, S. 13) spricht noch der 1954 geborene Hans Noll. »Ich habe solche ›alten Genossinnen‹ selbst kennengelernt, in Moskau, Budapest oder Ost-Berlin, einige hatten zwanzig Jahre Archipel GULag hinter sich und verteidigten ›die Sache‹ immer noch mit größter Entschiedenheit. (...) Diese Ausstrahlung hatte, solange man mit irgendeiner Faser seines Herzens am Kommunismus hing – und sei es mit sentimentaler Bewunderung für seine Frühzeit –, etwas Zwingendes und Verführerisches.« (Ebd.) Noll versuchte, die Gründe der Faszination durch die alten GenossInnen für seine Generation zu benennen, während bereits die nachfolgende immun blieb und jenen »seltsamen ›Stolz‹, dem Sozialismus auch dann ergeben zu bleiben, wenn er augenscheinlich zum blanken Terror deformiert ist« (S. 17), als psychopathologisches Moment deutete. — 20 In offiziellen biographischen Skizzen führender Kommunisten wie z.B. der Volkskammerabgeordneten Roberta Gropper wird die Haftzeit während der stalinistischen Säuberungen weiterhin verschwiegen. Vgl. Luise Dornemann: *Alle Tage ihres Lebens.* Berlin 1981, S. 191-297 (über Roberta Gropper). — 21 Eine erweiterte Neuauflage dieses autobiographischen Textes wurde 1986 in die »Ausgewählten Werke in Einzelausgaben« aufgenommen (Berlin, Buchverlag Der Morgen). — 22 Zu der in den Jahren 1958-1978 erschienenen Memoirenliteratur, einschließlich der Berichte Trude Richters und Hedda Zinners, vgl. Marianne Lange: »Es hat sich gelohnt zu leben. Gedanken zur Memoirenliteratur in der DDR«. In: Weimarer Beiträge, 1989, H. 9, S. 43 ff. — 23 Vgl. Weber: *»Weiße Flecken?«*, a.a.O., S. 13. —

24 Johannes R. Becher: »Selbstzensur«. In: Sinn und Form, 1988, H. 3, S. 543 ff.; hier: S. 545. Der Text wurde 1956 geschrieben. Vgl. Mathias Mieth: »›Der Mensch, der nicht geschunden wird, wird nicht erzogen.‹ Johannes R. Becher und die Gewalt des Stalinismus.« In: Weimarer Beiträge, 1991, H. 5, S. 764 ff. — 25 Johannes R. Becher: »Selbstzensur«, a.a.O.: »Aus unseren Reihen (aus unseren Gebeinen), die wir Sozialisten sind und geblieben sind, werden darum auch die Dichter dieser Menschheitstragödie, dieses Weltkonfliktes erstehen.« — 26 Helga Novak, 1935 in Berlin geboren, hat in Leipzig Journalistik studiert und wurde 1966 ausgebürgert; seit 1968 lebt sie in Westdeutschland, wo zahlreiche Gedicht- und Erzählungsbände sowie die beiden autobiographischen Romane *Die Eisheiligen* (1979) und *Vogel federlos* (1982) erschienen sind, in denen sie ihre Lebensgeschichte bis 1954 und die stalinistisch geprägten frühen Jahre der DDR beschreibt. Vgl. Sonja Hilzinger: »Helga Novak«. In: *Metzler Autoren Lexikon*. Stuttgart ²1993. - Die *Ballade von der reisenden Anna* ist enthalten in: Helga Novak: *Grünheide Grünheide. Gedichte 1955–1980*. Darmstadt, Neuwied 1983, S. 32 ff. — 27 Gabriele Eckart, 1954 im Vogtland geboren, studierte zunächst Philosophie in Berlin und besuchte 1979 einen Sonderkurs am Literaturinstitut »Johannes R. Becher« in Berlin. Sie veröffentlichte mehrere Gedicht- und Prosabände in der DDR und in Westdeutschland. Seit 1987 lebt sie in den USA. Die Erzählung *Samarkand* ist enthalten in: Gabriele Eckart: *Frankreich heißt Jeanne. Drei Erzählungen*. Berlin 1990, S. 74 ff. — 28 Karl-Heinz Jakobs: *Das endlose Jahr. Begegnungen mit Mäd*, a.a.O. — 29 Hans Noll: *Der Abschied. Journal meiner Ausreise aus der DDR*, a.a.O., v.a. S. 191 ff. — 30 Hedda Zinner: *Die große Ungeduld*. Erzählung. Berlin 1988, S. 128. - Hedda Zinner (geboren 1905), Schauspielerin, Kabarettistin, Schriftstellerin (Lyrik, Dramen, Prosa), Fernsehautorin, emigrierte 1935 gemeinsam mit ihrem Mann Fritz Erpenbeck nach Moskau. 1945 kehrte sie in den Osten Deutschlands zurück; sie lebt in Berlin und gehört zu den erfolgreichsten Autorinnen der DDR. Auffällig ist, daß Hedda Zinners rückblickende Erinnerungen an die sowjetische Emigration merkwürdig viele ›weiße Flecken‹ aufweisen, daß aber ihre literarische Gestaltung des antifaschistischen Widerstands, z.B. in ihrem Theaterstück über Frauen im Konzentrationslager Ravensbrück, *Ravensbrücker Ballade* (1961), durch die unheroisch-wahrhaftige Darstellung besticht. Vgl. *Ravensbrücker Ballade oder Faschismusbewältigung in der DDR*. Mit einem Essay von Hedda Zinner. Hg. von Klaus Jarmatz. Berlin 1992. — 31 Ebd., S. 128. — 32 Ebd., S. 127. — 33 Vgl. Christel Berger: »Die ›jungen Alten‹. Zu Büchern ehemaliger Mitglieder des Bundes proletarisch-revolutionärer Schriftsteller«. In: *DDR-Literatur '88 im Gespräch*. Hg. von Siegfried Rönisch. Berlin und Weimar 1989, S. 20 ff., v.a. S. 25 f. und 28 f. — 34 Hedda Zinner: *Die große Ungeduld*, a.a.O., S. 9. — 35 Hedda Zinner: *Selbstbefragung*. Berlin 1989, S. 5. Claudia Schoppmann berichtet, daß Hedda Zinner diese Arbeit »Anfang der siebziger Jahre bereits begonnen, dann aber für längere Zeit unterbrochen« hatte. Claudia Schoppmann: »Portrait Hedda Zinner«. In: Claudia Schoppmann (Hg.): *Im Fluchtgepäck die Sprache. Deutschsprachige Schriftstellerinnen im Exil*. Berlin 1991, S. 180 ff., hier S. 184. — 36 Ebd., S. 6. — 37 Ebd., S. 100 ff. — 38 Ebd., S. 102. — 39 Elfriede Brüning (geboren 1910), Journalistin und Schriftstellerin; seit 1930 Mitglied der KPD und des BPRS, in den Jahren 1933–1935 illegale antifaschistische Arbeit und Verhaftung durch die Gestapo. Nach 1945 arbeitete sie als Redakteurin, seit 1950 als Schriftstellerin, deren zentrales Thema die Lebensprobleme von Frauen, v.a. alleinerziehender Mütter, sind. Ihre Romane, Erzählungen, Stücke, Jugendbücher und Reportagen fanden in der DDR ein breites Publikum. — 40 Trude Richter: *Totgesagt. Erinnerungen*. Halle und Leipzig 1990. Unter dem Titel »Station Kilometer Sieben« war ein Vorabdruck aus dem Manuskript in Sinn und Form, 1988, H. 3, erschienen. - Trude Richter (1899–1989, eig. Erna Barnick) war promovierte Germanistin und Gymnasiallehrerin, 1931 trat sie in die KPD ein, von 1932–1934 war sie Erste Sekretärin des BPRS. 1934 emigrierte sie mit ihrem Mann Hans Günther in die Sowjetunion. Nach ihrer Verhaftung 1936 lebte sie bis 1956 in verschiedenen Lagern im Fernen Osten und in sibirischer Verbannung. 1957 kehrte sie in die DDR zurück, wo sie von 1958 bis 1967 als Dozentin am Literaturinstitut »Johannes R. Becher« lehrte. Vgl. Elisabeth Schulz-Semrau: »›Sie sind vergüteter Stahl...‹« (zuerst in: neue deutsche literatur, 1983, H. 4). In: Trude Richter: *Totgesagt*, a.a.O., S. 458 ff. - Vgl. Sonja Hilzinger: »Bewältigen und verdrängen, sprechen und schweigen«, a.a.O. - Trude Richter hat während der BPRS-Jahre und nach ihrer Rückkehr in die DDR dem Dichter und Kulturfunktionär Johannes R.

Becher (1891–1958) nahegestanden und war insbesondere mit seinen poetologischen Schriften vertraut. Ihre Schreibstrategie wird deutlicher, wenn man Bechers Ausführungen über die Gestaltung des Konflikts und des Tragischen, was hier allerdings nur in sehr gedrängter Form geschehen kann, einbezieht. Zitiert wird nach Johannes R. Becher: *Gesammelte Werke in 18 Bänden*. Berlin und Weimar 1966–1981; genannt werden Band- und Seitenzahl. »Einen wirklichen Konflikt kann man nicht einfach wie eine Komplikation lösen und hinwegräumen oder sich gar über ihn hinwegsetzen. Ein Konflikt berührt den ganzen Menschen. Er muß ausgetragen werden. Er ist eine Frage auf Leben und Tod. Ein Teil in uns will nicht mehr so weiterleben wie bisher, ein anderer Teil in uns kann nicht mehr so weiterleben wie bisher. Der Konflikt fordert unsere ganze Kraft heraus. Wir müssen ihm mit der ganzen Wucht unserer Menschlichkeit entgegentreten, soll er uns nicht überwältigen. Der Stoff zu einem echten Konflikt ist stets allgemein menschlicher, geschichtlicher Natur, und er erschüttert das private Leben gerade dadurch zutiefst, weil er das Private gleichsam aufhebt und uns in eine Problematik einbezieht, worin unsere Existenz zunächst nur als Objekt sich darzustellen scheint. Erst allmählich, im Prozeß des uns erfassenden Konflikts, erheben wir uns über unsere private Sphäre und treten selber als eine Art überpersönlicher Partner auf: wir werden zum Subjekt im Sinne einer Persönlichkeit, in der sich eine große, allgemein menschliche Auseinandersetzung vollzieht. So kann also ein echter Konflikt niemals einen privaten Charakter haben, sondern ist gerade dadurch charakterisiert, daß er uns über das Private erhebt und daß die Person im Erleben des Konflikts als (überpersönliche) Persönlichkeit hervortritt.« (XIV, 223 f.) Mit Blick auf den Faschismus schrieb Becher: »Den wahren Sinn der Niederlage erkennen, heißt ihrer Tragik eine gute, heilsame Seite abzuringen.« (XVII, 47) Bechers Funktionalisierung von Tragik gründete sich auf der Überzeugung, »daß der Geschichte eine Entwicklung und ein Sinn innewohnen« (XIII, 501). Da – wie Mieth, a.a.O., schreibt – die stalinistischen Repressionen dieser Auffassung deutlich widersprachen, verlagerte Becher den Sinn der Tragik »aus dem historischen Prozeß in den subjektiven Lern- und Erfahrungsprozeß des Dichters« (S. 770), so daß die tragischen Erfahrungen der Stalinzeit zur »Zeit der Prüfung« (XII, 686) und sogar zur Chance für einen Neuanfang werden konnten. — 41 Trude Richter: *Totgesagt*, a.a.O., S. 290. — 42 Ebd. Der Begriff der optimistischen Tragödie verweist nicht nur auf das Bühnenstück des sowjetischen Dramatikers Wsewolod Wischnewski, sondern auf einen für die Ästhetik des sozialistischen Realismus bedeutsamen Terminus. In Moissej Kagans *Vorlesungen zur marxistisch-leninistischen Ästhetik* [1971] (München 1974) heißt es im Zusammenhang mit der optimistischen Tragödie, als deren Beispiele u.a. Sergei Eisensteins Film *Panzerkreuzer Potemkin* oder das Buchenwalddenkmal von Fritz Cremer zitiert werden: »Eine optimistische Auffassung von der Entwicklung der Gesellschaft und die optimistische Lösung der härtesten in der sozialen Entwicklung auftretenden Konflikte sind Wesenszüge der sozialistischen Kunst. (...) Die optimistische Tragödie (...) reinigt den Menschen, wie schon Aristoteles behauptet, weckt den Kampfeswillen, (...) sie erzieht Helden, Kämpfer, Revolutionäre.« (S. 195 und 196). — 43 Ebd., S. 423. — 44 Vgl. z.B. die Beschreibung ihres ersten Arbeitstages als Landarbeiterin auf dem Staatsgut Elgen im Kolyma-Gebiet (S. 307 f.). — 45 Einmal erwähnt sie die »großen öffentlichen Trotzkistenprozesse« (S. 284), d.h. sie wählte den für das damalige Denken typischen Ausdruck auch noch im Rückblick. — 46 Ebd., S. 454; vgl. auch S. 297. — 47 Vgl. Christel Berger: »Die ›jungen Alten‹«, a.a.O., S. 27, die – bezogen auf den Vorabdruck in Sinn und Form, 1988, H. 3 – folgende Bewertung gibt: »Bewundernswert ist, wie parteilich souverän Trude Richter ihr Leben in einem Lager während der Stalin-Zeit dargestellt hat. Diese Beschreibung der außergewöhnlichen Bewährung einer Kommunistin ähnelt in gewisser Weise den Schilderungen antifaschistischen Widerstandskampfes in der Literatur der letzten Jahre: Die Würde und Kraft, die der einzelne bei der Bewahrung seiner Lebensidee aufbrachte, steht im Vordergrund, die Stärke des Glaubens an die Richtigkeit der eigenen Haltung. (Daß Trude Richters Erinnerungen erst jetzt erscheinen, hat ausschließlich Gründe, die mit der politischen Brisanz ihres Schicksals zu tun haben.)« — 48 Ebd., S. 336 f. — 49 Vgl. z.B. Typoskript S. 166 f. Der größte Teil des Nachlasses von Trude Richter, so auch dieses Typoskript, liegt in der Stadtbibliothek Leipzig. — 50 Ebd., S. 202. — 51 Brief vom 14.1.1980. Zitiert mit herzlichem Dank an Erwin Strittmatter (Dollgow/Gransee). — 52 Brief vom 8.3.1980. Zitiert mit herzlichem Dank an Rainer Kirsch (Berlin). — 53 Elisabeth Schulz-Semrau: »›Sie sind vergüteter Stahl...«", a.a.O. Elisabeth Schulz-Semrau, Schriftstellerin und Studentin bei Trude Richter am Literaturinstitut, schrieb als erste über die »zwanzig Jahre Kühlschrank«, wie Trude Richter manchmal ironisch zu sagen pflegte. — 54 Karl-Heinz Jakobs: *Das endlose Jahr*, a.a.O., S. 245 f. — 55 Dorothea Garai, geb. Wennrich (1899–1982), Parteimitglied seit 1918, emigrierte 1928 in die Sowjetunion, wo sie als Lehrerin am Moskauer Plechanow-Institut arbeitete. 1937 wurden sie und ihr Mann Karl Kürschner (Garai) verhaftet, Garai starb 1942 in einem mittelasiatischen Lager. Nach 13 Jahren in sibirischen Straflagern (Kolyma-Region) wurde Dorothea Garai 1950 zu ›ewiger Ansiedlung‹ im Gebiet Magadan verurteilt. 1955 kehrte sie in die DDR zurück und lebte in Dresden. Dodo Garai – Alfred Kurella: »Ein Briefwechsel«. In: Sinn und Form, 1990, H. 3, S. 737 ff. Die Briefe aus den Jahren 1963–1973 ergeben, zusammen mit Jakobs' Buch, die Lebensgeschichte Garais, und sind zugleich – gemeinsam mit unveröffentlichten Geschichten über die Lagerzeit, Nachdichtungen aus sibirischen Sprachen und mehr als 350 Seiten Tonbandprotokollen – ihr gesamtes gerettetes Werk. Vgl. Jakobs, a.a.O., S. 248. — 56 Jakobs: *Das endlose Jahr*, a.a.O., S. 172. — 57 Dodo Garai – Alfred Kurella: »Ein Briefwechsel«, a.a.O., S. 740. — 58 Ebd., S. 737. — 59 Ebd., S. 747. — 60 Als Beispiel für eine – soweit man davon sprechen kann – geglückte Verarbeitung der Lagererfahrung in der Sowjetunion ist Helmut Damerius' (1905–1985) Buch *Unter falscher Anschuldigung. 18 Jahre in Taiga und Steppe.* (Berlin, Weimar 1990) zu lesen. Ihm gelingt es, die Denk- und Sprechverbote weitgehend zu durchbrechen und selbstkritisch eigene Fehlhaltungen zu benennen. Im Unterschied z.B. zu Trude Richters Buch *Totgesagt* wird in seinem Bericht die Arbeit des Erinnerns sichtbar, die zeitliche und vor allem die bewußtseinsmäßige Distanz, die zwischen dem damaligen Erleben und dem jetzigen Erinnern und Berichten liegt. Er »war nicht derselbe Mensch geblieben« (ebd., S. 242), und er beklagte seine damalige Naivität, die ihm später unverständlich ist. »Wer waren hier die wirklichen Feinde des Sowjetstaates? Diese Frage konnte ich mir damals noch nicht so klar beantworten wie heute, nachdem der XX. Parteitag der KPdSU stattgefunden hat. Mein Vertrauen in die Sowjetmacht, in die Partei, in Stalin, der sie verkörperte, war trotz allen persönlichen Unglücks nicht zu erschüttern. Die einzige Erklärung, die es für mich und einen großen Teil meiner Leidensgenossen damals gab, war: Stalin und die Partei wissen von all den ungeheuerlichen Ungesetzlichkeiten nichts. So naiv war ich. Heute ist es mir ganz unbegreiflich, wie ich, und nicht nur ich allein, angesichts der ungeheuerlichen Rechtsverletzungen, die uns ein menschenunwürdiges Dasein, dauernd bedroht von Elend, Krankheit und Tod, aufzwangen, weiter an den ›großen Schmied unseres Glücks, Stalin‹, glauben konnte. Offenbar gibt es nichts Schwereres und Schrecklicheres im Leben, als aus Träumen, die man schon Wirklichkeit wähnte, zu erwachen.« (Ebd., S. 243 f.) — 61 Anni Sauer, in: Brüning: *Lästige Zeugen?*, a.a.O., S. 132.

Gabriele Mittag

Erinnern, Schreiben, Überliefern
Über autobiographisches Schreiben deutscher und
deutsch-jüdischer Frauen

Die nachfolgenden Überlegungen zur autobiographischen Praxis deutscher und deutsch-jüdischer Frauen verstehen sich als Beitrag zur Diskussion über die »besondere Problematik der Exilautobiographik«[1]. Gegenstand der Untersuchung sind Autobiographien, Memoiren und andere retrospektiv verfaßte nichtfiktionale Prosatexte, die von aus Deutschland emigrierten Frauen verfaßt wurden und die in den siebziger, achtziger und neunziger Jahren in der BRD bzw. im vereinigten Deutschland erschienen sind. Ausgangspunkt ist die Tatsache, daß im 20. Jahrhundert durch den Nationalsozialismus ein neuer Typus von Autobiographien entstanden ist, der sich deutlich vom »Persönlichkeits- und Entwicklungsmodell jener am ›Bildungsroman‹ orientierten Lebensgeschichte eines autobiographischen Subjekts«[2] des 18. Jahrhunderts unterscheidet. Wenngleich diese als Memoiren oder Autobiographien bezeichneten Texte die Zeit der Kindheit und Jugend teilweise miteinschließen, liegt der Akzent dieser »als wahr erklärten Lebensgeschichte[n]«[3] nicht auf der Thematisierung der Identitätsherausbildung der Autorin und nicht auf dem Sozialisierungsprozeß, an deren Ende die »Integration« der (jüdischen) Frau in die christlich-bürgerliche Gesellschaft durch Annahme der gesellschaftlich festgelegten Rollen steht. Es sind vielmehr die nach dem Ende von Kindheit und Jugend greifenden »äußeren Ketten von Ereignissen«[4], die von den zu Opfern gewordenen Frauen ins Zentrum gerückt werden[5].

Während die Frauenforschung innerhalb der Exilforschung bisher vor allem nach der geschlechtsspezifischen Exilerfahrung von Emigrantinnen gefragt und Biographien von Frauen und (nichtrezipierte) literarische Exiltexte von Frauen thematisiert hat[6], wird hier der Versuch unternommen, das Verhältnis dieser deutsch-jüdischen und deutschen Frauengeneration zu der eingangs genannten spezifischen Form autobiographischen Schreibens (im Gegensatz zum Tagebuch oder Brief) zu untersuchen. Der erste Teil des Beitrags beschäftigt sich mit der Frage, *wann, wie und für wen* sich diese aus Deutschland vertriebenen Frauen der Erinnerungsarbeit ausgesetzt haben. Gibt es eine spezifische Haltung deutsch-jüdischer und nichtjüdischer Frauen in bezug auf die Überlieferung der eigenen Geschichte? Der zweite Teil widmet sich der Frage: Gibt es Themenkreise, Erzählweisen und Formen der Lebenserinnerung, die es erlauben, von frauenspezifischen Aspekten der Exilautobiographik zu sprechen?

Angesichts der großen Anzahl der in den letzten zwei Jahrzehnten veröffentlichten Exilautobiographien von Frauen beschränke ich mich im zweiten Teil auf die Erinnerungen von Susanne Bach, Eva Busch, Elsbeth Weichmann und Martha Feuchtwanger.[7] Gemeinsam ist diesen (nichtschriftstellernden) Frauen die Erfahrung im französischen Exil und der Internierung im Lager Gurs im Mai/Juni 1940. Bei der Auswahl wurden bewußt Texte ausgelassen, die nur einen kurzen Lebensabschnitt thematisieren, wie Lisa Fittkos *Mein Weg über die Pyrenäen* (1985) und Hanna Schramms *Menschen in Gurs* (1977) sowie Berichte von Überlebenden, die von der Hölle der Konzentrationslager in Osteuropa und Deutschland berichten.

I

Wer der Frage nachgeht, *wer* unmittelbar nach der Entlassung aus den französischen Internierungslagern bzw. kurz nach 1945 über die Zeit des Exils, der Flucht, der Internierung in Frankreich autobiographische Texte verfaßte, wird zu folgendem Ergebnis kommen: Während eine Reihe von Schriftstellern und prominenten Antifaschisten wie Lion Feuchtwanger, Arthur Koestler, Bruno Frei, Theodor Balk und Bruno Weil, jedoch auch vollkommen unbekannte Flüchtlinge (S.A.W. Schmitt, Rolf Weinstock, Curt Lindemann, Eugen Neter und Ludwig Mann) unmittelbar nach ihrer Flucht aus Frankreich oder bald nach Kriegsende von ihrer Lagererfahrung »Zeugnis ablegten«, sind Berichte von Frauen nicht auffindbar – sieht man einmal von Artikeln im New Yorker *Aufbau*, in den *Basler Nachrichten* oder im *Argentinischen Tageblatt* ab. Haben die Frauen, die diese Zeit überlebten, nicht geschrieben oder konnten sie ihre Texte unter den bekanntlich schwierigen Publikationsbedingungen nicht veröffentlichen? Durch die Lektüre einiger Exilautobiographien, einschließlich der 1992 auf deutsch erschienenen *Erinnerungen deutsch-jüdischer Frauen 1900–1990*[8], sowie insbesondere durch meine Quellenforschungen in verschiedenen Privatsammlungen und Archiven, vor allem im New Yorker Leo Baeck-Institut, ist eine Antwort auf diese Frage möglich: Auch Frauen verfaßten nach ihrer geglückten Flucht aus Frankreich, meist nach Süd- oder Nordamerika, autobiographische Texte. So schrieb die heute 85jährig in München lebende promovierte Romanistin Susanne Bach bereits 1941 einen Bericht über ihre Jahre im französischen Exil, der erst 1986 in Deutschland erschien und fünf Jahre später in erweiterter Fassung unter dem Titel *Karussell. Von München nach München* neu aufgelegt wurde.[9] Auch die umfangreiche Memoirensammlung des Leo Baeck-Instituts enthält einige zwischen 1940 und 1945 entstandene Berichte, die bis heute ungedruckt sind.[10]

Einer bestimmten Anzahl von autobiographischen Texten über die Exil- und Lagererfahrung von Männern stehen somit eine Anzahl von *ungedruckten* Berichten von Frauen gegenüber.[11] Andreas Lixl-Purcell vermutet gar, daß es vor allem Frauen waren, »die später im Exilland ihre Lebensgeschichten niederschrieben (...)«[12]. Diese Frauen haben dabei jedoch eine spezifische Schreibhaltung eingenommen: Sie wollten zwar ihre Geschichte überliefern, allerdings nicht an die Öffentlichkeit weitergeben. »Ihren *Kindern und Enkeln* (Hervorh. G.M.)« wollten sie »Zeugnis (...) geben von einer Welt, deren Kultur und Lebenszusammenhang zwischen 1933 und 1945 vernichtet wurden«.[13]

Wer schreibt Autobiographien?

Das Schreiben für die familiäre Sphäre und nicht für die Öffentlichkeit kennzeichnet die eine Haltung dieser Frauengeneration zur Überlieferung der eigenen Lebensgeschichte. Der überwiegende Teil der Emigrantinnen verstummte jedoch. Dreißig, vierzig Jahre dauerte es, bis eine größere Anzahl ehemaliger Emigrantinnen die Arbeit der Erinnerung auf sich nahm. Oftmals sind diese Autobiographien die Folge intensiver Begegnungen mit fragenden Menschen oder anderer Impulse von *außen*. Beispielsweise schreibt die 1897 in Hamburg geborene Jüdin Emily Melchior Braun in ihren unveröffentlichten, 1986 beendeten Memoiren, daß sie der Aufforderung eines Rabbiners gefolgt sei, ihr Leben aufzuschreiben.[14]

Martha Feuchtwanger eröffnet ihre Memoiren mit dem Hinweis, daß Freunde sie »bestürmt« hätten, die »kleinen und manchmal nicht so kleinen Ereignisse« des Ehepaars Feuchtwanger aufzuschreiben. Sie erfüllte diesen Auftrag, indem sie ein Buch verfaßte, das sich streckenweise wie eine verhinderte Lion Feuchtwanger-Biographie liest. Auch Elsbeth Weichmann tendiert dahin, in ihrer »Berichterstattung« über die Zeit des Exils der Biographie ihres Mannes, Herbert Weichmann, mehr Platz einzuräumen als der eigenen. Ob es um den Existenzkampf im Exil, um berufliche Fortbildung, Freunde oder die Frage der Remigration geht – an die Stelle der Autobiographin tritt immer wieder die *Biographin* Weichmann. Detailliert gibt sie Auskunft über die verschiedenen Exilstadien, die Identitätskrisen, die Verzweiflung und die Widerstandskraft ihres Mannes, hält sich aber bei der Schilderung der eigenen Erfahrungen und Gefühle merklich zurück. Dies scheint mir ein geschlechtsspezifischer Aspekt der (Exil-)Autobiographik zu sein: Während man in den Autobiographien von Männern im allgemeinen wenig über den Exilalltag, die beruflichen Anforderungen und politischen Einstellungen der Ehefrauen und Lebensgefährtinnen erfährt, pendeln die Frauen prominenter Männer zwischen Biographie und Autobiographie.

Ähnlich wie Elsbeth Weichmann, die in ihrer Vorbemerkung als Motiv ihres Schreibens angibt, daß »*Exil. Jahre der Zuflucht*« eine Antwort auf die vielen Fragen sei, die ihr und ihrem Mann im Laufe der Jahrzehnte gestellt worden seien, kam auch Lisa Fittko zum autobiographischen Schreiben. Infolge des ständigen Nachfragens von Verwandten und Freunden begann sie zu schreiben, dachte jedoch nie daran, ihr Leben oder ihre Flucht aus Frankreich zu überliefern[15] – das wäre ihr »zu großspurig« vorgekommen. Gedacht habe sie nur an einen kleinen Aufsatz in einer Zeitschrift. Einem Londoner Professor für Judaistik erzählte Lisa Fittko von autobiographischen Notizen und unter anderem von ihren Erinnerungen an Walter Benjamin. Davon erfuhr Gershom Scholem, der den Abdruck der »Benjamin-Episode«, des Vorläufers ihres Pyrenäen-Berichts im *Merkur* vermittelte.

Und um ein letztes Beispiel zu erwähnen: Über die »Kronzeugin der Kulturgeschichte« (Eisner über Eisner) schreibt Werner Herzog in der Vorrede zu ihren Memoiren, daß Lotte Eisner »bis zu ihrem letzten Atemzug an ihren Memoiren« geschrieben habe.[16] Ob diese ohne die Begegnung mit der Filmjournalistin Martje Grohmann zustande gekommen wären, ist jedoch fraglich.[17] Denn sie war es, die die Lebensgeschichte Eisners in der ersten Person verfaßte.

Auswirkungen auf die Exilforschung

Die Folgen dieses *Nichtschreibens* oder des Schreibens für *private Adressaten* sowie der *Veröffentlichung autobiographischer Exiltexte von Frauen mit vierzig- bis fünfzigjähriger Verspätung* für die Fragestellungen und Ergebnisse der Exilforschung waren beträchtlich. Geht man davon aus, daß Autobiographien immer auch gesellschaftliche Erfahrungen vermitteln, so haben die genannten Tatsachen dazu geführt, daß die Erfahrungen dieser Frauengeneration mit Deutschland und im Exil jahrzehntelang sowohl im öffentlichen Bewußtsein wie auch als Gegenstand der Exilforschung nicht wahrgenommen wurden. Hinzu kommt, daß Exilautobiographien und Exilberichte von Frauen von der Forschung nicht rezipiert werden, was ich exemplarisch an einem Aufsatz jüngeren Datums aufzeigen möchte, der sich mit der Situation von Emigranten im Katastrophenjahr 1940 in Frankreich und mit dem Frankreichbild beschäftigt, wie Emigranten es in ihren Darstellungen vermitteln.[18] Diese wissenschaftliche Untersuchung ist ein Beispiel dafür, wie eine Frauengeneration und ihre Erfahrungen, die sie in ihren Exilautobiographien überliefern, »verschwinden«. Eingangs erklärt der Autor, Wulf Koepke, warum Frankreich 1933 als »terre d'asyl« von vielen Antifaschisten bevorzugt gewählt wurde und daß Frankreich spätestens seit Heinrich Heine für demokratisch gesinnte deutsche Schriftsteller als Ort der Freiheit, als Land der demokratischen Kultur geradezu idealisiert wurde. War diese Faszination Frankreichs männerspezifisch? Welches Verhältnis hatten die Emigrantinnen zu Frankreich? Klammerten auch sie sich an die »moralischen und politischen Traditionen«[19] Frankreichs? Da der Autor ausschließlich Texte von männlichen Intellektuellen und Schriftstellern untersucht (Ausnahme: Anna Seghers' *Transit*), kann diese Frage gar nicht beantwortet werden. Ich möchte hier eine Antwort versuchen.

»Längst vor 1933 hatten Deutsche, die an der preußischen Ordnung litten, die Freizügigkeit, Läßlichkeit, elementare Menschlichkeit und natürlichere Lebenseinstellung in Frankreich entdeckt«[20]. Diese allgemeine Aussage Koepkes trifft, unausgesprochen, auch auf Frauen zu. Daß Frauen wie Lou Albert-Lasard, Thea Sternheim und Helen Hessel schon vor 1933 nach Paris übersiedelten, obwohl sie als Frauen und Ausländerinnen in Frankreich über weniger Rechte verfügten als in Deutschland, weist auf die Bedeutung hin, die Frankreich als Ort individueller Freiheit für diese um die Jahrhundertwende geborene Frauengeneration aus dem Bürgertum tatsächlich besaß.

Im Gegensatz zu vielen männlichen politischen Emigranten, die – so Wulf Koepke – Frankreich vor allem wegen seiner politischen Tradition verehrten und idealisierten, war Frankreich für Wissenschaftlerinnen, Künstlerinnen und andere berufstätige Frauen aus dem Bürgertum ein Synonym für »Kulturnation«. Es waren vor allem die Sprache, die Kunst und die französische Kultur insgesamt, die Frauen aus Deutschland von einem Leben in Frankreich träumen ließen.

Eva Busch, staatenlos geborene Tochter einer Wagner-Opernsängerin, schreibt im Vorwort ihrer Autobiographie: »Mit Frankreich verband mich schon in jungen Jahren eine eigentümliche ›affinité‹, eine Art Verwandtschaft. So war es natürlich, daß dieses und kein anderes Land das Land meiner Emigration und meine Wahlheimat wurde. Ich liebe die französische Kultur, ihre Literatur – so lernte ich mühelos meine zweite Muttersprache«[21]. Susanne Bach, promovierte Romanistin, ebenfalls Tochter einer künstlerisch begabten, berufstätigen Mutter, träumte schon vor 1933 von einem Leben in Frankreich. Auch Martha Feuchtwanger schreibt in *Nur eine Frau*, daß das Ehepaar Feuchtwanger schon vor 1933 mit dem Gedanken gespielt habe, an der Riviera zu leben. Vor allem auf Künstlerinnen, Malerinnen und Fotografinnen übte Frankreich eine große Anziehungskraft aus. Die in Berlin geborene jüdische Malerin Hedda Schatzki verließ bereits 1932 Deutschland, tyrannisiert vom bedrohlichen Antisemitismus, gleichzeitig innerlich gedrängt durch den Wunsch nach Unabhängigkeit von den Eltern. Sie folgte einer Liebe nach Paris und lebte bis 1940 in dieser Stadt, die sie als Künstlerin faszinierte.[22] Die Malerin Herta Hausmann, die 1937 in jungen Jahren allein nach Paris emigrierte, war trotz des harten Lebens in der Fremde von dieser Stadt angezogen – endlich konnte sie surrealistische Werke im Original sehen. Für Elsbeth Weichmann, Volkswirtin und Sozialdemokratin, war Frankreich dagegen ein »Erlebnisneuland, das noch keine Erfahrungsrichtlinien bot«[23]. Als sie 1933 über Prag nach Paris emigrierte, mußte sie sich nicht nur in einem Land zurechtfinden, dessen Sprache sie nicht beherrschte; als eine im Kaiserreich sozialisierte Deutsche mußte sie sich zunächst auch von der »Erbfeind«-Ideologie befreien.

Die aufgrund von Geschlechtszugehörigkeit und der geschlechterspezifischen Internierungspolitik Frankreichs real *andere* Exilerfahrung von Frauen gerät in Koepkes Untersuchung nicht in den Blick. Dies wird deutlich an der Beschreibung der Situation, in der sich die »Emigranten« bei Kriegsausbruch und in dem folgenden Jahr der Niederlage in Frankreich befanden. Denn der Autor bezieht sich in erster Linie auf die Erfahrung männlicher Emigranten. Die Situationsbeschreibung trifft zwar teilweise auch auf Emigrantinnen zu: Ihre Enttäuschung über die Verweigerung der Regierung bei Kriegsausbruch, aktiv gegen die Deutschen kämpfen zu dürfen; der Schock, von der französischen Regierung 1940 als »feindliche Ausländerinnen« behandelt zu werden; das Chaos zur Zeit des *débâcle*; die Irrfahrten und verzweifelten Versuche, Europa zu verlassen. Da die Internierungspolitik der Troisième République jedoch nicht geschlechtsneutral war und Kriege (Siege wie militärische Niederlagen) für Frauen grundsätzlich spezifische Formen der Gewalt implizieren (zum Beispiel Vergewaltigungen), ist eine adäquate Situationsbeschreibung anhand von Exiltexten / Berichten nur möglich, wenn auch Berichte von Frauen in den Blick geraten. Ausgeblendet wird durch die einseitige Textauswahl des Autors, daß auch Frauen, unter anderem deutsche Kommunistinnen, bereits im September 1939 verhaftet und interniert wurden (zum Beispiel Dora Schaul und Steffi Spira). Ausgeblendet wird auch die Lebensrealität der Emigrantinnen während des *drôle de guerre* bis zu ihrer eigenen Internierung im Mai 1940. Oftmals waren sie diejenigen, die sich um die Freilassung der internierten Männer bemühten, beispielsweise die 1933 nach Frankreich geflüchtete Soziologin und Fotografin Gisèle Freund.[24]

In allen bisher genannten Exilautobiographien und zahlreichen anderen Exiltexten von Frauen über diese Zeit in Frankreich finden sich Hinweise auf die *andere* Exil- und Lagererfahrung: die Prostitution von Frauen, um an Nahrungsmittel oder Entlassungspapiere zu kommen (vgl. die Beispiele bei Lisa Fittko); die besondere Verantwortung und Last, sich um die Kinder im Lager zu kümmern, denn Kinder wurden grundsätzlich in den Frauenbaracken untergebracht[25]; die Internierung von staatenlos gewordenen Frauen unter dem Verdacht der Prostitution (zum Beispiel Hedda Schatzki im Oktober 1940); aber auch die Erfahrung, daß Männer in Entscheidungspositionen durch gezielten Einsatz von Sinnlichkeit beeinflußbar sind: »Evas schöne Augen, die mit Erfolg mit einem der Sicherheitsbeamten flirtete[n]«[26] waren – so Susanne Bach – mitentscheidend für ihre Entlassung aus Gurs.

»Es gab eine scharfe Kontrolle vor der Einfahrt nach Marseille«, heißt es bei Elsbeth Weichmann. »Als alleinstehende Frau kam ich mit Geschichten, Flirterei und Hilflosigkeitstricks durch die Sperre«[27]. Und Susanne Bach erwähnt, daß ihre Schwangerschaft für die Gewährung eines Ausreisevisums von Vorteil gewesen sei, da der Beamte ihre besondere Notlage erkannt habe. Sicher hing die Rettung von Menschen in dieser Zeit von vielen Faktoren ab, vor allem vom Zufall. Aber die Exilautobiographien von Frauen, betrachtet als (streitbare) Geschichtsquelle, liefern vielerlei Hinweise, inwieweit die Geschlechtszugehörigkeit das weitere Schicksal bestimmte.

Die Wende – die siebziger Jahre

»Der eigentliche Durchbruch deutsch-jüdischer Frauenautobiographien«, so Andreas Lixl-Purcell, »vollzog sich in den frühen siebziger und achtziger Jahren«[28]. Die Zahl der seitdem in Deutschland, Österreich, der Schweiz und Frankreich veröffentlichten Lebenserinnerungen prominenter, aber auch vollkommen unbekannter Frauen dürfte mittlerweile die Zahl von 120 weit übersteigen.[29] Die Gründe für dieses späte Schreiben und Veröffentlichen sind vielfältig und nicht nur geschlechtsspezifisch. Zunächst sind Memoiren und Autobiographien typische Alters-Genres. Zudem existierte nach 1945 und während des Kalten Krieges in der BRD kein Lesepublikum für Exiltexte. Die Exilautobiographien der in die DDR zurückgekehrten Kommunisten und Kommunistinnen und ihre ideologische Intrumentalisierung für den Staat wäre ein eigenes Thema, das hier außer acht bleiben muß.[30]

Einen anderen Grund für den gewählten Zeitpunkt der Niederschrift, der eng mit dem Faktor »Alter« verbunden ist, nennt Elsbeth Weichmann in ihrer Vorbemerkung: »Dieser Bericht über die Etappen unserer Emigration ist eine Antwort auf die vielen Fragen, die uns im Laufe der letzten Jahrzehnte über unsere Exiljahre gestellt worden sind. In unserem starken Engagement für Gegenwartsprobleme hatten wir bisher niemals die *Zeit* (Hervorh. G.M.) gefunden, sie zu beantworten«[31]. Sowohl für die zum Aufbau eines »neuen Deutschlands« Zurückkehrenden wie für diejenigen, die im Exil auch nach 1945 weiterhin um die Existenzsicherung kämpfen müssen, bedeutet Schreiben Luxus, der nur im Alter in Anspruch genommen werden kann.

Drittens setzt diese Form des Schreibens Erinnern voraus, und dieser Vorgang ist schmerzhaft. Die psychischen Voraussetzungen für das Eintauchen in die Vergangenheit scheinen erst mit großer zeitlicher Distanz, nach 30 bis 50 Jahren, gegeben zu sein. Das Spannungsverhältnis zwischen dem Schweigen, dem Nicht-Sprechen-Können einerseits und den Versuchen, das Erlebte in Sprache zu fassen, ist immer wieder im Hinblick auf die Überlebenden der Shoa und im Kontext der »Holocaust-Dichtung« diskutiert worden.[32] Dieses

Spannungsverhältnis zwischen Verstummen und Sprechen trifft jedoch auch in einem gewissen Maße auf diejenigen zu, die die Hölle deutscher Konzentrationslager nicht erleben mußten.

Die »Wende« in der Geschichte der Exilautobiographik fiel zeitlich zusammen mit »einer neuen sozialen und kulturellen Bewegung (...), die um ein viel besseres Verständnis deutscher Jüdinnen und ihrer Geschichte bemüht war«[33]. Die Auseinandersetzung der Studentenbewegung von 1968 mit dem Faschismus – das hieß auch: Auseinandersetzung mit den Lebensläufen der eigenen Väter; die Mütter wurden mit einer zeitlichen Verzögerung thematisiert[34] – und den exilierten Antifaschisten veränderte die Rezeptionsbedingungen für Exilliteratur und Exilautobiographik radikal. Die Hinwendung zur Sozial- und Alltagsgeschichte öffnete zudem den Blick für andere Texte und neue Lesarten. Besonders die politischen Impulse der Neuen Frauenbewegung spielten bei der Rezeption und Produktion von Exilautobiographien eine Rolle. Einerseits führte der politische Wille von Frauen »nach unverstellter Artikulation ihrer authentischen Erfahrung« zu einer Hinwendung zur autobiographischen Schreibweise.[35] Gleichzeitig führte die Kritik der Frauenbewegung an der Männergeschichtsschreibung, vereinfacht ausgedrückt, zu einer Art Geschichtsauftrag: die fehlende »Frauengeschichte« sollte nachgetragen, »Männerwissen« korrigiert werden. Die Formen der Arbeit gegen die »Geschichtslosigkeit der Frauen« sind dabei vielfältig. Wie schon im Zusammenhang mit der Autobiographie Lotte Eisners erwähnt wurde, führt vor allem die Begegnung der Emigrantinnen-Generation mit der der Nachgeborenen zur Überlieferung von Lebensgeschichten. Die Nachgeborenen[36] haben die Textformen Porträt, Interview und einen neuen Typ von ›Autobiographie‹ gewählt, um das Leben derer zu überliefern, »die sonst auf der stummen Seite stehen«[37].

II

Die Autorinnen

Susanne Bach, Martha Feuchtwanger, Eva Busch und Elsbeth Weichmann gehören zu jener um die Jahrhundertwende geborenen deutsch-jüdischen und deutschen Frauengeneration, die zur Zeit des Kaiserreichs aufwuchs und durch die »Auflösung des strikten Patriarchats«[38] erstmals in der Geschichte Deutschlands Zugang zu den Institutionen politischer Macht (Parlament), des Wissens (Universität) und der Kunst (Akademien) hatte. Gleichzeitig gehören sie zur *ersten* Frauengeneration, von der Tausende aufgrund des zur Staatsdoktrin erklärten Rassismus verfolgt und aus Deutschland vertrieben wurden.

Geboren und aufgewachsen sind die vier genannten Frauen in den Großstädten Berlin und München; zwei von ihnen, Susanne Bach und Martha Feuchtwanger, in jüdischen Familien. Als sie 1933 allein oder mit dem Ehemann emigrierten, hatten sie sich bereits eine Berufsexistenz als Sängerin (Busch), Volkswirtin (Weichmann) oder angehende Wissenschaftlerin aufgebaut und lebten materiell teilweise unabhängig. Martha Feuchtwanger ist da eine Ausnahme. In den Memoiren der sportlichen, selbstbewußten und keineswegs angepaßten Martha Feuchtwanger findet man keinen Hinweis auf Berufswünsche. Ihre Entscheidung für ein Leben »an seiner Seite«, im Dienst eines anderen und seines Werkes (bis über seinen Tod hinaus), paßt zwar nicht in die heutigen europäischen Emanzipationsvorstellungen, wohl aber in *ihre* Vorstellung von einem erfüllten, sinnvollen und abwechslungsreichen Leben.

Im französischen Exil konnten alle vier Frauen – mehr schlecht als recht – ihre Berufe weiterhin ausüben oder trugen durch verschiedene Formen der Unterstützung ihrer Ehemänner zur Existenzsicherung bei. Elsbeth Weichmann zum Beispiel, deren Ehemann in Paris für verschiedene Zeitungen schrieb, übernahm einen Teil der journalistischen Recherchen und arbeitete sich, wie sie es nennt, zu seinem »kleineren Partner empor«[39]. Während Susanne Bach, Elsbeth Weichmann und Martha Feuchtwanger 1940/41 nach Süd- und Nordamerika emigrieren konnten, wurde Eva Busch nach Ravensbrück deportiert. Sie blieb dort eigenen Angaben zufolge länger als drei Jahre. Nach 1945 kehrte sie nach Frankreich zurück. Bis auf Martha Feuchtwanger, die im zweiten Exilland USA den Rest ihres Lebens verbrachte, kehrten die anderen drei Frauen nach Deutschland zurück: Susanne Bach erst nach 43 Jahren Exil in Brasilien, Eva Busch in den achtziger Jahren und Elsbeth Weichmann 1948, nachdem sie folgenden Brief von ihrem Mann aus Deutschland bekommen hatte: »Ich habe keinen rationalen Grund, aber ich weiß, daß ich nie wieder nach New York zurückkommen werde«[40].

Vier Lebensläufe. Wie werden sie erinnert? Gibt es Darstellungsweisen, die geschlechterspezifisch sind? Welche Funktionen übernimmt das autobiographische Schreiben bei diesen Autorinnen?

Themenkreise

Befragt man die Texte danach, wie sie die Themenkomplexe Deutschland, Antisemitismus, Judentum und Leben im Exil behandeln, so lassen sich keine Gemeinsamkeiten festmachen. Diese Heterogenität sei hier am Beispiel einiger Themen aufgezeigt.

In den Texten der jüdischen Autorinnen (sie selbst bezeichnen sich nirgendwo so) taucht der Begriff Judentum nicht als identitätsstiftende Größe auf. Bei Martha Feuchtwanger ist Judentum Chiffre für ein strenges religiöses Regelsystem und bei Susanne Bach in erster Linie gleichbedeutend für eine soziale Infrastruktur: materielle Unterstützung und Eingebundensein in ein soziales Netz im Exil. Interessanterweise nimmt vor allem eine Nichtjüdin, nämlich Elsbeth Weichmann, auf den Themenkreis Judentum, Zionismus / Palästina bezug. Während ihr Mann Herbert Weichmann, der spätere Bürgermeister Hamburgs, sich trotz seiner »engen Beziehungen zur zionistischen Bewegung« gegen die Emigration nach Israel entschlossen hatte, vertrat Elsbeth Weichmann einen anderen Standpunkt: »Ich selbst wäre, ohne mich zu sträuben, nach Israel mitgegangen, um mitzuhelfen, das wahr zu machen, was ein Freund, der dorthin ging, sagte: ›Ihr werdet immer weiter von Freiheit, Gerechtigkeit und Sozialismus reden, wir werden es machen.‹ Diese heroische Romantik, eine der ergreifendsten Reaktionen aufs niederträchtigste diffamierter Menschengruppen, ergriff mich stark.«[41]

Auch das Thema Antisemitismus vor 1933 und die Judenverfolgung und -vernichtung wird ganz unterschiedlich behandelt. Bei Susanne Bach ist Antisemitismus kein Thema. Martha Feuchtwanger überliefert in ihren Erinnerungen zahlreiche Beispiele antisemitischer Hetze, christlicher Vorurteile und gewaltsamer Übergriffe auf Juden in Deutschland vor und nach 1933. Antisemitismus ist bei Martha Feuchtwanger thematisch genauso präsent wie die sexuelle Belästigung und Diskriminierung, die ihr vor allem während ihrer ausgedehnten Reisen als Frau widerfuhren.

Auch bei der Darstellung des Lebens im Exil gibt es keine Gemeinsamkeiten. Die in der Exilforschung oft hergestellte Korrelation zwischen »Exil« und »Identitätskrise« (und Schreiben im Exil als Krisenmanagement[42]) wird durch die Exilautobiographien von Bach, Feuchtwanger und Busch nicht bestätigt. Wie immer auch die psychische Konstitution der Autorinnen im Exil gewesen sein mag – ihre Autobiographien geben überhaupt nicht oder kaum Auskunft über seelische Krisen. Nur Elsbeth Weichmann beschreibt eindringlich die psychische Verfassung der Exilierten, ihre Suche nach Halt und ihre Verzweiflung in der erzwungenen Fremde. Die Gründe für diese Differenz liegen in den unterschiedlichen Funktionen autobiographischen Schreibens: Martha Feuchtwanger schrieb in erster Linie, um der Nachwelt ein bestimmtes Bild eines Schriftstellers zu vermitteln; Susanne Bach, um ihr Leben seit 1933 in einer objektivierten Form zu überliefern, in der das thematische Zentrum (ähnlich wie bei Lotte Eisner) die beruflichen Aktivitäten sind; Eva Busch, um der Nachwelt die Bedeutung einer Künstlerin zu überliefern. Das Genre »Memoiren« war für diese schreibenden Frauen nicht der Ort, um Identitätskrisen zu thematisieren.

Die einzige thematische Gemeinsamkeit scheint mir die Benennung von Tabuthemen wie sexueller Mißbrauch, Vergewaltigung, Abtreibung und Homosexualität zu sein.[43] »Über sich selbst schreiben« bedeutet offensichtlich für diese Frauengeneration – im Gegensatz zu vielen männlichen Autobiographien –, auch diejenigen Erfahrungen öffentlich zu machen, die zur sogenannten »privaten Sphäre« gehören. Das Private umfaßt dabei sowohl Gewalterfahrungen durch Männer und Einschränkungen der individuellen Handlungsmöglichkeiten durch Gesetze als auch Konflikte und Leidenschaften zwischen Partnern und Partnerinnen. Neben dieser Erklärung mag ein anderer Faktor eine Rolle spielen: die Veröffentlichung der Autobiographien fällt zeitlich zusammen mit der Neuen Frauenbewegung in Deutschland, die die genannten Themen öffentlich gemacht hat. Ob Eva Busch zum Beispiel ohne die Forderungen und politischen Impulse der Frauenbewegung so offen über ihre jahrzehntelange Liebe und Leidenschaft zu ihrer Lebenspartnerin, einer französischen Journalistin, geschrieben hätte, ist fraglich. Und Gisèle Freund sprach erstmals 1991 über ihre Gewalterfahrungen mit Männern.[44]

Darstellungsweisen

Geschlechterspezifisch unterschiedliche Konzepte von (Exil-)Autobiographien werden bereits an den unterschiedlichen Titeln deutlich. Titel wie *Erlebte Weltgeschichte* (Friedrich Wilhelm Foerster), *Ein Zeitalter wird besichtigt* (Heinrich Mann) oder *Mein 20. Jahrhundert* (Ludwig Marcuse) weisen die Autoren als Zeugen einer Zeit aus, die sie aus der ›Vogelperspektive‹ betrachten. Ihr eigenes Leben wird dabei in den Kontext der Zeitgeschichte gestellt, die sie kommentieren. Sicher gibt es auch weibliche Autoren von Exilautobiographien, die als Vertreterinnen ihrer Generation schreiben. Aber dies scheint mir viel weniger selbstverständlich. Diese These von der Regel wie der Ausnahme weiblicher Exilautobiographien möchte ich zum Schluß an zwei Fragestellungen festmachen: Welche Funktion haben Zitate in den Exilautobiographien, und wer spricht in ihnen?

Zitat

Das Zitat als authentisches Zeugnis wird sowohl in Exilautobiographien von Männern wie auch in denen von Frauen verwendet. Welche Zitate eingestreut werden und welche Funktion sie erfüllen, ist abhängig von der Intention der Autorin. Elsbeth Weichmanns Umgang mit dem Zitat deckt sich dabei eher mit der Verfahrensweise der oben charakterisierten männlichen Exilautobiographien: Zitiert wird in erster Linie aus Briefen und Zeitungen, in denen sich Männer zum Zeitgeschehen äußern. In Weichmanns Abschlußkapitel »Die alte Welt ruft« wird zum Beispiel das Problem der Remigration auf folgende Weise thematisiert: Um die psychische Verfassung und die ambivalente Haltung vieler Flüchtlinge zu Deutschland nach 1945 für die LeserInnen der achtziger Jahre lebendig zu gestalten, zitiert Weichmann aus Briefen ihres Mannes Herbert Weichmann[45], nirgendwo jedoch aus eigenen Briefen. Auch das Antwortschreiben des Adressaten Hans Darges zitiert Weichmann mit dem Ziel, »die Haltung der intellektuellen Deutschen«, die nicht emigrierten, wiederzugeben. Diese Art der Zitat-Verwendung zieht sich durch die gesamten Erinnerungen. Um einen Eindruck von den politischen Diskussionen der deutschen Emigranten vor und während des Krieges in New York zu vermitteln, zitiert sie aus dem *Aufbau*. Zitate haben hier die Funktion von geschichtlichen Quellen, die als authentisches Material herangezogen werden. Ihre Verwendung entspricht dem Ziel Weichmanns, »Bericht« zu erstatten. Die Folge dieser Form, Erfahrungen zu vermitteln, ist das Verschwinden des schreibenden Subjekts, das seine Positionen mit den Worten anderer zum Ausdruck bringt. Wenngleich diese Art des Umgang mit dem Zitat nicht als geschlechtsspezifisch bezeichnet werden kann, ist doch auffällig, daß die Autoren der zitierten Texte meist Männer sind. Frauen als Teilnehmerinnen an politischen Diskussionen und als agierende Subjekte, als Übermittlerinnen politischer Positionen und Erfahrungen verschwinden somit.

Viel häufiger wird das Zitat in Exilautobiographien jedoch in spezifischer Form als Instrument der Selbstdarstellung, als Möglichkeit des Hervorhebens der eigenen Bedeutung verwandt. Eva Busch und teilweise auch Martha Feuchtwanger integrieren Zitate aus Zeitungsartikeln, Briefen, aus erinnerten Dialogen in ihre autobiographischen Erzählungen, um LeserInnen ihre beruflichen Leistungen und vor allem ihre Attraktivität als Frau mitzuteilen. Konkurrenz mit anderen Frauen, die Beschreibung von »Äußerlichkeiten« (Kleidung, Wohnungseinrichtungen etc.) nehmen daher in diesen Texten einen breiten Raum ein. Die Betonung des Begehrtwordenseins von Männern, das In-Szene-Setzen der eigenen Bedeutung geschieht mit Hilfe von Zitaten. Die Liste der zu diesem Zweck bei Eva Busch verwendeten Zitate ist lang. Unter anderem läßt sie den französischen katholischen Schriftsteller François Mauriac, deutsche Paßbeamte, die Enkelin von Debussy, ein Malerehepaar aus Paris und einen »ranghohen Offizier der Luftwaffe«, mit dem sie nach ihrer Entlassung aus Ravensbrück eine Beziehung eingeht, zu Wort kommen. Eva Busch zitiert sie alle herbei, um LeserInnen von ihrer Bedeutung als Künstlerin *und* Frau zu überzeugen. Welche Bedeutung dieses Anerkennungsbedürfnis als Frau für die Autorinnen hat, ist auch an einer scheinbar bedeutungslosen Tatsache zu erkennen, nämlich wie die Autorinnen mit ihrem Alter umgehen. Denn mit der Altersangabe hapert es bei allen genannten Autobiographien: Martha Feuchtwanger nennt ihr Geburtsdatum überhaupt nicht; es kann nur aufgrund einer Information am Schluß rekonstruiert werden. Elsbeth Weichmann gibt keinerlei Hinweise auf Geburtsort und -datum. Auch Susanne Bach nennt ihr Alter nicht ausdrücklich. Eva Busch verschweigt ihr Geburtsdatum im Text und fügt ihrer Autobiographie gleichzeitig eine Geburtsurkunde bei, in der das Geburtsjahr retuschiert wurde.[46] Eine Frau darf eben nicht alt werden. Die oben genannte Zitatensammlung Eva Buschs nur als Beweis individueller oder klassenbedingter »Eitelkeit«, als Ausdruck des Glücks, zur Boheme zu gehören, zu bewerten, erscheint mir zu einfach. Die unentwegte Beweisführung scheint mir Ausdruck des starken Anerkennungsbedürfnisses einer Künstlerin zu sein, die sich selbst dem Vergessen entreißen will. Männern und gesellschaftlich anerkannten Personen kommt bei dieser Suche nach Anerkennung eine besondere Rolle zu.

Das Bedürfnis nach Anerkennung und nach Überlieferung vergangenen Ruhms nimmt passagenweise widersprüchliche Formen an. So behauptet Eva Busch, ihre Platten seien während des Krieges fast täglich im Radio gespielt worden. »Daher rührte meine Bekanntheit in Deutschland. Ich weiß aus sicherer Quelle, daß auf persönlichen Befehl von Goebbels die Platten der Eva Busch – zum Beispiel *Bel ami, Eine Zigarette lang, Du sollst nicht traurig sein* – in Deutschland und sogar an allen Fronten gesendet wurden«[47]. Interessant ist hier weniger die Frage, ob es sich um Legendenbildung handelt oder nicht (immerhin war die Künstlerin, deren Lieder gesendet wurden, in Ravensbrück), sondern die – nicht direkt benannte – Freude darüber, daß der Krieg die Beliebtheit der Sängerin Busch nicht mindern konnte. Problematisch daran ist vor allem das gleichzeitige Bemühen von Busch, ihre Lieder als antifaschistisch darzustellen. »Meine Platten verkauften sich unglaublich gut, wenn auch hauptsächlich sous la table«[48]. Es ist nicht verständlich, warum ihre Platten einerseits »sous la table« (als Bückware) verkauft wurden und gleichzeitig ganz offiziell im Radio und an der Front gespielt wurden.

»Ich« oder »Wir«

Martha Feuchtwanger wie Elsbeth Weichmann tendieren dahin, das Subjekt der autobiographischen Erzählung, das »Ich«, hinter einem »Wir« verschwinden zu lassen. Bei Feuchtwanger heißt es: »Aber vorher hatten wir noch schnell gewählt, und zwar Hindenburg«[49], »wir hatten ja alles vorausgesehen«[50], »Wir waren sehr patriotisch gewesen«[51], sie schreibt von »unsere[n] Sozialdemokraten«[52]. In ihren Lebenserinnerungen wandelt sich immer dann das »Ich« zum »Wir«, wenn politische Haltungen benannt werden. Dieses in politischen Zusammenhängen auftauchende Ehepaar-Wir korrespondiert gleichzeitig mit der Abwesenheit von das Zeitgeschehen kommentierenden Passagen. Politische Ereignisse werden benannt, aber nicht kommentiert.

Während das »Wir« Martha Feuchtwangers immer die deckungsgleichen Einstellungen des Ehepaars Feuchtwanger meint, pendelt das »Wir« bei Elsbeth Weichmann immer zwischen dem »Wir« des Ehepaars Weichmann und dem Emigranten-»Wir« der politischen Flüchtlinge. Die Gründe für dieses unindividuelle Schreiben sind schon genannt worden. Während diese Tendenz der Exilautobiographie, die Erfahrungen einer ausgestoßenen und verfolgten *Generation* zu überliefern und das eigene Schicksal in den Kontext der Geschichte zu stellen, nicht geschlechtsspezifisch ist, ist das »Wir« Martha Feuchtwangers repräsentativ für einen bestimmten Typus autobiographischer Texte von Frauen. Selbst wenn dieses »Wir« gerade deswegen gerechtfertigt erscheint, weil es die tatsächliche gemeinsame Haltung von zwei Menschen ausdrückt, so ist doch auffällig, daß männliche Autoren nie im Namen dieses »Wir« schreiben.

1 Richard Critchfield arbeitet in seinem Aufsatz »Einige Überlegungen zur Problematik der Exilautobiographik« Besonderheiten der Autobiographien von Emigranten heraus. Abgesehen von einem Hinweis auf die Autobiographie von Alice Salomon und zwei Zitaten von Hertha Pauli und Elisabeth Castonier werden ausschließlich Autobiographien von männlichen, meist prominenten Autoren untersucht. In: *Exilforschung. Ein internationales Jahrbuch.* Bd. 2. München 1984, S. 41–55. — 2 Sigrid Weigel: *Die Stimme der Medusa.* Dülmer-Hiddingsel 1987, S. 141. — 3 Wayne Shumakers. Zit. n. Eva Meyer: *Autobiographie der Schrift.* Basel/Frankfurt/M. 1989, S. 85. — 4 Jean-Jacques Rousseau betont ausdrücklich in seinen *Confessions,* daß er sich der »Kette der Empfindungen«, nicht aber der »Kette der Ereignisse« verpflichtet fühle. Vgl. Bernd Neumann: *Identität und Rollenzwang. Zur Theorie der Autobiographie.* Frankfurt/M. 1970, S. 1. — 5 Zur Theorie und Geschichte der Genres Autobiographie und Memoiren vgl. auch Manfred Schneider: *Die erkaltete Herzensschrift. Der autobiographische Text im 20. Jahrhundert.* München 1986. — 6 Eine Bibliographie zur Frauenforschung innerhalb der Exilforschung befindet sich unter anderem bei: Claudia Schoppmann: *Im Fluchtgepäck die Sprache. Deutschsprachige Schriftstellerinnen im Exil.* Berlin 1991. — 7 Eva Busch: *Und trotzdem. Eine Autobiographie.* München 1991; Susanne Bach: *Karussell. Von München nach München.* Eingeleitet von Rosalind Arndt-Schlug und Rosanna Vitale. (Frauen in der einen Welt. Sonderband 2). Nürnberg 1991; Martha Feuchtwanger: *Nur eine Frau.* München 1983; Elsbeth Weichmann: *Zuflucht. Jahre des Exils.* Hamburg 1983. — 8 Andreas Lixl-Purcell (Hg..): *Erinnerungen deutsch-jüdischer Frauen 1900–1990.* Leipzig 1992. — 9 Susi Eisenbach-Bach: *Im Schatten von Notre Dame.* Worms/London 1986. Vgl. Anmerkung 7. — 10 Das Leo Baeck-Institut enthält die wohl größte Sammlung deutsch-jüdischer Frauenautobiographien. Von den mehr als 1000 Texten stammen mehr als 150 Lebensberichte von Frauen, darunter besonders viele Selbstzeugnisse aus den Jahren der Emigration von 1933–1945. Zu den unveröffentlichten Erinnerungen von nach Frankreich emigrierten und dort in Gurs internierten Frauen zählen jene von Claire Wolf, Frieda Stern, Marianne Berel und Yolla Nicolas-Sachs. — 11 In dem Aufsatz »Autobiographien von Frauen im 19. Jahrhundert« beziffert die Autorin Gudrun Wedel die Zahl der im 19. Jahrhundert entstandenen Autobiographien von Frauen auf 600. Der größte Teil von ihnen blieb unveröffentlicht. Vgl.: Gisela Brinkler-Gabler (Hg..): *Deutsche Literatur von Frauen. 19. und 20. Jahrhundert.* Bd. 2. München 1980, S. 154–164. — 12 Lixl-Purcell, a.a.O., S. 7. — 13 Ebd. — 14 Den Archiv-

beständen des Leo Baeck-Institutes zufolge (AR-C 1387) lebte Emily Melchior-Braun seit 1932 als Anwältin in Berlin und emigrierte 1933 mit ihrer Familie nach Frankreich. Ihr Mann wurde im August 1942 deportiert. Sie selbst schloß sich 1944 der Résistance an und siedelte später nach Israel über. Die protestantisch erzogene Tochter jüdischer Eltern konvertierte bereits 1924 zum Judentum. — 15 Das Gespräch mit Lisa Fittko fand am 31.1.1991 in Chicago statt. Vgl. dazu meine Besprechung »Nur nicht drängeln zu den Engeln« zu ihrem zweiten Buch, *Solidarität unerwünscht*. In: tageszeitung, 7.5.1992. — 16 Lotte Eisner: *Ich hatte einst ein schönes Vaterland*. Heidelberg 1984, S. 6. — 17 Martje Grohmann in ihrem Nachwort »Meine Erinnerungen an Lotte Eisner« spricht von der gemeinsamen Arbeit an den Memoiren. Ebd. S. 290. — 18 Wulf Koepke: »Das Frankreichbild des Exils und die Niederlage von 1940«. In: Helmut Pfanner (Hg..): *Der Zweite Weltkrieg und die Exilanten. Eine literarische Antwort. World War II and the Exiles. A Literary Response*. Bonn 1991. — 19 Koepke, a.a.O., S. 57. — 20 Ebd., S. 55. — 21 Busch, a.a.O., S. 9. — 22 Der Titel der unveröffentlichten Memoiren lautet: *Hedo's story. Memoiren of a Newspaper Artist*. Erste Fassung auf deutsch 1959/1960 während eines Deutschlandaufenthaltes. Zweite, englische Fassung mit Unterstützung von Kirsten A. Seaver in den achtziger Jahren. Freundlicherweise zur Verfügung gestellt von Hedda Schatzi / Palo Alto (USA). — 23 Weichmann, a.a.O., S. 42. — 24 Gisèle Freund: »Verlorene Spuren«. In: Gabriele Mittag: *Gurs – Deutsche Emigrantinnen im französischen Exil*. Ausstellungskatalog der gleichnamigen Ausstellung vom Mai/Juni 1991 in Zusammenarbeit mit dem Werkbund-Archiv. Berlin 1991, S. 9. Auch Herta Hausmann bemühte sich 1939 erfolgreich um die Freilassung ihres Maler-Freundes Hans Reichel (Gespräch vom Juli 1990 in Paris). — 25 Martha Feuchtwanger bemühte sich im Lager um Kinder und kinderreiche Frauen; a.a.O., S. 269–284. — 26 Bach, a.a.O., S. 72. — 27 Weichmann, a.a.O., S. 108. — 28 Lixl-Purcell, a.a.O., S. 13. — 29 Diese Zahl wird von Lixl-Purcell genannt. Vgl. auch die Bibliographie bei Christine Backhaus-Lautenschläger: *... Und standen ihre Frau*. Pfaffenweiler 1991. — 30 Vgl. den Beitrag von Sonja Hilzinger in diesem Band. – 31 Weichmann, a.a.O., S. 17. — 32 Vgl. Dieter Lamping (Hg..): *Dein Aschenes Haar Sulamith*. München 1992, S. 275 ff. — 33 Lixl-Purcell, a.a.O., S. 13. — 34 Einen kritischen Überblick darüber, wie die deutsche Frauenforschung das Thema ›Frauen im Nationalsozialismus‹ behandelte und Jüdinnen dabei jahrelang nie in den Blick gerieten, gibt Theresa Wobbe: »Das Dilemma der Überlieferung«. In: Dies. (Hg.): *Nach Osten. Verdeckte Spuren nationalsozialistischer Verbrechen*. Frankfurt/M. 1992. — 35 Jutta Kolkenbrock-Netz und Marianne Schuller: »Frau im Spiegel. Zum Verhältnis von autobiographischer Schreibweise und feministischer Praxis«. In: Irmela von der Lühe (Hg.): *Entwürfe von Frauen in der Literatur des 20. Jahrhunderts*. Berlin 1982, S. 154. — 36 Exemplarisch seien hier folgende Titel erwähnt: Ulrike Edschmid: *Diesseits des Schreibtischs. Lebensgeschichten schreibender Frauen*. Frankfurt/M. 1990; dies.: *Verletzte Grenzen*. Frankfurt/M. 1992; Claudia Schoppmann: *Zeit der Maskierung. Lebensgeschichten lesbischer Frauen im Dritten Reich*. Berlin 1993; Gisèle Freund: *Portrait. Entretiens avec Rauda Jamis*. Paris 1991. Willy Vogelsingers Erinnerungen »*Nicht verloren nicht vergessen*« (Mannheim 1988) kamen durch jahrelange Gespräche mit der Exilverlegerin Lisette Buchholz zustande. — 37 Barbara Hahn: »Wer schreibt, wer spricht? Geschichten zwischen Mündlichkeit und Schriftlichkeit«. In: Ulrike Edschmid: *Diesseits des Schreibtischs*. Frankfurt/M. 1990, S. 11. — 38 Wulf Köpke: »Die würdige Greisin. Martha Feuchtwanger als Beispiel«. In: *Exilforschung. Ein internationales Jahrbuch*. Bd. 7. München 1989, S. 213. — 39 Weichmann, a.a.O., S. 47. — 40 Ebd., S. 218. — 41 Ebd., S. 34. — 42 Erich Kleinschmidt: »Schreiben und Leben. Zur Ästhetik des Autobiographischen in der deutschen Exilliteratur«. In: *Exilforschung. Ein internationales Jahrbuch*. Bd. 2. München 1984. — 43 Es ist hier nicht möglich, diese Thesen detailliert zu belegen. Hier sei beispielhaft auf zwei Textstellen hingewiesen: auf den Bericht Eva Buschs, als kleines Mädchen von einem Verwandten sexuell mißbraucht worden zu sein, und die Beschreibung der Abtreibung Martha Feuchtwangers während eines Aufenthaltes in Südfrankreich vor 1933. — 44 Vgl. a.a.O. (Anmerkung 36). — 45 Weichmann, a.a.O., S. 199. — 46 Vgl. Stefan Berkholz: *Vor allem sehr eitel. Ein spannender Lebenslauf, widersprüchlich erinnert: Die Autobiographie von Eva Busch*. In: Tagesspiegel, 23.2.1992. — 47 Busch, a.a.O., S. 217. — 48 Ebd., S. 215. — 49 Feuchtwanger, a.a.O., S. 224. — 50 Ebd., S. 267. — 51 Ebd., S. 89. — 52 Ebd.

Irmela von der Lühe

Geschwister im Exil: Erika und Klaus Mann

Bei den Eltern und den jüngeren Geschwistern galten sie als die »Großen«, im München und Berlin der zwanziger Jahre nannte man sie die »verrückten Mann-Geschwister«, und als sie 1927 zu einer neunmonatigen Weltreise aufbrachen, sorgten sie in Amerika als »literary Mann twins« für Schlagzeilen. Erika und Klaus Mann waren unzertrennlich, und sie demonstrierten es auch. Als »Dichterkinder« hatten sie seit 1925 von sich reden gemacht, seit sie unter der Regie von Gustaf Gründgens Klaus Manns Stücke spielten, seit sie zusammen mit anderen »Dichterkindern«, Pamela Wedekind, Mopsa Sternheim, Klaus Pringsheim, in *Revue zu Vieren* von Klaus Mann aufgetreten und auf Tournee gegangen waren. Heftige Kritik und gnadenlose Verrisse, selbst die Aufforderung, schleunigst von der Bühne abzutreten, konnten sie nicht erschüttern – fast vergnüglich erzählt Klaus Mann von den Skandalen, die 1930 die Aufführung seines Stückes nach Cocteaus *Les enfants terribles* ausgelöst hat.[1] In jeder Hinsicht waren die Geschwister früh an das Theaterspielen gewöhnt, so wie sie schon früh begonnen hatten, gemeinsam Bücher zu schreiben. *Rundherum*, der Bericht über das *Abenteuer einer Weltreise*, erschien 1929 bei S. Fischer, zwei Jahre später folgte im Piper-Verlag das *Buch von der Riviera*, im Exil erschienen in zwei aufeinander folgenden Jahren *Escape to Life* und *The other Germany*, mindestens zwei weitere Bücher wurden geplant, aber nicht vollendet.[2]

Anders als er, der immer hatte schreiben und Schriftsteller werden wollen, hat sie sich erst spät und aus eher pragmatischen Gründen zum Schreiben entschlossen. Anders als sie, die nie etwas anderes als Schauspielerin hatte werden wollen, hatte Klaus Mann seinen Plan, zur Bühne zu gehen, schnell wieder verworfen. Während Erika Mann in Max Reinhardts Schauspielschule ihre Ausbildung begonnen hatte, hatte Klaus Mann in Berlin als Theaterkritiker debütiert und war im Laufe der zwanziger Jahre als Theaterautor, Autobiograph, Romancier und Essayist bekannt geworden. Das Theater und die Bühne, die Welt der Literatur und die frühzeitige Begegnung mit Berühmtheiten, all dies hat die Geschwister geprägt, es hat ihren Hang zur Inszenierung gefördert, es machte Erika und Klaus Mann unzertrennlich. Die persönliche Bindung hatte seit frühester Kindheit eine öffentliche Dimension, die private Erfahrung war immer schon – in Klaus Manns Werken – Material literarischer Arbeit. Figuren wie »Anja« und »Renate« aus seinen frühen Stücken, »Barbara« aus *Mephisto* oder »Marion von Kammer« aus

Klaus Manns Exilroman *Der Vulkan* haben in der Schwester Erika ihr Vorbild. In ihrer schriftstellerischen und publizistischen Arbeit gibt es dafür kein Äquivalent. Dies hat mit dem Charakter ihrer Arbeit ebenso zu tun wie mit ihrer Person. Denn anders als er sprach und schrieb sie nicht gern über sich, und so sehr sie die persönliche Inszenierung liebte, so wenig neigte sie zur Literarisierung des Privaten.

Für beide war ihre Verbindung fraglos und exklusiv, es war eine Geschwisterbindung, die Leben und Arbeit, Beruf und Politik, Geld und Liebe einschloß, und es war eine Verbindung, die das kommende Exil als Lebensform in gewisser Weise bereits kannte und die dennoch gerade durch das Exil ganz unerwarteten Belastungen ausgesetzt wurde.

Seine Rolle als Sohn eines berühmten Vaters, sein frühes und entschiedenes Eintreten gegen Hitler und den Nationalsozialismus, das offene Bekenntnis zu seiner Homosexualität, dies alles sichert Klaus Mann seit Jahren das Interesse einer breiten Öffentlichkeit und der Forschung. Die Entdeckung und Edition seiner Tagebücher, Werk- und Briefausgaben und schließlich die gerade begonnene Neuausgabe, zum Teil Erstausgabe seiner Essays[3] sowie zahllose wissenschaftliche Publikationen über den exilierten Romanautor, den Zeitschriftengründer und Literaturkritiker dokumentieren das Bemühen der Exilforschung um einen politischen Schriftsteller und Essayisten, den es aus dem Schatten seines übermächtigen Vaters zu befreien und als Autor eigenen Formats in der Kultur- und Literaturgeschichte des zwanzigsten Jahrhunderts zu plazieren galt.

Beharrlich wurde und wird in diesem Zusammenhang indes übersehen, daß es Erika Mann war, die sich sofort nach Klaus Manns frühem Tod darum bemühte, für die Werke ihres Bruders einen Verlag und ein Publikum zu finden. Bis zu ihrem eigenen Tod, im August 1969, hat Erika Mann all ihre Kraft und ihre Energie darein gesetzt, die im Exil erschienenen Romane Klaus Manns im Nachkriegsdeutschland überhaupt bekannt zu machen.[4] Bereits ein Jahr nach seinem Tod erschien der von Erika Mann konzipierte und redigierte Band *Klaus Mann zum Gedächtnis*, der Erinnerungen und Gedenkartikel von seinen Freunden und Wegbegleitern enthielt, ohne daß sich die Herausgeberin selbst genannt hätte. In den Band wurde Erika Manns deutsche Übersetzung von Klaus Manns letztem politischen Essay *Die Heimsuchung des europäischen Geistes*[5] aufgenommen sowie der damals wie heute hochbrisante öffentliche Antwortbrief Gottfried Benns an Klaus Mann vom 9. Mai 1933. Benn selbst hatte ihn 1949 in das erste Kapitel seiner Autobiographie *Doppelleben* aufgenommen und mit einer nachträglichen Würdigung Klaus Manns versehen.[6] Persönlich hat Erika Mann sich daraufhin an Gottfried Benn gewandt und um die Abdruckgenehmigung gebeten.[7]

Wenn es darum ging, Werk und Ansehen des Bruders zu verteidigen, hat Erika Mann weder Mühe noch Anstrengung, sie hat auch Prozesse nicht gescheut. Die juristische Auseinandersetzung um die Veröffentlichung seines Romans *Mephisto* seit Anfang der sechziger Jahre und über ihren Tod hinaus ist das spektakulärste[8], wiewohl nicht das einzige Beispiel. Während man der Arbeit Erika Manns für das Werk des Vaters – Nachlaßverwalterin, Drehbuchautorin, Briefeditorin – häufig und bisweilen zu Recht den Vorwurf gemacht hat, es habe ihr an kritischer Distanz und philologischer Professionalität gefehlt, sie habe sich als »Protokollchef« mit wahrer »Nibelungentreue« vor Person und Werk des Vaters gestellt[9], spricht man in der Klaus Mann-Forschung von Erika Mann entweder gar nicht oder in ebenfalls negativer Akzentuierung. In diesem Fall allerdings mit bezeichnenden Abwandlungen. Während man ihre Bedeutung für die Wiederentdeckung Klaus Manns entweder ignoriert oder unterschätzt, hört man gelegentlich die Behauptung, es sei die Arbeit für den Vater gewesen, die die Geschwisterbindung bedroht und Klaus, ohnehin labil und der Stütze durch die starke Schwester bedürftig, weiter in Einsamkeit und Verzweiflung getrieben habe.[10] Richtet sich der Vorwurf im einen Fall auf die allzu unkritische Verehrung des väterlichen Werkes, so lautet er im anderen Falle auf zu wenig Einfühlung ins Lebensleid des Bruders. So wenig wie im ersten Falle die heftigen Kontroversen berücksichtigt werden, die in politischer Hinsicht zwischen Vater und Tochter während und nach dem Exil ausgetragen wurden, so wenig werden im zweiten Fall die tatsächlichen Lebensumstände im Exil und die dafür vorhandenen, wenngleich unveröffentlichten Quellen berücksichtigt. Ein Blick auf diese Quellen – es handelt sich um annähernd einhundertfünfzig Briefe Erika Manns an ihren Bruder aus der Zeit zwischen 1933 und 1949, von denen lediglich vier veröffentlicht sind[11] – zeigt nicht nur ein anderes Bild von der Verbindung zwischen Erika und Klaus Mann, er kann nicht nur die durch die Klaus Mann-Forschung bestimmte Perspektive korrigieren, sondern er ermöglicht überdies die Einsicht in unterschiedliche Formen und bisweilen konfligierende Möglichkeiten, schriftstellerisch und politisch auf das Exil und die mit ihm verbundenen veränderten Lebensformen zu reagieren. Schließlich sind diese Briefe in Verbindung mit Klaus Manns Tagebüchern Zeugnisse der politischen und persönlichen Auseinandersetzung zwischen zwei öffentlich engagiert wirkenden Menschen, die sich sehr nahestanden, obwohl sie höchst verschieden waren. An einigen Beispielen soll dies im folgenden verdeutlicht werden.

Das Bild seiner Schwester Erika hat Klaus Mann früh entworfen, und es sollte sich zeigen, daß er weder ihr noch sich selbst Veränderungen an diesem Bild zugestehen würde. In der Autobiographie des Fünfundzwanzigjährigen, in *Kind dieser Zeit*, heißt es einmal über die gemeinsame Zeit im Landerziehungsheim in Hochwaldhausen: »Ich sammelte um mich alle die, so nach sündigen und bunten Scherzen gierig waren, Erika aber tröstete die Problematischen, die Aufgewühlten, die ganz Verwirrten«, sowie an späterer Stelle: »sie *mußte* sein, wo ich war, sonst wäre der Ort eine Fremde gewesen.«[12]

Wie ein Leitmotiv ziehen sich diese beiden Aussagen in vielfältig variierter Form durch Klaus Manns Tagebücher: Erika, stolz, stark und charmant, tröstet und richtet auf, spricht Mut zu und hat Ideen, wo er seiner Drogen- und Todessehnsucht nachzugeben droht. An ihr, so heißt es in einer frühen Eintragung (1. Oktober 1932), und ihrem Geschick nehme er mehr Anteil als an dem eigenen, und am 19. Februar 1933 notiert er: »immer gewisser, daß Erikas Tod sofort meinen nach sich zöge«[13]. Dies ist knapp vier Wochen vor der Emigration geschrieben, und am Tag, nachdem Klaus Mann München endgültig verlassen hatte und nach Paris ins Exil gegangen war, heißt es: »Einsamkeitsgefühl doch immer nur, wenn sie nicht da«[14]. Wie niemand sonst in seiner Familie und in seinem Freundeskreis steht Erika Mann in der Wahrnehmung und Empfindung des Bruders für die Möglichkeit des Lebens, der Geborgenheit schlechthin. Nicht das Exil war die Fremde, sondern Fremdheit herrschte, wo Erika nicht war. »Lebenswichtig« ist sie für ihn, und die »depressiven Attacken«, die ihn überfallen, nennt er »ohne E vielleicht unüberwindlich«.[15] Exklusiv war seine Bindung an die Schwester schon vor der Emigration gewesen, und für die Zukunft hing alles davon ab, ob es gelingen würde, diese Exklusivität zu bewahren. In den ersten Jahren, während Erika Mann von Zürich aus die »Pfeffermühle«, das von ihr noch in München gegründete Kabarett, neu eröffnete und durch aufwendige Tourneefahrten in allen wichtigen europäischen Exilländern bekannt machte[16], gelang Klaus Mann in Amsterdam mit der *Sammlung* eine der ersten und wichtigsten Exilzeitschriften. An ihren beiden Exilunternehmungen nahmen die Geschwister gegenseitig intensiven Anteil: Klaus schrieb regelmäßig Songs und Sketches für das Programm der »Pfeffermühle«, Erika las, kommentierte und kritisierte jedes Heft der *Sammlung*.[17] Ähnlich wie in den Tagebüchern Thomas Manns finden sich auch in den Aufzeichnungen von Klaus Mann aus den Jahren zwischen 1933 und 1936 Äußerungen der Begeisterung, der Bewunderung, gar der Rührung über Erika Manns satirischen Kampf gegen Hitler und das nationalsozialistische Deutschland.[18] Die heftigen Rivalitäten im Ensemble, die ständigen Probleme mit den Behörden wegen der Auftrittsgenehmigungen und der Zensurauflagen, die zermürbenden personellen, organisatorischen und auch politischen Probleme: alles erfährt der Bruder detailliert, mit niemandem hat Erika Mann brieflich so unmittelbar und so vergleichsweise ungeschminkt gesprochen wie mit ihrem Bruder Klaus. In der Korrespondenz der ersten Exiljahre zeigt sie sich dem Bruder zuweilen auch von ihrer »dunklen« Seite, die sie sonst verborgen hielt. Ihren Zweifel, ihren politischen Pessimismus und die persönliche Skepsis gegenüber Funktion und Wirkung ihres antifaschistischen Kabaretts spricht sie in zahllosen Briefen der ersten Jahre aus; selbst wenn es eigentlich von triumphalen Erfolgen zu berichten gab. »Soll man sich in dieser Welt noch organisatorisch anstrengen? Ist nicht die gute alte schmale Basis die wahre«, heißt es in einem Brief Ende März 1933, und kurz nach der erfolgreichen Premiere der »Pfeffermühle« in Zürich schreibt sie am 9. Oktober 1933: »Überhaupt ist die Weltmisere zu groß, als dass ich am grelltollen Erfolg meiner Mühle den wahren Spaß haben könnte.«[19] Als es im November 1934 zu Ausschreitungen vor und Krawallen während der »Pfeffermühlen«-Vorstellungen in Zürich kam, die zu Polizeieinsätzen und parlamentarischen Debatten führten, und als ein Verbot der »Pfeffermühle« in Zürich drohte, das abgewendet werden konnte, weil Erika Mann einerseits kurzfristige Zensurauflagen akzeptierte und sich andererseits mit einer großen öffentlichen Erklärung erfolgreich verteidigt hatte, lautet ihr Kommentar gegenüber dem Bruder: »Wir haben gesiegt, aber es wird nichts nützen.«[20]

Die »Pfeffermühle«, mit der und für die Erika Mann in den ersten dreieinhalb Jahren des Exils gelebt hat, war – so bestätigen Zeitzeugen, zeitgenössische Presseberichte und nicht zuletzt die Ausbürgerungsakte Erika Manns[21] – ungewöhnlich erfolgreich und ungewöhnlich populär. Klaus Manns Kommentare zum »Pfeffermühle«-Erfolg und damit zum Erfolg der Schwester sind neidlos, frei von Konkurrenzempfinden, wiewohl bisweilen – vor allem angesichts der Probleme mit der *Sammlung* – ein wenig verhalten und traurig; »... da ist etwas, was stimmt, etwas Geglücktes –: das ist selten«.[22]

Im Rückblick auf das Jahr 1935 konstatiert er allerdings halb bewundernd, halb neidisch: »E konstant. Auch ihr Zustand. Arbeit, Erfolg und moralische Haltung«.[23]

Es war Erika Mann, die Klaus immer wieder und immer heftiger zusetzte, gegen seine Drogensucht anzugehen, und nicht zufällig schrieb er am 28. Mai 1937 während seines Aufenthalts in einer Budapester Klinik in sein Tagebuch: »Alle Menschen, zu denen ich mich hingezogen fühle, und die sich zu mir hingezogen fühlen, möchten (oder wollen ...) sterben ... (E ist vielleicht die *eine* grosse Ausnahme. Aber wie viel kostet es sie? Wer weiss, wie viel es sie kostet?)«[24]

Die Vitalität und die Beharrlichkeit, mit der Erika Mann für ihr Kabarett, für ihren Bruder, für jegliche Lebensmöglichkeit im Exil eintrat, bindet ihn an sie, aber eben diese Eigenschaften der Schwester sind ihm auch eine Last, eine immer wieder als bedrückend empfundene Verpflichtung: »Das Einzige, was ich fürchte, wäre zu sterben, solange E. lebt, weil das Bild ihres Zusammenbruchs meine letzte Sekunde mit Qual füllen müsste.« (25. Juli 1933) Vier Jahre später heißt es: »Sehr heftig geträumt, dass E. sich bei der Ankunft in Europa durch Schläfen und Herz geschossen und dass ich nun auch sterben dürfe«.[25]

Tatsächlich hat Erika Mann über die Jahre hin mit wachsender Heftigkeit, zum Teil wohl auch Härte auf den immer wieder ausbrechenden Lebensüberdruß des Bruders reagiert. Mit allen ihr zur Verfügung stehenden Kräften hat sie versucht, ihn an das Leben zu binden. Sie hat argumentiert und mit sehr persönlich motivierten Analysen den Selbstmordneigungen ihres Bruders zu begegnen versucht. Ihre Bindung an den Bruder ließ sie gerade nicht einfühlsam und mitleidig, sondern wütend, aggressiv und kämpferisch werden. Seine Todesbereitschaft ärgerte sie. Sie empfand sie als Treuebruch, durch den sie sich »schmählich hintergangen« fühlte.[26] Die Ästhetisierung der Todessehnsucht, die aus einigen Passagen von Klaus Manns großem Emigrantenroman *Der Vulkan* spricht, brachte Erika Mann so auf, daß sie zur Umarbeitung bzw. Streichung ganzer Passagen riet. Damit aber – auch dies zeigen seine Tagebücher und ihre Briefe – entstand ein neues Konfliktfeld zwischen den Geschwistern, denn nun ging es nicht mehr nur um ihn, sondern um seine Werke und seine Arbeit. Zwar ist Klaus Mann den Empfehlungen seiner Schwester nicht gefolgt; insbesondere ihre Argumente gegen die Figur des Kikjou, sie verrate zu viel intime Kenntnisse über die Wirkung von Drogen und beweise zu viel persönliche Sympathie des Autors mit solchen Wirkungen, hat er nicht übernommen. Ganz anders als im Falle der »Barbara« aus dem *Mephisto*. Im Urteil der Schwester, das der Bruder teilte, war »Barbara« zu sehr »Idealgestalt«, so daß der Autor sich zu Veränderungen und Verfremdungen entschloß. Dies geschah nach eigenem Eingeständnis ein wenig unwillig: »Barbara. Sie macht mir am meisten Mühe, weil sie *nicht* E. werden soll, und natürlich doch E. ist«[27].

Soweit man aus dem vorhandenen Material einen Schluß ziehen kann, hat Erika Mann an Klaus Manns literarischen Arbeiten des Exils vor allem dann Kritik geübt, wenn diese in ihren Augen zu viel von Klaus selbst preisgaben oder die Gestalt der Schwester zu stark idealisierten. Es zeigt sich überdies, daß der Bruder im letzteren Falle die Kritik durchaus teilte, während er sie im ersten ignorierte und häufig gar als Kränkung empfand. Seine mit den Jahren wachsende Neigung zur literarisch-autobiographischen Selbstdarstellung hat ihre warnende Kritik herausgefordert, wobei es sich um eine zugleich ästhetisch und persönlich-familiär motivierte Kritik handelte. Eben darin aber wird für Klaus Mann, dem am Erfolg und Ruhm als Schriftsteller gelegen sein mußte, die Provokation bestanden haben. Weitere Provokationen sollten folgen, auch sie waren bedingt durch die unterschiedliche berufliche, schriftstellerische und politische Entwicklung der Geschwister im Exil.

Die Karriere, die Erika Mann nach dem gescheiterten Versuch mit der »peppermill« in Amerika als politische Rednerin, als »lecturer« machte, hat Klaus Mann ebenso stolz begleitet wie literarisch verarbeitet. Davon zeugen die entsprechenden Passagen im *Wendepunkt* und die Figur der »Marion von Kammer« aus dem *Vulkan*. Hinzu kam, daß Klaus Mann selbst durchaus erfolgreich als lecturer auftrat und daß auch in dieser Tätigkeit die gemeinsame Arbeit der Geschwister, die schon vor dem Exil begonnen hatte, fortgesetzt werden konnte.[28] Insbesondere in den ersten Jahren des amerikanischen Exils traten beide auch gemeinsam auf, bisweilen fingierten sie dabei politische Streitgespräche, immer war ihnen die Publizität durch Herkunft und Name gewiß. Beide lebten von diesen gemeinsamen Auftritten, für beide lag hier nicht nur eine politische Aufgabe und berufliche Chance, sondern eine in ihrer persönlichen Bindung begründete Notwendigkeit.

In einer ihrer ersten Reden als lecturer hatte Erika Mann 1937 aus Anlaß eines »peace-strike-meeting« erklärt: »Ich bin kein Politiker, – bin es ebenso wenig, wie irgendeine von Ihnen, – ja, um die Wahrheit zu sagen: früher, vor fünf oder sechs Jahren noch, war ich ein politisch völlig uninteressierter Mensch. Man lebte in Deutschland, während der Republik, – man interessierte sich glühend für Dinge der Kunst, für Menschen und fremde Länder, – ›Politik‹ das war etwas für die Fachleute, die dann schon etwas leidlich Befriedigendes zu Stande bringen würden damit, – es war ihr Beruf und ihre Pflicht. So dachte ich und so dachten die meisten meiner Freunde und Altersgenossen. Der junge Liberale in Deutschland war unpolitisch, – er war politisch völlig unaggressiv und unkämpferisch. Er war der Ansicht, dass das Gute, dass Wahrheit und Gerechtigkeit auf den notwendigen Sieg ihrer Sache gutgläubig vertrauen dürften und die direkte Werbung dafür nicht nötig hätten, da das Schlechte und Falsche sich selbst rasch ad absurdum führen würde. In dieser optimistischen Gelassenheit aber liegt für das Gute eine grosse Gefahr. Wir haben erlebt, dass es falsch ist, den Mächten des Bösen und der Gewalt allein die Offensive zu überlassen. Die Weltlage verlangt, dass der Geist seiner angeborenen Milde und Lässigkeit zum Trotz kämpfen und sich wehren lernt. Der junge deutsche Liberale interessierte sich nur in einer Weise, die nicht aktiv genug war, nicht ernsthaft genug, sondern im Gegenteil eher etwas verspielt, für das, was in decidierten Kreisen, – ganz links etwa oder auf der faschistischen Rechten, politisch geschah. Aber er beteiligte sich kaum. Und, während es in Hamburg, Berlin und den Industriecentren bereits allnächtlich blutige Schlachten gab, während die Nazis ihr Unwesen bereits in aller Öffentlichkeit betrieben und in Wort und Tat über den mörderischen und barbarischen Charakter ihrer Ziele keinen Zweifel ließen, – glaubte der junge deutsche Liberale noch immer, ›unpolitisch‹ sein zu dürfen und sich nicht kümmern zu müssen, um den politischen Hexenkessel, dessen Giftdünste ihm bald den Atem verschlagen sollten.«[29]

Daß man die Demokratie aktiv verteidigen müsse, daß Hitlers Politik auf Vernichtung auch der westlichen Demokratien abziele, daß Nationalsozialismus und Faschismus daher weder auf Deutschland noch auf Europa beschränkt bleiben würden, wenn ihnen die demokratischen Länder nicht entschieden, das heißt auch militärisch begegneten, diese Ansicht durchzieht fast alle lectures Erika Manns seit 1938.

Klaus Mann teilte diese Ansichten durchaus, lediglich in seiner Sympathie für den Sozialismus unterschied er sich von seiner Schwester und auch in seiner Bereitschaft, in einem »orthodox marxistische(n) Deutschland« etwas »objektiv« Besseres, wenngleich für ihn persönlich »fast ebenso« Unerträgliches zu sehen, wie es das nationalsozialistische Deutschland darstellte.[30] Eben diese Trennung zwischen einer »objektiv« richtigen politischen Zukunftsvision und einem persönlich als richtig und lebensmöglich empfundenen Ziel war für Erika Mann, die politische Moralistin, völlig unverständlich. Aus praktisch-pragmatischen Gründen unterstützte sie die Volksfront und half 1938 im Zusammenhang mit dem Thomas Mann-Fonds bei deren letztem Wiederbelebungsversuch mit; im übrigen aber war sie an visionären Debatten oder parteipraktischen Kontroversen über die richtige Linie im antifaschistischen Kampf herzlich desinteressiert.

Im März 1939 heißt es in Klaus Manns Tagebuch: »Ich, in politicis, vielleicht immer zu optimistisch. Weil ich sie nicht so ganz ernst nehme.«[31] Erika Mann dagegen war in politischer Hinsicht ebenso pessimistisch wie leidenschaftlich; seit dem Scheitern der »Pfeffermühle«, das heißt seit Frühjahr 1937, hat sie sich der publizistischen Tagesarbeit verschrieben: Reden gehalten und »politische Lehrbücher« geschrieben, als Journalistin und Kommentatorin für alliierte Rundfunkprogramme gearbeitet und in zahllosen Flüchtlings- und Hilfskomitees für Spenden und Gelder geworben, um den vor Hitler Geflohenen zu helfen.[32] Schriftstellerin war sie nicht in erster Linie in literarischer, sondern in publizistisch-politischer Absicht, und Rednerin und Publizistin wurde sie zwar mit ihrer ganzen Person, aber ohne ein spezifisches Interesse an ihrer eigenen Person. Während Klaus Mann dazu neigte, an den eigenen Fähigkeiten zu verzweifeln, die Hoffnung auf Erfolg in der Arbeit, im Leben und in der Liebe zu begraben, schätzte die Schwester die Bedeutung und Wirkung ihres aufreibenden Tuns eher gering ein, ohne darüber in Verzweiflung zu geraten. Es waren der Alltag und die alltäglichen Strapazen, die die Vision einer die Zeit überdauernden Bedeutung des eigenen Tuns gar nicht erst aufkommen ließen.

Während Klaus Mann dazu neigte, dem Hang zur Selbstzerstörung nachzugeben und alle Rückschläge und Mißerfolge als Bestätigung dieser Neigung zu empfinden, tendierte Erika Mann dazu, sich mit Arbeit, Aktivität und strapaziösen Verpflichtungen zu überbürden.

Anders indes als sie, die alles daran setzte, ihn in seiner Enttäuschung, Niedergeschlagenheit und Lebensverzweiflung aufzurichten und abzulenken, sah er bei ihr nur den Erfolg, die öffentliche Anerkennung, die Kraft, mit der sie sich in die Arbeit warf. Und es hat den Anschein, als habe die politisch-berufliche Aktivität, die Erika Mann seit 1940 noch verstärkte, den Bruder bedroht, als habe er sich vernachlässigt, verlassen gefühlt. Tatsächlich heißt es in seinem Tagebuch am 26. Dezember 1939: »E, bemüht; aber völlig abgelenkt durch eigene Aktivität, eigenen Ehrgeiz, und die Bedrängnis anderer Menschen, die sich penetranter manifestiert als die meine.«[33]

Über die Jahre hin intensivierte sich dieses Gefühl der Verlassenheit, obwohl die Schwester alles tat, um es ihm zu nehmen. Neben den gemeinsamen lecture-Auftritten waren es die gemeinsam verfaßten Bücher sowie zahlreiche gemeinsame Pläne, die der Stabilisierung des Bruders, der Stabilisierung der Geschwisterbindung und dem gemeinsamen Kampf gegen den Nationalsozialismus mit den Waffen des Geistes dienen sollten. Auch hier jedoch zeigte sich, daß die Lebensbedingungen, die politisch-beruflichen Erfahrungen und die publizistisch-schriftstellerischen Vorstellungen der Geschwister mehr und mehr auseinandergingen, ohne daß dies öffentlich sichtbar geworden wäre und ohne daß zumindest Erika Mann dies als besonders problematisch empfunden hätte.

Klaus Mann reagierte auf die Kritik der Schwester an seinen Entwürfen für das zweite gemeinsame Buch, *The other Germany*, das zunächst *Are the Germans Nazis* heißen sollte, zunehmend gekränkt und verbittert. Tatsächlich hatte Erika Mann schon im Falle von *Escape to Life*, dem 1939 erschienenen Bestseller der Geschwister, Klaus Manns Neigung zu eher allgemeinen, theoretisierenden Ausführungen kritisiert. Im Falle von *The other Germany*, einem Buch über deutsche Kultur-, Geistes- und Politikgeschichte seit der Reformation, das der Frage nachgeht, wo die historischen Vorläufer, Wegbereiter und mentalitätsgeschichtlichen Spuren für deutsche Obrigkeitstreue und deutschen Untertanengeist liegen, erwies sich die Warnung der Schwester als ungleich berechtigter. Mit Inhalt, politischer Aussage, erzählerischer Gestaltung und dem zeitgeschichtlichen Kontext, in dem das Buch erscheinen würde, haben sich die Geschwister ausgesprochen schwer getan, und erschwerend kam hinzu, daß es auf zwei Kontinenten geschrieben wurde. Während Klaus Mann in Amerika die historisch-essayistischen Passagen über Friedrich II., Bismarck und Nietzsche ausarbeitete, entwarf Erika Mann in den Schweizer Alpen fiktive Gespräche, Briefe, Monologe und Anekdoten. Sie wollte dieses Buch so gestalten wie ihren eigenen gleichzeitig entstehenden Erzählzyklus *The Lights go down*.[34] Immer wieder schickte sie dem Bruder Briefe und Telegramme mit der Aufforderung, nicht zu viele theoretische Betrachtungen anzustellen. Das Kompositionsprinzip, das ihr schon für *Escape* vorgeschwebt hatte und das ihre eigenen, von Klaus Mann durchaus bewunderten Bücher bestimmte, sollte auch für dieses zweite gemeinsame Exilbuch der Geschwister gelten: »Vergiß nicht, wenn Du an unserem Buche arbeitest, möglichst viel neues und genaues Material mit möglichst viel persönlichen und fiktiven Schnurren zu verbrämen«[35], schreibt sie im Juni 1939 aus der Schweiz nach Amerika. Einige Wochen später kommentiert sie die von Klaus geschriebenen Kapitel: »More power to your pen«, und der seinerseits wirkt nicht wenig verärgert, wenn er am 21.Mai 1939 notiert: »Schließlich soll das Buch ja vor allem Erikas bewährten Stil haben; nicht meinen. (Bitterlich vermerkt.)«[36]

Zunehmend ertrug Klaus Mann die Kritik der Schwester an seiner eigenen Arbeit schlechter; was unter anderem als Bestätigung ihrer Bindung dienen sollte, wurde für ihn mehr und mehr zum Ärgernis. Der Erfolg der Schwester auf ihrem eigenen Gebiet brachte neuen Verdruß; wiewohl er ihr neues Buch, *The Lights go down*, als vielversprechend, sein Schlußkapitel gar als »rührend und geschickt« bezeichnet.[37] Es hat den Anschein, als sei es die Koinzidenz gewesen zwischen der Kritik der Schwester an Stil und Inhalt seiner Arbeit und ihrem Erfolg als Autorin, Publizistin und Rednerin, die Klaus Mann so heftig zugesetzt hat und die ihn in seiner Haltung zu ihr schwanken ließ. Bittere Klagen, sie sei durch eigene Erfolge und andere Menschen abgelenkt, wechseln mit Selbstvorwürfen, in denen er sich ungerecht und undankbar nennt und die fraglose Bindung der Schwester als tröstlich und gewiß empfindet.

Als Klaus Mann nach Bekanntwerden des Hitler-Stalin-Pakts auf eine Umfrage, was er zu diesem Pakt denke, eher abwartend und vorsichtig antwortete und sich auf diese Weise aus Leopold Schwarzschilds *Neuem Tage-Buch* eine Denunziation als bezahlter Agent Stalins einhandelte[38], setzte Erika Mann zwar alle Hebel in Bewegung, um den Bruder öffentlich zu unterstützen – noch ein Jahr später hat sie Leopold Schwarzschild diese Infamie vorgehalten[39] –, zugleich aber schrieb sie ihm einen langen Brief und kritisierte seine öffentliche Äußerung ganz unumwunden. Auf die Frage nach seiner Ansicht zu diesem Bündnis der Dikatoren hätte er entweder gar nicht oder mit nein antworten müssen, etwas anderes erlaube der »Schweine«-Pakt nun einmal nicht.[40]

Er, der sich »in politicis« immer für optimistisch hielt und die Politik im konkreten Sinne nie so recht ernstzunehmen vermochte, mußte sich nun von der Schwester Naivität und unverzeihliche Leichtgläubigkeit vorwerfen lassen. Das »Kommunisten-Problem« hat zwischen den Geschwistern über Jahre hin Anlaß zum Streit gegeben, und immer wieder mußte Klaus Mann einräumen, daß die Schwester zwar radikaler, au fond aber auch seine Meinung formuliere. Gleichwohl billigte er sich das »stärker(e) Bewußtsein für die moralisch-politische Komplexität der Situation« zu und hielt sich selbst im Gegensatz zur Schwester für »weniger militant emotionell«.[41]

Diese ihrerseits hatte weder zu Volksfrontzeiten noch später Berührungsängste gegenüber den Kommunisten, hatte aber bereits aus Anlaß der Pariser Weltausstellung 1937 in einem amerikanischen Radiobericht das Bündnis der Diktatoren gegen die Demokratien prophezeit.[42] In einem Brief an den Bruder aus dem Jahre 1938 heißt es: »Ich hasse die Kommunisten! Denn warum? Aus tausend Gründen, allgemeiner Natur. Dann aber auch, weil jede Zusammenarbeit mit ihnen es lehrt, daß sie genauso lügen wie die Nazis, aber auch ganz genau so, daß sie einen immer in der niederträchtigsten

Weise hineinlegen und daß sie einen benutzen, wobei sie im übrigen natürlich fürchterlich unbegabt sind. [...] Was aber die Differenz in der Qualität der Ideen angeht, so ist es meine Ansicht, daß der Zweck die Mittel nicht nur nicht heiligt, sondern daß schlechte Mittel den besten Zweck zu versauen im Stande sind, – und soweit ist es nun bei jenen.«[43]

Ihre strikte Kritik an Politik und Ideologie der kommunistischen Partei hat nicht verhindert, daß Erika Mann – wie viele Emigranten und viele amerikanische Schriftsteller – in den Akten des FBI als »an active agent of the Comintern« geführt und daß für sie und ihren Bruder Post- und Telefonüberwachung angeordnet wurde. Spätestens seit 1939 hat Erika Mann die isolationistischen Tendenzen der amerikanischen Außenpolitik als gefährliche Ermutigung für Hitlers Expansionismus kritisiert und öffentlich und entschieden für den Kriegseintritt der Amerikaner plädiert. In der Sicht der Hooverschen Behörde ließ sich ein solches Plädoyer durch den Kommunismus-Vorwurf offenbar ebenso griffig abqualifizieren wie Erika Manns spätere Kritik an der Politik des Kalten Krieges. Zu dem Zeitpunkt, als Erika Mann ihr publizistisches Engagement darauf konzentrierte, die Amerikaner von der Gefährlichkeit Hitlers zu überzeugen, hat sie – so geschehen Anfang 1940 – auch mit dem FBI Kontakt aufgenommen. Sie hat – so bezeugen einige Dokumente des FBI-Dossiers – angeboten, Übersetzungen für das FBI anzufertigen, und in einigen Fällen hat sie offenbar »Scheinemigranten«, das heißt Nazianhänger oder Gestapoagenten, zu »enttarnen« versucht. Als sie dem FBI diese »Vorschläge« machte, hatte sie selbst seit drei Jahren Erfahrungen mit pronationalsozialistischen Äußerungen und Drohungen während bzw. im Anschluß an ihre Vorträge.[43a]

Die politischen Ansichten der Schwester empfand der Bruder häufig als persönlichen Angriff. Die Härte und Kompromißlosigkeit, die nervöse Gereiztheit, mit der sie im Elternhause in Pacific Palisades nach der Rückkehr von anstrengenden lecture tours zu diskutieren pflegte, irritierten im übrigen nicht nur den Bruder. Der jedoch spürte in dem allen immer mehr als nur politische Meinungsverschiedenheiten. So wie ihre Kritik an dem gemeinsam geplanten Filmdrehbuch *Union Now* – nach dem Roman von Clarence Streit sollte ein filmisches Familienepos über die Vereinigten Staaten von Europa entstehen[44] – oder an einzelnen Heften von *Decision* und schließlich an seinem großen Buch über André Gide empfand Klaus Mann offenbar auch die politischen Kontroversen mit seiner Schwester als Symptom der Entfernung, als Verlust ihrer bedingungslosen Nähe.[45]

Als sie im Frühsommer 1940 dem Angebot des britischen Informationsministers Duff Cooper folgte, für einige Wochen im deutschen Dienst der BBC zu arbeiten, war dies ein in mehrfacher Hinsicht gefährliches Abenteuer, das insbesondere Vater und Bruder ihr vergeblich auszureden versucht hatten.[46] Zwar setzte sie sich durch und wirkte während des Blitzkrieges bei der direkten Rundfunkpropaganda gegen Deutschland mit, aber vorher hatte Erika Mann – in Briefen an Eltern und Bruder – Überlegungen angestellt, in denen moralisch-familiäres Pflichtempfinden, politisch-beruflicher Tätigkeitsdrang und die Bereitschaft, die Wirkung der eigenen Arbeit eher gering einzuschätzen, sich durchkreuzen. Diese wie auch zahllose andere Briefe enthüllen das Bild einer selbstironischen, politischen Moralistin, einer Frau, die die Bedeutung des eigenen Tuns und der eigenen Person stets herunterspielte, ohne daß es ihr doch an Selbstbewußtsein, Inszenierungsfreude und eigensinniger Abenteuerlust gefehlt hätte. Eben diese Mischung aus Moralität, Vitalität und souveräner Bescheidenheit machte sie für den Bruder so attraktiv – eben diese Attribute waren es, die er bewunderte, an denen er durch die Schwester teilhatte und derer er sich durch ihre Abwesenheit beraubt glaubte.

Einen Tag vor ihrem Abflug nach London, am 19. August 1940, schreibt sie an Klaus Mann: »Ach wie sehr viel wohler wäre mir doch, wenn wir uns gemeinsam auf den Operationstisch legen dürften wie eh und je. Es ist das erste Mal, daß ich mich ohne Dich ins Ungefähre begebe, und ich weiß natürlich, daß ich es dabei um vieles leichter habe als Du.« Vielleicht, so heißt es weiter, wäre es »in dieser Schandwelt« nützlicher und sinnvoller, sich ganz den wenigen Menschen zur Verfügung zu halten, »denen an einem liegt und an denen einem liegt«.[47] In ihrer Umgebung seien alle traurig und bedrückt wegen ihrer Abreise, das wiederum bedrücke und verstöre sie, aber sie sei nun einmal voller Vertrauen auf ihren guten Stern in diesem Abenteuer. Im übrigen wiederholt sie, was sie schon in früheren Briefen geäußert hatte und was ihr berufliches, ihr politisches und ihr persönliches Credo geworden war: »Ich möchte, komischerweise, nicht sterben, sondern alles miterleben. Nur möchte ich andererseits nicht allein auf der Welt verbleiben.«[48]

Demgegenüber notiert Klaus Mann anläßlich von Erika Manns Abreise nach London, im Juli 1940, in seinem Tagebuch: »Ich kann die Gefühle nicht zusammenfassen, die mir das Herz verwirren. Angst – Neid – Stolz – Traurigkeit – das Gefühl, zurück zu bleiben.«[49]

Die Erlebnisse und Erfahrungen während des Blitzkrieges in England veränderten Erika Mann; ihre lectures, Rundfunkbeiträge und Zeitungsberichte bestätigen es ebenso wie die Aussagen von Freunden, wie schließlich auch die Tagebücher Thomas und Klaus Manns. So gefährlich ihre Londoner Arbeit war, so befriedigend fand sie sie doch auch:

»Ich war von England nach Lissabon geflogen; Ende Oktober war es, ich war voller bewegender und großer Eindrücke vom ›Kampf um London‹.

Diese Monate, September und Oktober, waren nicht einfach gewesen, für niemanden, der sie in London verbrachte. Und dennoch waren sie auf eine unvergeßliche Weise schön gewesen. Dort wurde um einer großen Sache willen gekämpft. Der Kampf ist gut, wenn der Feind schlecht ist, und wenn man auf die eigene Stärke und Unbesiegbarkeit vertraut.

Hier, in diesem Flüchtlingslager in Lissabon wurde nicht gekämpft. Hier wartete man nur trübsinnig, hier herrschte nur hilflose Angst und bedrückende Schwüle; die Wolken hingen tief über der Stadt und die Flüchtlinge liefen sinnlos durch die Straßen; sie konnten gar nichts tun und kaum etwas erhoffen.«[50]

Das persönliche Erleben und Empfinden, das in den literarisch-publizistischen Arbeiten Erika Manns immer im Vordergrund stand, verband sich ziemlich nahtlos mit einer moralisch-politischen Überzeugung, die sich durch ihren ersten Londoner Aufenthalt radikalisiert hatte. Es war eine Überzeugung, die Klaus Mann »militant-emotionell« nannte und die sein Gefühl, zurückgeblieben zu sein, erheblich verstärkte.

Ton, Haltung und Radikalität, mit der die Schwester sich äußerte, konnte er offenbar nicht akzeptieren. Wofür er sie häufig – so zeigen die Tagebücher – bewundert hatte, ihre Klarheit, ihre Entschiedenheit, das erschien ihm seit ihrer ersten England-Reise zunehmend problematisch. Zwar entschuldigt er sich im Tagebuch auch immer wieder bei seiner Schwester und sieht, daß Zweifel an ihrer »Treue« völlig unberechtigt sind, aber die politischen Meinungsverschiedenheiten brechen doch immer wieder auf. So heißt es im November 1940 über die »Unmenschlichkeit unserer neo-militanten Position«: »Ich empfinde sehr stark Tragik und Kompliziertheit, wo E nur von ›verächtlicher Feigheit‹ spricht«.[51]

Berthold Viertel, der ihr im November 1939 aufgrund ihrer Artikel vorgeworfen hatte, sie sei »kriegslüstern« und »blutrünstig«, hatte Erika Mann geantwortet: »Ich bin dagegen, allzu ›philosophisch‹, allzu ›gelassen‹, allzu sternenfern zu denken und zu handeln, – wenn es doch schließlich ums Leben geht, – darum, nämlich, ob dieses noch einen Sinn haben soll. Es wird unsere Aufgabe sein, einen menschenwürdigen Frieden nach diesem Krieg zu erzwingen; der Krieg muß aber geführt werden, – niemals sonst ist ein Friede, wie wir ihn wollen, denkbar.«[52]

Für Klaus Mann war es – trotz aller Übereinstimmung im Grundsätzlichen – komplizierter, zum Teil kompliziert bis zum Tragischen. Seine Äußerung zum Hitler-Stalin-Pakt, seine politischen Essays, die Editorials in *Decision* beweisen es. Als kompliziert bis zum Tragischen empfand er nicht nur die allgemeine politische Weltlage, sondern auch seine persönliche Lebenslage als Schriftsteller, als Mensch. Tragisch in sich selbst verstrickt erschien er häufig auch der Schwester, die ihrerseits die politische Weltlage meist als aufregend gefährlich, sich selbst indes als ziemlich unwichtig empfand. Höchst ironisch nennt sie ihre Autobiographie *I of all people*.[53] Stil und Darstellungsweise ihrer Artikel wie auch der ausgearbeiteten Kapitel der Autobiographie beweisen, was sie dort über sich und die Rolle des Individuums in der Geschichte sagt. Sie habe ziemlich wenig Interesse an sich selbst, gleichwohl werde sie ein sehr persönliches Buch über Dinge von universeller Bedeutung schreiben. Denn die Geschichte der letzten zehn Jahre, die sie zu erzählen beabsichtige, sei nicht deswegen bedeutend, weil sie ihr widerfahren, sie sei wichtig, weil sie überhaupt geschehen sei. Im übrigen bestätigt die Autorin der Autobiographie teilweise das Urteil des Bruders über die Schwester; ihr Zugang zu den Themen der modernen Gesellschaft, so erklärt Erika Mann, sei eher emotional als rational, eher humoristisch als dogmatisch. Das Buch indes blieb bis auf wenige Kapitel ungeschrieben, Klaus kannte sie, und er kannte auch aus einem langen Brief[54] die Konzeption, ohne daß er beides kommentiert hätte. Form und Inhalt autobiographischen Schreibens und auch der Ich-Entwurf der Autobiographien Klaus Manns folgen völlig anderen Intentionen und Notwendigkeiten, als sie in den Fragmenten der Schwester sichtbar werden.

Klaus Mann, dessen Tagebuch in diesem Jahr schweigt, machte 1941 den letzten Versuch, als Schriftsteller mit einer eigenen Zeitschrift, *Decision*, auf dem amerikanischen Kontinent Gehör zu finden und womöglich Einfluß zu nehmen. Bekanntlich mußte er sie nach gut einem Jahr einstellen; vor allem an finanziellen Schwierigkeiten war sein zweites Projekt einer literarischpolitischen Zeitschrift gescheitert. Mit zum Teil abenteuerlichen Ideen und praktischen Bemühungen hat Erika Mann versucht, die finanzielle Misere, in die *Decision* sehr bald steuerte, abzuwenden. Vergeblich hat sie bei ihren Eltern zugunsten von Klaus Manns Zeitschrift interveniert.[55]

Im Laufe des Jahres 1942 beschlossen beide Geschwister, sich der amerikanischen Armee zur Verfügung zu stellen. Erika Mann wurde 1943 als Kriegskorrespondentin akkreditiert, im Dezember 1942 erhielt Klaus Mann seinen Einberufungsbescheid. Mitte des Jahres hatte der Konflikt zwischen den Geschwistern einen vorläufigen Höhepunkt erreicht. Klaus Mann hüllte sich brieflich mehrere Monate in Schweigen, während Erika Mann sich bemühte, den Konflikt als das darzustellen, was er für sie, was er aber eben offenbar nicht für Klaus war. Für sie ging es um eine politische Kontroverse, in deren Verlauf Klaus sie eine »Militaristin« genannt hatte, die nicht mehr wisse, wofür sie kämpfe; während umgekehrt sie seine Haltung deswegen kritisiert hatte, weil, würden alle denken wie er, immer schon verloren sei, wofür man kämpfe.[56] Für sie handelte es sich um politische Meinungsverschiedenheiten, die sie mit dem Bruder gar nicht wollte; deswegen – so kündigte sie im Juni 1942 an – werde sie darauf achten, keine kränkenden Äußerungen mehr zu tun. Für sie seien Konflikte mit ihm überflüssige und in den harten Zeiten, in denen man lebe, unnötige zusätzliche Beschwernisse. Sie vermute zwar, daß nicht nur »our war« zwischen ihnen stehe, aber dennoch werde sie versuchen, keinen neuen Anlaß zu bieten.

Soweit es sich aus der Korrespondenz der zweiten Jahreshälfte 1942 ersehen läßt, hat Erika Mann alles versucht, um die Konflikte zu begrenzen; sie spielte sie zwar nicht herunter, aber sie wollte sie aus der Grundsätzlichkeit, aus der »tragischen Kompliziertheit«, die sie für Klaus Mann hatten, herauslösen. Das eben konnte angesichts der Empfindungs- und Wahrnehmungsweise des Bruders nicht gelingen. Für ihn bündelte sich im politischen Meinungsstreit mit der Schwester tatsächlich eine Vielzahl von Krisen: sein Selbstverständnis als Intellektueller, als Schriftsteller, als antifaschistischer Emigrant war tangiert und damit zugleich seine Lebensweise im Exil. Während sie Erfolg hatte, für Aufsehen sorgte und trotz chronischer Schlaflosigkeit, Nervosität und Reizbarkeit ungebrochen schien, waren ihm durch das Scheitern von *Decision* und die Ungewißheit, ob die Army sein Gesuch akzeptieren würde, und durch zahllose persönliche Mißerfolge die Perspektiven genommen. Der Streit mit der Schwester wurde damit zum Symbol eines grundsätzlichen, eines tatsächlich tragischen Geschicks, und gerade gegen eine solche Deutung hat sie vergeblich argumentiert. Über mehrere Monate war Klaus verstummt, sie hingegen baute ihm Brücken; sie setzte auf die »Zeit«, die solche – so bekräftigt sie immer wieder – überflüssigen Mißhelligkeiten vergessen machen werde, aber er solle nun auch nicht länger grollen und »nur weil ich, zum ersten Mal, seit es uns gibt, ganz einfach den Ton nicht im Ohr hatte, der brieflich anzuschlagen gewesen wäre«[57], nicht länger schweigen. Die Jahre zwischen 1943 und 1945, als die Geschwister in unterschiedlichen Funktionen an unterschiedlichen Schauplätzen für die US-Army arbeiteten, führten zwar zu einer räumlichen, aber nicht wirklich zu einer inneren Entfernung. Zwar heißt es in den Tagebüchern Klaus Manns, während Erika Mann sich als Kriegskorrespondentin im Mittleren Osten aufhielt: »Merkwürdig, ich habe es nie für möglich gehalten, daß wir je so absolut verschiedene Leben führen würden – so sehr getrennt voneinander«, aber vier Wochen später, am 22. August 1943, konstatiert der Bruder aufgrund eines Briefes der Schwester: »Sie scheint glücklicher als sie es in den letzten Jahren war, und das gehört zu den wenigen guten Dingen in diesen trostlosen Tagen.«[58]

Die Korrespondenz zwischen den Geschwistern, die in der zweiten Jahreshälfte 1942 für einige Monate von seiner Seite aus unterbrochen worden war, wird in den folgenden Jahren mit der alten Selbstverständlichkeit fortgesetzt, wiewohl es nun häufig Erika Mann ist, die nicht schreibt. Das lag allerdings ausschließlich an ihrer Arbeit auf zahlreichen Kriegsschauplätzen im Vorderen Orient, in Frankreich und schließlich im befreiten Deutschland und traf auch die Eltern und die Freunde. Erika Manns Briefe an ihren Bruder Klaus aus den letzten Jahren des Exils und den ersten Nachkriegsjahren enthalten, wie schon die Briefe der europäischen Exiljahre, viel Privates und Persönliches. Nicht nur die Konzeption ihrer großen, aber Fragment gebliebenen Autobiographie über zehn Jahre Leben im Exil zwischen 1933 und 1943 entfaltet sie Klaus in einem ausführlichen Brief, und nicht nur ihren durch und durch pessimistischen Blick auf das eigene Leben drückt sie dem Bruder gegenüber aus: »Thinking of myself, I am sad. For not only would I have loved to serve, I am also sick and tired, ill and exhausted, disgusted and what not, of, and with, and by, that dog's and monkey's life that is mine.«[59]

Nur Klaus erfuhr im übrigen aus Briefen von der großen unglücklichen Liebe im Leben der Schwester; zu all diesen Themen bleiben seine Briefe und seine Tagebücher stumm. Fast hat man den Eindruck, als müsse er hier nun wirklich sein Terrain verteidigen: Verzweiflung, Schmerz, Enttäuschung, das war seine Domäne und in seinem Bild von der Schwester nicht vorgesehen. Wenn sie ihn durch ihre Vitalität und ihre politischen Ansichten provozierte, so bewegte sie sich doch immer in seinem Bild von ihr; aber wenn sie, die an dem Bild, das der Bruder von ihr hatte, durchaus mitgewirkt und es als Selbstbild in ihren publizistischen Arbeiten bewußt eingesetzt hatte, nun Zweifel an diesem Bild äußerte und signalisierte, daß es hinter diesem Bild auch noch eine andere Person gab, so waren für Klaus offenbar Grenzen überschritten und Zonen betreten, auf die er mit Verstummen reagierte.

Umgekehrt hat auch Erika Mann an ihrem Bild des Bruders, an ihrem Bild von dieser Geschwisterbindung festgehalten, und dies über seinen Tod hinaus. An Pamela Wedekind und Eva Herrmann schreibt sie im Juni 1949:

»Wüßte ich meinerseits nichts weiter über den Zustand unseres unseligen Planeten, als daß Klaus nicht mehr leben konnte, auf ihm, mir bangte erheblich.«

»Waren wir doch Teile von einander, – so sehr, daß ich ohne ihn im Grunde gar nicht zu denken bin. Nur, daß mir nicht gegeben und nicht erlaubt ist, mich davon zu machen, und daß ich bleiben muß, wiewohl ich im entferntesten so reich an Gaben, so liebenswert, so *lebendig* nicht bin wie er es war. Unerfindlich ist das Walten der Oberen. Wenn es aber wahr ist, daß sie züchtigen, wen sie lieben, dann sind sie offenbar völlig *vernarrt* in mich.«[60]

So wie sie in den fünfziger und sechziger Jahren jedem über den Mund fuhr, der an Thomas Mann Kritik übte, so hat Erika Mann nach dem Tod des Bruders jeden auf unduldsame Weise zur Rechenschaft gezogen, der in ihren Augen Falsches oder Unzulängliches über Klaus Mann äußerte. Daß sie im August 1950 in der Hotelhalle von St. Moritz den französischen Schriftsteller André Germain aus heiterem Himmel ohrfeigte und »sich eines langgehegten Vorsatzes entledigt(e)«[61], weil der, ein Parteigänger der Nazis in Frankreich, seinerzeit Klaus Mann einen »Narziß des Sumpfes« genannt hatte, ist gewiß nur von anekdotischem Wert.

Von »strenge(r) Leidenschaft« und »dunkle(r) Unversöhnlichkeit« spricht Thomas Mann in seinen Tagebüchern der Jahre 1949/50, wenn von dem an Verbitterung grenzenden Zorn der Tochter die Rede ist, der sich gegen jeden richtete, der nicht an dem von ihr geplanten Gedächtnisband für Klaus Mann mitwirken wollte. »Zuviel Charakter macht ungerecht«, kommentierte Thomas Mann einmal[62], als er selbst durch seine geplanten Deutschlandbesuche anläßlich der Goethe-Feiern des Jahres 1949 die Empörung und strikte Ablehnung der Tochter ausgelöst hatte.

Unter dem Titel *Die Schrift an der Wand* hat Erika Mann im Januar 1953 im Nachtstudio des Bayerischen Rundfunks aus Klaus Manns Autobiographie *Der Wendepunkt* gelesen; es war eine von zahllosen Bemühungen, dem Schriftsteller Klaus Mann in Deutschland wieder Beachtung zu verschaffen, indem sie für die Verbreitung seiner Werke sorgte. Martin Gregor-Dellin, der Lektor der Nymphenburger Verlagshandlung, die seit 1963 die Werke Klaus Manns neu herauszugeben begonnen hatte, schrieb im März 1969, ein halbes Jahr vor ihrem Tod, an Erika Mann: »Fast ist man versucht zu sagen: die besten Manuskripte Klaus Manns seien diejenigen, die Erika Mann übersetzt hat ... was natürlich ungerecht ist gegenüber Ihrem Bruder, aber Sie leisten in der Tat Unglaubliches!«[63]

1 Klaus Mann: *Der Wendepunkt*. München 1976, S. 196 und S. 301 f. Zu Klaus Manns Theaterstücken und der Reaktion der Kritiker vgl. außerdem Michael Töteberg: »Eine unglückliche Liebe zum Theater«. In: Text + Kritik (1987), H. 93/94. Klaus Mann. S. 14–36. — 2 Erika und Klaus Mann: *Rundherum. Abenteuer einer Weltreise*. Ndr.: Reinbek 1982; E.u.K.Mann: *Das Buch von der Riviera*. Ndr.: Berlin 1989; E.u.K.Mann: *Escape to Life. Deutsche Kultur im Exil*. Ndr. (= Deutsche Erstausgabe) München 1991; E.u.K.Mann: *The other Germany*. New York 1940. Zu den beiden geplanten Büchern vgl. Michael Grunewald: *Klaus Mann. Eine Bibliographie*. München 1984. Nr. 890 und Nr. 910. — 3 Klaus Mann: *Tagebücher 1931–1949*. 6 Bände, hg. von Joachim Heimannsberg, Peter Laemmle und Wilfried F. Schoeller. München 1989–1991. Klaus Mann: *Distinguished Visitors. Der amerikanische Traum*, hg. von H. Hoven, München 1992. Klaus Mann: *Die neuen Eltern. Aufsätze, Reden, Kritiken 1924–1933*, hg. von Uwe Naumann und Michael Töteberg. Reinbek 1992. — 4 Erika Mann: *Briefe und Antworten*, 2 Bde., hg. von Anna Zanco-Prestel. München 1984/85. Vgl. in diesem Zusammenhang Bd. 2, S. 118 ff. — 5 Auch gedruckt in: Klaus Mann: *Heute und Morgen. Schriften zur Zeit*, hg. von Martin Gregor-Dellin. München 1969, S. 317–338. Der Band *Klaus Mann zum Gedächtnis* erschien 1950 bei Querido und enthält neben einem Vorwort von Thomas Mann über dreißig Beiträge, u.a. von Max Brod, Lion Feuchtwanger, Annette Kolb, Fritz Strich und Bruno Walter, um die Erika Mann sich meist persönlich bemüht hat. Die im EMA (= Erika Mann-Archiv, München) verwahrte Korrespondenz mit Rudolf Hirsch, dem damaligen Lektor des Bermann Fischer/Querido Verlags, dokumentiert eindrücklich Art und Umfang der Arbeit, die Erika Mann dem Gedenkbuch für den Bruder widmete. — 6 Gottfried Benn: »Doppelleben«. In: Gottfried Benn: *Das Hauptwerk* (Bd. Vermischte Schriften), hg. von Marguerite Schlüter. Wiesbaden 1980. Zur Auseinandersetzung Klaus Manns mit Gottfried Benn vgl. Klaus Mann: *Prüfungen. Schriften zur Literatur*, hg. von Martin Gregor-Dellin. München 1968, S. 167 ff. — 7 In einem Brief an Gottfried Benn vom 28. Mai 1950 hat Erika Mann dies zum Ausdruck gebracht. Der Brief befindet sich im Nachlaß Gottfried Benns im Deutschen Literaturarchiv, Marbach. — 8 Eberhard Spangenberg: *Karriere eines Romans. Mephisto, Klaus Mann und Gustaf Gründgens*. München 1982. — 9 Zu den Einzelheiten vgl. meinen Aufsatz: »›Wegstreben vom Einst?‹ Überlegungen zu Erika Manns Arbeit nach der Rückkehr aus dem Exil.« In: *Exil* (1988), H. 1, S. 22–38. — 10 Vgl. Golo Mann: »Erinnerungen an meinen Bruder Klaus«. In: Klaus Mann: *Briefe und Antworten*, S. 655. — 11 Erika Manns Briefe an Klaus Mann befinden sich im EMA; wenn im folgenden gelegentlich aus diesem und anderem un-

veröffentlichtem Archivmaterial zitiert wird, so geschieht dies mit freundlicher Genehmigung der edition spangenberg, München. — 12 Klaus Mann: *Kind dieser Zeit.* München 1965, S. 171 f. und S. 207. — 13 Klaus Mann: *Tagebücher,* a.a.O., Bd. 1 (1931–1933), S. 83 und S. 118. — 14 Ebd., S. 124. — 15 Klaus Mann: *Tagebücher,* a.a.O., Bd. 2 (1934–1935), S. 84. — 16 Zur Konzeption und Geschichte der Pfeffermühle vgl.: *Beteiligt euch, es geht um eure Erde. Erika Mann und ihr politisches Kabarett ›Die Pfeffermühle‹ 1933–1937,* hg. von Helga Keiser-Hayne. München 1990. — 17 Erika Manns Briefe aus dem Jahre 1933 bezeugen außerdem, daß sie den Bruder im Streit um die *Sammlung* nach Kräften unterstützt und vor allem den auf Druck seines Verlegers erfolgten Rückzug Thomas Manns aus dem Projekt des Sohnes scharf kritisiert hat. Noch drei Jahre später hat Erika Mann ihrem Vater diese Konzession an den Fischer Verlag und die nationalsozialistischen Machthaber vorgehalten. Vgl. Erika Mann: *Briefe und Antworten,* a.a.O., Bd. 1, S. 73. — 18 Vgl. z.B. Thomas Mann: *Tagebücher 1933–1934,* hg. von Peter de Mendelssohn. Frankfurt/M. 1977, S. 199, S. 207, S. 210 sowie S. 370 und S. 559; Klaus Mann: *Tagebücher,* a.a.O., Bd. 1 (1931–1933), S. 107 und Bd. 2 (1934–1935), S. 31, S. 65 und passim. — 19 Unveröffentlichte Briefe an Klaus Mann vom 31. März 1933 sowie vom 9. Oktober 1933 (EMA). — 20 Erika Mann: *Briefe und Antworten,* a.a.O., Bd. 1, S. 60. — 21 Eine Kopie der im Politischen Archiv des Auswärtigen Amtes verwahrten Ausbürgerungsakte von Erika und Klaus Mann befindet sich im KMA (Klaus Mann-Archiv, München). Signatur: KM 620. — 22 Klaus Mann: *Tagebücher,* a.a.O., Bd. 2 (1934–1935), S. 97. — 23 Ebd., S. 155. — 24 Klaus Mann: *Tagebücher,* a.a.O., Bd. 3 (1936–1937), S. 136. — 25 Ebd., S. 137. — 26 So die Argumentation in einem ausführlichen (unveröffentlichten) Brief vom 5. Dezember 1941. — 27 Klaus Mann: *Tagebücher,* a.a.O., Bd. 3, S. 20 und S. 33. — 28 Klaus Mann: *Der Wendepunkt,* a.a.O., S. 409 f. Über ihre Erlebnisse und Erfahrungen als lecturer haben die Geschwister in verschiedener Form geschrieben. Vgl. u.a. Erika Mann: »Lecturer's Lot«. In: Liberty Magazine vom 24. März 1945, S. 24 ff. Klaus Mann in: Das Neue Tage-Buch vom 27. November 1937, S. 1147 f. Zur Vortragstätigkeit der Emigranten im allgemeinen vgl. Hans-Albert Walter: *Deutsche Exilliteratur.* Bd. 2. Neuwied/Darmstadt 1972, S. 212–218. — 29 Zitiert nach dem Typoskript EM 137 [EMA], S. 1 f. Eine Auswahledition aus Erika Manns Vorträgen, Reden und politisch-literarischen Erlebnisschilderungen fehlt bisher ebenso wie die Edition der Geschwisterkorrespondenz. — 30 Klaus Mann: *Tagebücher,* a.a.O., Bd. 4, S. 117 sowie S. 51. Zahlreiche Eintragungen beweisen Klaus Manns Auseinandersetzung mit dem Thema und die in der Regel kontroverse Ansicht der Schwester. Vgl. auch *Tagebücher,* a.a.O., Bd. 3, S. 103, 107, 129 sowie seinen Artikel zur Verteidigung André Gides. In: Klaus Mann: *Prüfungen,* a.a.O., S. 109–120, von dem er selbst annahm, daß er den Bruch mit den Kommunisten zur Folge haben werde. — 31 Klaus Mann: *Tagebücher,* a.a.O., Bd. 4, S. 94. — 32 Zu Erika Manns Arbeit und Selbstverständnis als politische Pazifistin vgl. Irmela v.d.Lühe: »Die Publizistin Erika Mann im amerikanischen Exil«. In: *Exilforschung.* 1989. Bd. 7, S. 65–84. — 33 Klaus Mann: *Tagebücher,* a.a.O., Bd. 4, S. 148. — 34 Erika Mann: *The Lights go down.* New York 1940. Das Material für dieses wie auch für Erika Manns Buch: *Zehn Millionen Kinder. Die Erziehung der Jugend im Dritten Reich.* Ndr.: München 1986, stammte aus Interviews, die die Autorin während ihrer Europabesuche mit Flüchtlingen geführt hatte, sowie aus zeitgenössischen Zeitungsberichten. Zu Inhalt und Kompositionsprinzip dieses zweiten »politischen Lehrbuchs« vgl.: Irmela v.d.Lühe: »Gegen den Alltag – Erzählungen aus dem Alltag. Erika Manns The Lights go down (1940)«. In: Helmut Pfanner (Hg.): *Der Zweite Weltkrieg und die Exilanten. Eine literarische Antwort.* Bonn 1991, S. 159–168. — 35 Unveröffentlichter Brief an Klaus Mann vom 11. Juni 1939 [EMA]. — 36 Klaus Mann: *Tagebücher,* a.a.O., Bd. 4, S. 107. Zur Arbeit an *The other Germany* vgl. auch S. 111, 126, 137. — 37 Ebd., S. 150. — 38 Zu Klaus Manns »Erklärung« und der anschließenden Verleumdung durch das Neue Tage-Buch vgl.: Klaus Mann: *Mit dem Blick nach Deutschland,* hg. von Michel Grunewald. München 1985, S. 69 sowie S. 174 f.; Klaus Mann: *Briefe und Antworten,* a.a.O., S. 402 ff., sowie: Ders.: *Heute und Morgen,* a.a.O., S. 268–273. — 39 Die Korrespondenz zwischen Erika Mann und Leopold Schwarzschild befindet sich im Leo Baeck-Institut, New York; teilweise veröffentlicht in: Erika Mann: *Briefe,* a.a.O., Bd. 1, S. 161 ff. — 40 Unveröffentlichter Brief an Klaus Mann vom 17. November 1939 [EMA]. — 41 Klaus Mann: *Tagebücher,* a.a.O., Bd. 5 (1940–1943),

S. 37. — 42 Erika Mann: *The European Scene*. (Typoskript) EM 150 [EMA]. — 43 Unveröffentlichter Brief an Klaus Mann vom 24. April 1938 [EMA]. — 43a Die kürzlich mit heftigem publizistischen Echo veröffentlichten Behauptungen Alexander Stephans (»Die Akte Erika Mann«. In: neue deutsche literatur 7, 1993, S. 124–142), Erika Mann sei zwischen 1940 und 1951 »Informantin« des FBI gewesen, sie habe »verläßlich, kooperativ und glaubwürdig« ihr Wissen über »die deutsche Exilkolonie in den USA«, über die »politische Position ihres Vaters« »und anderes« weitergegeben, sind völlig haltlos. Weder Umfang noch Inhalt des für die Forschung zugänglichen Aktenmaterials erlauben derartige Aussagen, die sich bei genauer, das heißt kontextbezogener Lektüre sowie bei Kenntnis von Person, Lebensumständen und politischen Ansichten Erika Manns verboten hätten: Erika Mann hat im Juni 1940 die erwähnten »Tätigkeiten« angeboten, alle späteren »reports« beziehen sich auf ihre Befragung durch das FBI; von einer mehr als zehnjährigen »Tätigkeit« kann also keine Rede sein; die Akte enthält lediglich nachträgliche Mitteilungen der FBI-Mitarbeiter, kein Originalzitat von Erika Mann, selbstverständlich auch keinen einzigen Bericht von ihrer Hand; ob und wenn ja, wie die Behörde Erika Manns »Hinweise« aufgenommen hat, ergibt sich aus dem Material auch nicht; daß sie nach der Rückkehr von verschiedenen Kriegsschauplätzen, vor allem nach der Rückkehr aus dem besiegten Deutschland, als amerikanische Kriegskorrespondentin dem Land, dessen Uniform sie trug und dessen Staatsbürgerschaft sie erwerben wollte, von ihren Erfahrungen und Erlebnissen berichtete, ist keineswegs erstaunlich. Wichtig hingegen ist, daß Erika Mann der Behörde gerade nicht zuverlässig erschien, so daß man sich ebenso intensiv wie erfolglos bemühte, sie als Kommunistin zu entlarven. Deswegen verschleppte man fast vier Jahre lang ihren Einbürgerungsantrag. Schließlich ist festzustellen, daß nach Alexander Stephans eigener Aussage das freigegebene, wiewohl immer noch stark zensierte Material weniger als die Hälfte dessen darstellt, was vorliegt; von dieser wiederum entfallen nicht einmal 10 % auf Erika Manns »Arbeit« *für* das FBI, die große Masse hingegen zeugt von der Beobachtung Erika Manns *durch* das FBI. Völlig abwegig sind darüber hinaus Alexander Stephans Spekulationen über Erika Manns »Motive«. »Eitelkeit«, »Opportunismus« oder das Bemühen, sich und ihre Familie bei der »politischen Elite« Amerikas einzuführen, all diese Vermutungen zeugen von Unkenntnis der Person und der Lebenssituation der Thomas Mann-Familie in Amerika. Was schließlich die von Alexander Stephan erwähnte »echte politische Überzeugung« betrifft, so beweist der überwiegende Teil des Materials, daß sie sich mit dieser – als Hitler-Gegnerin, die nach dem Sieg über Hitler zur scharfen Kritikerin des McCarthyismus und des Kalten Krieges wurde – gerade verdächtig gemacht hatte. — 44 Der Entwurf zu diesem Drehbuch befindet sich als Typoskript EM 174 bzw. KM 52 im Münchener Erika und Klaus Mann-Archiv. Zahlreiche Briefe Erika Manns aus dem Jahre 1940 sowie die im Februar-Heft des Jahres 1941 von *Decision* dokumentierten Positionen zum Plan der Vereinigten Staaten von Europa bezeugen das Interesse Klaus Manns an diesem Thema. Vgl. auch Fredric Kroll: *Klaus Mann-Schriftenreihe*. Bd. 5. Wiesbaden 1986, S. 216 ff. — 45 Kritik am Märzheft von *Decision* enthalten Erika Manns unveröffentlichte Briefe vom 20. März und 27. März 1941; zur Kritik am Manuskript des *Wendepunkt* vgl. den Brief vom 5. Dezember 1941, am Gide-Buch denjenigen vom 19. Februar 1943. — 46 Erika Mann: *Briefe*, a.a.O., Bd. 1, S. 155 f. und S. 172 f. sowie Thomas Mann: *Tagebücher 1940–1943*, hg. von Peter de Mendelssohn, Frankfurt/M. 1982, S. 125 und 129 sowie passim. — 47 Unveröffentlichter Brief an Klaus Mann vom 19. August 1940 [EMA]. — 48 Unveröffentlichter Brief an Klaus Mann vom 3. Juli 1939 [EMA]. — 49 Klaus Mann: *Tagebücher*, a.a.O., Bd. 5, S. 51. — 50 Erika Mann: »In Lissabon gestrandet«. Zitiert nach: Claudia Schoppmann (Hg.): *Im Fluchtgepäck die Sprache. Deutschsprachige Schriftstellerinnen im Exil*. Berlin 1991, S. 148. — 51 Klaus Mann: *Tagebücher*, a.a.O., Bd. 5, S. 74. — 52 Erika Mann: *Briefe*, a.a.O., Bd. 1, S. 147. — 53 Erika Mann: *I of all people*. Typoskript EM 138 [EMA]. — 54 Unveröffentlichter Brief an Klaus Mann vom 10. November 1943. [EMA]. — 55 Zur Geschichte von *Decision* vgl. Fredric Kroll: *Klaus Mann-Schriftenreihe*, a.a.O., Bd. 5, S. 253 ff. Zahllose unveröffentlichte Briefe Erika Manns an die Eltern geben Auskunft über ihre Hilfsaktionen. Vgl. auch Thomas Mann: *Tagebücher 1940–1943*, a.a.O., S. 287. — 56 Die private Argumentation gegenüber Klaus Mann entspricht derjenigen in zahlreichen Reden. Vgl. zum Beispiel: Erika Mann: *Our war, our victory, our peace*. Typoskript EM 1987. Frühjahr 1941 [EMA]. Zu Klaus Mann vgl. Uwe

Naumann: »Der Pazifist als Soldat. Klaus Mann im Zweiten Weltkrieg«. In: Text + Kritik (1987), H. 93/94. Klaus Mann, S. 88–99. — **57** Unveröffentlicher Brief an Klaus Mann vom 13.November 1942 [EMA]. — **58** Klaus Mann: *Tagebücher*, a.a.O., Bd. 5, S. 159 f. und S. 170. — **59** Unveröffentlichter Brief an Klaus Mann vom 5. Januar 1944 [EMA]. — **60** Erika Mann: *Briefe*, a.a.O., Bd. 1, S. 260 f. — **61** Thomas Mann: *Tagebücher 1949–1950*, hg. von Inge Jens. Frankfurt/M. 1991, S. 234. Erika Mann schildert Hintergründe und Umstände zwei Jahre später in einem Brief an Wilhelm Sternfeld. Die umfangreiche Korrespondenz zwischen Wilhelm Sternfeld und Erika Mann befindet sich im Deutschen Exilarchiv, Frankfurt, Signatur EB 75/177. — **62** Thomas Mann: *Tagebücher 1949–1950*, a.a.O., S. 234 und S. 67. — **63** Erika Mann: *Briefe*, a.a.O., Bd. 2, S. 227.

Lutz Winckler

Louise Straus-Ernst: *Zauberkreis Paris*
Erfahrung und Mythos der »großen Stadt«

I

Vom 31. Dezember 1934 bis zum 6. Februar 1935 erschien im *Pariser Tageblatt* in 37 Folgen der Fortsetzungsroman *Zauberkreis Paris*. Als Verfasserin zeichnete Lou Ernst, ein leicht verschlüsseltes Pseudonym für Louise Straus-Ernst. Die Autorin ist wie viele ExilschriftstellerInnen vergessen, ihr Name in keiner Literaturgeschichte und keinem Nachschlagewerk verzeichnet. Ihr Sohn Jimmy Ernst hat in seinen 1985 in deutscher Übersetzung erschienenen Erinnerungen *Nicht gerade ein Stilleben*, die dem Gedenken seines Vaters Max Ernst gewidmet sind, in Umrissen das kurze, 1944 in Auschwitz endende Leben seiner Mutter nachgezeichnet.[1]

1894 als Tochter einer orthodox jüdischen Familie geboren, studierte Louise Straus nach dem Abitur Kunstgeschichte in Bonn. Dort machte sie die Bekanntschaft von Max Ernst. Sie heirateten unmittelbar nach dem Ende des Ersten Weltkriegs, trennten sich aber schon wenige Jahre später nach der Geburt ihres Sohnes Jimmy – offenbar auf Wunsch von Max Ernst, der zusammen mit Gala und Paul Eluard in Paris lebte.[2] Louise Straus-Ernst, die den gemeinsamen Sohn aufzog, arbeitete in den zwanziger Jahren nacheinander als Buchhalterin, Sekretärin und Akkordarbeiterin in einer Bindfadenfabrik, bevor sie sich als Kunst- und Theaterkritikerin in der Weimarer Presse, vor allem der *Kölnischen Zeitung*, etablierte. Ihre berufliche Karriere wurde 1933 jäh unterbrochen. Nach einer Hausdurchsuchung und angesichts der Behinderung ihrer journalistischen Arbeit ging Louise Straus-Ernst im Mai 1933 nach Paris. Bis 1939 lebte sie beengt in einem kleinen Hotel in der rue Touiller unweit der Sorbonne, in dem unter anderen auch Rilke während seiner frühen Parisbesuche gewohnt hatte. Ihren Lebensunterhalt bestritt sie mit Deutschstunden und journalistischen Arbeiten, insbesondere für Schweizer Zeitungen und, gelegentlich, das *Pariser Tageblatt* und die *Pariser Tageszeitung*, in dem sie neben dem Fortsetzungsroman *Zauberkreis Paris* zwischen 1933 und 1939 unter verschiedenen Pseudonymen eine Reihe von Kurzgeschichten, Parisfeuilletons, Rezensionen und Berichten veröffentlichte.[3]

1939 wurde sie nach kurzer Internierung aus dem Lager Gurs entlassen und arbeitete danach als Sekretärin und Übersetzerin bei Jean Giono in der unbesetzten Zone Frankreichs. Zuvor hatte sie ein Ausreisevisum in die USA, das eine formelle Wiederheirat mit Max Ernst erfordert hätte, abgelehnt.[4] Spätere Ausreiseversuche scheiterten an der hinhaltenden Praxis der Vichy-Behörden. Im September 1943 wurde Louise Straus-Ernst im Zuge der Deportierungsmaßnahmen der deutschen Besatzung verhaftet. Aus Drancy wurde sie am 30. Juni 1944 mit dem vorletzten Transport nach Auschwitz geschickt. Dort ist sie, kaum 50 Jahre alt, ermordet worden.

II

Der Roman *Zauberkreis Paris* handelt, wie sein Titel andeutet und wie es die Lebensgeschichte seiner Autorin erwarten läßt, vom Leben deutscher Emigranten in Paris. Mit diesem Thema fand sich der Roman in Übereinstimmung mit der redaktionellen Linie des *Pariser Tageblatts*, das sich nach den Worten des Chefredakteurs Georg Bernhard vor allem darum bemühte, seinen LeserInnen Überlebenshilfe im fremden und ungewohnten Pariser Alltag zu gewähren (PTB No. 100, 22.3.1934). Mit konkreten Hinweisen auf Wohn- und Arbeitsmöglichkeiten, der Schilderung des französischen Alltags und Erläuterungen zur Arbeitsweise französischer Behörden und Institutionen, mit dem Abdruck eines täglichen Veranstaltungskalenders versuchte die Zeitung den Schock abzumildern, der bei den Emigranten durch die plötzliche Konfrontation mit einer den meisten fremden Sprache und Kultur entstanden war.[5]

Das Problem des Heimats- und Identitätsverlusts ist das Thema des Romans von Louise Straus-Ernst; es bildet den Ausgangspunkt der Sozio-Pathologie des deutschen Exils, die in ausführlichen und mehrschichtig angelegten Paris-Tableaus entwickelt wird.[6]

Die Handlung des Romans ist gradlinig und eher anspruchslos. Triviale Momente sind unübersehbar: sie mögen dem Genre des Feuilletonromans, aber auch der Unerfahrenheit der literarisch ungeübten Autorin geschuldet sein. Handelt es sich doch, wie zu zeigen sein wird, um den problematischen Versuch, Elemente einer zurückliegenden, traumatischen biographischen Erfahrung als epische Versatzstücke innerhalb eines zeitgenössischen Tableaus der Pariser Emigration zu verwenden.

Das Zentrum der Handlung bildet eine Dreiecksgeschichte, in deren Verlauf ein junger Mann sich zwischen zwei Frauen entscheiden muß. Peter Krimmer, ein erfolgreicher Journalist, muß 1933 Deutschland verlassen. In Paris lernt er eine verführerische russische Emigrantin, Borja Toronoff, kennen: damit beginnt für ihn ein neues Leben, das um die Stadt Paris und die rätselhafte Freundin kreist. Peter erfährt die Fremde als doppelte Verzauberung durch die Frau und durch die Stadt, aus der ihn auch die Ankunft seiner

Freundin Ulla, die Deutschland ebenfalls verlassen hat, nicht lösen kann. Ulla Frankfurter, die als ebenso sachliche wie vernünftige, praktisch veranlagte wie sportliche junge Frau geschildert wird, beschließt, ihr Leben in der fremden Stadt Paris selbst in die Hand zu nehmen. Nach einem Irrweg durch die Pariser Hilfskomitees, durch vornehm-verstaubte und armselige Emigrantenclubs, nach allerlei Hilfstätigkeiten als Sekretärin und Tippfräulein, als Übersetzerin, Haushaltshilfe und Erzieherin findet sie schließlich eine neue Heimat. Ein Kollektiv emigrierter Handwerker, Arbeiter und junger Intellektueller, die sich zu einer Lebens- und Arbeitsgemeinschaft zusammengefunden haben, nimmt sie in ihr Haus in der ländlichen Banlieue von Paris, in Meudon, auf. Peter Krimmer hingegen, durch die geheimnisvolle Russin in eine Spionageaffäre verwickelt, geht einsam und verlassen in der fremden Stadt zugrunde.

Wie hier in der kolportagehaften Romanhandlung mit dem Exil umgegangen wird, wie die Emigration nicht so sehr als Möglichkeit neuer Erfahrung, sondern als Bedrohung alter Identität erfahren wird – das Erlebnis der Fremde schließlich umschlägt in eine neue Geborgenheit, die patriarchalisch nach dem Muster des ›großen Hauses‹ organisiert ist, mag in der Tat bedenklich erscheinen. Ungewöhnlich indes ist eine solche Reaktion nicht. Die Gefahr regressiven Reagierens auf den Verlust von Heimat und Identität ist bekannt. Die Trivialität in der Kunst, die dem nachgibt, wäre ohne diesen verbreiteten Fluchtmechanismus nicht denkbar.

Man könnte den Roman als bedeutungslos ablegen, wenn seine Trivialität nicht zugleich einen authentischen und einen eher beiläufigen Wesenszug ausmachte. Beiläufig, weil die Handlung gegenüber dem breit angelegten Tableau der Pariser Emigration nicht sonderlich ins Gewicht fällt, triviale Muster hier auch strukturell durch ästhetische Verfahrensweisen ersetzt werden, die sich um eine dokumentarische Darstellung sozialer und geographischer Realität der Stadt bemühen. Zentral erscheint die Trivialität, weil sie eine höchst widersprüchliche Verarbeitungsform autobiographischer Erfahrung der Autorin selbst darstellt. Die Dreieckskonstellation des Romans wiederholt die offenbar unbewältigte Urszene aus Louise Straus-Ernsts Leben: die Verbindung von Max Ernst mit Gala Eluard, an der ihre Ehe scheitert.

Die Figur der Borja, die, als boshaft und kalt gezeichnet, die Reize ihrer exotischen Weiblichkeit erfolgreich einsetzt, um den naiven Peter Krimmer zu verführen (Kap. IX–XI), ist identisch mit jener Gala Eluard, wie sie Louise Straus-Ernst noch in ihrer nach 1940 verfaßten Autobiographie sah, aus der Jimmy Ernst zitiert: »dieses Russenweib (...) dieses glatte, glitzernde Geschöpf mit dunkel herabfallendem Haar, mit orientalisch-verschleierten, leuchtend-schwarzen Augen, mit zarten, zerbrechlichen Gliedern«[7]. Ulla Frankfurter hingegen stellt als geschlechtsloses ›weiße Frau‹ (Theweleit)[8] so etwas wie eine Wunschidentität der Autorin selbst dar. Es ist der alte Konflikt zwischen Gala Eluard und Louise Straus um Max Ernst, den die Romanfiguren Ulla und Borja um Peter Krimmer austragen – mit dem Unterschied, daß im Roman Louise Straus alias Ulla Frankfurter gewinnt. Wie wenig allerdings der alte Konflikt, die Urszene des Verlassenwerdens und des Identitätsverlusts, bewältigt ist, zeigt der Preis, den die Autorin Louise Straus-Ernst literarisch für ihren ›Sieg‹ zahlen muß. Ich meine die Trivialisierung von Erfahrung und lebensgeschichtlicher Erinnerung, wie sie sich zeigt in der harten, moralisierenden Schwarzweißzeichnung der beiden Protagonistinnen Ulla und Borja (von der der Roman nur an wenigen Stellen, etwa im XVIII. Kapitel mit der Auseinandersetzung zwischen Borja und Ulla, abweicht) oder im Selbstmord Peters und dem Verschwinden Borjas als kaum verbrämter, fiktionaler Rachephantasie der Autorin. Wie hoch der Preis, der psychisch zu zahlen war, gewesen ist, mag schließlich der Blick auf die Schlußszene des Romans weisen. Die Projektion von Erotik und Sinnlichkeit als böser und zerstörerischer Gewalt auf die Gegenfigur der Borja-Gala läßt am Ende eine infantilisierte Heldin zurück, die sich als geschlechtsloses Wesen, als Schwester und Tochter in die patriarchalische Großfamilie des Handwerkerkollektivs einordnet:

»Dann sassen sie alle um den grossen Tisch in dem hellen, freundlichen Raum des Erdgeschosses. In bunter Reihe die derben, meist blonden Burschen aus dem Erzgebirge mit den dunkleren, zarteren Gestalten einiger junger Kaufleute und Studenten, denen man ansah, dass sie bisher mit körperlicher Arbeit nicht viel zu tun gehabt hatten. Aber alle trugen den gleichen, zuversichtlichen und entschlossenen Ausdruck, den die Aussicht auf das gemeinsame Werk verlieh. Dann waren die Mädchen da, ausser Ulla die beiden Kunstgewerblerinnen, eine stille, schlanke, von orientalischem Typ und eine derbere, mit krausem braunen Haar um ein rotbackiges Gesicht; sie war Goldschmiedin gewesen; dann noch die etwas nichtssagende, aber hübsche Expeditantin, die zugleich Friseuse war. (...)

Dann trat Meister Arnhold ein, setzte sich an den Platz des Hausherrn, übersah zufrieden seine kleine Gesellschaft und scherzte mit dem Töchterchen. Und nun erschien, mit freudigem Ah! begrüsst, Martins Frau, strahlend und mütterlich, und begann mit Hilfe der Köchin und eines der Burschen die Teller nach der Reihe zu füllen und herumzugeben. Dann stellte sie, um nicht noch einmal aufstehen zu müssen, eine grosse Schale mit gelbroten Aepfeln als Nachtisch auf die lange Tafel.

›Guten Appetit, Kameraden‹, sagte Martin Arnhold.

Es blieb eine Weile still. Alle assen. Es gab Gemüse, zusammengekocht mit Kartoffeln und grossen Fleischstücken. Man sah wohl, dass es jedem schmeckte. Hans Remagen machte eine kleine Pause, sah beinah verklärt auf seinen Teller. ›Wie zu Hause‹, seufzte er. Einige nickten zustimmend. ›Jawohl, Kameraden‹, sagte Martin Arnhold ernst. ›Wenn wir gut zusammenhalten und was Rechtes schaffen, dann haben wir alle wieder ein Zuhause.‹« (XXXI. Kapitel)

Deutlich wird: die Verdrängungen und Projektionen werden als Ausdruck eines unaufgearbeiteten Rests der Urszene auf die neue Wirklichkeit, die Emigration, auf das Leben und den Alltag in Paris übertragen. Was als ›Zauberkreis Paris‹ in der urbanen Außenwelt der Emigration wahrgenommen wird, ist deshalb vor allem auch als Ausdruck der ›Verzauberung‹ zu deuten, in die die psychische Blockierung die Autorin selbst versetzt.

III

Wenn sich große Teile des Romans als realitätsgetreue Darstellung des Pariser Exils interpretieren lassen, so liegt das an der eher lockeren Verknüpfung von Handlung und Paris-Tableaus. Die Tableaus sind, wie etwa der Gang durch die Pariser Quartiers, Märkte, Parks und Friedhöfe (Kapitel V), wie die Topographie des »inoffiziellen Paris« der Emigration (Kapitel VI) als selbständige Essays in den Roman einmontiert. Oder sie sind, wie die Soziographie der Emigration (Kapitel XX), die Beschreibung von Arbeitsverhältnissen junger Frauen (Kapitel XIX), in eher formaler Weise mit einer Romanfigur, hier Ulla Frankfurters, verbunden. Eine gewisse Ausnahme bildet der Romanschluß: hier werden Handlung und Tableau, Figurenentwicklung und Darstellung des Handwerkerkollektivs thematisch und, im szenischen Dialog, ästhetisch enggeführt.

Frankreich war in den dreißiger Jahren vor Palästina, England oder später den USA das bevorzugte Ziel deutscher Emigranten.[9] Eine Statistik des Völkerbunds aus dem Jahr 1934 nennt bei einer Gesamtzahl von 62 400 Emigranten allein 21 000 für Frankreich (PTB No. 144, 3.5.1934). 1935 wird bei einer geschätzten Gesamtzahl von 100 000 Flüchtlingen von etwa 35 000 Emigranten in Frankreich ausgegangen.[10] Seine demographische Struktur, seine wirtschaftliche und kulturelle Bedeutung ließen wiederum Paris zum Zentrum der deutschen Emigration werden. Die zumeist erst in den zwanziger Jahren nach Berlin eingewanderte ostjüdische Bevölkerung traf im Pariser Marais und in Belleville auf ein verwandtes Milieu von halbproletarisierten, zumeist orthodoxen osteuropäischen Handwerkerfamilien.[11] Die emigrierten Kaufleute, Intellektuellen und Künstler, die einen unverhältnismäßig hohen Anteil an den Flüchtlingen ausmachten, aber auch die politisch verfolgten Arbeiter hofften, in der Pariser Geschäftswelt und den Fabriken, im kulturellen und politischen Leben der Metropole Anschluß und ein berufliches Betätigungsfeld zu finden.[12] In Paris befanden sich wichtige kulturelle Institutionen des Exils wie die Deutsche Freiheitsbibliothek und der SDS, die Freie Deutsche Hochschule und der Freie Künstlerbund. Hier erschienen, neben dem *Pariser Tageblatt,* das *Neue Tage-Buch* und *Die Zukunft,* gründete Willi Münzenberg seine editions du carrefour.[13] Paris war schließlich, neben Prag, das Zentrum der politischen Aktivitäten der deutschen Emigranten. Neben jüdischen Hilfskomitees und Organisationen politischer Parteien ist vor allem der Volksfrontausschuß zu nennen, der ab 1936 unter dem Vorsitz Heinrich Manns im Pariser Hotel Lutetia tagte, wenn er letztlich auch bei seinem Versuch, die politische Emigration zu einigen, scheiterte.[14]

Der Roman schließt bei seiner Beschreibung der Pariser Emigration solche kulturellen und politischen Aspekte weitgehend aus. Dies ist fraglos ein Mangel: bereits 1933 war im Zusammenhang mit dem Leipziger Reichstagsbrandprozeß Münzenbergs *Braunbuch* erschienen, hatten sich Organisationen wie das Thälmannkomitee über die ursprüngliche politische Basis hinaus zu einem überparteilichen Sammelbecken antifaschistischer Aktivitäten entwickelt.[15] Auch die Tätigkeit des SDS und der Deutschen Freiheitsbibliothek hatte in der französischen Öffentlichkeit Widerhall gefunden.[16] Doch wird das Manko der politischen Darstellung mehr als ausgeglichen durch eine Beschreibung des Alltags der Emigration, die wichtige Hinweise zur Topographie und Soziologie des Pariser Exils gibt. Die Beschreibung des ›inoffiziellen Paris‹ der deutschen Emigration steht in deutlichem Gegensatz zum ›malerischen‹ Paris, wie es zu Beginn des Romans in der touristischen Begehung der Gärten und Parks, der Boulevards und Quais, der Märkte und Seine-Häfen geschildert wird (Kapitel V). Sie ergänzt das in Ansätzen vorliegende Bild der politischen und kulturellen Topographie der Pariser Emigration um den Aspekt des Alltäglichen und Privaten.[17]

Der Roman gibt zunächst eine geographische und soziale Faktoren kombinierende Einteilung der städtischen Lebensräume der Emigration.[18] Die Komitees als Anlaufstelle der Armen und Hoffnungslosen bilden einen ersten, über die ganze Stadt verteilten Lebensraum. Er wird mit Ausnahme der im XXIV. Kapitel geschilderten Armenküche im Marais topographisch nicht weiter präzisiert. Nicht so die anderen Lebensräume. Die Gegend um den Etoile wird als Wohnviertel der begüterten Emigranten geschildert: der »Ärzte, Anwälte, Kaufleute, die ein kleines oder grösseres Kapital mehr oder weniger illegal aus Deutschland herausgebracht hatten« (VI. Kapitel). Der Montparnasse und seine Cafés sind der Treffpunkt der Intellektuellen, der zumeist mittel- und arbeitslosen Schriftsteller, Künstler und Journalisten, die hier miteinander, aber auch mit französischen Kollegen, verkehren. Diese etwas grobe, im ganzen wohl zutreffende Topographie gibt den Hintergrund ab für eine soziologische Feingliederung der Emigration, wie sie im XX. Kapitel, aus der Perspektive Ulla Frankfurters, am Beispiel des Emigrantenclubs vorgenommen wird. Neben »Persönlichkeiten aus dem deutschen Wissenschafts- und Geistesleben«, neben »Studenten« und »Referendaren, denen der Eintritt in die geistige Elite Deutschlands (...) nicht mehr geglückt war«, finden sich hier Mediziner, Juristen, Journalisten und ihre Ehefrauen. Eine Gesellschaft, wie Lion Feuchtwanger sie im Kapitel ›Trübe Gäste‹ seines Romans *Exil*[19] beschrieben hat: bürgerlicher Mittelstand, der durch das Exil sozial deklassiert wurde und der in der Vergangenheit, der Scheinwelt alter Hierarchien und entwerteter Titel lebt. *Zauberkreis Paris* berichtet von Anwälten und Journalisten, die als Hausierer ihren Lebensunterhalt verdienen, von Wissenschaftlern und Intellektuellen, die eine Waschanstalt eröffnet haben; von Ehefrauen, die bisher ungewohnten Haushaltsarbeiten und einfachsten Berufstätigkeiten, als Serviererin etwa, nachgehen.

Wie genau hier die bürgerliche Emigration, ihre materiellen und sozialen Anpassungsschwierigkeiten beschrieben werden, kann der Vergleich mit einem Fortsetzungsbericht zeigen, der unter dem Titel *Deutsche Emigranten in Frankreich* kurz nach Abschluß des Romans im *Pariser Tageblatt* erschienen ist (PTB No. 468, 469, 475, 485 vom 25. und 26.3., 1. und 11.4.1935). Der ungenannte Verfasser kommt, als Bilanz zweijähriger Exilerfahrung, zu der »Auffassung, dass es nur ganz Wenigen möglich sein wird, in Frankreich Fuss zu fassen« (PTB No. 468). »Geschäftseinstellungen, Liquidationen und teilweise grosse Verluste« hätten deutlich gemacht, »dass die geschäftlichen Möglichkeiten selbst für bemittelte deutsche Einwanderer in Frankreich sehr gering« seien (PTB No. 475). War die Situation schon für die relativ kleine Schicht der begüterten Emigranten schwierig, so war der Druck auf die übrigen Emigranten um vieles stärker. Der Verfasser spricht von 3000 Hilfsbedürftigen allein in Paris (PTB No. 468). Der Bericht schildert vor diesem Hintergrund eine Hierarchie des Elends, die nahezu alle sozialen Schichten umfaßt: sie schließt Arbeiter und Akademiker, Kaufleute, Anwälte und Ärzte ein, sie reicht von Vertretern und Hausierern über Schneider, Schuster, Tischler und andere Kleingewerbetreibende bis zu den Obdachlosen des jüdischen Asyls in der rue Lamarck (PTB No. 469). Die Zahlen der Association philanthropique de l'asile de nuit, de l'asile de jour et de la crèche Israélites, die für dieses Asyl verantwortlich war, sprechen eine deutliche Sprache: »In dem Asyl wurden im Jahre 1933 184 460 Mahlzeiten ausgegeben; die Zahl der Übernachtungen betrug 52 443. Die bisher vorliegenden Zahlen für das Jahr 1934 zeigen, dass die Einrichtungen in der rue Lamarck in immer steigendem Masse in Anspruch genommen werden. Die Zahl der Übernachtungen betrug im Januar 1934: 5 338; Februar: 5 215; März: 5 887; April: 5 729; Mai: 6 224; Juni: 6 061; Juli: 6 201; August: 6 177. Mahlzeiten wurden ausgegeben im Januar 1934: 20 028; Februar: 19 031; März: 21 693; April: 21 543; Mai: 22 810; Juni: 21 528; Juli: 22 795; August: 24 840« (PTB No. 473, 30.3.1935).

Vergleichbares Elend dokumentiert der Abschlußbericht des Comité allemand, einer Einrichtung des Comité national der französischen Juden.[20] Danach hatten sich bis zum 1. April 1936 4 164 Menschen um Hilfe an das

Komitee gewandt. Folgende Leistungen wurden unter anderem erbracht: 2 124 finanzielle Beihilfen, 948 Arbeitsvermittlungen, 850 Kleiderzuweisungen, 552 ärztliche Versorgungen, 22 996 Essenskarten und Eßpakete (PTZ No. 9, 20.6.1936).

Der Roman schildert nicht nur das obere Ende und die Mitte dieser Elendshierarchie, sondern auch ihr unteres Ende, so etwa in der Beschreibung des Mittagstisches für Emigranten im Marais: »Als die beiden das Gasthaus betraten, das einem Ungarn gehörte, schlug ihnen lauer Dunst entgegen, der nach Fleischsuppe und nach vielen Menschen roch, und zusammen mit dem Geschrei der Kellner, die ihre Bestellungen in die Küche hineinriefen, und dem lebhaften Gespräch der Gäste, war das so verwirrend, dass erst der unfreundliche Zuruf eines tellerschleppenden jungen Mannes sie auf die herrschende Fülle hinwies, die sie zwang, mit anderen Verspäteten vor der Tür zu warten.

Es gab ähnliche Gestalten, wie vorhin beim Komitee. In ihrer Nähe beobachtet Ulla eine Familie: der Mann, derb, gutmütig, mit völlig hoffnungslosem Ausdruck, trug einen Säugling auf dem Arm; ein zweites etwa dreijähriges Kind verkroch sich weinend in den Röcken der Mutter, die ihm mit einer müden Hand über das dünne Haar strich, um es zu beruhigen. Die andere Hand hielt sie schützend vor den Leib, um im Gedränge nicht gestossen zu werden; denn sie war hochschwanger.« (Kapitel XXIV)

Die Tableaus gewinnen an soziographischer Dichte, sobald sich der Roman der Situation der Frauen zuwendet. Ihren Arbeits- und Lebensbedingungen im Exil ist ein eigenes Kapitel gewidmet. Es zeigt die Romanheldin Ulla in den unterschiedlichsten Berufen: als Privatsekretärin eines polnischen Geschäftsreisenden, als Stenotypistin eines ›grossen Herrenmodehauses‹, als Sekretärin einer kosmetischen Scheinfirma, als Mitarbeiterin eines italienischen Literaturliebhabers (Kapitel XIX); in einem späteren Kapitel als Erzieherin und Frau für alles in französischen Haushalten (Kapitel XXV). Die Eigenschaften, die Lou Ernst an ihrer Heldin vorführt: Anpassungsfähigkeit und Anspruchslosigkeit, Aufopferungswillen und Fleiß, hatte sie selbst in ihrem ersten Beitrag für das *Pariser Tageblatt* (PTB No. 7, 18.12.1933) als Überlebensbedingungen der weiblichen Emigranten benannt. Unter der Überschrift *Auch die Frau muß sich umstellen* heißt es dort: »Die grössere Anpassungsfähigkeit der Frau gibt ihr immerhin dem Manne gegenüber, der auf seinen oft sehr spezialisierten Beruf festgelegt ist, manche Vorteile. Angeborne weibliche Fähigkeiten können vielfach ausgenutzt werden. Nähen, flicken, waschen, bügeln, zunächst vielleicht nur für einen Kreis von Schicksalsgenossen, ist möglich, führt vielleicht später zur Einrichtung eines kleinen Betriebs; Sprachstunden, Übersetzungen, Schreibmaschinenarbeiten sind oft gesucht und werden, wenn auch nicht glänzend, so doch auskömmlich bezahlt. Und dann gibt es die vielen Angebote für Übernahme von Hausarbeit und Kinderbetreuung, nach denen eine recht gute Nachfrage besteht. Es handelt sich dabei meist um au-pair-Stellen, gewiss nicht gerade das, was eine Frau, die schon in einem gut entlohnten Beruf stand, sich als Fortsetzung ihres Lebens gedacht hatte; trotzdem aber eine Lösung, die von vielen, wenigstens für den Übergang gewählt wird. Es kommt eben darauf an, sehr viele Ambitionen, die selbstverständlich schienen, auf eine Zeit zurückzustellen, ohne dabei den Mut zu verlieren. Selbst die Frauen, die das Glück haben, im eigenen Beruf weiterarbeiten zu können, sei er kaufmännisch, künstlerisch, handwerklich, haben Enttäuschungen zu überwinden, mit fremden Gewohnheiten und Auffassungen sich abzufinden.«

Die Überlegungen, die hier zu Beginn der Emigration angestellt wurden, sind durch die Erfahrungen von Emigrantinnen bestätigt worden.[21] Teilweise brachen die Frauen auch entschiedener mit dem traditionellen Rollenbild, als der Essay und der Roman verraten. Das Rollenverständnis, vor allem auch die Rollenverteilung von Männern und Frauen, ist ein Thema in der Auseinandersetzung zwischen Borja und Ulla, in der übrigens Borja die vorurteilsfreiere Position bezieht (Kapitel XVIII). Es wird in seiner traditionellen Form durch den Schluß des Romans mit allem Nachdruck sanktioniert. Die Handwerkerkommune, für die es im Pariser Exil Vorbilder gab (vgl. den Bericht *Nürnberg in Paris. Ein deutsches Arbeitskollektiv produziert Spielzeug.* PTB No. 1, 12.12.1934), erhält ihre eigentliche Bedeutung nicht als Arbeitsverhältnis, sondern als Modell patriarchalischer Lebensgemeinschaft: den zu Schwestern und ›Kameradinnen‹ der Hausgemeinschaft degradierten jungen Frauen werden Familie, Haus und Garten, nicht aber die Werkstatt, als Betätigungsfelder zugewiesen.[22]

IV

Seinen Sinn erhielt der Romanschluß in biographischen und literarischen Kontexten, die den Versuch zuließen, die Erfahrung der Fremde, die das Exil bedeutete, durch die Imagination einer historisch vergangenen Form von Heimat und Identität zu kompensieren. Daß triviale literarische Verarbeitungsmuster und traditionelle Rollenbilder sich stützen und gegenseitig fördern, ist bekannt.[23] Die Stärke repressiver Vorstellungen im Roman, die nicht nur Teile des Tableaus der Pariser Emigration besetzen, sondern sich des zentralen Themas der Romanhandlung, der Problematik von Heimat und Fremde, von Identität und Exil bemächtigen, hat nicht allein damit zu tun. In den Roman ist vielmehr ein ideologischer Sprengsatz eingebaut: ein antizivilisatorischer Romantizismus, der sich weniger mit dem ›realen‹ Paris der Emigration als vielmehr mit dem im ›imaginären‹ Paris enthaltenen Mythos der Stadt verbindet.[24]

Der Roman trägt nicht zufällig den Titel *Zauberkreis Paris*. Die Autorin spielt damit auf eine lange Tradition moderner Stadtfurcht an, die sich seit der zweiten Hälfte des 19. Jahrhunderts in Deutschland als Zivilisationskritik entfaltet hat.[25] Identitätsverlust, soziale Entwurzlung und Entfremdung des modernen Menschen wurden als Krisenerscheinungen des industriellen Kapitalismus nicht diesem selbst, sondern dem Subphänomen Großstadt zugeschrieben: dem »Schreckbild Stadt« als moderner Hölle tritt, wie Friedrich Sengle gezeigt hat, das »Wunschbild Land« als verlorenes und wiederzugewinnendes Paradies gegenüber.[26] *Zauberkreis Paris* steht nicht nur ideologisch in der Tradition dieser Großstadtkritik, sondern weist in seiner ästhetischen Struktur, der Handlung und der Figurenkonstellation deren dualistische Struktur auf.

›Verzauberung‹ ist eines der Schlüsselworte des Romans. Es wird zum erstenmal ausgesprochen in einer Szene, die das Verhältnis der drei Hauptfiguren zueinander definiert und dabei den handlungsentscheidenden Tatbestand der Veränderung und Entfremdung der männlichen Figur, Peter Krimmers, in den Begriffen des dualistischen Stadtdiskurses beschreibt.

»Ulla betrachtete ihn (d.i. Peter) mit fast entsetzten Augen. ›Ja, Pitt, um Gottes Willen‹, rief sie angstvoll aus. ›Du redest ja wie nicht gescheit. Du bist wie ausgetauscht, kümmerst dich um nichts, was in der Welt vorgeht, arbeitest nicht, hast nur Sinne und Augen für diese Frau. Du bist ja wie verzaubert!‹ (...) In Deutschland hätte ein solches Erlebnis nicht diese Gewalt über dich gehabt.‹

›Da kannst du recht haben‹, erwiderte er langsam. ›Ich glaube, es ist wirklich die Atmosphäre dieser Stadt, die mich verändert und, wenn du willst, verzaubert hat. Diese helle leichte Luft, die heitere Form des Lebens – plötzlich hab ich gemerkt, dass ich bei aller Arbeit und Konzentration und Energie das Wichtigste an mir vorübergehen liess, dass ich das Leben nicht gespürt hab.‹« (Kapitel XVIII)

Es ist die ›Atmosphäre der Stadt‹, die Peter verändert hat, die ihre Unordnung an die Stelle der hergebrachten Ordnung und ihrer Disziplinen gesetzt hat. Und mit Borja gibt der Text zugleich auch den entscheidenden Hinweis auf Anlaß und Ursache dieser Veränderung. Daß die Vorstellung der Stadt mit derjenigen der geliebten Frau zusammenfällt, hatte schon die als Panorama angelegte Liebesszene am Ende des XII. Kapitels deutlich gemacht. Die Parallelität von Stadtblick und Liebeserklärung, die gekonnte Spiegelung der Stadt in den Augen der Geliebten machen deutlich, wie bewußt hier offenbar die Identität der Bilder der Frau und der Stadt gesucht wird:

»Gemächlich stieg die Strasse an, während für ganz Eilige und Romantische leiterartig steile Treppen jäh durch altmodische Gärtchen emporführten. Nun standen sie vor der Kirche an der Brüstung der grossen Terrasse, die über der Stadt hing. Im rötlichen Dunst und im vielfachen Leuchten kleiner

Lichter lag Paris unter ihnen. Irgendwo flammte grell eine Lichtreklame auf, verschwand und flammte aufs Neue. Sie war viel heller als die schüchternen Leuchtkugeln eines Feuerwerks, das irgendwo in einem Aussenbezirk abgebrannt wurde. Verlorene Töne der Musik vom Boulevard klangen durch die laue Nacht herauf.

Peter legte einen Arm um Borjas Schultern und zog sie eng an sich.

›Ist es schön?‹

Sie nickte.

›Du‹, sagte er langsam und schwer, ›ich liebe dich sehr.‹ Sie sah ihn nicht an, schmiegte sich nur fester in seinen Arm und sprach in das laue Dunkel hinein wie ein Kind im Traum: ›Jetzt hast du es gesagt, jetzt hast du es gesagt.‹ Peter küsste sie leidenschaftlich und sah in ihren rätselvollen Augen den Widerschein der vielen kleinen Lichter. Irgendwo lag Deutschland, irgendwo war die Welt. Es gab nur diese eine Stadt und in ihr nur diese eine Frau. Das war Alles.« (Kapitel XII)

In dieser Szene wird Abschied genommen von der Heimat und dem alten Leben, wird die fremde Stadt Paris eigentlich betreten. Ihr Mythos aber wird als Allegorie der bösen Frau beschrieben. Wie diese ist die Stadt ›rätselhaft‹, zugleich verführerisch und abweisend; ein Labyrinth, das die Lust, aber auch Verbrechen und Tod verbirgt.

Die Überlagerung der Bilder der Frau und der Stadt verweist auf die Geschichte unausgetragener Widersprüche in der Selbstwahrnehmung der Moderne.[27] Im Bild der Frau wurde abgespalten, was sich als Moment sinnlichen und spontanen Verhaltens dem Disziplinierungs- und Verinnerlichungsgebot der neuzeitlichen Wahrnehmung und Ethik nicht unterordnen ließ. Die Sanktionierung dieses Vorgangs in Philosophie und Literatur wertet die subversive Sprengkraft des Imaginären als ›weiblich‹ ab und grenzt ihre Bilder aus dem rationalen Diskurs aus. Der psychische Druck, wie ihn die Unterordnung unter die sozialen Zensurinstanzen hervorruft, äußert sich in einem ›verkehrten‹ Weltbild, das das Unterdrückte als das Böse und Wilde zuläßt, das Unterdrückende aber als das eigentlich Gute erscheinen läßt. Was an diesem Prozeß unbegriffen ist, wird im ›rätselhaften‹ Doppelwesen Frau und Stadt verschlüsselt. Genau dies aber geschieht im Roman: das Verdrängte erscheint hier in zensierter und verkehrter Form in der Allegorie der ›bösen‹ Frau als ›Schreckbild Stadt‹. Als solches wird Paris im Schlußpanorama des Romans ausdrücklich festgeschrieben. Die Instanz, die dieses Urteil ausspricht, ist die ›weiße‹ Frau des Romans, Ulla, deren Perspektive die Autorin einnimmt:

»Am Ende einer ihrer Sonntagswanderungen sassen sie auf der Terrasse von Meudon und blickten ins Tal, Ulla Frankfurter und Hans Remagen. Eine schmeichelnde Herbstsonne machte alles umher klar und heiter, die sanft zur Ebene sich senkende Parklandschaft mit den genügsamen Häuschen, und, über die von dünnen Rauchfahnen überwehte Fabrikzone hinweg, die weithin gebreitete Stadt, die, vom Flusse gemächlich durchzogen, mit allen ihren Türmen im wechselnden Schatten der ziehenden Wolken lag, bekrönt von den weissen Türmen des Sacré-Coeur.

Sie machten sich gegenseitig auf die einzelnen Stadtteile aufmerksam, die man von hier aus bemerken konnte, stritten sich ein wenig herum über die Türme, natürlich war dies das Trocadéro und dort hinten, das musste die Sainte Chapelle sein, suchten den Windungen des Flusses zu folgen, die Lage der Hügel zu bestimmen, die nach Norden hin das Häusergewirr abschlossen. Plötzlich wurden im Wolkenschatten die Türme von Sacre Coeur ganz schwarz. Das sah traurig aus.

›Da liegt nun die Stadt‹, sagte Hans Remagen bedrückt. ›Jedes Eckchen kennen wir drin und jeden Turm. Aber fremd bleiben wir doch.‹« (Kapitel XXIX)

Dem Mythos der ›schwarzen Stadt‹[28] steht der Mythos der hellen Stadt am Anfang des Romans gegenüber. Als Urszene schreibt das Eingangspanorama auf Köln Verlauf und Inhalt aller späteren Mythisierungsvorgänge vor:

»›Hast du die Fahne gesehen?‹ rief Peter Krimmer seiner Freundin Ulla zu, die über die sonnige Rheinbrücke im schnellen Märzwind ihm entgegengeweht kam. (...) ›Welche Fahne?‹ rief Ulla zurück und stand auch schon dicht vor Peter (...). ›Na, auf dem Rathaus natürlich. Wusstest du es nicht?‹ und zog sie an die Brückenrampe. Da stand zwischen den (...) Giebeln der alten Stadt, neben den schlank ragenden Domtürmen und dem fünfspitzigen St. Martin der breite, selbstbewußte Rathausturm. Und mitten aus seinem reichen, spätgotischen Zierwerk wehte eine blutrote Hakenkreuzfahne eitel gebläht gegen den zartblauen, bitterlich kalten Märzhimmel.

Ulla starrte hinüber. ›Unser schönes Rathaus‹, sagte sie bedauernd, ›unser schöner, schöner Turm! (...)‹ ihre Stimme brach ab; plötzlich liefen helle Tränen über ihr sonst so beherrschtes Gesicht.« (Kapitel I)

Der Blick von außen nimmt die Stadt als geschlossene Einheit wahr: der Rhein markiert die Grenze, Brücken und Tore bezeichnen die Schwellen des Stadtraums; Kirchtürme und Rathausspitze stellen die vertikale Verbindung zum Himmel her. Das Panorama entwirft ein zentriertes, horizontal und vertikal vom übrigen Raum abgehobenes Bild der Stadt, wie es dem ›heiligen Raum‹ des Mythos zugrundeliegt.[29] Sein säkularisierter Inhalt ist die Heimat. Die Zerstörung dieses Mythos bildet den Ausgangspunkt des Romans. An seinem Ende steht kein erneuerter Mythos der Stadt, sondern die Flucht auf das Land als neuer Heimat. Im Mythos des ›großen Hauses‹ nimmt diese Heimat regressive Gestalt an. Auf die Herausforderung durch das Exil in der großen Stadt antwortet der Roman mit dem Abschied von der Stadt. Was der Autorin als »Fortschritt von einem verlassenen Standort her«[30] erschienen sein mag, ist historisch und ästhetisch ein Rückweg.

V

Was der Roman und seine Figuren suchen, ist Heimat. Die verlorene und die wiedergewonnene Heimat stehen nicht zufällig am Beginn und am Schluß des Romans. Heimat ist die Voraussetzung dafür, daß Menschen Identität gewinnen können. Geht die Heimat, wie im Exil, verloren, kann sie als Bild zur »Projektionsfläche regressiver Triebentladungen« werden. Waldenfels beschreibt diesen Vorgang so: »Die entleerte Gegenwart der Zweiten Heimat wird mit der Ersten Heimat kurzgeschlossen: die Urheimat kehrt wieder als Sphäre der *Geborgenheit* mit den Attributen des Urwüchsigen, Natürlichen, Einfachen, Abgeschlossenen, umgeben von einer Aura des Religiösen: Heimat als heiliger Boden. (...) Politisch gesprochen bedeutet dies den Rückgang auf die *vorpolitische* Sphäre des Oikos (...). Der heimische *Mikrokosmos* wird zum Ersatz für den verlorengegangenen Kosmos im Großen.«[31]

Das ist ein sehr genauer Kommentar des Rückzugs ins patriarchalische Hauswesen, wie er am Schluß des Romans beschrieben wird. Waldenfels vergleicht die regressive Identitäts- und Heimatsuche mit Vorgängen, wie sie aus der sakralen Mythologie bekannt sind: wie sich der Mythos im profanen Raum durch Ausgrenzungen einen homogenen, geheiligten Raum schafft, so imaginiert der Heimatsuchende ›Heimat als heiligen Boden‹.

Wie sehr das Thema der Heimatsuche im Roman mythologischen Strukturen folgt, läßt sich am Gegenbild der Heimat, dem Bild der Stadt, zeigen: sie bleibt als Fremde aus der heimatlichen Wunschidentität ausgeschlossen. Gleichfalls ausgeschlossen ist damit, was sich dem zentrierten Ordnungsmodell und der hieratischen Ethik des Mythos verweigert: das Spielerische und Sinnliche, das Fremdartige und Marginale, das Zweideutige und Unbestimmbare, wie es sich im urbanen Kosmos artikuliert.[32] Der Ausschluß läßt sich festmachen an Romanpersonen wie Borja und Peter, die zunächst abgewertet, dann marginalisiert und schließlich aus dem Roman ausgeschieden werden. Dasselbe gilt für bestimmte Orte der Stadt: Hotels, Cafés, Märkte und Bars werden als Treffpunkte der Liebe, des Vergnügens, der bürgerlichen Verbrechen an die Peripherie bzw. in die Unterwelt des imaginären Stadtraums abgedrängt. Borjas »windschiefe« Hoteltür führt ins Dunkle, ihre Wohnung gleicht einer Höhle, die afrikanische Bar evoziert mit ihren schwarzen Tänzern und Tänzerinnen mitten in der Stadt den »Urwald« (Kapitel XI, XVII, XXI).

Regressive Erfahrung grenzt aus. Die im Roman ihr zugeordnete Perspektive nimmt die Stadt kartographisch wahr. Der Stadtplan organisiert und regelt in seinen geometrischen Planquadraten und vermittels seiner Alphabete die städtische Erfahrung gleichsam ›von oben‹ und ist darin wieder dem Mythos verwandt.[33] Die Anweisungen, die der Stadtplan gibt, gehorchen der modernen ›Ökonomie der Zeit‹ (Marx); sie verregeln die städtische Erfahrung und ihre räumlich-körperliche Umsetzung, die Flanerie, die ihren Ursprung im aristokratischen Müßiggang hat.[34] Es ist kein Zufall, daß im Roman sich Ulla, die ›weiße Frau‹, eines Stadtplans bedient (Kapitel XV). Auch dort, wo nicht ausdrücklich darauf hingewiesen ist, sind die Durchquerungen der Stadt nach dem Muster des Stadtplans organisiert: zielgerichtet, einem gleichsam außerstädtischen Zweck untergeordnet, schließen die fiktiven Gänge Nebenstraßen, Verweilpausen, Abweichungen aus:

»Sie (d.i. Ulla) hatte aber bald gemerkt, dass man auf (...) Versprechungen nicht allzu sicher bauen durfte und lief weiter umher, immer neue Stellen ausfindig machend, an denen vielleicht etwas zu erreichen war. So lernte sie auf ihren Kreuz- und Querfahrten viele Teile der Stadt kennen, ohne nach Art der Reisenden Sehenswürdigkeiten zu suchen. Trotzdem war es ein seltsames Gefühl, einfach so an Notre-Dame, am Louvre, an schönen alten Häusern und interessanten Strassen im Autobus vorüberzufahren, als ob es sich von selbst verstünde, als ob man diese Dinge längst kennte und nicht mehr nötig habe, sich um sie zu bekümmern. Sie hätte schliesslich wohl zwischen ihren Gängen Zeit gehabt, das Eine oder Andere genauer zu besichtigen, und sie hatte sich das auch eigentlich vorgenommen. Aber unter den jetzigen Umständen fehlte ihr dazu die innere Ruhe.« (Kapitel VIII)

Die »voraussetzungslose« und »unvoreingenommene« Erfahrung der Stadt (Kapitel V) hat gleichwohl ihren Platz im Roman. Doch die Tatsache, daß sie der Figur des Peter Krimmer zugeordnet wird, macht deutlich, daß die Autorin dieser Erfahrung in ihrem Roman keine Chance einräumt. Ihren Ausdruck hat die Erfahrung in der Flanerie als dem Gegenmodell zum ›Stadtplan‹.[35] Dem Blick von oben setzt die Flanerie den Blick von unten entgegen, die zielgerichtete Bewegung in der Zeit löst sie ab durch die ziellose Bewegung außerhalb der Zeit.

Es gibt im Roman Zwischenformen von Flanerie und Plan. Sie verbinden Impression und Beschreibung, Weg und Ziel, Bewegung und Sinn – wie die Beschreibung der Ankunft Peter Krimmers in Paris, eine imaginäre Durchquerung der Stadt, die zugleich als Initiation in die ›heilige Stadt‹ der Bürgerrechte zu lesen ist. (Kapitel IV) An ganz wenigen Stellen tritt die Flanerie in antimythologischer Form als Stadterfahrung von unten auf. Sie steht dann für ein Leben auf der Grenze: »Seine frühere Gewohnheit, in den Strassen der Stadt herumzuschlendern, ziellos und zeitlos, hatte er (d.i. Peter) wieder aufgenommen (...). Der leichte, noch warme Herbstwind, der unter einem zartblauen Himmel wehte, trieb ihn über den lichter gewordenen Boulevard, an den Flussufern entlang. Er konnte endlos an einer Kaimauer, einer Brückenrampe lehnen und der heiter ziehenden Flut nachblicken. Was war aus ihm geworden? Er hatte viel Zeit vertan und, um mit dieser Frau zu leben, hatte er die Lust und Kraft zum Arbeiten, alle Aktivität, ja, alle Phantasie hingegeben. Am Ende war es gut so. Schliesslich gab es, gerade hier in Paris, viele Menschen, die nie anders gelebt, die nie jene nervöse Tatkraft gekannt hatten, in der sich sein früheres Leben abgespielt hatte. Da sassen an den Quais die Bouquinisten vor ihren Kästen, friedlich und abwartend; sie riefen keinen Käufer an, störten niemand, der stundenlang in ihren Vorräten kramte und blätterte, ohne an einen Kauf auch nur zu denken. Sie lasen ein wenig, plauderten hier und da miteinander, blinzelten in die Sonne und schlossen rechtzeitig am Abend ihre Holzkästen ab. Sie waren zufrieden. Peter dachte manchmal, dass es ein ideales Leben sein müsse, so seine Tage an den Quais zu verbringen, die Bücher ein wenig zu ordnen, alle paar Tage einen Käufer zu bedienen und sich um nichts weiter zu kümmern.« (Kapitel XXVI)

Die hier angedeutete Topographie einer zeitlosen Stadt des Alltags und der kleinen Leute, die in der ziellosen Flanerie ihre Konturen gewinnt, bildet den Hintergrund einer Utopie des Müßiggangs. In ihr sind die Bilder der ›bösen Frau‹ und der Stadt versöhnt. Für diesen offenen Heimatbegriff, der sich mit der Erfahrung der Stadt als Ort kultureller Überschneidungen, subjektiver Entgrenzung und sozialer Transformation: als »Zwischen-Raum«[36] verbindet, ist im Schlußszenarium des Romans kein Platz. Die regressive ›Heimwelt‹ der Überlebenden konstituiert sich fern von der ›Fremdwelt‹ Stadt. Der mythische Kosmos, dessen Auflösung zu Anfang des Romans beklagt wurde, ist am Ende mit seiner strikten Trennung von Innen und Außen, Gutem und Bösem, Männlichem und Weiblichem wiederhergestellt. Die neue Heimat, die den Exilierten hier im eigentlichen Sinn des Wortes zugeschrieben wird, ist das Ergebnis eines psychischen und ideologischen Ausgrenzungsvorgangs, der seine ästhetische Form nicht zufällig im Trivialen findet.

---

1 Jimmy Ernst: *Nicht gerade ein Stilleben. Erinnerungen an meinen Vater Max Ernst*. Köln 1985 (hier und im folgenden nach der Taschenbuchausgabe 1988). — 2 *Max Ernst. Mit Selbstzeugnissen und Bilddokumenten dargestellt von Lothar Fischer*. Reinbek b. Hamburg 1987, S. 46. — 3 Vgl. die vollständige Liste der Veröffentlichungen im Anhang S. 105. — 4 Dazu und zum folgenden Jimmy Ernst, a.a.O., S. 331 f., 419 f. — 5 Zu *Pariser Tageblatt / Pariser Tageszeitung* vgl. Walter F. Peterson: *The Berlin Liberal Press in Exile. A History of the Pariser Tageblatt – Pariser Tageszeitung 1933–1940*. Tübingen 1987; Hélène Roussel / Lutz Winckler: »Pariser Tageblatt / Pariser Tageszeitung: Gescheitertes Projekt oder Experiment publizistischer Akkulturation?« In: *Exilforschung. Ein internationales Jahrbuch*. Bd. 7. 1989, S. 119–135. – Hélène Roussel: »Die Fortsetzungsromane und -erzählungen im Zeitungsraum von Pariser Tageblatt und Pariser Tageszeitung«. In: H. Roussel / L. Winckler (Hg.): *Pariser Tageblatt / Pariser Tageszeitung, Konzepte und Praxis der Tageszeitung der deutschen Emigranten in Frankreich*. Universitätsdruckerei Bremen 1989, S. 339–365. — 6 Die Bezeichnung ›tableau‹ wird hier bewußt gewählt, weil sozialkritische Absicht und Form der städtischen Dar-

stellung in ihrer Verbindung von fiktionalen und dokumentarischen Mitteln, von Essay, Reportage, Porträt und szenischer Gestaltung an die ursprüngliche Funktion des Tableaus bei Mercier erinnert. Zur Geschichte des Genres vgl. Karlheinz Stierle: »Baudelaires ›Tableaux Parisiens‹ und die Tradition des ›Tableau de Paris‹«. In: Poetica (1974), H. 3, S. 285–322. Karlheinrich Biermann: *Literarisch-politische Avantgarde in Frankreich 1830–1870*. Stuttgart, Berlin, Köln, Mainz 1982, S. 120–131, nennt als Gegenstände des Tableaus bei Mercier: soziale Typen und Gruppen der Stadt, Stadtviertel, Institutionen und Sitten (S. 122). Vgl. auch den knappen Überblick bei Eckhardt Köhn: *Straßenrausch. Flanerie und kleine Form. Versuch zur Literaturgeschichte des Flaneurs bis 1933*. Berlin 1989, S. 17–25; zu den Trivialisierungstendenzen im 2. Drittel des 19. Jahrhunderts S. 47 ff. — 7 Jimmy Ernst: *Nicht gerade ein Stilleben*, a.a.O., S. 41. — 8 Klaus Theweleit: *Männerphantasien*. Bd. 1. Frankfurt/M. 1977, S. 142: »Die weiße Krankenschwester verkörpert (...) historisch den Verzicht der bürgerlichen Frau auf ihren weiblichen Körper. Sie ist toter Körper, ohne Ansprüche, ohne Sexualität (...).« Im Bild der ›roten Krankenschwester‹ formieren sich hingegen die Ängste vor der sinnlichen, aggressiven Frau (ebd., S. 87). Die Literatur erweist sich als eine von vielen Formen, die es den Frauen gestattet, in die ›Männerphantasien‹ zu schlüpfen. — 9 Einen guten Überblick über die Rolle Frankreichs für die deutsche Emigration geben die beiden von Gilbert Badia herausgegebenen Sammelbände: *Les barbelés de l'exil*. Grenoble 1979 und *Les bannis de Hitler*. Paris 1984 sowie der von Dieter Schiller u.a. verfaßte Band *Exil in Frankreich*. (Kunst und Literatur im antifaschistischen Exil 1933–1945. Bd. 7). Frankfurt/M. 1981 für die kulturellen Aktivitäten. — 10 Ursula Langkau-Alex: *Volksfront für Deutschland?* Bd. 1: *Vorgeschichte und Gründung des ›Ausschusses zur Vorbereitung einer deutschen Volksfront‹, 1933 bis 1936*. Frankfurt/M. 1977, S. 42. — 11 Vgl. dazu David H. Weinberg: *Les Juifs à Paris de 1933 à 1939*. Paris 1974, insbes. S. 15–36 über die demographische und beruflich-soziale Struktur der jüdischen Pariser Bevölkerung in den dreißiger Jahren. — 12 Da eine Gesamtstatistik fehlt, sind wir auf Angaben unterschiedlicher Organisationen angewiesen. Das Jewish Refugee Committee, London, nennt 1934, bei einer Gesamtzahl von 2500 Emigranten in England einen Anteil von 50% für Kaufleute und Gewerbetreibende und von 30% für freie Berufe, Künstler und Studenten (PTB 40, 20.1.1934). Eine Statistik des sozialdemokratischen Matteotti-Komitees in Paris kam, ebenfalls Anfang 1934, zu folgenden Anteilen für die Pariser Emigration: 37% Arbeiter, 26% Kaufleute und Gewerbetreibende, 17% freie Berufe (darunter: 8% Schriftsteller und Journalisten, 3% Ärzte und Zahnärzte, 3% Juristen, 3% Musiker, Maler und Bildhauer), 3 % Beamte und 6% Lehrlinge und Studenten – alle Zahlen bezogen auf 89% Anteil männlicher Emigranten (PTB No. 50, 30.1.1934; U. Langkau-Alex: *Volksfront für Deutschland?*, a.a.O., S. 44 f.) — 13 Vgl. dazu den Beitrag von Hélène Roussel: »Editeurs et publications des émigrés allemands (1933–1939)«. In: G. Badia u.a.: *Les barbelés de l'exil*, a.a.O., S. 357–417. — 14 Dazu neben U. Langkau-Alex: *Volksfront für Deutschland?* die Arbeit von Albrecht Betz: *Exil und Engagement. Deutsche Schriftsteller im Frankreich der Dreißiger Jahre*. München 1986. — 15 Vgl. Gilbert Badia: »Le Comité Thaelmann«. In: G.B. u.a. (Hg.): *Les bannis de Hitler*, a.a.O., S. 199–259. — 16 Vgl. die Beiträge von Dieter Schiller: »Der Pariser Schutzverband deutscher Schriftsteller (Société allemande des gens de lettre, siège Paris). Eine antifaschistische Kulturorganisation im Exil«. In: *Exilforschung. Ein internationales Jahrbuch*. Bd. 6. 1988, S. 174–190; ders.: »Die deutsche Freiheitsbibliothek in Paris«. In: *Exilforschung. Ein internationales Jahrbuch*. Bd. 8, 1990, S. 203–219; und von Hélène Roussel: »Les peintres allemands émigrés en France et l'Union des artistes libres« sowie »L'Université allemande libre (fin 1935–1939)«. In: G. Badia u.a. (Hg.): *Les bannis de Hitler*, a.a.O., S. 287–326, 327–356. — 17 Eine Skizze der politischen und kulturellen Topographie der deutschen Emigration in Paris hat Rita Thalmann vorgelegt: »Topographie de l'émigration du IIIe Reich à Paris«. In: *Le Paris des étrangers*, sous la direction de André Kaspi et Antoine Marès. Paris 1989, S. 91–103. — 18 Zur teilweise autobiographischen Darstellung der deutschen Emigrantenszene in Paris vgl. neben Klaus Manns *Vulkan* vor allem auch Hans Sahl: *Die Wenigen und die Vielen*. Roman einer Zeit. Frankfurt/M. 1959 (Neuausgabe 1977) und Fred Uhlman: *Il fait beau à Paris aujourd'hui* (1960). Paris 1987. — 19 Lion Feuchtwanger: *Exil*. Berlin u. Weimar 1974 (Ges. Werke in Einzelausgaben. Bd. 12), S. 121–126. — 20 Dazu Jean-Baptiste Joly: »L'aide aux émigrés juifs: le Comité national de secours«. In: G. Badia u.a. (Hg.): *Les bannis de Hitler*, a.a.O., S. 37–64. Das im PTB genannte Comité allemand ist die deutsche Nachfolgeorganisation des Ende 1934 aufgelösten Comité national de secours, das unmittelbar nach 1933 die Hauptlast der materiellen Unterstützung trug. — 21 Dazu Gabriele Kreis: *Frauen im Exil. Dichtung und Wirklichkeit.* Darmstadt 1988, S. 81 ff. — 22 Das Modell teilt die Ambivalenz der Utopien der deutschen Lebensreformbewegung, aus der es vermutlich stammt und deren Anhänger dem anonymen Leben in der Großstadt das »Ideal der überschaubaren Lebenskreise und -gemeinschaften, der entindividualisierten und entstädterten Idylle« auf dem Land entgegensetzten (Klaus Bergmann: *Agrarromantik und Großstadtfeindschaft.* Meisenheim am Glan 1970, S. 161). Bergmann weist durchgängig die widersprüchliche Verbindung von sozialreformerischen Ideen mit »konservativen Leitbildern« wie der Idee der »Volksgemeinschaft« auf dem Boden agrarisch-handwerklicher Lebensordnungen nach (vgl. insbes. S. 150 ff. für die Gartenstadt- und Lebensreformbewegung). Louise Straus-Ernsts späterer Anschluß an Jean Giono und seinen Contadour-Kreis könnte ein Indiz sein für ihre Nähe zu diesen Vorstellungen. — 23 Dazu Hans-Jörg Neuschäfer / Dorothee Fritz-El Ahmad / Klaus-Peter Walter: *Der französische Feuilletonroman. Die Entstehung der Serienliteratur im Medium der Tageszeitung.* Darmstadt 1986. H.J. Neuschäfer verweist in der Einleitung auf den Widerspruch von traditioneller Rollenbewahrung und deren subversiver Aufhebung als einem der ästhetischen Grundgesetze des Feuilletonromans (S. 13 ff.). — 24 Vgl. dazu meinen Aufsatz: »Zum Paris-Mythos der deutschen Emigration. Texte aus dem Pariser Tageblatt und der Pariser Tageszeitung.« Erscheint in: Festschrift Erwin Rotermund (1994). — 25 Klaus Bergmann: *Agrarromantik und Großstadtfeindschaft,* a.a.O., S. 38 ff. sieht in Heinrich Wilhelm Riehl den theoretischen Begründer der zivilisationskritischen Großstadtfeindschaft. Seine Ideen werden um die Jahrhundertwende politisch in der Heimatschutzbewegung, ästhetisch in der Heimatkunstbewegung aufgenommen (S. 85 ff.). Ihr Einfluß reicht bis zu Oswald Spengler (S. 179 ff.) und, in modifizierter Form, in die ›Blut und Boden‹-Ideologie des Nationalsozialismus (S. 277 ff.). — 26 Friedrich Sengle: »Wunschbild Land und Schreckbild Stadt. Zu einem zentralen Thema der neueren deutschen Literatur«. In: Studium generale, (1963), H. 10, S. 619–631. — 27 Dazu Sigrid Weigel: *Topographien der Geschlechter. Kulturgeschichtliche Studien zur Literatur.* Reinbek b. Hamburg 1990, insbes. das Kapitel »Wildnis und Stadt«, S. 115–231. »In der weiblichen Personifikation von Territorien und Städten wiederholt sich eine in den Gründungsmythen schon vorhandene Struktur, daß nämlich der gesellschaftliche Vorgang der Bewältigung der als doppelgestaltig gewerteten Natur im Imaginären sich am Bild der Frau vollzieht und dabei gespaltene Frauenbilder produziert. Die unbegrenzte, unbewältigte Natur wird dann mit dem wilden Anteil des Weiblichen, das begrenzte, zivilisierte Territorium – zum Beispiel die Stadt - mit seinem domestizierten Anteil verglichen« (S. 173). Diese strikte Trennung von außen und innen wird im Großstadtroman des 19. Jahrhunderts zunehmend aufgehoben, der »wilde Anteil (kehrt) wieder ins Innere der Stadt zurück« (ebd.). In dieser Tradition steht der Roman, und er geht zugleich über sie hinaus, indem das ›zivilisierte Territorium‹ aus der Stadt heraus, auf das Land, verlegt wird. — 28 Der Mythos der ›schwarzen Stadt‹ ist, wie Klaus Bergmann (*Agrarromantik und Großstadtfeindschaft,* a.a.O., S. 112) gezeigt hat, ein Topos der Heimatkunstbewegung. — 29 Mircea Eliade: *Das Heilige und das Profane. Vom Wesen des Religiösen.* Hamburg 1957, S. 13 ff. zur Struktur des ›heiligen Raums‹ des Mythos. — 30 Ernst Bloch: *Das Prinzip Hoffnung.* Bd. I. Frankfurt/M. 1959, S. 717. — 31 Bernhard Waldenfels: *In den Netzen der Lebenswelt.* Frankfurt/M. 1985, S. 194–211, hier S. 205. — 32 Dazu ders.: *Der Stachel des Fremden.* Frankfurt/M. 1990, S. 243–261. — 33 Michel de Certeau: *Arts de faire.* t.1. Paris 1980, S. 175–227, zu den strukturellen Wahrnehmungs- und Erfahrungsformen der Stadt; zur kartographischen ›Erzählung‹ des Raums insbes. S. 205 ff. De Certeau stellt den ›ville concepts‹ als theoretischen Erfahrungsmodellen, etwa in den klassischen Stadtutopien, die ›pratiques urbaines‹ als räumlich-konkrete Erfahrungsweisen ›von unten‹ gegenüber. Ich lege seine ›rhétorique de la marche‹ (S. 193 ff.) meiner Beschreibung der Flanerie als Erfahrung ›von unten‹ zugrunde. — 34 Eckhardt Köhn: *Straßenrausch,* a.a.O., S. 29. — 35 Vgl. dazu Anm. 33. Pierre Sansot: *Poètique de la ville.* Paris 1988, beschreibt im ›homme traqué‹ (S. 123–137) die diesem Begriff der Flanerie nahekommende Gestalt des Flaneurs als modernen städtischen Außenseiter. — 36 Bernhard Waldenfels: *In den Netzen der Lebenswelt,* a.a.O., S. 207.

Veröffentlichungen von Louise Straus-Ernst im *Pariser Tageblatt* / *Pariser Tageszeitung*:

1. Louise Straus-Ernst
Baby in der Revue. Variété für das Volk. PTB 466, 23.3.1935.
Le Corbusier. Besuch bei dem grossen Architekten. PTB 526, 22.5.1935.
In 5 Minuten zurück. PTZ 716, 19./20.6.1938.
Skandal um ein Skelett. PTZ 847, 20./21.11.1938.

2. Lou Ernst
Zauberkreis Paris. PTB 384–421, 31.12.1934 – 6.2.1935.

3. Louise Amelie
Auch die Frau muss sich umstellen. Neues Schicksal und neue Berufe. PTB 7, 18.12.1933.

4. L.A.
Was der Frau im dritten Reich verboten ist. Ein Wesen zweiter Klasse. PTB 91, 13.3.1934.
Zelle 12. PTB 96, 18.3.1934.
Sind Hebammen Doppelverdiener? PTB 120, 11.4.1934.
Hausangestellte im dritten Reich. Politik bei Kaffee und Kuchen. PTB 121, 12.4.1934.
Tatjana Barbakoff tanzt. PTB 150, 11.5.1934.
Der Schrecken der indischen Wälder. Auf dem Pariser Jahrmarkt. PTB 154, 15.5.1934.
Weibliche Jugend in Frankreich. Nicht so politisch wie in anderen Ländern. PTB 204, 4.7.1934.
Deutsche Schreibmaschinen. PTB 233, 2.8.1934.
Kleiner Bummel mit meinem Briefträger. Gesprächsstoff: Gotik, Antike und prähistorische Kunstdenkmäler. PTB 251, 20.8.1934.
Schubert in der Metro. Ein Pariser Erlebnis. PTB 307, 15.10.1934.
Quadrille 1934. Pariser Erlebnis. PTB 370, 17.12.1934.

5. Ulla Bertram
Musik im Taxi. PTB 607, 11.8.1935.
Heimkehr ins Quartier Latin. Wieder zu Hause... PTB 678, 21.10.1935.
Erste Liebe mit Verspätung. PTB 887, 17.5.1936.
Wallfahrt nach Tinos. PTZ 73, 23.8.1936.
Nacht auf Kos. Erzählung. PTZ 177, 5.12.1936.
Gaby wünscht sich eine Boa. PTZ 241, 7.2.1937.
Die Menschenfresserin. PTZ 311, 18.4.1937.
Fahrt in eine fremde Welt. PTZ 470, 26.9.1937.
Ein Frauenbuch auch für Männer. PTZ 524, 19.11.1937.
Die Frau in Sowjet-Asien. Wo der Schleier fällt. PTZ 545, 10.12.1937.
Adrienne Thomas ›Victoria‹. PTZ 552, 17.12.1937.
Ausflug in die Bohème. PTZ 671–676, 27.4.1938 – 4.5.1938.

Eva-Maria Siegel

Zeitgeschichte, Alltag, Kolportage oder Über den »Bourgeois in des Menschen Seele«
Zum Exilwerk Hermynia Zur Mühlens

I

Für das Leben und Arbeiten Hermynia Zur Mühlens in der Emigration war es von nicht zu überschätzender Bedeutung, daß sie bereits lange vor 1933 als eine der Integrationsfiguren zwischen der Arbeiterbewegung und der bürgerlichen Kultur galt, deren Verbindung durch die Nationalsozialisten für immer zerstört worden war. Ihr Name, auch noch in der Emigrationszeit mit Achtung genannt, wird heute in Untersuchungen zum österreichischen, tschechoslowakischen oder britischen Exil gelegentlich noch in Aufzählungen angeführt und ist nahezu völlig vergessen.[1] »Die kultivierte, geistreiche Gräfin voller Charme und Lebenslust begann ihr turbulentes Leben damit, daß sie einen baltischen Baron ehelichte, der ihr versprach, mit Hilfe ihrer beträchtlichen Mitgift seinen Landsitz in ein Tolstoisches Paradies zu verwandeln. Als ich sie kennenlernte, lebte sie allerdings mit einem nicht gerade erfolgreichen jüdischen Literaten, viele Jahre jünger als sie, in einer schäbigen Pension. Sie war ein zerbrechliches Geschöpf und hielt sich durch Übersetzungsarbeiten über Wasser, manchmal schrieb sie auch Geschichtchen für den kommunistischen Nachwuchs. Drei Hunde waren ihr von ihrem ehemaligen Luxus noch geblieben – auf sie konnte die einstmals verwöhnte Dame nicht verzichten, und sie fügten ihrem ohnehin harten Alltag noch weitere Komplikationen hinzu.«[2] So die Perspektive Rosa Meyer-Levinés, der Witwe des Führers der bayrischen Räterepublik, Eugen Leviné, und damals Frau Ernst Mayers, des Chefs der ›Versöhnler‹-Fraktion innerhalb der KPD in den zwanziger Jahren. Eine der wenigen »hochangesehenen Persönlichkeiten«[3] sei sie gewesen, die der Partei angehört hatten, neben Karl August Wittfogel, dem China-Experten und späteren Sprachforscher, neben Felix Weil, dem Millionär, der einen Teil seines Geldes als Anfangskapital für den Malik-Verlag zur Verfügung gestellt hatte, und Richard Sorge, der später als ›Meisterspion‹ zu Weltruhm gelangen sollte. Die Basis dieser kleinen prominenten Frankfurter Gruppe, zu der zumindest zeitweise auch Theodor W. Adorno gehört hat, bildete »Weils Herzenswunsch, eine Einrichtung in der Art des Moskauer Marx-Engels-Institutes zu schaffen – ausgerüstet mit einem Stab von Professoren und Studenten, mit Bibliotheken und Archiven –, die er eines Tages einem siegreichen deutschen Rätestaat zu stiften hoffte.«[4] In dem autobiographisch-verschlüsselten Roman *Das Riesenrad*[5] rechnet Zur Mühlen noch die Schriftsteller Ernst Glaeser und Wolfgang Weyrauch sowie den Journalisten Werner Thormann hinzu. Dieser Kreis war so etwas wie die Wahlheimat der Autorin, bevor sie am Tag des ersten Judenboykotts, am 1.4.1933, Frankfurt am Main in Richtung ihres Geburtsortes Wien verließ. Diese Rückkehr bildete den Ausgangspunkt einer langen Reise, die sie durch drei Emigrations- und noch mehr Transitländer führen sollte – bis in den kleinen Ort Radlett in der englischen Grafschaft Hertfordshire in der Nähe von London, wo sie am 20.3.1951 starb.[6]

Würdigungen im britischen Exil stellten sie in eine Tradition mit Marie von Ebner-Eschenbach und Bertha von Suttner. So verführerisch diese Vergleiche sind – die Realistik des sozialen Interieurs, wie sie die Erzählungen Ebner-Eschenbachs auszeichnete, war nie so ganz ihre Sache, und die Wirkungskraft der furiosen Kriegsanklage jener berühmten pazifistischen Autorin hat sie nie erreicht. Gerne und oft wurde zu ihren Geburtstagen, die der tschechoslowakische wie der österreichische PEN mit vielen Würdigungen feierten, und anläßlich ihres Todes ihr Antwortbrief an ihren reichsdeutschen Verleger Engelhorns Nachf. zitiert, der sie 1934 gedrängt hatte, ihre Mitarbeit an den Emigrantenblättern doch bitte einzustellen, wenn sie in Deutschland weiterhin veröffentlichen wolle. Häufig ist dabei mit Trauer und Bitterkeit auf die moralische Lauterkeit und die Verve verwiesen worden, mit der sie – im Gegensatz zu Thomas Mann und René Schickele, Alfred Döblin und Stefan Zweig – diese Zumutung empört zurückgewiesen hatte:

»Zu meinem Bedauern komme ich erst heute dazu, ihren Brief vom 19.d.M. zu beantworten, aber nicht etwa deshalb, weil ich mir betreffs meiner Antwort unschlüssig gewesen wäre, sondern weil mich eine schwere Erkrankung an einer sofortigen Beantwortung gehindert hat. Da ich ihre Ansicht, das Dritte Reich sei mit Deutschland, und die ›Führer‹ des Dritten Reiches seien mit dem deutschen Volke identisch, nicht teile, kann ich es weder mit meiner Überzeugung, noch mit meinem Reinlichkeitsgefühl vereinbaren, dem unwürdigen Beispiel der von Ihnen angeführten vier Herren zu folgen, denen scheinbar mehr daran liegt, in den Zeitungen des Dritten Reiches, in dem sie nicht leben wollen, gedruckt und von den Buchhändlern des Dritten Reiches verkauft zu werden, als treu zu ihrer Vergangenheit und ihren Überzeugungen zu stehen. Ich ziehe dieser ›besten Gesellschaft‹ die Solidarität mit jenen vor, die im Dritten Reich um ihrer Überzeugung willen verfolgt, in Konzentrationslager gesperrt oder ›auf der Flucht erschossen‹ werden. Man kann Deutschland und dem deutschen Volk keinen besseren Dienst erweisen, als das Dritte Reich, dieses zur Wirklichkeit gewordene Greuelmärchen, zu bekämpfen und daher kann dieser Kampf logischerweise von niemand (!), der mit dem deutschen Volk und deutscher Kultur wirklich verbunden ist, als deutschfeindlich bezeichnet werden. – Was aber den Vorwurf des Landesverrats betrifft, wenn wir schon dieses pathetische Wort gebrauchen wollen, so würde ich als Österreicherin, nach dem Verhalten des Dritten Reiches Österreich gegenüber, dann Landesverrat begehen, wenn ich mit meinen bescheidenen Kräften das Dritte Reich nicht bekämpfen würde. Ich bitte Sie, diesen Brief an die Schriftleitung des Börsenblatts und an die Reichsstelle zur Förderung des deutschen Schrifttums weiterzuleiten.«[7]

Hermynia Zur Mühlens literarische Bedeutung liegt jedoch weder in der Fortsetzung einer Tradition eines wie auch immer gearteten ›weiblichen Schreibens‹ noch auf der Ebene moralischer Integrität angesichts einer Epoche, in der nahezu alle Orientierungen durch jähe, als irrational erfahrene politische Umbrüche und inszenierte Prozesse verlorengingen. Eher ist sie in einer nicht leicht zu fassenden, historisch immer wieder spezifischen Zusammensetzung ihres Lesepublikums und seiner Lektüreweisen zu suchen, und damit zusammenhängend in einer geschickten Ausfüllung bestimmter ›Schreibrollen‹, in denen sie auf das sich verändernde Verhältnis der weiblichen ›Normalbiographie‹ zu den zeitgeschichtlichen Abläufen, Ereignissen und Katastrophen reagiert hat. Ihren Platz in jener noch kaum erhellten Literaturgeschichte, die von Frauen des 20. Jahrhunderts geschrieben worden ist, verdankt sie nicht zuletzt auch der Tatsache, daß sie in Österreich wie im tschechoslowakischen und britischen Exil ein literarisches Werk geschaffen hat, das – um den österreichischen Publizisten Karl Markus Gauß zu zitieren – »in seinen besten Teilen eine unverwechselbare, gänzlich eigenständige Welt wie mit leichter Hand zum Klingen bringt.«[8]

II

Geboren am 12.12.1883 als Hermine Isabella Gräfin Folliot de Crenneville-Poutet, Tochter eines in Böhmen eingesessenen, aus altem französischem Geschlecht stammenden Diplomaten, gehörte sie eigentlich der Generation der frühen expressionistischen Literaten an. Als sie zu schreiben begann, war sie fast vierzig Jahre alt. Aufgewachsen in Gmunden am Traunsee und sehr weltläufig erzogen – ihr Vater nahm sie auf zahlreiche Reisen in europäische, asiatische und afrikanische Länder mit –, verbrachte sie bereits einen Teil ihrer ersten Lebensjahrzehnte als Emigrantin, als »Russin«[9] in Österreich und in Davos in der Schweiz. Dort machte sie ihrer Ehe mit dem baltischen Baron Victor von zur Mühlen unter Zurücklassung der Mitgift ein Ende und sagte sich für immer vom Adel der Geburt los. Ausgangspunkt ihrer lebenslangen Übersetzungsarbeit aus vier europäischen Sprachen bildete die deutsche Übertragung eines damals berühmt gewordenen Buches von Leonid Andrejew, eines russischen Pazifisten. 1919 nach Ausbruch der Novemberrevolution ging sie nach Deutschland. Sie publizierte fortan unter dem Schriftstellernamen Hermynia Zur Mühlen, benutzte aber auch mehrere Pseudonyme: Lawrence H. Desberry, ein männlicher Deckname, unter dem sie einige Kriminalromane schrieb[10], Traugott Lehmann, Maria Berg und Franziska Maria Rautenberg sind bisher erschlossen. Die beiden zuletzt genannten benutzte sie vor allem in der Emigration bei einigen ihrer zahlreichen kleinen in der Exilpresse veröffentlichten Geschichten. Am 1.4.1933 hatte sie Deutschland verlassen; am 14.3.1938, einen Tag, nachdem in Linz das »Wiedervereinigungs-Gesetz« erlassen worden war, und noch bevor sich Hitler auf dem Heldenplatz in Wien als erster großdeutscher Führer feiern ließ, kehrte sie Österreich den Rücken in Richtung Tschechoslowakei. Dort wohnte sie vor allem in Bratislava und Bad Piéstany bis zum 29.5.1939.[11] Wie ihre Lebens- und Arbeitsverhältnisse in dieser Zeit aussahen, geht aus einem Brief Eduard Heimanns, später Professor an der New School for Social Research in New York, hervor, der sich an die American Guild for German Cultural Freedom zu schreiben genötigt sah, sie sei »very ill« und »half starving«[12]. Auch ihre eigenen bescheidenen und sehr persönlich gehaltenen Bittbriefe an Hubertus Prinz zu Löwenstein – beide hatten ihre Kindheit in Gmunden verlebt – sprechen in dieser Zeit für sich.[13] Mit Unterstützung des Czech Refugee Trust Fund erreichte sie am 19.6.1939 als Hermynia Zur Mühlen-Klein unter der Nummer 2631a Großbritannien – auf einem Umweg über Ungarn, Jugoslawien, Italien, die Schweiz und Frankreich, nachdem sie vergeblich versucht hatte, in die USA zu entkommen.[14] In Großbritannien mit über sechzig Jahren noch interniert, während der Bombenangriffe aus London evakuiert, ist sie in Radlett als Hermynia I. Kleinowa begraben worden, was dazu geführt hat, daß ihr Grab jahrzehntelang unauffindbar blieb.[15]

III

Revolutionäres Pathos und christlicher Glaube prägen Themen und Motive ihrer Romane und Erzählungen schon in den Jahren der Weimarer Republik. Es handelt sich jedoch auch in ihren frühesten Texten nicht lediglich um autobiographisch inspirierte Leitmotive, wie sie in der tiefen Verachtung des bürgerlichen Erwerbslebens und seines Fetisches, des Geldes, zum Ausdruck kommen. Eher geht es ihr im Kern um den inneren Zwiespalt des Menschen zwischen ›Besitzstandwahrung‹ und erhabener Leidenschaftlichkeit, zwischen dem Wunsch nach Sicherheit wie der Unmöglichkeit, darin zu verharren. So schreibt sie 1919 in einem kleinen, in der Zeitschrift *Die Erde* erschienenen Aufsatz mit dem programmatischen Titel *Tod dem Bourgeois*: »Unter dem Mantel menschlicher Schwächen verbirgt sich der gefährliche Feind: irgendein kleines Vorurteil, vom Elternhaus übernommen, eine ästhetische

Scheu, körperliche Trägheit, der Hang zum körperlichen Wohlleben dienen ihm als Schlupfwinkel. Diese Schwächen sind es, die zu Kompromissen verleiten, und bei jedem Kompromiß erstarkt der Bourgeois in des Menschen Seele (...), bis sich ein Band gebildet hat, das nur höchste Energie wieder zerreißen kann.«[16]

Das zeittypisch Martialische des Titels und die verbale Asketik des kleinen Textes, der hier nur als Beispiel für die frühesten Anfänge des Schreibens von Hermynia Zur Mühlen stehen soll, münden schließlich aber auch in die Frage: »Wie sollen wir etwas zu bekämpfen vermögen, dem wir selbst angehören, etwas erbarmungslos auszurotten vermögen, dem wir heimlich verwandt sind?«[17] Das radikal-sozialistische und individual-anarchistische Pathos der Diktion zeigt sich im übrigen nicht nur vom Erfahrungshintergrund dieser Autorin geprägt, sondern es dominiert in frappierender Weise Stil und Themen nahezu des gesamten Autorenkreises dieser Zeitschrift von Franz Csokor über Raoul Hausmann bis zu Johannes R. Becher und Ivan Goll.[18]

Die schroffe Gegenüberstellung von Reichtum und menschlicher Würde, mit der nach Überzeugung Zur Mühlens das ›Aufgehen in einem Ideal‹ stets untrennbar verbunden ist, findet sich in den frühen proletarischen Märchen[19] ebenso wie in ihren »Propaganda-Erzählungen«[20], wie sie sie später in einer Selbstanzeige nennt. So greift, um nur ein Beispiel zu nennen, die Erzählung *Lina* aus dem Jahre 1926 in diesem Sinne eine soziale Problematik auf, für die sich erst seit einigen Jahren die historische Frauenforschung zu interessieren beginnt, nämlich die bedrückenden persönlichen Abhängigkeitsverhältnisse von weiblichen Dienstboten bis in das hohe Alter hinein.[21] Für diese Textsorte ist übrigens der Hinweis auf den Vertriebsmodus der Kolportage unabdingbar, der durchaus auch textkonstituierend gewirkt hat: eher einem journalistischen als einem ästhetischen Funktionsverständnis verpflichtet, sind politische Aktualität und funktionelle Wirklichkeitsbezogenheit die Markenzeichen dieser Literatur. Fast alle Erzählungen, Kurzgeschichten oder Novellen dieser Art sind zunächst ›durch die Presse gegangen‹, bevor sie ihre Leserinnen und Leser als Buch oder als Broschüre für dreißig Pfennige erreichten.[22]

Jenes Thema, das sich vielleicht am treffendsten als ›der Kampf gegen den inneren Bürger‹ beschreiben ließe, konstituiert, als Denkfigur wie als Handlungskonflikt, jedoch auch viele von Zur Mühlens später im Exil entstandenen Romanen und Erzählungen. Es prägt die Figur der Gräfin Saldern und – kontradiktorisch dazu angelegt – die der Frau Doktor Feldhüter in *Unsere Töchter, die Nazinen* von 1935, die der ›Marti‹ in *Ein Jahr im Schatten*, ebenfalls 1935 erschienen, und die der Clarisse Herdegen in *Als der Fremde kam* von 1947. Es ist auch das Leitmotiv der ungedruckten Erzählung *Soll und Haben*, die sich in der Korrespondenz der *Pariser Tageszeitung* fand[23]. Diese etwa auf die Jahre 1938/39 zu datierende Geschichte besitzt den etwas nostalgischen sprachlichen Gestus der Erinnerung an eine alte, längst verstorbene Verwandte, die, so die Erzählerin, zwischen materiellen und geistigen Gütern nicht zu unterscheiden vermag. So wird ihr geraten, ein Kontobuch zu führen, damit ihre Geberinnennatur nicht den völligen Ruin der Familie bewirke. Aber mit zunehmendem Alter wird es ihr immer schwerer, die ›Haben‹-Seite zu füllen, denn sie gibt zwar, aber ihr wird nicht gegeben. Ihr Vermögen vergeht. So beginnt sie, sich die Geschichte selbst, die historischen Ereignisse des Ersten Weltkrieges vor allem, zugute zu halten und bucht schließlich den endlich geschlossenen Frieden des Jahres 1919 auf allen Seiten dieses Jahrganges.

Es greift zu kurz, wenn man dies nur als autobiographische Reminiszenz an den eigenen sozialen ›Ausstieg‹ betrachtet. Eher überwiegt gerade in solchen kleinen Texten ein teils verzweifelter, teils ironischer Gestus, der zu fragen scheint, ob sich das Feuer des revolutionären Engagements der frühen Jahre denn tatsächlich auf der ›Haben‹-Seite verbuchen läßt, zumal wenn die Zukunft, wie im Exil des Jahres 1939, dunkel bleibt und einem verschlossenen Raum gleicht. Ihn zu öffnen, ist dem Flüchtling bei Strafe der abermaligen Vertreibung untersagt, auch wenn er aus ihm die Schreie der Gefolterten vernimmt. So berichtet es jedenfalls die Erzählung *Das verbotene Zimmer*, eine moderne Blaubartgeschichte, die ebenfalls in den Akten des *Pariser Tageblattes / Pariser Tageszeitung* aufbewahrt ist.[24]

IV

1933, unmittelbar nach ihrer Emigration aus Deutschland, unterliegt das literarische Selbstverständnis Hermynia Zur Mühlens zumindest diesen Zweifeln noch nicht. Ihr kleiner Roman *Unsere Töchter, die Nazinen*, bereits im April 1933 entstanden, ist eine fast furios zu nennende Anklage des sich gerade etablierenden NS-Staates, ein Aufschrei der Empörung, der es nicht fassen kann, daß dieses Deutschland nicht sofort einer internationalen Blockade unterliegt und seine Bewohner und Bewohnerinnen nicht auf der Stelle zur organisierten Vorbereitung eines antifaschistischen Aufstandes übergehen. Klein beschreibt in einem Brief an Sternfeld die Entstehungs- und Publikationsgeschichte des Romans wie folgt:

»(...) Heute möchte ich Ihnen die (charakteristische) Geschichte des Romans *Unsere Töchter, die Nazinen* berichten – vielleicht können Sie sie – die Geschichte eines ›Anti-Nazi-Romans‹ – verwenden. – Als wir im April 1933 nach Wien kamen, versuchte meine Frau in allen Zeitungen, die dafür in Betracht kamen, Anti-Nazi-Sachen zu placieren und die Leute zu warnen. – Man lachte sie aus und lachte über ihre Warnungen ebenso wie einige Jahre später die Slowaken (›So etwas ist bei uns nicht möglich!‹) – Als ihr der Feuilletonredakteur einer (äußerst kompromißlosen anti-Nazi-) Zeitung sagte, er wolle keine solche Greuelgeschichten, sondern Humoresken, bei denen den Lesern der Bauch wackelt, bekam sie einen Wutanfall, kam nach Hause und schrieb den Roman *Unsere Töchter, die Nazinen* binnen drei Wochen, um dann folgende Erfahrungen zu machen: Der Verlag Allert de Lange (Amsterdam) erklärte sich bereit, den Roman zu veröffentlichen, wenn meine Frau die Arbeiter weniger ›positiv‹ gestalte – das lehnte meine Frau ab; der Malik-Verlag (Wieland Herzfelde), damals Prag, wollte den Roman drucken, wenn meine Frau aus einer im Roman vorkommenden Kommunistin, die dann Nazi wird, eine Sozialdemokratin macht – das lehnte meine Frau ebenfalls ab – der Oprecht-Verlag Zürich wollte den Roman verlegen, wenn sie – die völlig mittellose Schriftstellerin – ihm an Übersetzungshonoraren 800 Schweizer Franken garantiert – das war aus finanziellen Gründen nicht möglich; der Chefredakteur des (sozialdemokratischen) ›Kleinen Blatt‹ (!), Julius Braunthal, nahm den Roman an, um ihn zu billigem Preis in einer Massenauflage herauszubringen – der Februar (1934, d. Vfn.) kam, der Roman konnte nicht herausgebracht werden, das Manuskript verschwand aus der Druckerei der *Arbeiter-Zeitung* – nach der Ermordung von Dollfuss wurde der Roman vom linkskatholischen Gsur-Verlag (Ernst Karl Winter) herausgebracht, aber auf Verlangen von Papen nach ungefähr 2 Wochen beschlagnahmt und es wurde gegen meine Frau ein Verfahren eingeleitet. – Aber da sie trotz ihrer schlechten finanziellen Lage auf ein Honorar verzichtet hatte, damit das Buch zu einem niedrigen Preis verkauft werden könne, wurden ›ideelle Beweggründe‹ anerkannt (so etwas – nämlich, daß man so etwas anerkannt hat! gab es auch einmal) und das Verfahren wurde eingestellt (aber das Buch wurde beschlagnahmt und ›zerstört‹) (...).«[25]

Nicht nur über mancherlei verlegerische Konzepte im Exil bietet diese Passage Aufschluß – die Geschichte des Verbots dieser ja ohnehin lediglich vorgestellten Einflußnahme auf die Zeitenläufe mit literarischen Mitteln, auf die Klein anspielt[26], zeigt auch, daß die im Roman enthaltene »Durchleuchtung des nationalsozialistischen Alltags« offensichtlich konkret und eindringlich genug war, um »auf den Ständestaat angewendet werden«[27] zu können.

Der Roman *Unsere Töchter, die Nazinen* schildert den Sieg des Nationalsozialismus, die Auswirkungen des Antisemitismus und die Formierung von Widerstand am Modellfall einer süddeutschen Kleinstadt. Er ist simultan erzählt: drei Perspektiven bestimmen den Blick auf das Geschehen. Es erzählen drei Mütter – Kati Gruber, eine Arbeiterin, Martha Feldhüter, die Ehefrau eines Arztes, und die Gräfin Agnes Saldern – von ihren Töchtern und den Vorgängen in der Stadt zwischen dem 3. Januar 1933 und dem Sommer des gleichen Jahres. Der Wissens- und Erfahrungshorizont der drei Erzählerinnenfiguren ist jeweils – im Sinne der verschiedenen sozialen ›Mentalitäten‹ – begrenzt, obgleich es zwischen den drei Erzählsträngen vielfältige Überlagerungen und Kommentare des durch andere Figuren berichteten Geschehens gibt. Der durch das personale Erzählen erzeugte Eindruck der Unmittelbarkeit wird dadurch unterstützt, daß die Abfolge der einzelnen Monologe symmetrisch geordnet ist, und innerhalb dieser Anordnung der epische Grundgestus jeweils wechselt. Die drei Erzählperspektiven der Mutterfiguren erscheinen im Roman als drei Segmente des epischen Raumes ›Kleinstadt‹ mit den ihm eigenen Gesetzlichkeiten sowie spezifischen Norm- und Wertvorstellungen seiner Bewohner; das Wissen um den unerwarteten Erfolg der Hitlerpropaganda in den kleinen Städten gehörte gewissermaßen mit zum Emigrantengepäck.[28]

Die atmosphärische Dichte erreicht Zur Mühlen vor allem über zwei spezifische Kunstmittel: Zum einen gewinnt der Gang der Jahreszeiten für die Reflexion der Ereignisse durch die Figuren eine zusätzlich kommentierende Funktion. Es wird demnach durch die Autorin eine gewisse anthropologische Konstante bzw. eine Naturgesetzlichkeit des Geschehens suggeriert, eine Tatsache, die auf der verbalen Ebene durch Aussagen wie die, das »Dritte Reich« sei »ausgebrochen wie ein Naturereignis, es sei ein »Reich des Bösen und der Finsternis, das nur ein Dante zu schildern vermöchte«, ein »Höllenkreis des Eises, in dem alles erfriert und stirbt«[29], unterstützt wird. Zum anderen gewinnt die Schilderung provinzieller Örtlichkeit ihre literarische Kraft aus bestimmten autobiographischen Bezugnahmen.[30]

Die Erzählungen der Mütter vom Eindringen der nationalsozialistischen Ideologie und Lebenspraxis in ihren eigenen Lebensbereich konzentrieren sich notwendigerweise auf das Geschehen im Familienverband, wenngleich für die Töchter die klassische weibliche Rollenzuschreibung als Rückhalt der Familie aufgehoben wird – allerdings nicht ganz ungebrochen und zum Teil mit stark sozialutopischen Zügen. Mit Hilfe dieses erzählerischen Ansatzes konstruiert die Autorin gewissermaßen drei Modelle, und zwar in folgenden Relationen: Die Beziehungen zwischen Müttern und Töchtern konstituieren ein jeweils sozial unterschiedenes Sozialisationsmodell; die Beziehungen zwischen den Frauenfiguren und ihrem jeweiligen politischen Engagement bewegen sich innerhalb der Grenzen eines bestimmten propagandistischen Modells, und die Beziehungen insbesondere der kleinbürgerlichen Figuren und der nationalsozialistischen Bewegung greifen auf ein massenpsychologisches Modell zurück.[31]

Die Entscheidungen der jugendlichen Figuren werden als Entscheidungen der aktivsten Altersschicht auf politischer Ebene verhandelt. Überwiegende Momente zur Steuerung und Ausnutzung der organisierten Begeisterung sind ein massiver Antisemitismus, Arbeitslosigkeit, sexuelle Frustration oder das dem Bürgertum zugeschriebene Streben nach Macht, Besitz und Amüsement. Die Ereignisse in der Stadt haben für die Interaktion der Familienmitglieder unterschiedliche, in jedem Falle aber gravierende Folgen: während zwei Töchterfiguren einen Prozeß der Abstoßung durchlaufen, ist die bürgerliche Tochter von Beginn an in die Lebensstrategie ihrer Eltern eingeplant und hat keinerlei Möglichkeiten, eine eigene Lebenskonzeption zu entwickeln. Als Stigmatisierte einer gleichsam ›erbsündigen‹ Schicht können ›die Bürger‹ gar nicht anders, als ewig auf den Schienen ihres Profitdenkens und ihrer Vorteilssucht dahinzukarren, während sich alle anderen Figuren unter dem Druck der Verhältnisse zu ändern vermögen. Dieses Muster prägt vor allem den Monolog der ›Bürgerin‹ Martha Feldhüter, an deren Fallbeispiel mit satirischen Akzenten die psychosoziale Entlarvung einer nationalsozialistischen Mitläuferin vorgeführt wird.

Die Phobie vor dem Bürgertum, die das gesamte Werk Zur Mühlens durchzieht, wird ergänzt durch eine Welt adliger Gesinnung, die genau jene moralischen Werte und Prinzipien verkörpert, die das Bürgertum in sie hineinsieht. Die Gräfin Agnes in *Unsere Töchter, die Nazinen* ist nicht nur von aristokratischem Geblüt, sie verfügt auch über den ›Adel der Seele‹, der ja der ›echte Adel‹ ist. Das einigende Band einer antibürgerlichen Gesinnung von Proletariat und Nobilität ist das integrierende Moment eines antifaschistischen Verhaltens im Sinne einer ›Koalition aller anständigen Menschen‹.[32] Ähnliche Ansätze zu einem Zusammenschluß von sozialistischen und konservativen Kräften finden sich in fast allen Romanen Hermynia Zur Mühlens, wenngleich in keinem Falle so prononciert ausgeführt. Nur in *Unsere Töchter, die Nazinen* gewinnt ein solches Bündnis tragende Funktion für die Handlung.

Mit dieser Koalition ist auch ein anderes, nicht weniger widerspruchsvolles Modell verbunden, das sich auf die erhoffte militärische Auseinandersetzung zwischen den beiden Lagern, dem Nationalsozialismus einerseits und den Kommunisten und ihren Verbündeten andererseits, bezieht. Das Eindringen faschistoider Ideologie in das Denken und Handeln der Kleinstädter und Kleinstädterinnen wird besonderes über die Austragung von Straßenkämpfen zwischen den Symbolen beider Organisationen signalisiert. Der mit der zunehmenden Präsenz der linken Symbolik in der Stadtöffentlichkeit für den Winter 1933/34 in Aussicht gestellte ›Aufstand‹ offenbart die bekannte, in der ersten Phase des Exils unter den Emigranten nur allzu verbreitete »Hoffnungssüchtigkeit« (Manès Sperber). Generell spielen äußere Attribute der Zugehörigkeit zu einer bestimmten politischen Gruppierung eine signifikante Rolle im Roman. Die Darstellung solcher Widerstandsformen erinnert insbesondere an das Experiment eines ›Symbolkrieges‹, mit dem der sozialdemokratische Abgeordnete Carl Mierendorf 1932 – sehr erfolgreich – den hessischen Landtagswahlkampf bestritten hatte. Die an den Mauern der Stadt auftauchenden ›drei Pfeile‹ waren nämlich nicht nur das Symbol der Schutzbündler in Österreich, sondern auch das Zeichen der sozialdemokratischen antifaschistischen Abwehrorganisation, der Eisernen Front, vielfach auch als

›Front der Jungen‹ bezeichnet, die vor 1933 gerade im hessischen Frankfurt, wo Hermynia Zur Mühlen lebte, spektakuläre Erfolge verzeichnet hatte.[33] Daß diese Symbolik nahezu ausschließlich den männlichen Nebenfiguren zugesprochen wird, ist ein aufschlußreicher Lapsus der Autorin, die die ›Frauenfrage‹ im übrigen vor allem im erzkonservativen ›Luisenbund‹ verhandeln läßt. Unfreiwillig gab Hermynia Zur Mühlen damit wohl einen Beleg für eine These Alice Rühle-Gerstels, die 1932 bemerkte, daß »die Frauen eigentlich keine Vertretung (hätten). (...) Die bürgerliche Frauenbewegung versandet an der Klassengrenze (...) und die sozialistische strandet an der Grenze der Geschlechter (...).«[34]

Die Affinität zu den Beobachtungen und Erkenntnissen eines anderen Sozialpsychologen hat Hermynia Zur Mühlen aber wohl eher die schnelle und verwegene Feder geführt. Ihre Gestaltung der mittelständischen Figuren nimmt geradezu die These Wilhelm Reichs von der Familie als der ›Struktur- und Ideologiefabrik des Klassenstaates‹ vorweg.[35] Anders als bei Reich wird jedoch das soziale Bewußtsein des Kleinbürgertums und sein Verhältnis zur nationalsozialistischen Bewegung wie zum etablierten NS-Staat weniger als eine Rebellion des Mittelstandes gekennzeichnet als vielmehr im Sinne eines handfesten Opportunismus hinsichtlich der jeweils aktuellen Staatsmacht, sei es nun das Kaiserreich, die Weimarer Republik oder die nationalsozialistische Diktatur. Die Mischung aus verlogener Religiosität und Sprachklischees eines sich dem Nationalsozialismus anbiedernden Weltbildes wird von der Autorin in den beiden zentralen Kapiteln ihres Romans mit äußerster sprachlicher Präzision erfaßt. Mit der ihr eigenen unverhohlenen Abneigung und unter Benutzung des dort angesiedelten Sprachmaterials wird eine Scheinwelt entlarvt, die bedrückende Ausblicke auf jene Geistesakrobatik bietet, mit deren Hilfe sich der Prototyp der ›Seilschaft‹ und des ›Wendehalses‹ unter allen historischen Bedingungen und in allen geographischen Regionen das ›gute Gewissen‹ sichert.

V

Wie in einigen Ansätzen auch schon in *Unsere Töchter, die Nazinen*, so greift Hermynia Zur Mühlen in ihren weiteren Exilwerken zunehmend auf einen Motivkomplex zurück, der ebenfalls bereits in frühen Skizzen und Erzählungen eine Rolle spielt, auf das Christentum, seine Legenden und Märtyrerfiguren. Als Beleg lassen sich beispielsweise einige in der Zeitschrift *Die Zukunft* abgedruckte Texte heranziehen, deren Aufnahme in das dort zu Beginn bestehende Feuilleton sicherlich Werner Thormann arrangiert haben dürfte, der Ende 1938 Arthur Koestler als Chefredakteur ablöste. Das *Organ der Deutsch-Französischen Union*, so lautete der Untertitel, wurde bekanntlich von Willi Münzenberg als eine Plattform konzipiert, die alle vom Parteiapparat der KPD und der SPD enttäuschten Sozialisten sammeln sollte. Es handelt sich bei den genannten Texten Zur Mühlens um die Erzählung *Der Ausflug*, in der die alttestamentarische Figur des Kindesmörders Herodes mit der Judenverfolgung und -vernichtung parallelisiert wird und in der sehr früh vor allem die entsetzlichen, auch psychischen Auswirkungen auf Kinder thematisiert werden; um die ›Legende‹ *Flüchtlinge*, die die heilige Familie als Flüchtlingspaar im gleichen Kontext vorführt; und um einen kleinen Aufsatz mit dem Titel *Wohltäter der Menschheit* – eine Hommage an den Kriminalroman. Wie in der *Zukunft*, so hat Zur Mühlen in sehr vielen Zeitschriften kleine feuilletonistische Erzählungen und Skizzen veröffentlicht: in den *Neuen Deutschen Blättern*, im *Aufruf*, im *Simplicus/Simpl* und anderen, vor allem auch Schweizer und Londoner Blättern.[36]

Im Exil ist sie den Weg von einem tief empfundenen und wörtlich genommenen Katholizismus zu einer Literatur, die dem spontanen, naiven und kollektiven Engagement huldigt, sehr bewußt zurückgegangen. So schrieb sie 1938 aus dem tschechoslowakischen Exil an Hubertus Prinz zu Löwenstein: »Sie wissen vielleicht, dass ich von den Kommunisten zu den linken Katholiken gekommen bin? Jetzt glaube ich ja nur noch an den einzelnen Menschen, einerlei, welcher Klasse und Kaste er angehört, aber es dauert lange, bis man sich bis dorthin ›durchwurstelt‹.«[37] Die gleiche bittere Resignation bestimmt auch den Ton eines Briefes, den Klein an Sternfeld zwei Wochen nach ihrem Tod im Frühjahr 1951 schrieb und in dem er monierte: »Ihr Nachruf erweckt den Eindruck, als wäre meine Frau auch unter dem Stalinismus Kommunistin geblieben und hätte all die Scheußlichkeiten gebilligt. In Wirklichkeit ist meine Frau vor fast 20 Jahren aus der Kommunistischen Partei ausgetreten und hat seither nie einer bekannten oder unbekannten kommunistischen Organisation angehört, hat nie unter einen (...) kommunistischen Aufruf oder Protest ihren Namen gesetzt und hat seither keinen Satz geschrieben, der im parteikommunistischen Sinne ausgelegt werden könnte (...). Wenn meine Frau ihre Abkehr vom Kommunismus nicht herausposaunt hat, so ausschliesslich deshalb nicht, weil in den letzten zwei Jahrzehnten ihre Bücher öfters abgelehnt werden, weil sie den Verlegern politisch ›untragbar‹ war – nun wollte aber meine Frau nicht, dass ihre Abkehr vom Kommunismus ihr Gewinn bringt und ihr das Leben erleichtere (heute weiß ich bereits, daß dies es ihr auch verlängert hätte), und deshalb hat sie sich darauf beschränkt, dieser Abkehr in ihren Büchern Ausdruck zu verleihen (...).«[38]

Zur Abwendung der Schriftstellerin von der KPD zu Beginn der dreißiger Jahre dürfte wohl nicht zuletzt eine Attacke Johannes R. Bechers beigetragen haben, der sie bereits 1927 rüde des »Süßholzraspelns« und der »kleinbürgerlichen Verhüllung«[39] geziehen hatte. Nicht zufällig fällt sicherlich dieser Zeitpunkt auch mit dem Ende ihrer Präsenz in den Arbeiterverlagen und auf dem proletarischen Buchmarkt zusammen. Es scheint sich also nicht um einen Akzentwechsel zu handeln, der auf das Jahr 1933 oder die Exilzeit zurückzuführen ist, in der eine auf religiösen Gesetzen beruhende Deutung der Geschichte und der menschlichen Existenz für viele Emigrantinnen und Emigranten zunehmend an Attraktivität gewann. Die literarische Sinnsuche hatte sich bei Hermynia Zur Mühlen immer mit der Suche nach gedanklichen Mustern für die eigene Lebensbewältigung verbunden. Auch sei sie »eigentlich immer eine religiöse Sozialistin gewesen, sogar als Mitglied der KPD, liess sich nie zwingen, wie sie sich ja nie zu etwas zwingen liess, aus der katholischen Kirche auszutreten – obgleich sie die Geschichte der Päpste und manches andere sehr gut kannte.«[40]

Wie bereits angedeutet, ist die Verschränkung, ja Ineinssetzung von christlicher Heilssymbolik und radikalem Politikbezug, die zuerst eine hochgespannte Erwartung, dann aber Enttäuschung über den realen geschichtlichen Verlauf signalisiert, bereits typisch für die früheren Werke Hermynia Zur Mühlens, zum Beispiel für den Roman *Der Tempel*, der sowohl die anarchistischen Elemente der gescheiterten Revolution von 1919 thematisiert als auch von der gesamten Anlage her selbst etwas Anarchisches und Ungeformtes hat. Den frühen Rat ihres in der Diplomatie bewanderten Vaters, den sie in *Ende und Anfang* mitteilt – ›Sprich um Gottes Willen nicht vom Bombenwerfen und sag' nicht, daß alle Regierungen gehenkt werden müßten!‹ – hat sie hier noch am allerwenigsten beherzigt. Die fehlende Authentizität der Darstellung und die wenig glaubwürdige Anlage der Handlung führen stellenweise zu einer wenig erträglichen Pathetik und zu manch unfreiwilliger Komik. Zugleich war aber der zeitweise Verzicht auf ästhetische Formung offensichtlich Programm und Teil ihrer Ablösung aus der sie beengenden Familientradition. Nicht zufällig schrieb sie 1929 in ihrem *Lebensbuch*, daß man sich wohl »von allen Arten der Unduldsamkeit am allerschwersten von der ästhetischen, vielleicht der grausamsten von allen«[41], befreien könne. »Sie schafft Notwendigkeiten, ohne die man das Leben unmöglich findet, sie nährt die Feigheit, die einen die einzige unverzeihliche Sünde begehen läßt: der anerkannten Wahrheit (zu) widerstreben. Sie schafft Menschen, die ihrer Überzeugung zuliebe wohl zu einer großen Tat, vielleicht sogar zur Aufopferung ihres Lebens fähig sind, die aber nicht dazu imstande wären, ein ›Rotes-Plüschmöbel-Dasein‹ zu ertragen. Wirklich gefährlich, eine wirkliche Fessel sind nur die kleinen (...) Dinge des Lebens, sie haften wie Kletten und wollen sich nicht abschütteln lassen.«[42]

Der Roman – wenn es denn einer ist – schildert den Weg der männlichen Hauptfigur Johannes aus einem russisch-jüdischen Ghetto in das Deutschland des Ersten Weltkrieges und in einen Kreis, der »Anarchisten, Evolutionäre, deutsche Revisionisten und jüdische Propheten«[43] vereint. Das Titelmotiv des *Tempels* und die Lichtmetaphorik, die vor allem die Rahmenhandlung prägen, werden dabei immer wieder auf den Zusammenbruch der Zweiten Internationale bei Ausbruch des Ersten Weltkrieges bezogen.

Dieser Zusammenbruch wird nicht zuletzt auch an der ›Feigheit‹ und mangelnden Zivilcourage der Mütter und Frauen festgemacht. In einem drei Jahre vorher erschienenen Aufsatz mit dem Titel *Junge-Mädchen-Literatur* wird diese Problematik bereits auf die »falsche Lektüre« zurückgeführt. Gemeint ist damit der Genuß jener Unterhaltungsliteratur, die in der zeitgenössischen Leselandschaft das »Idealbild der deutschen Heldenfrau und Mutter«[44] postuliert. »Kein menschlicher Ton wird in diesen Büchern angeschlagen, der Horizont ist von einer erschreckenden Enge, läßt höchstens den Ausblick auf Sedan und andere Siege frei. Eine niederträchtige, kleinliche, spießbürgerliche Welt wird als einzig gute aller Welten dargestellt, die Pflichten der Frau existieren bloß der Familie gegenüber, ihre verderbliche, angeborene Engherzigkeit wird gefördert und gepriesen.«[45] Diese These wird zwar in einer stark verkürzenden Polemik vorgetragen, dennoch greift sie eine nicht nur im Kontext der Zeit wichtige Fragestellung auf. Die Auseinandersetzung wird in vielen der späteren Romane Zur Mühlens weitergeführt, unter anderem auch in *Unsere Töchter, die Nazinen* – und zwar nicht nur auf der Ebene einer verbalen Thematisierung der Gefahren des ›romantischen Lesens‹, sondern durchaus auch in der Textstrukturierung selbst. In einer amerikanischen Untersuchung von Zur Mühlens Roman *Reise durch ein Leben* von 1933 wird in diesem Kontext auf Forschungsergebnisse zum sogenannten ›Frauenschicksalsroman‹ zurückgegriffen.[46] Nach Günter Waldmanns Analysen zeichnen sich diese durch gleichförmige und sehr einfache Personenkonstellationen, den Transport geschlechtsspezifischer Rollenklischees und durch personale Wunschwelten aus.[47]

Nicht wenige Romane Zur Mühlens in den späten Zwanzigern und Anfang der dreißiger Jahre sind teils polemisch auf diesen Typ von Frauenliteratur bezogen, teils vollziehen sie aber auch bestimmte Anverwandlungen. Um Konformliteratur für ›die Frau‹ oder gar um die berüchtigten ›Trostmaschinen‹ im Sinne marktgerecht produzierter Texte handelt es sich in keinem Falle, auch wenn ihr Roman *Das Riesenrad* sich beispielsweise vorzüglich verkauft haben soll. Es finden darin aber bestimmte Normen Beachtung, die offensichtlich berücksichtigt sein wollen, sollen nicht nur Frauen aus dem Bildungsbürgertum Zugang zu den Texten erhalten. Diese Normen betreffen in erster Linie den inneren Aufbau: Fabel, Stil und Wortschatz. Sie erstrecken sich jedoch nicht auf die Handlung im weiteren Sinne, auf den Konflikt und die Konfliktlösungsverfahren. Die Protagonistinnen fügen sich keineswegs in ihre traditionell vorgeschriebenen Rollen, sie versuchen im Gegenteil Alternativen oder Gegenstrategien zu entwerfen. Vor allem mit Hilfe von Beziehungen zu anderen Frauen vermögen sie, das sozial anerkannte Biographiemuster für Frauen zu sprengen, die gesellschaftlich normierte, ausschließlich der Alltagskultur verhaftete weibliche ›Normalbiographie‹ zu verlassen. Und dies gelingt ihnen meist nicht nur an der Oberfläche, auf der Ebene der Autorenintention, in einem von Ernst Bloch als ›Kolportage‹ bezeichneten Sinne als »Wunschtraum nach Weltgericht für die Bösen, nach Glanz für die Guten.«[48] Nicht zufällig verweist Bloch übrigens wenige Abschnitte später auf den Einfluß der Kolportage gerade auf jugendliche Rezipienten, den die Nationalsozialisten so gut für sich zu nutzen wußten.[49] Diese Erfahrung war offenbar auch Hermynia Zur Mühlen nicht fremd. Ihre Romane dieser Phase scheinen insgesamt die These bestätigen zu wollen, daß ein ›Frauenroman‹, »wenn er nur in einigen wichtigen Elementen ›umgedreht‹ worden ist, eine durchaus relevante Darstellung sozialer Wirklichkeit erbringen kann.«[50]

Das betrifft zum Beispiel *Ein Jahr im Schatten*, ebenfalls einer der frühen Exilromane. Er erschien 1935 im Züricher Humanitas-Verlag, der es nach Aussage von Stefan I. Klein mit der Publikation so eilig hatte, daß der Roman mit vielen, teilweise sinnstörenden Druckfehlern erschien. Im Gegensatz zu *Unsere Töchter, die Nazinen* ist er linear erzählt, die Handlung ist in Österreich angesiedelt. Die Protagonistin Martina, ehemalige Aristokratin, die von ihrer Arbeit als Bildhauerin mehr schlecht als recht lebt, kehrt aus Deutschland nach Wien zurück. Eine Ehekrise wächst sich zur Lebens- und Sinnkrise aus. Marti bewirtschaftet ein Jahr lang ein altes Familienerbgut und fühlt sich dort für eine Gruppe von Menschen verantwortlich, die sich eher zufällig um sie versammelt haben. Der Stefan I. Klein gewidmete Roman[51] erscheint wie die nach innen, in die ›Subjektivität‹ der Erzählerin gewendete ›Schattenseite‹ der durchaus auch auf äußere Aktion angelegten Geschichte um die Nazinen. Die persönliche Tragödie überlagert gleichwohl nur scheinbar die Zeitereignisse; Reflexionen über das Altern, das dem unbarmherzigen »Mittag des Lebens« folgt, oder über die Armut, deren ärgste Folge die immerwährende Notwendigkeit ist, »energisch«[52] zu sein, verbinden sich mit Reflexionen über Geist und Macht und über die deutschen, die ›preußischen‹ Verhältnisse, deren Ausläufer auch zunehmend den Alltag in Österreich überschatten. Obgleich oder vielleicht gerade weil der Plot der Geschichte ganz auf das Alltags- und Lebensgeschichtliche abgestellt ist, zeichnet die Autorin ein Zeitpanorama, das durch die Wahrnehmungen und Widerspiegelungen ihrer Protagonistin gefiltert ist, dessen Perspektive zum Erzählzeitpunkt aber erfrischend offen bleibt und das Einblicke in jene Morbidität und gefährliche Brüchigkeit gibt, die die österreichische Gesellschaft zu Beginn der dreißiger Jahre auszeichneten.

VI

Der Verzicht auf eine sinnliche Durchdringung des Stoffes und der mangelnde Einsatz ihres zweifellos in hohem Maße vorhandenen ›kulturellen Kapitals‹ außerhalb ihrer Übersetzungsarbeit, der sich für einen Teil ihrer früheren Werke diagnostizieren läßt, gilt nicht für die im Exil entstandenen und ganz besonders nicht für ihre späten Romane. Die Erfahrungen der Flucht aus Frankfurt, das Zerbrechen des vertrauten Freundeskreises, der Abbruch aller Verbindungen nach Deutschland 1934 und die aus all dem resultierenden völlig veränderten Lebens- und Arbeitsbedingungen erzwangen für sich genommen schon eine geduldige Auseinandersetzung mit Fragen des Antisemitismus und des Faschismus wie seiner Verankerung in den verschiedenen europäischen Staatensystemen.

Das bezieht sich vor allem auf die Romane der in der tschechoslowakischen Emigration begonnenen und in Großbritannien weitergeführten »österreichischen Forsythe-Saga«[53], wie sie das Unternehmen in einem Brief an Prinz zu Löwenstein bezeichnete. Geplant war eine ganze »Romanserie«, ein Familienpanorama, das zur Zeit des Vormärz beginnen und mit der Gegenwart des Jahres 1938 enden sollte; der erste Band war in seiner deutschen Fassung bereits von einem österreichischen Verlag angenommen worden.[54] Erschienen ist er erst 1943 in englischer Sprache unter dem Titel *We Poor Shadows* bei Frederick Muller in London. In deutscher Sprache ist er nie veröffentlicht worden. Dagegen übernahm der Globus-Verlag in Wien 1947 den Roman *Came the Stranger*, 1946 im gleichen Londoner Verlag veröffentlicht, unter dem Titel *Als der Fremde kam* – neben dem Roman *Eine Flasche Parfum* Hermynia Zur Mühlens offensichtlich einzige Buchpublikation in Österreich nach dem Krieg. Wie aus dem Briefwechsel mit Löwenstein hervorgeht, ist er bereits 1938 begonnen worden. Die Umschreibung als ein »politisches Zeitbild aus der privaten Sphäre«[55] ist sehr treffend. Der Roman schildert mit atmosphärischer Dichte die heftigen Nationalitätenkonflikte in einem Grenzgebiet des alten Österreich, am Modellfall einer kleinen Dorfgemeinschaft in der Slowakei. Wie in vielen anderen Romanen Zur Mühlens ist die Hauptfigur, Clarisse Herdegen, eine stillere, vielleicht verzweifeltere, zumindest aber hoffnungslosere Schwester der Schriftstellerin. Autorin und Protagonistin lassen sich keineswegs ineinssetzen, zumal sich andeutungsweise äußere biographische Fakten auch anderen Figuren zuordnen lassen, etwa dem Paar Margit und Joseph oder dessen Mutter Annie, so daß der autobiographische Kontext komplexer erscheint als in vorangegangenen Texten. Die Österreicherin Annie und ihre Familie wählen das Exil in Großbritannien – aber die Klarheit dieser eminent politischen Entscheidung wird nicht den Bleibenden moralisch vorgehalten. Es ist das slowakische Volk, verkörpert in der Figur der Marianka, das die Flüchtlinge politisches Bewußtsein gelehrt hat. Der

Fremde, der dem Roman den Titel gibt, ist ein Propagandist des ›Dritten Reiches‹ aus Preußen, der mit Hilfe der im Dorf lebenden deutschen Bewohner die Streitigkeiten zwischen den verschiedenen Minderheiten und deren gegenseitige Animositäten und Vorurteile zu schüren weiß.

Der Roman ist fest in der katholischen Bildwelt verankert, sowohl durch seine Kapitelüberschriften als auch durch seine heftige Kritik an der Rolle der katholischen Kirche vor und während des separatistischen Putsches in der Slowakei, der schließlich die Okkupation der Tschechoslowakei durch Deutschland und die Ausrufung des ›Protektorats‹ ermöglicht hat – ein kompliziertes und heute vielfach verdrängtes Kapitel deutsch-tschecho-slowakischer Geschichte. Auch die schwierige Frage der nationalen Verantwortung für die antisemitischen Pogrome in der Slowakei wird nicht ausgespart. Sprache und Stil des Romans sind noch immer von erstaunlicher Frische, auch wenn die im Text anklingende ›Kollektivschuldthese‹ und die unerschütterliche Überzeugung der Autorin, daß der Hang zum ›faschistischen Verhalten‹ gewissermaßen eine deutsche Nationaleigenschaft ist, gegen die andere Völker weitestgehend resistent sind, heute in ihrer Undifferenziertheit kaum mehr nachvollziehbar scheint. Das Sujet des Eindringens einer – als fremd und irrational angenommenen – Ideologie, der des Antisemitismus und des Fremdenhasses, in eine scheinbar festgefügte soziale Gemeinschaft ist von geradezu aktueller Relevanz. Der Vergleich mit einem zeitgenössischen dokumentarischen Text über die pro-nationalsozialistische Politik der slowakischen klerikalen Separatisten unter der Führung von Hlinka zeigt zudem eine überraschende historische Stringenz in Handlungsführung und Figurenaufbau des Romans.[56]

Wie bereits hinsichtlich der Chronik *We Poor Shadows*, bei der ein Kritiker von »sharp nostalgia« sprach und von einer »warm emotional perception, humour and a quick melancholy tolerance«, sind auch im Falle von *Came the Stranger* die englischen Rezensionen die einzigen »genauen Auseinandersetzungen mit Hermynia Zur Mühlens Werken im englischen Exil (gewesen), die auf die angeschnittenen Probleme in verständiger Weise eingingen.«[57] Dies trifft mehr oder weniger für alle in Großbritannien veröffentlichten und bislang auch nur in wenigen deutschen Bibliographien verzeichneten Arbeiten der Autorin zu, wie zum Beispiel auch für das vermutlich auf 1944 zu datierende Kinderbuch *Little Allies. Fairy and Folk Tales. Fourteen Nations*, in dem sie Flüchtlingskinder aus vierzehn Nationen ihre Märchen erzählen läßt. Daneben entstand in England auch ein Band Erzählungen in deutscher Sprache *Kleine Geschichten von großen Dichtern*[58], der zehn Miniaturen über österreichische Schriftsteller und Schriftstellerinnen wie Marie Ebner-Eschenbach, Adalbert Stifter, Ferdinand von der Saar und andere enthält. Von dem geplanten englischen Pendant, aus dem einige Miniaturen verstreut in der Exilpresse veröffentlicht worden sind[59], existiert nur noch ein kleines Notizbuch in Privatbesitz.[60] An solchen ›Mosaiksteinchen‹ ließe sich, wenn man will, der Prozeß eines allmählichen Zerbrechens und Verlöschens zeigen, der von Not, Krankheit, Hoffnungslosigkeit und Heimweh gekennzeichnet war – so wie Hermynia Zur Mühlen es in der kleinen Skizze *An einem Tag in der Woche*[61] beschreibt. Hier ließ sie, wie am Anfang ihres Schreibens in ihrem wahrscheinlich bekanntesten Märchen *Was Peterchens Freunde erzählen*[62], noch einmal die einfachen Dinge des Lebens sprechen: das Zimmer in einem heruntergekommenen Boardinghouse in London, in dem nur sonntags im Kamin ein Feuer angezündet wird.

»Die ausführlichen englischen Besprechungen« vor allem zu den beiden Romanen »zeigen jedoch, daß sie mit der Wahl ihrer Schauplätze und mit ihrer Darstellungsart das Interesse des englischen Lesepublikums geweckt hatte«[63], so Sylvia Patsch. Was ihr in ihren frühen Werken kaum und in ihren Kriminalromanen niemals gelungen ist, »eine durch manchen Ausritt ins Groteske bereicherte Sozialkritik aus den gestalteten Verhältnissen selbst und nicht aus nachgetragenen Kommentaren wachsen zu lassen«[64] – in einigen Werken ihrer Emigrationszeit ist es zu finden. »Diese Selbstfindung im poetischen Entwurf«, so Gauß, »gelang ihr erst, eigentümlich genug, unter den verschärften Bedingungen, die sie im Fortgang der Weimarer Republik, in der Etablierung des Faschismus in Deutschland und dessen Ausgreifen nach Europa vorfand.«[65] Das ist so eigentümlich nicht, wenn man bedenkt, in wie starkem Maße sich das Publikum, für das Zur Mühlen schrieb, verändert hatte. Waren es zu Zeiten der revolutionären Ekstase die ›kleinen Leute‹ und vor allem deren Söhne und Töchter, für die sie zu schreiben meinte, so verlagerten sich Schreibintention und wohl auch Leserschaft Ende der zwanziger Jahre zunehmend auf ein ausschließlich weibliches Publikum. Von einem weiblichen Schreiben oder gar einer weiblichen Ästhetik in dieser Zeit zu sprechen, ist aber sicherlich eine Überforderung. Eher handelt es sich um konkrete Gebrauchsformen von Literatur, um eine literarische Reaktion auf vorausgesetzte Lektüreweisen, die wiederum auf einer bestimmten Sozialisation beruhen. Das Exil und der Verlust des heimatlichen Sprachraumes, der für Hermynia Zur Mühlen erst mit der Flucht aus Österreich einsetzte, brachen jedenfalls diese Schreibhaltung zum drittenmal. Aber sie ermöglichten ihr, im Gegensatz zu vielen anderen Autoren, erstmals so etwas wie eine soziale Identität. Um eine spezifisch weibliche Wirkungsgeschichte jedoch handelt es sich allemal. Deshalb sollten auch nicht nur das Spektakuläre ihrer Biographie der wissenschaftlichen Auseinandersetzung wert sein, sondern auch ihre Texte selbst und deren Entstehungs- und Wirkungsbedingungen. Eine »Sonderstellung«[66] allerdings scheint für Hermynia Zur Mühlen wie für die Literatur von Autorinnen im Exil generell kaum angemessen – gehören sie doch unabdingbar zur tatsächlichen Vielfalt, zum Reichtum und zur ›Vielspältigkeit‹ (Alfred Kantorowicz) dieser Zeit.

1 Nachdem die Autorin noch 1948 als »die wahrscheinlich bekannteste fortschrittliche Autorin deutscher Sprache« gerühmt worden war (vgl. Eva Priester: »Hermynia Zur Mühlen zu ihrem 65. Geburtstag«. In: Österreichisches Tagebuch 3 (1948) H. 20, S. 28), ergibt die Frage, was von ihrem umfangreichen Exilwerk gegenwärtig auf dem österreichischen oder bundesdeutschen Buchmarkt zu haben ist, wie selbstverständlich eine Fehlanzeige. Die kaum vorhandene oder im besten Falle lückenhafte Wirkungs- und Rezeptionsgeschichte spätestens ab 1950 teilt sie nicht nur mit vielen weiblichen Autoren des Exils, deren Werk durch die Akzentuierung der wissenschaftlichen Forschung wie durch die Publikationspolitik marginalisiert worden ist. Sie hat in diesem Falle auch tieferliegende Gründe in der Biographie der Autorin selbst, in erster Linie wohl in ihrer frühen, später vielfach zurückgenommenen Selbststilisierung als »winziger Teil« eines »großen Ganzen«, der kommunistischen Bewegung in der Weimarer Republik, mit deren öffentlicher Inkarnation KPD sie 1929 stolz ihren Namen »irgendwie in Verbindung« zu bringen gedachte. Vgl. dazu vor allem: Hermynia Zur Mühlen: *Ende und Anfang. Ein Lebensbuch.* Berlin 1929, S. 270. Diese frühe Autobiographie erschien bei S. Fischer, allerdings trat der Malik-Verlag 1932 in die Rechte ein, da sie sich nicht gut verkaufte (vgl. Wieland Herzfelde an Hermynia Zur Mühlen, Brief vom 6.7.1932, Akademie der Künste zu Berlin, Wieland-Herzfelde-Archiv, vorläufige Signatur 15/49)). Die Verschwommenheit des ›irgendwie‹ war es vor allem, die in der DDR die häufig verkitschte Referenz an die ›rote Gräfin‹ gefördert hatte, wo überwiegend das Bild von der flinken proletarischen Märchenschreiberin propagiert worden ist, während sich die konservative Kulturkritik Österreichs und der Bundesrepublik besonders und immer wieder gerade daran stieß. Vgl. zur Diskussion in der DDR vor allem die unterschwellige Polemik zwischen Manfred Altner: »Wer war Hermynia Zur Mühlen?« In: Die Weltbühne 78 (1983) H. 52, S. 1649 ff. und Wolfgang U. Schütte: »Nachtrag zu Hermynia Zur Mühlen«. In: Die Weltbühne 79 (1984) H. 32, S. 1004. — 2 Rosa Meyer-Leviné: *Im inneren Kreis. Erinnerungen einer Kommunistin in Deutschland von 1920–1932*, hg. von Hermann Weber. Frankfurt/M. 1982, S. 77. — 3 Ebd., S. 76. — 4 Ebd.; Meyer-Leviné berichtet das kulturhistorisch nicht uninteressante Detail, daß die ganze Sache auf einem Handel beruht habe, den der alte Weil seinem Sohn angeboten hatte: er finanzierte das kostspielige Hobby seines Sohnes unter der Bedingung, daß dieser einen angemessenen Lebenswandel pflegte mit allem, was dazu gehörte, solange der alte und kranke Vater lebte. Der Luxus sei dem jungen Weil nicht angenehm gewesen, und er habe sich in der Regel in beschwörendem Ton entschuldigt, wenn er Genossen in seinem Hause empfing. Nach dem Tode des Vaters habe sich jedoch seine Frau geweigert, diesen Lebensstil aufzugeben, was ihn hart getroffen habe. Er verließ Frau und Kind und Luxus und »kehrte zu dem bescheidenen Leben eines normalen Werktätigen zurück«. — 5 Stuttgart 1932; vgl. dazu auch Deutsche Bibliothek Frankfurt/M., Exilarchiv 1933–1945, Nachlaß von Wilhelm Sternfeld – EB 75/177, A.I.4., Stefan Isidor Klein an W. Sternfeld, Brief vom 9.1.1953. — 6 Nach ihrem Tode sah sich ihr langjähriger Lebensgefährte Stefan I. Klein genötigt, sich in einem Brief an Wilhelm Sternfeld über den Gedenkartikel in der *Frankfurter Allgemeinen Zeitung* zu echauffieren, der »gedanklich und stilistisch das Niveau eines unbegabten Schulmädchens zwischen zwölf und vierzehn Jahren (habe). (...) Ich kenne keinen deutschsprachigen ›nicht-jüdischen‹ Autor, der so scharf und kompromißlos gegen den Antisemitismus Stellung genommen hätte, wie meine gottselige Frau es getan hat und es wäre wirklich zu erwarten gewesen, daß (man dies) entsprechend würdigt.« Vgl Nachlaß von Wilhelm Sternfeld, a.a.O. (s. Anm. 5), Brief vom 29.1.1954. Klein war seit dem 17.5.1938 auch ihr Ehemann, durch den sie die tschechoslowakische Staatsbürgerschaft erhielt. 1889 in Wien geboren, Jude, ehemaliger Redakteur des *Pester Lloyd*, floh er vor dem ›weißen Terror‹ aus Budapest in die Schweiz und nach Deutschland. Als Beruf gab er ›Schriftsteller‹ an, arbeitete aber vor allem als Übersetzer aus dem Ungarischen und Russischen (vgl. ebd. (s. Anm. 5), Fragebogen der Menne-Gruppe, Klein, Stefan Isidor). Ähnliche Attacken und Klagen sind in dem umfangreichen Briefwechsel, der vor allem Auskünfte über die Lebensbedingungen des Paares im britischen Exil und einige nicht unwesentliche Informationen über das Werk Zur Mühlens gibt, nicht selten, und sie beruhen keineswegs nur auf der Verbitterung eines ins gesellschaftliche Abseits geratenen – und im Abseits gelassenen – alten Emigranten, der es sich zur Lebensaufgabe gemacht hatte, das literarische Erbe seiner ›gottseligen‹ Frau zu verwalten. Sie beruhen auch auf der harten Faktenlage verle-

gerischer Politik in der Hochzeit des Kalten Krieges. So berichtete Klein angesichts des Abdruckes eines der Romane Hermynia Zur Mühlens in der *Frankfurter Rundschau* einige Monate vorher: »Der Roman, der eine ausgesprochen ›antiautoritäre‹ Tendenz hatte, wurde richtig kastriert, und die Feuilletonkorrespondenz, der ich nicht erlauben will, dass sie aus den Romanen die ›Weltanschauung‹ meiner Frau streicht, der diese so viele Opfer gebracht hat, schrieb mir vor einigen Tagen: ›Ich kann Ihnen Briefe zeigen von den Redaktionen der ›größten und anständigsten‹ deutschen Zeitungen, die bei ihren Romananforderungen nur einen Wunsch haben: Keinen Hitler, keinen Juden, keinen Krieg!‹« (Vgl. ebd. s. Anm. 5), Brief vom 3.12.1953). Am 30.1.1954 beklagt er sich in diesem Kontext übrigens bitter, daß keine Antwort von Wieland Herzfelde käme, der anscheinend »auch ein feiner Mann geworden« sei, und bittet Sternfeld um die Adresse des Dietz-Verlages, der einen Sinclair-Roman in einer Übersetzung von Hermynia Zur Mühlen veröffentlicht habe, ohne die Rechtslage zu klären. Allerdings hatte diese schon 1930 – offensichtlich nach einer Auseinandersetzung – das »Urheberrecht ihrer sämtlichen Übersetzungen an den Werken von Upton Sinclair« an Herzfelde verkaufen müssen – für 14 000 Reichsmark. Darüber hinaus übernahm der Verlag Zahlungsverpflichtungen an Banken in der Höhe von fast 4 000 Reichsmark (vgl. Wieland-Herzfelde-Archiv, a.a.O. (s. Anm. 1), vorläufige Signatur 15/47). Auf den nicht nur für die Geschichte des Malik-Verlages, den die Übersetzungen Zur Mühlens zu einem nicht geringen Teil mitfinanziert haben, sehr aufschlußreichen Briefwechsel zwischen Upton Sinclair und Hermynia Zur Mühlen weist Walter Grünzweig hin: »Mammonart und Propaganda«. In: Zwischenwelt. Jahrbuch der Theodor-Kramer-Gesellschaft 3, Wien 1992, S. 246 ff. — 7 Nachlaß W. Sternfeld, a.a.O. (s. Anm. 5), nachgelassenes Manuskript »Hermynia Zur Mühlen zum Gedächtnis«. Für diesen als Rundfunkbeitrag konzipierten Text anläßlich des Todes Zur Mühlens hatte Sternfeld offensichtlich den Brief selbst oder eine Kopie davon verwendet. Die im Originaltext aufgelösten Umlaute wurden wieder eingesetzt. Der Briefwechsel mit Engelhorns Nachf. ist – häufig nicht ganz exakt – von vielen Exilperiodika abgedruckt worden, unter anderem in: »Briefe, die den Weg beleuchten«. In: Neue Deutsche Blätter 1 (1933/34) H. 1; Deutsche Freiheit 1 (1933) Nr. 115. — 8 Karl-Markus Gauß: »Hermynia Zur Mühlen oder kein Weg zurück aus Hertfordshire«. In: ders.: *Tinte ist bitter. Literarische Porträts aus Barbaropa.* Klagenfurt 1988, S. 173; vgl. auch Beate Frakele: »›Ich als Österreicherin...‹. Hermynia Zur Mühlen (1883–1951)«. In: *Eine schwierige Heimkehr. Österreichische Literatur im Exil 1938–1945*, hg. von Johann Holzner, Sigurd Paul Scheichl, Wolfgang Wiesmüller. Innsbruck 1991, S. 373 ff.; *Deutsche Literatur von Frauen*, hg. von Gisela Brinker-Gabler. Bd. 2 (19. und 20. Jahrhundert). München 1988, S. 262 ff.; S. 313 ff. — 9 Hermynia Zur Mühlen: *Ende und Anfang*, S. 261. — 10 *Der blaue Strahl.* Stuttgart 1922; *Ejus.* Jena 1925; *An den Ufern des Hudson.* Jena 1925; *Im Schatten des elektrischen Stuhls.* Baden-Baden 1929. Das Pseudonym, vermutlich eine Verballhornung des englischen Autorennamens D.H. Lawrence, wurde erst 1929 von Ludwig Foerster in der Neuen Bücherschau 7 (1929) H. 5, S. 284 aufgelöst. — 11 Angaben nach Nachlaß W. Sternfeld, a.a.O. (s. Anm. 5), Thomas Mann-Gruppe im Czech Refugee Trust Fund. — 12 Deutsche Bibliothek Frankfurt/M., Exilarchiv 1933–1945, Akten der American Guild for German Cultural Freedom – EB 70/117, Zur Mühlen, Hermynia. — 13 Der Briefwechsel befindet sich a.a.O. als Teil der ›Guild-Akte‹ Zur Mühlens. — 14 Public Record Office, London, Akten des Home Office, 294–612, Nummernindex des Czech Refugee Trust Fund; vgl. auch Akten der American Guild for German Cultural Freedom, a.a.O. (s. Anm. 12), Hermynia Zur Mühlen an Volkmar von Zühlsdorff, Brief vom 1. Juni 1939, geschrieben in Budapest, sowie das dort aufbewahrte Affidavit von Nance Merowit vom 13.4.1939. — 15 Vgl. Manfred Altner: »Hermynia Zur Mühlen. Einmal verfemt – immer verfemt?« In: Börsenblatt für den deutschen Buchhandel, Leipzig (1990) H. 20, S. 387. M. Altner, der seit vielen Jahren an einer Biographie der Autorin arbeitet, berichtet dort auch, daß ihr literarischer Nachlaß nach dem Tode von Stefan I. Klein achtlos auf den Müll gewandert ist. — 16 In: Die Erde. Politische und kulturpolitische Halbmonatsschrift, hg. von Walter Rilla, Breslau 1 (1919) H. 21, S. 632. — 17 Ebd. — 18 Kurt Sontheimer bescheinigte dieser Halbmonatszeitschrift zwar eine »Anfälligkeit für politische Schwarmgeisterei« bis hin zur »Gemeingefährlichkeit« (K.S.: »Weimar – ein deutsches Kaleidoskop«. In: *Die Literatur der Weimarer Republik*, hg. von Wolfgang Rothe. Stuttgart 1974, S. 11). Gleichwohl ist sie ein geradezu einzigartiges Dokument für die geistige Situation kurz nach der Novemberrevolution in Deutschland. Hermynia Zur Mühlen war übrigens die einzige Autorin in diesem Journal, von dem nur ein Jahrgang erschien. — 19 Sie werden, wie der Vortrag von Elisabeth Steffen-Platzer: »Zur Mühlens Märchen ›Das Schloß der Wahrheit‹. Untersuchungen zum Rezeptionsverhalten österreichischer Schüler und Schülerinnen« auf einer Tagung in Graz 1991 belegte, von heutigen Schülern übrigens überraschend aufgeschlossen zur Kenntnis genommen. — 20 In: Das Wort 2 (1937) H. 4/5, S. 184 f. — 21 Vgl. z.B. Dorothee Wierling: »'Ich habe meine Arbeit gemacht – was wollen sie mehr?‹ Dienstmädchen im städtischen Haushalt der Jahrhundertwende«. In: *Frauen suchen ihre Geschichte. Historische Studien zum 19. und 20. Jahrhundert*, hg. von Karin Hausen. München 1983, S. 144 f. — 22 Vgl. Manfred Altner: Nachwort. In: Hermynia Zur Mühlen: *Die weiße Pest*. Berlin 1987, S. 200. — 23 Bundesarchiv / Abteilung Potsdam. Bestand Pariser Tageszeitung, Nr. 280, Bl. 1–4. — 24 Ebd., Bl. 9–13. — 25 Brief vom 18.4.1951, a.a.O. (s. Anm. 5). — 26 Vgl. zu den Umständen des Verbots Murray G. Hall: *Österreichische Verlagsgeschichte 1918–1938*. Bd. II (Belletristische Verlage der Ersten Republik). Wien, Köln, Graz 1985, v.a. S. 187. — 27 Friedrich Achberger: »Österreichische Literatur«. In: *Deutsche Literatur. Eine Sozialgeschichte*, hg. von Horst Albert Glaser. Bd. 8 (Weimarer Republik – Drittes Reich: Avantgardismus, Parteilichkeit, Exil. 1918–1945, hg. von Alexander von Bormann und Horst Albert Glaser). Reinbek b. Hamburg 1989, S. 333. — 28 Vgl. z.B. auch die in dieser Hinsicht sehr informative Darstellung bei: Bruno Frei: *Hanussen. Ein Bericht*. Straßbourg 1934, S. 17. — 29 Hermynia Zur Mühlen: *Unsere Töchter, die Nazinen*. Wien 1935, S. 109, S. 131; vgl. dazu Thomas Koebner: »Das Dritte Reich – Reich der Dämonen? Vorläufige Überlegungen zur Funktion der Bilder und Vergleiche in den Charakteristiken des Dritten Reiches aus der Sicht der Exilliteratur« (In: *Deutschsprachige Exilliteratur. Studien zu ihrer Bestimmung im Kontext der Epoche 1930 bis 1960*, hg. von Wulf Koepke und Michael Winkler. Bonn 1983), der S. 57 von einer für die frühen Exilromane typischen ohnmächtigen »Metaphorik der Verachtung« und des »Schreckens« spricht. — 30 Der Ort G. am Bodensee ist unschwer als der österreichische Kurort Gmunden am Traunsee auszumachen, mit dem die Kindheit der Autorin verbunden war und den sie zum fiktiven Schauplatz vieler ihrer Romane gemacht hat. Auch die Figur der Gräfin Saldern trägt einige autofiktive Züge. — 31 Vgl. dazu den Beitrag der Vfn.: »›Unsere Töchter, die Nazinen‹. Jugendliche im Werk Hermynia Zur Mühlens«. In: Zwischenwelt. Jahrbuch der Theodor-Kramer-Gesellschaft 3, Wien 1992, S. 233 ff. — 32 Auf die damit »vorweggenommene Schilderung einer Volksfront, die in der Theorie zum damaligen Zeitpunkt noch nicht ausgebildet und deren Struktur in der Diskussion heftig umstritten war«, die sich im Roman allerdings »nahezu anarchistisch-frei« organisiert, hat bereits Helmut Müssener verwiesen: »'Wir bauen auf, Mutter‹. Wie man sich ›draußen‹ das ›Drinnen‹ vorstellte. Zu Hermynia zur (!) Mühlens Roman *Unsere Töchter, die Nazinen*«. In: *Realismuskonzeptionen im Exil 1935–1940/41*. Tagung der Hamburger Arbeitsstelle für deutsche Exilliteratur 1986. Exil. Forschung – Erkenntnisse – Ergebnisse. Sonderbd. 1, hg. von Edita Koch und Frithjoff Trapp, 1987, S. 141. — 33 Vgl. dazu insbesondere: Barbara Stambolis: *Der Mythos der jungen Generation. Ein Beitrag zur politischen Kultur der Weimarer Republik*. Diss. Bochum 1982, S. 156. — 34 Alice Rühle-Gerstel: *Frauenprobleme der Gegenwart. Eine psychologische Bilanz*. Leipzig 1932, S. 142 f. — 35 Vgl. Helmut Müssener, a.a.O., S. 132 und S. 141. — 36 Klein spricht von etwa zweihundert vorhandenen »Erzählungen und Humoresken«, vgl. Brief an Sternfeld vom 13.2.1952, a.a.O. (s. Anm. 5). — 37 Brief vom 21.8.1938, a.a.O. (s. Anm. 5). — 38 Brief vom 4.4.1951, a.a.O. (s. Anm. 5). — 39 Johannes R(obert) Becher: »Bürgerliche und proletarisch-revolutionäre Literatur in Deutschland«. In: ders.: *Publizistik I (1912–1938)*. Berlin 1977, S. 624 und S. 627. — 40 Klein an Sternfeld, Brief vom 22.3.1952, a.a.O. (s. Anm. 5). — 41 Hermynia Zur Mühlen: *Ende und Anfang*, a.a.O., S. 121. — 42 Ebd. — 43 Hermynia Zur Mühlen: *Der Tempel*. Berlin 1922, S. 84. — 44 In: Die Erde 1 (1919) H. 14/15, S. 473. — 45 Ebd., S. 474. — 46 Lynda J. King: »From the Crown to the Hammer and Sickle. The Life and Works of Austrian Interwar Writer Hermynia Zur Mühlen«. In: Woman in German Yearbook. 4 (Feminist Studies and German Culture), ed. by Marianne Burkhard and Jeanette Clausen. Lanham, New York, London 1988, S. 134: »It is shown repeatedly that the only way to receive (...) fulfilling love, and to feel secure and happy as a member of a social in-group, is to

accept and internalize the traditional female function of servant to husband and family.« —
47 Vgl. Günter Waldmann: *Literatur zur Unterhaltung*. Bd. 1. (*Unterrichtsmodelle zur Analyse und Eigenproduktion von Trivialliteratur*). Reinbek b. Hamburg 1980, S. 237 ff. — 48 Ernst Bloch: *Erbschaft dieser Zeit*. Zürich 1935, S. 120. — 49 Ebd., S. 121 f. — 50 Günter Waldmann, a.a.O., S. 257; vgl. auch: ders.: *Theorie und Didaktik der Trivialliteratur: Modellanalysen, Didaktikdiskussion, literarische Wertung*. München 1977, v.a. S. 8 f. — 51 Vgl. dazu Klein an Sternfeld, Brief vom 9.1.1953, a.a.O. (s. Anm. 5), der angibt, daß die Fabel auf einen Traum zurückgeht. — 52 Vgl. z.B. S. 126 und S. 192. — 53 Akten der American Guild for German Cultural Freedom, a.a.O. (s. Anm. 12), Juli 1938. Der Titel ist offensichtlich in Anlehnung an John Galsworthys (1867–1933) sozialpsychologischen Familienroman *The Forsythe Saga*, 1922, gewählt worden. — 54 Ebd. — 55 Sylvia M. Patsch: *Österreichische Schriftsteller im Exil in Großbritannien. Ein Kapitel vergessene österreichische Literatur. Romane, Autobiographien, Tatsachenberichte auf englisch und deutsch*. Wien, München 1985, S. 108. — 56 Public Record Office, London, HO (Home Office) 294/53 (Prague). The Situation in Slovakia. Interner Bericht vom 21.12.1938, gezeichnet B.W. — 57 Vgl. Sylvia M. Patsch, a.a.O., S. 108. — 58 London: Free Austrian Books o.J. Die Angaben schwanken zwischen 1943 und 1945. — 59 So z.B. die Erzählung *Hinter der Maske*. In: Der Zeitspiegel (London) 6 (1944) H. 43, S. 7 f. — 60 Wolfgang U. Schütte berichtet in: »Nachtrag zu Hermynia Zur Mühlen«. In: Die Weltbühne 79 (1984) H. 32, S. 1004 über seine Geschichte. — 61 In: Der Zeitspiegel (London) 6 (1944) H. 26, S. 6 f. — 62 Berlin 1921. Die Erstausgabe erschien im Malikverlag mit Illustrationen von George Grosz. — 63 Sylvia M. Patsch, a.a.O., S. 103. — 64 Karl-Markus Gauß, a.a.O., S. 165. Gauß hebt besonders einige Erzählungen ihres Novellenbandes *Fahrt ins Licht. 66 Stationen* hervor, der 1936 in Wien bei L. Nath erschien. Auf diesen Band kann im Rahmen dieser Untersuchung leider nicht eingegangen werden. — 65 Ebd. — 66 Helmut Müssener, a.a.O., S. 141.

Anne Stürzer

»Schreiben tue ich jetzt nichts ... keine Zeit«[1]
Zum Beispiel: Die Dramatikerinnen
Christa Winsloe und Hilde Rubinstein im Exil

»Ich möchte so gerne etwas schreiben das alle Menschen mit Schreck erwachen, eine furchtbare Warnung vor dem Kommenden. Vor Krieg, Dummheit und Wahnsinn. Aber ich bin so talentlos. (...) Ich habe nur die Wut in mir, nicht die Kraft. Man soll das Maul weit aufreissen und schreien das das große Elend und die Unkultur siegt, aber man muss auch eine Stimme haben, warum (...) bin ich kein MANN? Ich leide an meinem Leid und der Impotenz kein Lautsprecher zu sein. Gieb mir einen Mann der brüllt für mich. Hinein in die faulen Menschen die Vogelstraußpolitik betreiben. Ich seh das ja hier an den vielen ›Kleiner Mann was nun‹-Leuten. Sie wollen schlafen. (...) Mein Strampeln ist eine lächerliche Geste so wie der Krabb gegen den Ocean ... verdammt überflüssig und vergeblich.«[2]

In dem Verzweiflungsbrief Christa Winsloes an die amerikanische Kolumnistin Dorothy Thompson deuten sich schon die Probleme an, die der deutschen Schriftstellerin, die mit *Mädchen in Uniform* international bekannt geworden war, während der nationalsozialistischen Diktatur zu schaffen machten. Bereits im Sommer 1933 hatte die Dramatikerin den Zufluchtsort erreicht, von dem die Verfolgten auf dem Kontinent später träumen sollten: Sie war in Amerika. Doch der Weg in die Neue Welt führte zu einer ersten Krise, die sich in den Briefen, die sie an Dorothy Thompson richtete, deutlich ablesen läßt. Um sich schneller einzugewöhnen, wollte sie sich mit ihrer Freundin in deren Muttersprache verständigen. Doch die englischen Formulierungen gelangen Christa Winsloe noch nicht so recht. Sie produzierte ein deutsch-englisches Kauderwelsch. In manchen Briefen überwiegt die eigene Sprache, in anderen das unvertrautere Englisch. Die amerikanische Journalistin, die lange Jahre in Europa gelebt hatte, fand Winsloes Stil sicherlich amüsant. Anders Winsloe selbst. Der Versuch, sich in der Fremdsprache verständlich zu machen, wirkte sich unmittelbar auf den Prozeß der künstlerischen Kreativität aus. Winsloes Ausdruckskraft verlor an Schärfe und Prägnanz. Manchmal mußte sie in beiden Sprachen nach dem richtigen Wort suchen. Selbst Briefe, die sie nur in Deutsch abfaßte, spiegeln diese Probleme wider. Orthographie und Interpunktion wurden immer eigenwilliger, je länger sie in Amerika lebte. Einem Schicksalsgefährten im Exil, Klaus Mann, klagte sie ihr Leid. In einem Schreiben an ihn bemerkte sie bestürzt, daß ihr Deutsch immer scheußlicher werde und bat ihn um Nachsicht.[3]

Wie tief ihre Verunsicherung ging, wird auch daran deutlich, daß sie glaubte, als Frau keinen Beitrag gegen die Nationalsozialisten leisten zu können. Gerade sie, die bisher einen wesentlichen schöpferischen Impuls daraus gezogen hatte, sich an der traditionellen Frauenrolle zu reiben, übernahm nun die Gedanken der konservativen Kulturkritiker. Christa Winsloe reagierte damit auf die Schwierigkeit, trotz der veränderten Verhältnisse produktiv zu bleiben. Die Erkenntnis, mit ihrer Arbeit die politische Situation nicht beeinflussen zu können, führte nicht nur bei ihr zu starken Selbstzweifeln.

Fast noch stärker litt die 16 Jahre jüngere Dramatikerin Hilde Rubinstein, die nach Schweden geflohen war, unter der Tatsache, daß ihre Warnungen ungehört verhallten. Um die einheimischen Leser zu erreichen, mußte sie erst einmal die fremde Sprache lernen. Das dauerte Jahre. Außerdem durfte sie als deutsche Emigrantin nicht in schwedischen Zeitschriften publizieren. Damit war sie von der literarischen Öffentlichkeit ihres Gastlandes abgeschnitten. Vom Schreiben konnte Hilde Rubinstein also nicht leben. Auch der Versuch, sich als Malerin eine Existenzgrundlage zu schaffen, brachte weniger als erwartet. Sie erhielt zwar Auftragsarbeiten, doch mit ihren Portraits verdiente sie sich lediglich ein Zubrot. So war sie gezwungen, als Zeitungsfrau, als Schreibhilfe und als Schnellzeichnerin in einem Vergnügungspark zu arbeiten, um den Lebensunterhalt für sich und ihre Tochter Anna-Barbara zu verdienen. Außerdem nähte sie für eine Gärtnerei Kranzschleifen mit letzten Grüßen.

Bei diesen Lebensumständen ist es nicht verwunderlich, daß Hilde Rubinstein zu dem Schluß kam: »Emigration, eine Widrigkeit, die mehr ist als eine vorübergehende Flucht, nämlich endlos. Weil man im neuen Land zu spät anlangte, um Wurzeln fassen zu können und dem alten Land zu sehr entfremdet ist.« Noch bitterer klingt der Satz, den Hilde Rubinstein 1967 niederschrieb: »Schweden ist gut für die Schweden. Nicht für mich.«[4]

Die aristokratische Rebellin Christa Winsloe und die überzeugte Kommunistin Hilde Rubinstein erlebten die Emigration als eine Art Kulturschock. Zwei extreme Einzelbeispiele? Mitnichten. Nach der Trennung vom Publikum hatten nicht nur Christa Winsloe und Hilde Rubinstein kaum noch Kraft, Heldinnen und Helden für Theaterstücke zu entwerfen, da sie ihre Energie darauf richten mußten, die gewöhnlichen Schrecken eines fremden Alltags zu meistern. Die Erfahrung, im Exil vor dem beruflichen Nichts zu stehen, teilten sie mit der Mehrzahl der geflohenen Schriftstellerinnen und Schriftsteller. Dennoch unterschied sich die Situation der Frauen von der der Männer auf signifikante Weise. Die Frauen hatten selten Partner, die ihnen die Sorgen der Existenzsicherung abnahmen, so daß sie den Kopf zum Schreiben frei haben konnten.

Die ungehemmtere Produktion ihrer männlichen Kollegen ist zum Teil darauf zurückzuführen, daß viele Frauen bereit waren, die Werke der Männer wichtiger als die eigenen Arbeiten zu nehmen. Der Ratschlag, den Ödön von Horváth von Franz Theodor Csokor erhielt, »lernen wir Englisch, Nähen und Kochen«, blieb theoretischer Natur.[5] Die Praxis sah anders aus. Die Frauen waren sowohl für den Alltag zuständig als auch für die Existenzsicherung; während es den meisten Männern schwer fiel, sich auf das neue Land einzustellen. Dankbar griffen sie auf die Hilfe der Frauen zurück, die ihnen die Möglichkeit bot, »nur zu schreiben«[6]. Mit Anerkennung für diese Anpassungsleistung der Frauen geizten sie nicht. So zum Beispiel der Österreicher Peter M. Lindt, der in New York eine Sendung leitete, in der er die geflohenen Schriftsteller den deutschsprachigen Hörern vorstellte. In einem seiner Programme schickte er eine Lobeshymne auf die Frauen über den Äther:

»Wenn man einmal die Geschichte unserer Zeit schreiben wird, dann wird man wohl kaum darauf verzichten können, den starken Anteil, den die Frauen hatten (...) zu erwähnen. (...) In den verschiedenen Ländern, wo man diesen Flüchtlingen Aufenthalt und Arbeitsmöglichkeit bot, waren es die Frauen, die in aufopferndster Weise oftmals ihre Kräfte übersteigende Arbeiten leisteten, um für die Familie zu sorgen. Die Männer, aus ihren Berufen gerissen, konnten sich nicht nur nicht so leicht ›umstellen‹, sondern fanden auch viel schwerer eine Möglichkeit, irgendeine Arbeit zu finden. Die Frauen haben sich in diesen schwersten Zeiten bewährt. Sie haben sich mit Heroismus, mit heldenhaftem Opfermut bewährt. Und das soll nie vergessen werden.«[7]

Worin der heldenhafte Opfermut bestand, bringt Alice Herdan-Zuckmayer wesentlich nüchterner als Lindt auf den Punkt. Die Frauen »wurden Putzfrauen, oder sie verkauften Seifen und Bürsten und ermöglichten auf diese Weise Studium und Berufsausbildung der Männer«.[8] Sie paßten sich der neuen Situation an. Im Gegensatz zu den »beruflich und psychologisch entwurzelten Männern« verzichteten sie auf Erfolg und Prestige.[9] Sie stellten die materielle Existenzsicherung in den Vordergrund. Deshalb waren sie bereit, Hilfsdienste zu übernehmen und bestanden nicht darauf, im fremden Land in den vertrauten Berufen zu arbeiten.[10]

Auch die Theaterautorinnen blieben vom sozialen Abstieg nicht verschont. So öffneten sich die Pforten des Königlichen Schauspielhauses in Stockholm nicht für die Dramatikerin, sondern nur für die Kantinenhelferin Hilde Rubinstein. Für 1,25 Kronen die Stunde durfte sie in der Küche das Geschirr abtrocknen, auf eine Aufführung ihrer Stücke in diesem Haus hoffte sie vergeblich. Die Autorin Maria Leitner, die ein Theaterstück über das Leben der Emigranten plante, resignierte: »Es ist unmöglich zu schreiben, wenn man kaum zu essen hat, und obendrein in ewiger Unruhe lebt. (...) Es ist mir kaum möglich, auch jetzt nur einen Artikel zu schreiben, da ich die Spesen sofort hab', das Honorar aber meist erst nach vielen Monaten.«[11]

Auch bei Christa Winsloe hemmte die Sorge um das tägliche Brot die literarische Produktion. Ihre Klage ist identisch mit der Maria Leitners: »Schreiben tue ich jetzt nichts .. keine Zeit.«[12]

Da die Schriftstellerinnen den Alltag aus eigener Kraft meistern mußten, die männlichen Kollegen sich aber oft auf den Lebensunterhalt durch ihre Frauen verlassen konnten, entwickelte sich der Literaturbetrieb im Exil wieder zu einer Domäne der Männer, so daß die Kritikerin Ingeborg Franke 1938 zu dem Schluß kam: »Der Kreis der deutschsprachigen Schriftstellerinnen in der Emigration ist – auch hier regiert die viel strengere Auswahl (...) ein kleiner Kreis.«[13]

Was für den Literaturbetrieb allgemein galt, traf erst recht auf das Theater zu. Fast alle Schriftsteller, die für das Theater der Weimarer Republik geschrieben hatten, machten im Exil die Erfahrung, daß ihre Stücke nicht mehr gespielt wurden. Es kam nur selten zu Aufführungen oder Lesungen von Dramen, die nach 1933 entstanden waren. Die negative Bilanz veranlaßte Franz Carl Weiskopf in der Rückschau, die Bühnenschriftsteller als die »Sorgenkinder der literarischen Emigration«[14] zu bezeichnen:

»War es schon schwer, ein deutsches Buch in der Fremde zu verlegen, um wieviel schwerer war es doch, eine deutsche Theateraufführung im Exil zustandezubringen! (...) Für eine Aufführung (...) brauchte man das Publikum auf einem Fleck und zur gleichen Zeit, und das war unter den Bedingungen des Exils fast niemals zu erzielen. (...) Ein Emigrationsverlag konnte auch in einem Hotelzimmer mit winziger Belegschaft funktionieren, doch selbst das bescheidenste Theater brauchte mehr Raum und Personal. Und wenn nach Überwindung unüberwindlich erscheinender Schwierigkeiten das Stück eines landflüchtigen Schriftstellers doch aufgeführt wurde, dann war der Beifall eines begeisterten Zuschauerhäufleins das einzige Honorar, mit dem der glückliche Autor rechnen konnte.«[15]

Selbst von diesem Beifall konnten die Theaterautorinnen nur träumen. Die unüberwindlichen Schwierigkeiten blieben für sie im Gegensatz zu ihren etwas glücklicheren Kollegen bestehen. Beispielhaft ist der Fall Hilde Rubinsteins, die ihr Stück *Hungerstreik* dem Königlichen Schauspielhaus in Stockholm anbot. Zunächst sah es für die Tellerwäscherin der Theaterkantine recht erfolgversprechend aus, denn das Schauspielhaus kaufte die Arbeit an. Doch die Direktion ließ das Stück nicht inszenieren, da herauskam, daß der Name der Autorin Maria Katarina Lundbäck ein Pseudonym und die Verfasserin eine unbekannte Autorin war. Noch Jahrzehnte später war Hilde Rubinstein über dieses Verhalten empört: »Und als ich da raufkomme und die merken da, daß ich gar nicht so schwedisch bin, da hat er eben diesen ganz unvergeßlichen Satz ausgesprochen, den ich mir ganz bestimmt bis zum Tod merken werde: ›Wir sind nicht interessiert an unbekannten ausländischen Schriftstellern.‹«[16]

Dies bemerkte der Theaterleiter Ragnar Josephson. Ebenso distanziert verhielten sich die Intendanten in anderen Ländern, so daß Hilde Rubinstein mit ihrer Erfahrung nicht allein dastand. Anders als bei dem Dramatiker Ferdinand Bruckner, der vor 1933 bereits internationales Ansehen genoß, weckten die Namen der Bühnenautorinnen, die in der Weimarer Republik reüssiert hatten, im Ausland keine Assoziationen. Einzige Ausnahme mag Christa Winsloe gewesen sein, die durch die Verfilmung ihrer Mädchentragödie bekannt geworden war. Doch auch sie verkaufte kaum eine ihrer Arbeiten.

Damit war den Dramatikerinnen die Chance genommen, über den »wahren Charakter« des Nationalsozialismus aufzuklären, was Klaus Mann als die eigentliche Aufgabe der Schriftsteller im Exil ansah. Außerdem ging es seiner Meinung nach darum, »die große Tradition des deutschen Geistes und der deutschen Sprache (...) in der Fremde lebendig zu erhalten und durch den eigenen schöpferischen Beitrag weiterzuentwickeln«[17]. Von materiellen Nöten geplagt, vom Publikum nicht wahrgenommen, blieben die meisten Dramatikerinnen in der Fremde stumm. Hineingeworfen in eine zermürbende Gegenwart, verloren sie den Antrieb, Stücke für die Zukunft zu entwerfen. In ihrem Fall stimmt die Einschätzung Curt Treptes nicht, daß auch die Theaterautoren im Exil »eine bewundernswerte literarische Produktion« entfalteten.[18] Die Lebenswege der Dramatikerinnen im Exil zeugen von dem verzweifelten Bemühen, wenigstens ihre literarischen Ambitionen zu retten. So schrieben Anna Gmeyner und Eleonore Kalkowska Drehbücher beziehungsweise Hörspiele. Maria Lazar und Anna Gmeyner wichen in die Prosa aus, da es wesentlich einfacher war, einen Verlag für ein Romanmanuskript zu finden als ein Theater, das ein Stück aufführte.

Hilde Rubinstein und Christa Winsloe gehören zu denjenigen, denen es immer wieder gelang, die Schreibhemmung zu überwinden. Die Kraft weiterhin produktiv zu sein, mußten sie aus sich heraus schöpfen, da die äußeren Antriebskräfte fehlten. Doch das blieb nicht ohne Folgen für ihr Werk.

Hilde Rubinsteins dramatisches Schaffen war zunächst davon geprägt, daß sie versuchte, dort weiterzuarbeiten, wo sie vor Flucht und Verfolgung aufgehört hatte. Ihre Komödie *Der große Coup*, schon 1930 begonnen, lag noch immer unfertig in der Schublade. Von seinem Stoff und Erzählgestus her gehört das Schauspiel noch in die Zeit der Weimarer Republik. Schauplatz der Handlung ist das Paris der zwanziger Jahre. Die Protagonisten des Stückes sind Kleinbürger, die vergeblich versuchen, mit einem Versicherungsbetrug an das große Geld zu kommen.[19]

In dem Lustspiel klagt die Autorin das Gesellschaftssystem an, das den Benachteiligten nur erlaubt, mit Tricks und Betrügereien ihren Lebensstandard zu verbessern. Rubinsteins Kritik sprengt nirgends die Grenzen des Genres, da sie den gesellschaftlichen Kontext nur andeutet und die atmosphärische Darstellung des Milieus überwiegt.

Nachdem 1936 noch die Komödie *Hochsaison* entstanden war, entdeckte Hilde Rubinstein in den Kriegsjahren ihre Vorliebe für historische Stoffe. Der Rückgriff auf die Geschichte erfolgte nicht, um vor der Realität zu fliehen, sondern um in der Vergangenheit die Gegenwart zu spiegeln. Das Zeitstück im historischen Gewand hatte schon während der Weimarer Republik die Bühnen erobert.[20] Auf diesen Stücktypus griffen die Theaterautoren im Exil vor allem zurück, weil er ihnen Distanz zum aktuellen Geschehen vermittelte, von dem sie im Ausland abgeschnitten waren. Sie schrieben, indem sie die Handlung in eine andere Epoche verlegten, nicht ahistorisch, sondern es ging ihnen darum, wie Alfred Döblin formulierte, »historische Parallelen« zu finden.[21]

In ihren Dramen *Die Wandlung des Doctor Martinus* (1943) und *Der Mann aus Leiden* (1944) deckt Hilde Rubinstein die Mechanismen auf, die zum Scheitern von Revolutionen führen. Ihr geht es um die Gegenwart in der Vergangenheit. So entwickelt sie im *Mann aus Leiden* den historischen Stoff hintergründig als Parallele zum Ende der Weimarer Republik. Der Versuch der Antifaschisten, den Nationalsozialismus abzuwehren, war aus ähnlichen Gründen gescheitert wie der Versuch der Wiedertäufer, ihr Utopia zu errichten. Mit Gewalt und Terror errichteten die Nazis ebenso wie der Bischof ihr Regime. Eine Volksfront, die sich gegen die braunen Machthaber hätte zur Wehr setzen können, kam gar nicht erst zustande. Die Widerständler blieben ebenso wie die Wiedertäufer eine kleine Gruppe, die gegen die Lethargie der Masse nichts ausrichten konnte.

In ihrem geschichtlichen Drama *Die Teufel* beschäftigte sich die Autorin 1945 noch einmal mit Glaubensfragen, dann entdeckte sie 1947 ihre eigene Geschichte als Dramenvorlage. Die Erfahrungen, die Hilde Rubinstein in den Gefängnissen Hitlers und Stalins machen mußte, hat sie nicht nur in autobiographischen Aufzeichnungen festgehalten, sondern sie sind auch in ihre Theaterstücke *Ein Hungerstreik* und *Kannst Du lachen, Johanna?* eingegangen.[22] Anders als bei der Verarbeitung der Bewegung der Wiedertäufer trennten die Autorin nun keine 500 Jahre von dem Ereignis. Doch das eigene Erleben bestimmt nicht die Handlung der Stücke. In den Dramen greift sie lediglich bestimmte Erfahrungsmuster auf, die sie als Häftling kennengelernt hat. Wie sie leiden die Dramenfiguren unter der ständigen Bewachung. Wenn die Wärterin das Guckloch öffnet, wenden die Frauen im Stück »geplagt den Kopf weg« (S. 4). Außerdem werden ihnen die Strumpfbandhalter abgenommen, und sie klagen wie Hilde Rubinstein in ihren persönlichen Aufzeichnungen »über stets rutschende Strümpfe« (S. 4).

Ihre Konflikte hat die Autorin auf mehrere Figuren verteilt. Anna sitzt wie die Dramatikerin wegen politischer Aktivitäten im Gefängnis. Es greift jedoch zu kurz, Anna als eine Spiegelung der Dramatikerin anzusehen, denn die Figur ist mehr als die Summe der autobiographischen Erlebnisse. Lisbeth macht im Stück die Erfahrung Hilde Rubinsteins, statt in die Freiheit lediglich in eine andere Zelle zu kommen. Die Dramen haben nicht die Unmittelbarkeit ihrer später veröffentlichten Tagebuch-Notizen, sondern enthalten lediglich »gewisse Gefängniserinnerungen«[23]. Sie sind deshalb auch nicht der Gefängnisliteratur zuzurechnen, die Sigrid Weigel so definiert, daß in den Texten die »Doppelrolle des Autors als Schreibsubjekt und als Objekt der Bestrafungsinstanz« zum Ausdruck kommt.[24] Die szenischen Anweisungen der Dramatikerin geben noch am stärksten ihren Alltag im Gefängnis wider:

»Zelle. Bleiches Tageslicht durch das hochliegende Fenster. Das Gitter wirft kreuzförmige Schatten. (...) Zwei Pritschen mit dunklen Matratzen, grauen Decken, gelblichen Laken. Eine Pritsche ohne Bettzeug. Wandbrett mit zwei Schüsseln und zwei Löffeln. Drei Hocker. Tür mit Guckloch, darunter Brett, das herabgelassen werden kann. In der Ecke ein metallener Kübel mit Deckel. Die Zelle wirkt ordentlich und hoffnungslos.« (S.1)

Die Schriftstellerin legt ihr Drama wie ein wissenschaftliches Experiment an. Sie sperrt drei unterschiedliche Frauen in eine Zelle, um herauszufinden, wie sich die Gefangenschaft auf ihre Figuren auswirkt. Rubinstein greift damit ein Muster auf, das für das absurde und existentialistische Theater signifikant ist.

Den Schauplatz Gefängnis hatten weder die Expressionisten noch die politischen Zeitstück-Autorinnen in den zwanziger Jahren so eindringlich beschrieben. Für die Expressionisten war die Zelle lediglich ein Symbol, das die innere Situation des Menschen zum Ausdruck brachte.[25] Diesen metaphorischen Charakter verlor das Zuchthaus in den Dramen der Autorinnen und Autoren, die sich in der Weimarer Republik für eine Reform des Strafvollzugs einsetzten. Die Dramatiker übernahmen den Part der Berichterstatter, die die Mißstände in den Haftanstalten kritisierten. Sie schrieben nicht aus der Sicht der Gefangenen. Die Identifikation der Zuschauer mit den sozial Schwachen erfolgte nicht direkt, sondern war über die Werte vermittelt, die die Intellektuellen im Stück vertraten. Eine solche Figur ist etwa der Hospitant in Lampels Stück *Revolte im Erziehungshaus*. Auf diese Sicht von außen verzichtet Hilde Rubinstein. Daß das Strafgesetzbuch nichts mit Gerechtigkeit zu tun hat, steht für Hilde Rubinstein ebenso wie für ihre Kollegen fest. Doch sie geht weiter als die Bearbeiter des Stoffes in den zwanziger Jahren. Während die Dramatiker der Weimarer Republik partielle Veränderungen im Sinn hatten, stellt sie die Praxis des Bestrafens generell in Frage.

Das hat Folgen für den Stückaufbau. Während etwa Peter Martin Lampel in *Revolte im Erziehungshaus* jugendliche Heiminsassen, Anhänger und Gegner der Reform in seinem Drama zu Wort kommen läßt, schränkt Hilde Rubinstein die Anzahl der Figuren auf drei inhaftierte Frauen ein.[26] Das Personal des Gefängnisses bleibt unsichtbar. Die Befehle der Wärterin sind nur durch das Guckloch zu hören. Lediglich ein Arzt, der nicht mehr als zehn Sätze zu sprechen hat, betritt kurz die Szene.

Rubinsteins Drama erweckt Mitgefühl mit den Inhaftierten. Die Frage, ob die Frauen Opfer der Justizwillkür oder der Verhältnisse geworden sind, spielt im Stück keine Rolle. In ihrer jetzigen Situation ist diese Entscheidung nicht mehr relevant. Der Strafvollzug diene auf gar keinen Fall dazu, argumentiert die Dramatikerin, die Täter zu sozial handelnden Menschen zu machen. Der Satz des jüdischen Mystikers BaalSchem »Das Böse ist kein Wesen, sondern ein Mangel«, den die Autorin dem Stück voranstellt, unterstreicht diese These. In der Extremsituation Gefängnis gedeihen nicht Solidarität und Mitgefühl, sondern Aggressivität und Mißgunst.

Um ihre Behauptung zu untermauern, verläßt sich die Dramatikerin nicht auf Fakten wie etwa Karl Maria Finkelnburg, der mit Zahlen zu belegen versuchte, daß das Vergeltungsstrafrecht untauglich sei, die Menge der Verbrechen einzuschränken. Hilde Rubinstein greift drei Fälle heraus, die sie illustriert. Sie tilgt dabei die aktuellen Bezüge. Die zeitgeschichtlichen Ereignisse dienen ihr nicht einmal mehr als Kulisse. So wird nicht deutlich, in welchem Staat ihr Gefängnis steht. Es geht der Dramatikerin auch nicht um die Lebensgeschichten der Frauen, sondern allein um die Frage, wie sie sich während der Haft verhalten. Die Autorin beschreibt die Auswirkungen der Haft auf Frauen von unterschiedlichem Charakter und Temperament: Anna, Lisbeth Mauerschmitt und Filippa Großmann. Eine Handlung im eigentlichen Sinne existiert nicht, das Stück ist vielmehr eine Collage von Seelenzuständen. Die Frauen, die sich außerhalb des Gefängnisses wahrscheinlich nie begegnet wären, müssen in der engen Zelle lernen, die Eigenheiten der anderen zu akzeptieren. Ihre Träume über ein Leben außerhalb der Gefängnismauern verraten am deutlichsten ihr unterschiedliches Wesen. Für die Köchin Lisbeth, die nur an »Butterkranz, Mandelsterne, Sahnekringel, Windbeutel« denkt, bedeutet Freiheit, daß sie sich ein Schweinskotelett braten kann, wann immer sie möchte (S. 5). Für Anna ist Freiheit gleichbedeutend mit einem Waldspaziergang, bei dem das Herbstlaub unter den Füßen raschelt. Filippa, die in Annas und Lisbeths Zelle verlegt wird, bringt das mühsam gewahrte Gleichgewicht durcheinander. Die neue Leidensgefährtin, die gehofft hatte, entlassen zu werden, kam nur in eine andere Zelle. Sie wirkt apathisch. Ihr fehlen Annas Selbstdisziplin und Lisbeths Tagträume. Sie sieht nicht, daß das Verhalten der anderen Strategie zum Überleben ist. Filippas Verzweiflung richtet sich gegen ihren Körper. Sie verweigert das Essen, nicht weil sie in ihrem Hungerstreik eine politische Aktion sieht, sondern weil sie sich selbst aufgegeben hat. Lisbeth wirkt wie das genaue Gegenteil von Filippa. Während Filippa nichts mehr ißt, kann Lisbeth nie satt werden und memoriert die Rezepte ihrer Lieblingsgerichte. Ihr gefällt es, »ans Unerreichbare zu denken« (S. 20), denn sie sucht Ablenkung, da sie sich nicht mit der Realität auseinandersetzen will. Ihre Zellengenossin soll ihr nicht eigene Erlebnisse erzählen, sondern sie fordert von ihr: »Was Spannendes will ich hör'n, wo's einen graut oder das Herz erhebt.« (S. 2)

Lisbeth und Filippa bleiben Einzelgängerinnen, die aus ihrer individuellen Betroffenheit nur bedingt eine Sensibilität für das Leiden der anderen entwickeln. Beide scheitern mit ihren Strategien. Lisbeth bleibt weiter in Haft. Filippa wird zwar entlassen, doch sie verläßt das Gefängnis als ein Wrack. Es erstaunt, daß die politische Dramatikerin den Hungerstreik nicht als ein Mittel ansieht, um sich offensiv gegen die Haftbedingungen zu wehren.

Am angemessensten auf die Situation reagiert Anna. Ohne viel Worte steht sie ihren Mitgefangenen zur Seite und empfindet sowohl für Filippa als auch für Lisbeth Mitleid. Anna reibt sich nicht sinnlos auf. Sie ordnet sich der Gefängnisroutine unter, ohne sich aufzugeben. Sie flüchtet sich nicht in ferne Tagträume, sondern bleibt realitätsverbunden. Im Gegensatz zu den beiden anderen Frauen definiert sich Anna nicht über ihren Körper, sondern über ihren Intellekt.

Hilde Rubinstein läßt in diesem Drama bewußt Leerstellen. So bleibt offen, warum Anna am Ende des Stückes entlassen wird. Die offenen Fragen sind meines Erachtens ein Indiz dafür, daß die Autorin die erfahrene Krise im Exil für ihre Texte nutzbar macht. In dem Stück zeigt sie eine gelungene Alternative zu dem Konzept auf, das die meisten anderen Zeitstück-Autorinnen, etwa Christa Winsloe, favorisierten. Statt eine autonome fiktive Modellwelt zu entwerfen, organisiert sie nur den äußeren Rahmen der Handlung. Sie faßt das Stück wie ein wissenschaftliches Experiment auf, um etwas über Menschen in Extremsituationen herauszufinden.

Auf diese Weise ist ihr ein zeitloses Stück voller Eindringlichkeit über den trostlosen Alltag im Gefängnis gelungen. Dem schwedischen Lektor Gösta M. Bergmann ist zuzustimmen, der die Menschen- und Milieuschilderung ausgezeichnet fand. Das Stück wurde nicht auf seine Bühnenwirksamkeit getestet. Bergmanns eindringlicher Appell fand kein Gehör: »Das Stück wäre es wert, aufgeführt zu werden, auf der kleinen Bühne des dramatischen Theaters, die das gegebene Forum sein würde.«[27] So erhielt die Autorin nie die Chance, ihre Arbeit aus der Distanz eines Zuschauerraumes zu betrachten und zu überprüfen.

Auch Christa Winsloe schrieb im Exil überwiegend für die Schublade. Nur einige kürzere Prosaarbeiten und zwei Romane wurden gedruckt. Ihre dramatischen Versuche wie *Der Schritt hinüber* und *Aiono* fanden dagegen keine Interessenten. Zwar erwähnt Christa Winsloe, daß sich Georg Marton nach ihrem »Occultismusstück« erkundigt habe, doch der Wiener Bühnenverleger nahm das Drama nicht in sein Programm auf. Auch das Angebot, einen Werfelstoff für den Film zu bearbeiten, zerschlug sich, ehe es recht ausgesprochen wurde.[28]

Bereits bald nach ihrer Ankunft merkte Christa Winsloe, daß Amerika schwerer zu erobern war, als sie gedacht hatte. Sie erlebte zwar, daß sie als Bestseller-Autorin hofiert wurde. So brachten amerikanische Rundfunkanstalten kurz nach dem Erscheinen von *Girls in Uniform* Sendungen mit der deutschen Schriftstellerin. Doch an ihren aktuellen Arbeiten war niemand interessiert. Entmutigt entschloß sie sich nach acht Monaten Aufenthalt, ihr Glück doch wieder in der Alten Welt zu suchen. Sie schiffte sich am 3. Januar 1934 nach Europa ein. Schon auf der Überfahrt jammerte sie: »Ach, ich möchte (...) weit weg von Hitler und nicht hin.«[29]

Zunächst ließ sie sich in der Nähe von Nizza nieder. Doch auch an der französischen Riviera blieb sie fremd. Plötzlich vermißte sie sogar den vertrauten bayrischen Dialekt ihrer Umgebung. Schließlich war ihre Sehnsucht größer als ihre Vernunft und sie reiste nach München, wo sie immer noch ihr Haus besaß. Doch im nationalsozialistischen Deutschland verkaufte sie erst recht nichts. Bereits *Mädchen in Uniform* hatte den Argwohn der neuen Kulturwächter geweckt. Der Roman, in dem die Autorin das gemäßigte Happy-End des Films wieder aufhob, durfte nicht mehr in Deutschland erscheinen. Der Exilverlag Allert de Lange knüpfte in Amsterdam an den Erfolg des Films an.[30]

Obwohl sie bereits ein Opfer der Kulturpolitik der Nationalsozialisten geworden war, fühlte sich die Schriftstellerin wegen der Sprache noch an Deutschland gebunden. Fast beschwörend heißt es in einem Brief an Dorothy Thompson: »Ich hätte schon wieder Lust ein Schiff zu besteigen. Aber für meine Arbeit ist es nicht gut. Ich muß in Deutschland bleiben.«[31] Doch so recht wohl war Christa Winsloe bei dieser Entscheidung nicht. Sie hielt sich mehrere Fluchtmöglichkeiten offen. Die Spuren ihres Lebens nach 1933 sind genauso verstreut wie die Zeugnisse ihres literarischen Schaffens. Die Autorin pendelte zwischen Italien, Ungarn, Österreich, Amerika und Frankreich hin und her. Der Versuch, in Hollywood Fuß zu fassen, scheiterte ebenso wie der, sich auf Dauer in München einzurichten.

Das Manuskript *Heimat in Not* machte Christa Winsloes ruhelose Odyssee während der ersten Jahre des Nationalsozialismus mit. Bereits im Frühjahr 1933 dachte die Dramatikerin daran, ein pazifistisches Schauspiel zu schreiben. Doch sie kam mit der Arbeit nicht voran. Im April besprach sie in Italien ihre Gedanken mit Franz Werfel; ein Jahr später schrieb sie an Dorothy Thompson:

»Mehr und mehr sehe ich ein, daß es darauf hinaus laufen müßte zu sagen: Wer will, wer braucht den Krieg, wer macht ihn, warum? Wie war es 1914, und wie ist es heute? Nicht viel Krieg, nur lose. Kein zusammenhängendes Stück, sondern wie die alte Revuetradition ist... ein Paar. Vielleicht eine Frau, die einem Mann alles zeigt und die dann darüber sprechen als Publikum. Wie der Teufel den Faust führte, so die Weisheit den Tor: *Soldaten*.

Vielleicht der fürs Vaterland Gefallene, der die Welt sehen will, das wofür er gestorben ist, und dann sieht wie für Unsinn weiter gestorben wird.«[32]

Bis die Autorin die endgültige Fassung konzipierte, hatte sich der Grundgedanke mehrmals verändert. Eine Version, mit der sie soweit zufrieden war, daß sie sie Dorothy Thompson zur Begutachtung schickte, stellte sie schließlich in Florenz her.[33] Die Arbeit wurde formal nicht so progressiv wie ursprünglich geplant. Nicht lose Szenen kennzeichnen das Stück, sondern es besteht aus fünf Bildern, die den Akten des traditionellen Dramenaufbaus entsprechen.

Ihre Darstellung des Kriegsalltags ist indes alles andere als konventionell. *Heimat in Not* schildert nicht den Krieg aus der Perspektive des Schützengrabens, wie es der erste Entwurf vorsah. Statt Soldaten bestimmen Frauen die Szene. Eine Frau in Männerkleidern ist die Heldin. Die Männer sind nur Nebenfiguren. Die Autorin benutzt sie lediglich, um den Krieg dort sichtbar zu machen, wo die dauernden Folgen zu spüren sind: in der Heimat. Damit greift Winsloe ein Muster auf, das die Zeitstück-Autorinnnen bereits am Ende der Weimarer Republik erfolgreich erprobt hatten. Auch Ilse Langner und Rosie Meller erinnerten mit ihren Dramen über die Ängste und Nöte der Frauen an die Schrecken der Jahre 1914 bis 1918, um vor einem erneuten Völkermord zu warnen. Die Aufgabe, den Krieg aus der Sicht der Frauen zu zeichnen, stellte die Autorinnen vor Schwierigkeiten. Die Stücke litten vor allem am Anfang an einem Zuviel an Idyll und einem Zuwenig an Grauen.[34] In dieser Gefahr schwebt auch Winsloes Text. Ihre Szenen spielen in einem kleinen ungarischen Dorf, das selbst noch 1917 vom Krieg fast unberührt erscheint.

Das Morden an der Front ist fern. Zwar sind die Männer bis auf die Greise und Krüppel eingezogen, doch geht das Leben im Dorf unter den veränderten Bedingungen seinen gewohnten Gang: die Äcker müssen gepflügt, die Ernte eingebracht und das Vieh versorgt werden. Die Bewohner nehmen den Krieg wie eine Naturkatastrophe hin: »Krieg muß sein (...) Wenn die's machen, so wissen sie wohl auch warum.«[35]

Die Naivität der Bäuerinnen wird von der Autorin eingesetzt, weil sie offenbar aus dem Kontrast den Schrecken gestalten wollte. Ein junger Fremder, der im Dorf um Arbeit nachsucht, und die Soldaten, die von der Front zurückkommen, beenden das Idyll. Der 23jährige Pista ist so ganz anders als die Männer, mit denen die Frauen sonst zu tun haben. Er stellt den Frauen nicht nach; er scheint, im Gegenteil, vor körperlichen Berührungen geradezu zurückzuschrecken. Obwohl Pista Distanz wahrt, greift er doch in das Leben der Frauen ein. Ausgelöst durch seine bohrenden Nachfragen, machen sie sich zum ersten Mal eigene Gedanken über den Krieg.

Kriegsheimkehrer verstärken die Desillusionierung. Die Figur des János steht stellvertretend für diejenigen Soldaten, die den Krieg nur als seelische

Krüppel überlebten. Die grausame Realität an der Front hat auch die Beziehung zu seiner Frau Marcsa verändert. Den blinden Gehorsam, unter dem er beim Militär gelitten hat, fordert er nun von ihr. Marcsa steht dem Ausbruch an Gewalt, der ihr Leben bedroht, fassungslos gegenüber. Hilflos muß sie mitansehen, wie János innerhalb kurzer Zeit ihre Anstrengungen der vergangenen Jahre zunichte macht, den Hof zu erhalten. Marcsas Angst reizt ihren Mann um so mehr, weil er sieht, daß Pista ihr zur Seite steht.

Es kommt zum tödlichen Konflikt der vermeintlichen Rivalen. Pista ersticht den Kriegsheimkehrer mit der Mistgabel. Die Dorfbevölkerung sieht in der Auseinandersetzung die Rivalität um eine Frau, da Pista als Marcsas Liebhaber gilt. In dieser Situation kann Pista die wirkliche Identität nicht mehr geheimhalten. Sie ist eine Frau in Männerkleidung. Schlagartig verändert sich die Stimmung zu ihren Gunsten. Die Frauen verbünden sich mit ihr gegen den Gendarmen:

PISTA: (*bestimmt*) Nein, ich wollte keine Frau sein, weil Krieg ist, ich wollte keinen Bräutigam haben, keinen Sohn... das hättet ihr sehen sollen, wie mein Bruder da lag, tot, und meine Mutter... wie sie die Leiche angesehen hat... da wars aus mit mir, da habe ich die Kleider genommen vom Joszi und seine Papiere. Und wie die Mutter mich gesehen hat, hat sie geglaubt der Joszi lebt noch ... aber da bin ich weg, damit sie's nicht merkt ... jetzt ist sie im Irrenhaus und glaubt, der Joszi lebt noch –
FRAUENSTIMMEN: Schrecklich
Die Arme, ja wenn der Sohn hin ist ...
Der soll einen doch ernähren, wenn man alt wird –
PISTA: Dafür hat sie gearbeitet, dafür gehungert, dafür gefroren, ihr ganzes Leben lang, dass sie dann meinen Bruder so ... und niemand mehr, der für sie sorgt ...
GENDARM: (*einlenkend*) Man muß doch Opfer bringen fürs Vaterland...
FRAUENSTIMMEN: Aber wir haben ja nichts mehr,
Wir haben alles hergegeben...
Mein Mann...
ALTE FRAU: Meine Söhne...
MÄDCHEN: (*mit kleinem Kind*) Unser Vater...
VIELE: Alle... alle... keiner kommt wieder...
GENDARM: Ich weiss, ich weiss, es ist schlimm für euch. Aber es ist doch *Krieg*, es wird ja auch mal wieder anders werden...
ALTE FRAU: Ach, ich erlebe das nicht mehr...
ANDERE FRAUEN: Wir auch nicht... niemand...
GENDARM: Aber ihr müsst doch Geduld haben, die Männer draußen müssen ja auch aushalten...
FRAUEN: Wir haben keinen Krieg gewollt...

ANDERE: Wir wollten Frieden haben...
GENDARM: (*verzweifelt*) Aber ich kann doch keinen Frieden machen
FRAUEN: Ach, ihr Mannsbilder, ihr wollt immer raufen.
   Die Männer haben den Krieg gemacht...
   Die Männer habens gewollt...
ALLE: Ihr, ihr... (S. V,5–V,6)

Von der Schlußszene aus betrachtet, ist *Heimat in Not* das Antikriegsstück geworden, das Christa Winsloe in ihren Briefen an Dorothy Thompson ankündigte. Doch der gesamte Text ist nicht so eindeutig, wie es das letzte Bild nahelegt. Die Dramatikerin verknüpft in ihrem Text eine konventionell erscheinende Liebestragödie mit einem Bericht über das Leben der Frauen im Krieg. Doch keinen der beiden Stränge der Handlung führt sie konsequent bis zum Ende. Das Liebesmelodram hört zu dem Zeitpunkt auf, als das Drama gegen den Krieg für die Schriftstellerin an Wichtigkeit gewinnt. Der Agitationscharakter der Schlußszene zeigt, daß sie das Stück als einen Appell für den Frieden verstanden wissen wollte.

Doch erschließt sich der Protest des letzten Bildes aus den vorangegangenen Akten? Christa Winsloes Drama spielt wie Ilse Langners *Frau Emma kämpft im Hinterland* im Kriegsjahr 1917. Die Jahresangabe bleibt allerdings in Winsloes Text der einzige Hinweis auf die konkrete Situation. Winsloes Bestreben, »nicht viel Krieg« zeigen zu wollen, erweist sich als Manko. Das Schauspiel wirkt merkwürdig zeitlos. Wären da nicht die vereinzelten Ausbrüche der heimkehrenden Männer über die Grausamkeiten, die sie an Maas und Marne erlebten, *Heimat in Not* könnte auch zu jeder anderen Zeit spielen.

Verstärkt wird dieser Eindruck noch durch die farbenprächtige Kulisse eines ungarischen Dorfes, wo Zigeunermusik und bunte Trachten die Erlebnisse an der Front verblassen lassen. Den trostlosen Alltag hinter der Front macht Christa Winsloe auf diese Weise erträglich. Die Welt der Bäuerinnen verändert sich kaum. Im Gegensatz zu Ilse Langners Frau Emma sind sie von den Einschränkungen des Krieges – bis auf die fehlenden Männer – kaum betroffen. Frau Emma wandelte sich von der nationalen Patriotin zur entschiedenen Pazifistin, weil sie die Entbehrungen am eigenen Leib erfuhr. Hunger, Kälte und Angst waren ihre Lehrmeister. Keine der Frauen in *Heimat in Not* macht eine vergleichbare Entwicklung durch. Aus diesem Grund trägt die Handlung den Sprung von der ländlichen Idylle zum offenen »Aufruhr« kaum, wie der Gendarm den Protest der Frauen bezeichnet (S. V,6). Die politischen Forderungen wirken aufgesetzt, da den Personen des Dramas der Erfahrungshintergrund fehlt, um zu solchen Aussagen zu gelangen.

An dem letzten Akt stört nicht nur das plötzliche Einvernehmen unter den Frauen, das von der Handlung her nur ungenügend vorbereitet ist, sondern auch das simple Erklärungsmuster, das die Autorin anbietet: »Die Männer haben den Krieg gemacht!« (S. V,6) Winsloe, die ihren Bäuerinnen diese Worte in den Mund legt, macht es sich an dieser Stelle recht einfach. Die Autorin setzt hier weiblichen Pazifismus gegen männliche Kriegstreiberei und läßt somit das weibliche gegen das männliche Prinzip antreten. Dabei benutzt sie gängige Rollenfestlegungen. Die Frau steht für das Leben, der Mann für die tödliche Aggression.

Pista ist die einzige Figur, die offen mit der traditionellen Frauenrolle bricht. Sie wählt sich eine männliche Maske, um der Enge des weiblichen Lebenszusammenhangs zu entfliehen. Mit Pista formuliert Christa Winsloe ihr weibliches Ideal. Mit dem Kleiderwechsel legt Pista ihre alte Identität nicht völlig ab. Als positiv besetzte weibliche Eigenschaften bewahrt sie Einfühlungsvermögen und Mitleid, als männlich besetzte Tugenden gewinnt sie Stärke, Entschlossenheit, Mut und Tatkraft hinzu.

Damit ihr Anliegen deutlich wird, gestaltet die Autorin die männliche Verkleidung ihrer Figur nur halbherzig. Die Leser ahnen deshalb schon bei ihrem ersten Auftritt, was die Bewohner erst in der Schlußszene erfahren. Letzte Zweifel beseitigt eine Unterhaltung, die sich darum dreht, daß es besser ist, im Krieg keine Kinder zu bekommen:

MARCSA: (*Vertrauen fassend, leise*) Dann würde man den auch... holen, wenn Krieg ist ... (*leise schuldbewußt*) hab ich gedacht –
PISTA: *(nickt mit dem Kopf)*
MARCSA: Und wenns ein Mädchen wäre... (*leise, als sage sie etwas sehr Böses*) dann, dann gings ihr wie... mir...
PISTA: (*selbstvergessen*) oder wie mir...   (S. II, 23)

Christa Winsloe läßt Marcsa aus gutem Grund diesen Versprecher überhören. Die Autorin will Unvereinbares zusammenbringen. Auf der einen Seite möchte sie das ideale Verhältnis zwischen zwei Frauen, zwischen Marcsa und Pista, ausmalen, auf der anderen Seite nicht gegen Tabus verstoßen. So wählt sie eine Form, von der sie meint, daß sie sie aus diesem Dilemma befreien kann. Die männliche Maske Pistas läßt auch immer die Deutung zu, daß es sich nicht um eine gleichgeschlechtliche Beziehung handelt. Dafür spricht auch das Ende des Dramas. In dem Moment, als Pista ihre wahre Identität preisgibt, interessiert sich die Dramatikerin kaum mehr für das Verhältnis ihrer Protagonistinnen. Schon *Mädchen in Uniform* ließ die zwei Lesarten – Kritik an der preußischen Erziehung oder lesbische Tragödie – zu. Doch während sie bei ihrem Erfolgsstück die Handlungsfäden miteinander verwoben hat, schließen sie sich in *Heimat in Not* aus.

Die Pista-Handlung läuft im Grunde dem Teil der Fabel zuwider, der die Auseinandersetzung um Krieg und Frieden zum Thema hat. Die omnipotente Superfrau Pista untergräbt das pazifistische Anliegen. Christa Winsloes weibliche Gegenwelt orientiert sich im Grund an männlichen Vorbildern. Pista nimmt eine herausragende Rolle ein und maßt sich das Recht an, über Tod und Leben zu entscheiden. Damit unterscheidet sie sich kaum noch von János – der Mord an ihm bringt das sinnfällig zum Ausdruck. Der Bruch im Text entsteht dadurch, daß Christa Winsloe in der Pista-Handlung dem Ideal einer »anderen Frau« Gestalt verleiht. Doch dieses Ideal bezieht sie auf eine konkrete Situation: den Ersten Weltkrieg. Die Vision vom Frieden und die einer nicht mehr friedfertigen Heldin vertragen sich nicht.

Christa Winsloe ist es nicht gelungen, in dem Exil-Drama das erprobte Muster ihres Erfolgsstückes noch einmal aufzunehmen. Der Versuch, ihre wichtigsten Anliegen zusammenzubringen, mißlang. Warum sollte der Wunsch nach Frieden und Emanzipation in der Literatur glücken, da er in der Realität zum Scheitern verurteilt war? Christa Winsloes Versagen ist mehr als eine individuelle Unfähigkeit. Das Stück spiegelt die Verfassung einer Schriftstellerin wider, deren politische Heimat in Not geriet und die deshalb in ihren literarischen Texten keine gültigen Antworten mehr auf die drängenden Fragen der Zeit fand. Die Ungleichzeitigkeiten und die Brüche, die sie erlebte, konnte sie auch in der Fiktion nicht mehr glätten. Zu einem Zeitpunkt, als alle Entwürfe brüchig geworden sind, gesteht Christa Winsloe indirekt ihre Ratlosigkeit ein. Die Schwäche der Arbeit sehe ich nicht in der Tatsache, daß Winsloes fiktive Welt nicht mehr funktioniert, sondern darin, daß die Dramatikerin die Erfahrung der Krise nicht bewußt in ihren Text einbaut.

---

1 Brief von Christa Winsloe an Dorothy Thompson von 1941. Das Schreiben befindet sich im Dorothy-Thompson-Nachlaß der George Arents Research Library der Universität von Syracuse/USA. Dort hatte Dorothy Thompson studiert. — 2 Undatierter Brief an Dorothy Thompson. Auf der ersten Seite ist in einer anderen Handschrift die Jahreszahl 1933 vermerkt. Es kann sein, daß diese Ergänzung von Dorothy Thompson stammt, denn sie hatte ihre Papiere durchgesehen und sortiert, um ihre Biographie zu schreiben. — 3 Undatierter Brief an Klaus Mann. Christa Winsloe erwähnt in ihrem Schreiben, daß sie Klaus Manns *Mephisto* brillant gefunden habe. Manns Exilroman erschien 1936. Der Brief befindet sich in der Handschriften-Sammlung der Stadtbibliothek München. — 4 Hilde Rubinstein, zitiert nach Anneliese Mehlmann: *Künstler und Mensch*. Stockholm 1970, S. 7; dies.: »Bewältigung des Übermächtigen«. In: Kürbiskern (1967) H. 1, S. 154. — 5 Franz Theodor Csokor: *Zeuge einer Zeit. Briefe aus dem Exil 1933–1950*. Wien/München 1964, S. 37. — 6 Salka Viertel: *Das unbelehrbare Herz. Ein Leben in der Welt des Theaters, der Literatur und des Films*. Hamburg/Düssel-

dorf 1970, S. 287. — 7 »Schriftsteller im Exil. Zwei Jahre deutsche literarische Sendung im Rundfunk in New York«, zitiert nach Helmut Pfanner: »Die Rolle der Frau im Exil«. In: *Analecta Helvetica et Germania. Eine Festschrift zu Ehren Hermann Boeschensteins*, hg. von A. Arnold, H. Eichner, E. Heier und S. Hoefert. Bonn 1979, S. 345. — 8 Alice Herdan-Zuckmayer: *Die Farm in den grünen Bergen.* Hamburg 1978, S 12. — 9 Pfanner, a.a.O., S. 342. — 10 Vgl. Gabriele Kreis: *Frauen im Exil. Dichtung und Wirklichkeit.* Düsseldorf 1984, sowie den Beitrag von Heike Klapdor in diesem Band. — 11 Maria Leitner in einem Brief vom 28.1.1939 an Hubertus Prinz zu Löwenstein, zitiert nach Kreis, a.a.O., S. 141. — 12 Christa Winsloe in einem Brief an Dorothy Thompson, vgl. Anm. 1. — 13 Ingeborg Franke: »Manja«. In: Das Wort 3 (1938) H. 12, S. 136. — 14 Franz Carl Weiskopf: *Unter fremden Himmeln. Ein Abriß der deutschen Literatur im Exil.* Berlin 1948, S. 27. — 15 Ebd. — 16 Hilde Rubinstein im Gespräch mit Hajo Steinert. Ders.: »Meine Heimat ist meine Sprache«. Porträt der Schriftstellerin Hilde Rubinstein, Feature des Deutschlandfunks Köln vom 18. Juli 1988. — 17 Klaus Mann: *Der Wendepunkt.* München 1981, S. 335. — 18 Curt Trepte: »Deutsches Theater im Exil der Welt. Ein Übersichtsbericht über die Tätigkeit deutscher Theaterkünstler in der Emigration von 1933–1946«. In: *Protokolle des II. Internationalen Symposiums zur Erforschung des deutschsprachigen Exils nach 1933 in Kopenhagen 1972,* hg. vom Deutschen Institut der Universität Stockholm. Stockholm 1972, S. 521. — 19 Hilde Rubinstein: *Der große Coup;* oft umgearbeitete, nie gedruckte Komödie. — 20 Schon die Geschichtsstücke Berta Lasks und Friedrich Wolfs während der Weimarer Republik besaßen einen hohen politischen Aussagewert. Ähnlich verhält es sich mit dem Drama *Die Affäre Dreyfus* von Rehfisch und Herzog, das den Justizskandal in Frankreich am Ende des 19. Jahrhunderts nachzeichnet. Die Autoren klagten damit die Justiz der Weimarer Republik an. — 21 Alfred Döblin: »Der historische Roman und wir«. In: Das Wort 1 (1936) H. 4; wieder abgedruckt in Ernst Loewy (Hg.): *Exil.* Bd. 3. Frankfurt/M. 1982, S. 880. — 22 Hilde Rubinstein: *Hungerstreik,* 5 Szenen 1945 (Ms., unveröffentlicht); *Kannst Du lachen, Johanna? Nachspiel zu Hungerstreik,* 1949 (Ms., unveröffentlicht). Die nachfolgenden Zitate aus den Stücken werden fortlaufend im Text zitiert. — 23 Brief von Hilde Rubinstein vom 18.12.1989. — 24 Sigrid Weigel: »*Und selbst im Kerker frei ...!« Schreiben im Gefängnis. Zur Theorie und Gattungsgeschichte der Gefängnisliteratur (1750–1933).* Marburg/Lahn 1982, S. 18. — 25 Vgl. den Einakter von Maria Lazar *Der Henker.* — 26 Vgl. Peter Martin Lampels Stück *Revolte im Erziehungshaus,* das am 2.12.1928 in Berlin uraufgeführt wurde. — 27 Abschrift eines Gutachtens des Kritikers Gösta M. Bergmann, das Hilde Rubinstein vom *Königlichen Dramatischen Theater* in Stockholm zugeschickt wurde. — 28 Undatierter Brief Winsloes aus Salzburg. — 29 Undatierter Brief von der Überfahrt, einige Stunden vor der Ankunft in Gibraltar verfaßt. — 30 Christa Winsloe: *Das Mädchen Manuela,* Amsterdam 1933. — 31 Brief aus Berlin von Christa Winsloe handschriftlich mit dem Zusatz versehen: »15. III. 1934 (vor einem Jahr reisten wir nach Portofino)«. — 32 Brief aus Portofino an Dorothy Thompson. Handschriftlicher Vermerk 14. 3. 1934. — 33 Christa Winsloe: *Heimat in Not,* undatiertes Bühnenmanuskript. — 34 Ilse Langner: *Frau Emma kämpft im Hinterland.* Berlin 1930, und Rosie Meller: *Die Weiber von Zoinsdorf,* Wien/Berlin 1932. Während Langners Stück in der Großstadt Berlin spielt, wählt Rosie Meller ebenso wie Winsloe das Dorf als Ort der Handlung. Auch Mellers Bäuerinnen müssen in den Kriegsjahren die Feldarbeit allein erledigen. Sie gewinnen dadurch ein neues Selbstbewußtsein. Ihre neugewonnenen Rechte wollen sie nicht mehr an ihre heimkehrenden Männer abtreten. Doch am Ende von Mellers Stück ist der alte Zustand wieder hergestellt. Um das zu erreichen, gleitet das Drama ins Irreale ab. Die Verfasserin setzt gleich zwei Feuersbrünste ein, damit die Frauen zur Besinnung kommen und die Männer ihre alte Autorität wieder erlangen. — 35 *Heimat in Not,* a.a.O., S. I, 16. Die nachfolgenden Zitate werden fortlaufend im Text nachgewiesen.

Ruth Dinesen

Exil als Metapher
Nelly Sachs: *Flucht und Verwandlung* (1959)

I

»Exil« und »Heimat« schließen sich gegenseitig aus. Wer in der Heimat ist, ist nicht im Exil, wer im Exil ist, ist nicht zu Hause. Nelly Sachs aber suchte nach einem Ausdruck für die Koinzidenz von Exil und Heimat, eine seltene und immer als Epiphanie erlebte Erfahrung, die für sie von tragender Bedeutung wurde. Mit dem Motto:

An Stelle von Heimat
halte ich die Verwandlungen der Welt –[1]

das sie ihrer 1959 erschienenen Gedichtsammlung *Flucht und Verwandlung* voranstellte, erhob sie das Exil zur eigentlichen Heimat. Das Gedicht *In der Flucht*, in dem dieses Motto die beiden Schlußzeilen bildet, nimmt eine zentrale Stellung nicht nur in dem Gedichtband, sondern überhaupt in ihrem Werk ein. Die Dichterin las den Text bei feierlichen Gelegenheiten immer wieder[2] und betonte damit seine Bedeutung als Glaubensbekenntnis[3].

Hermann Hesse, einer ihrer Lieblingsautoren, läßt seinen Landstreicher Knulp vor seinem Tod ein letztes Mal die Heimat aufsuchen: »Noch einmal kostete der Heimgekehrte das Licht und den Duft, die Geräusche und Gerüche der Heimat und die ganze erregende und sättigende Vertrautheit des Daheimseins (...) Mit allen Sinnen schlürfte der Heimatlose den vielfältigen Zauber des Zuhauseseins, des Kennens, des Wissens, des Sicherinnerns, der Kameradschaft mit jeder Straßenecke und jedem Prellstein.«[4]

Nelly Sachs war in Berlin geboren und groß geworden. Dort ging sie zur Schule, und dort lebte sie das Leben einer unverheirateten, einzigen Tochter im vornehm-zurückgezogenen Tiergarten-Viertel, bis sie als neunundvierzigjährige Frau ins Exil gezwungen wurde. Stockholm mit der bescheidenen Mietshaus-Wohnung in einem Arbeiterviertel konnte nie die Qualitäten einer Heimat für sie besitzen, die Vertrautheit »des Kennens, des Wissens, des Sicherinnerns«. Es fehlten die Kindheits-Erinnerungen – gute und schlechte –, die Erfahrungen mit Freunden, Lehrern, Ladenbesitzern. Nie erreichte sie die innere Vertrautheit mit den Gefühlen und Gewohnheiten ihrer Nachbarn, die die schlafwandlerische Sicherheit gewährt, auf Leute und Ereignisse angemessen zu reagieren. Immer blieb sie darauf angewiesen, in den Kontext ihrer in Berlin angesammelten Erfahrungen zu übersetzen. Das unstabile Gefühl des Fremdseins konnte sie nie abschütteln.

Nach dem Tod ihrer Mutter im Februar 1950 der Einsamkeit endgültig verfallen, saß Nelly Sachs in ihrer Küchenecke auf der Bettkante, einen kleinen runden Tisch mit der altmodischen Schreibmaschine vor sich und schrieb Tausende von Briefen und einige hundert lyrische und szenische Gedichte. Ein Großteil der dichterischen Texte sucht nach einer Möglichkeit, mit Worten die Grenzen der Welt nach einer Öffnung ins Transzendente hin abzutasten: es finden sich aber in den Briefen auch ab und zu Wendungen für die extreme Fremdheit einer Exilierten. Einmal im Monat März – den gefrorenen Mälar-See unter ihren Fenstern, darüber einen eisigen Himmel schwer von grauen Wolken – erinnert sie sich »plötzlich« an die frühen Morgenspaziergänge mit dem Vater im Tiergarten, wo im April der Faulbaum blühte.[5] In einem Brief vom 15.2.1958 an Peter Hamm formuliert sie ihr Gefühl des Fremdseins: »Peter, es ist ein hartes Klima, in der Fremde zu sein! Glaub es mir. Es gehört Mut, immer wieder Mut dazu.«[6]

Wenn Nelly Sachs das Exil als ihre Heimat erwählt, kann dieses Zuhause also keine Rückkehr in das Land der Kindheit im Sinne Hermann Hesses bedeuten. Sie sucht und findet im Begriff des Exils einen Namen für die Lebensbedingung ruheloser Flüchtlinge, eine Bleibe für das Volk der Heimatlosen.[7] Mehr noch, die Lebensbedingungen des Fremdseins erhalten durch ihre Dichtungen eine kosmische Dimension. Exil als ein Zustand dieser Welt wird religiös besetzt.

II

Mit der Annahme des Manuskripts *Und niemand weiß weiter*[8] durch den Verleger Heinrich Ellermann stand Nelly Sachs an der Schwelle ihres dichterischen Durchbruchs in der deutschen Öffentlichkeit. Damit wurde ihr nicht nur die Last von einer Vielzahl unveröffentlichter Gedichte genommen; das ungewohnte Gefühl, gehört zu werden, setzte sie für neue Inspirationen frei.

Briefe an junge Freunde enthalten Formulierungen, die später in den Gedichten in veränderter Form wiederkehren. In einem Brief vom 25.8.1957 an Peter Hamm beschreibt sie ein seltsames Naturerlebnis: »Gestern in Bohuslän gewesen bei Freunden in der Fischerhütte. Nur *Felsen kahl hart geschichtet. Urwelt-Meer brausend schwarz mit Silbersonne. Unser Planet macht hier einen letzten Schritt ins Gesichtlose.* Mein Herz stürzte mit.«

Und am 1.2.1958 schreibt sie an Hans Magnus Enzensberger: »Schön Euch zu denken: eingebettet, *eine Familie zwischen Felsen und Meer – diesem ja für uns alle größeren Zuhause,* das nur sonst auf der Welt überklebt und in unzählige Schnitzel verkleinert wird.«⁹

Einige Gedichte des Bandes *Flucht und Verwandlung* von 1959, die um die Themen »Heimat« und »Exil« kreisen, verarbeiten Inspirationen und Einsichten, die in den Brieftexten ihren ersten andeutenden Ausdruck fanden:

ERLÖSTE
aus Schlaf
werden die großen Dunkelheiten
der Steinkohlenwälder
5   auffahren
abwerfen
das glitzernde Laub
der Lichterjahre
und ihre Seele aufdecken –

10 Beter
nackend
aus Blitzen
und Gesang aus Feuer
kniend
15 stoßend
mit Geweihen des Außer-sich-Seins
wieder an den Klippen des Anfangs
bei der Wogenmütter
Welt einrollender Musik.¹⁰

Das Gedicht bettet das menschliche Leben in kosmische Dimensionen ein. Als *pars pro toto* für die Erde enthält das Wort »Steinkohlenwälder« (Vers 4) bereits in dem Partikel »Stein-« die ganze »Schwere« des Lebens, während es als »Kohlenwälder« auf die Transformation des lebendigen Waldes in Stein verweist. Die »großen Dunkelheiten« (Vers 3) erinnern an manche Äußerungen in Briefen über die dunklen Wintertage des schwedischen Exils. Die Wälder, einmal von Schlaf übermannt und in die mineralische Existenz der Kohle gebannt, werden aufwachen, die Kohle wird ihre Lebensessenz enthüllen, den Kern ihrer Daseinsform. Das »glitzernde Laub« (Vers 7) der wieder auferstandenen Bäume enthält die Erinnerung an die langen Jahre der Dunkelheit, eine Zeitspanne, für die Nelly Sachs das sonst von den Astrophysikern benutzte »Licht(er)jahre« verwendet. Durch das langsame Wachstum der Kohle werden Dunkelheiten in lebendiges Licht transformiert. Die Enthüllung des Lichtes aber ist nicht der letzte Schritt in der visionären Benennung der inneren Dynamik der scheinbar toten Materie. Wie gewöhnliche Bäume im Herbst lassen die Bäume der Dunkelheiten ihre Blätter fallen und stellen so ihre Struktur bloß. Sie werden »nackend« (Vers 11), ihres Fleisches entblößt, ihr Inneres wird sichtbar, sie decken »ihre Seele« auf (Vers 9).

Wie aus dem Wort »Seele« hervorgeht, bedeutet diese Entdeckung keine Rückkehr in die frühere Existenzform, sondern eine geistige Wiederkehr, die für Nelly Sachs auf die Essenz eines jeden Lebewesens verweist. In dem Gedicht *In einer Landschaft aus Musik*[11] verwendet sie den Duft, der »holzlos schwebt«, als Bezeichnung für die Essenz des Sandelbaumes. In dem Gedicht *Erlöste aus Schlaf* besteht der Wesenskern der in Kohle transformierten Wälder aus Energie, die sich als Licht und Klang darstellt. Die Bilder erinnern an ein Gewitter oder an eine vulkanische Eruption. Schon der Ausdruck »auffahren« (Vers 5) der ersten Versgruppe bezeichnet eine jähe Aufwärtsbewegung[12], die durch die enormen Kraftkonzentrationen in den Tiefen der »Steinkohlenwälder« verursacht wird.

Ohne daß die »Seele«, das heißt der dynamische Kern der Kohle, als Person gesehen wird, sorgen Verben menschlicher Tätigkeiten für eine Art Repräsentativität. Die zweite Versgruppe vermittelt den Eindruck eines ekstatischen Gottesdienstes. Der Gläubige ist ›außer sich‹ (Vers 16) und gelangt in der Ekstase, begleitet von der weltumspannenden Musik des Meeres, an die »Klippen des Anfangs« (Vers 17 bis 19), an den Sitz göttlichen Schöpfertums. Der kosmische Gottesdienst wird vom Licht der Blitze eingeleitet, vom Feuer zu einer Begegnung mit dem Stein des Felsenriffs und den Wassern des Meeres geführt: die vier mystischen Elemente werden in einer gemeinsamen Anstrengung konzentriert, um den Zutritt zu der Sphäre des Schöpfers oder »des Anfangs« (Vers 17) wieder zu gewinnen.[13]

Das härteste und am wenigsten belebte der Elemente, der Stein, hat seine Seele freigesetzt, und diese offenbart sich als Feuer und Äther (d.i. Licht). Das Feuer jedoch als Emblem des Geistes ist dasjenige der vier Elemente, welches Gott am nächsten steht. Der kosmische Gottesdienst erscheint als eine große Vereinigung der Elemente der sichtbaren Welt, eine Vereinigung, die einen neuen Anfang aus den Strömen des Chaos ankündigt – allerdings nicht durch das schöpferische Wort des Vaters, sondern durch das Wirken der Mütter, direkt aus den Wassern des Lebens.

Das adjektivische Partizipium ›Welt einrollend‹ (Vers 19) kann erst einmal ganz naiv gelesen werden. Wellen rollen die Welt an den Strand, wie einen kostbaren Stein oder ein Stück Bernstein.[14] In einer anderen möglichen Bedeutung von »einrollen«, die wir vom Eishockey kennen, würde die Welt als Ball, der von out-side wieder ›ins Spiel gebracht‹ wird, erscheinen. Damit erhielte die verbrauchte Welt eine neue Chance im Wechselspiel der Verwandlungen.

Im Hinblick auf die jüdische Komponente im Werk der Nelly Sachs könnte die mögliche Bedeutung von ›einrollen‹: ›eine Rolle herstellen‹ auf die Thora-Rollen anspielen. Es kann nicht ausgeschlossen werden, daß auch diese Bedeutung mitschwingt – sie würde dem schon Gesagten jedoch ohne dogmatischen Inhalt lediglich eine noch auffallendere religiöse Note beifügen.

Die strenge zielgerichtete Bewegung des Gedichts findet im Schlußwort »Musik« zur adäquaten Bezeichnung für die am Anfang angesagte »Erlösung«. Nelly Sachs hatte schon in der vorhergehenden Gedichtsammlung mit den Versen: »und der Stein seinen Staub / tanzend in Musik verwandelt«[15] ein ähnliches Bild für ihre Sehnsucht nach einem Leben unter neuen Konditionen entworfen, einem Zustand, der die Verwandlung der harten und schweren Materie der Erde in geistige Essenz bedeuten würde.

Zu anderen Zeiten formulierte die Dichterin ihre Sehnsucht als Vision einer neuen wortlosen Sprache. Dieses zentrale poetologische Konzept kündigt sich bereits in der Vorstellung vom wortlosen »Beten und Singen« an. Während die reine Sprache der Natur, unberührt von menschlichen Worten, dem materiellen Leben angehört, wird die Musik als geistige Sprache einer neuen Zukunft aufgefaßt.[16]

Das Gedicht *Erlöste aus Schlaf* erschließt einige wesentliche Züge der Idee von den »Verwandlungen der Welt«, die sich als unaufhörliche Metamorphosen der inneren Kräfte der lebendigen Natur – Äther, Feuer, Stein und Wasser – auf dem Wege zu einem neuen Anfang vollziehen. Diese nie aufhörende Bewegung erwählt Nelly Sachs sich mit ihrem Motto zu den Gedichten in *Flucht und Verwandlung* als »Heimat«.[17]

III

Die Dynamik des Gedichts galt einer kosmischen Natur voller Leben, aber ohne Tiere und Menschen. Die Welt wird als Stern gesehen, der sich selbst zur Erlösung überlassen ist. In dieser Welt ohne schöpferisches Wort ertönen Gesang und Musik als vor- und nach-sprachliche Phänomene. Nur die Dichterin ist Zeugin dieser Metamorphosen der Natur. Durch kein »lyrisches Ich« repräsentiert, liefert sie, selbst ungesehen, Worte für den Bericht von einem öden Planeten in einem Verwandlungsprozeß von übermenschlichen Dimensionen. Wie aber kann sie diese Landschaft als »Heimat« bezeichnen?

In dem Motto hatte die Dichterin für sich gesprochen, wenn sie sagte: »An Stelle von Heimat / halte ich die Verwandlungen der Welt –«. Im folgenden Gedicht benutzt sie eine Stellvertreterin:

TÄNZERIN
bräutlich
aus Blindenraum
empfängst du
5 ferner Schöpfungstage
sprießende Sehnsucht –

Mit deines Leibes Musikstraßen
weidest du die Luft ab
dort
10 wo der Erdball
neuen Eingang sucht
zur Geburt.

Durch
Nachtlava
15 wie leise sich lösende
Augenlider
blinzelt der Schöpfungsvulkane
Erstlingsschrei.

Im Gezweige deiner Glieder
20 bauen die Ahnungen
ihre zwitschernden Nester.

Wie eine Melkerin
in der Dämmerung
ziehen deine Fingerspitzen
25 an den verborgenen Quellen
des Lichtes
bis du durchstochen von der
Marter des Abends
dem Mond deine Augen
30 zur Nachtwache auslieferst.

Tänzerin
kreißende Wöchnerin
du allein
trägst an verborgener Nabelschnur
35 an deinem Leib
den Gott vererbten Zwillingsschmuck
von Tod und Geburt.[18]

Die Tänzerin war schon immer die von Nelly Sachs bevorzugte Künstlergestalt. Nur so können wir die frühe Grabschrift auf Dora Horwitz[19] verstehen. Die Jugendfreundin der Dichterin wird dort als Tänzerin apostrophiert, obwohl sie in Wirklichkeit Malerin war. Die Tänzerin repräsentiert für Nelly Sachs die höchste Geistigkeit, weil in ihrem Leib die Musik Körper angenommen hat (Vers 7). Ihre Kunst macht die Musik sichtbar, die wortlose Sprache der dichterischen Visionen.[20]

Mit seinen siebenunddreißig Versen beschreibt dieses relativ umfangreiche Gedicht eine zeitliche Entwicklung. Am Schluß des Gedichts ist die Situation eine andere als am Anfang. Die erste Versgruppe zeigt die Tänzerin als Braut. Sie ähnelt nicht nur einer Braut – wie man vielleicht aus dem Wort »bräutlich« schließen könnte –, sie befindet sich in der Lage einer Braut mit dem »Blindenraum« als Bräutigam, von dem sie die »sprießende Sehnsucht« (Vers 6) empfängt. Mit diesen Worten wird das Wachsen des Kindes im Mutterschoß assoziiert. Die letzte Versgruppe wiederum beschreibt die Geburt des göttlichen Kindes (»Gott vererbt«, Vers 36), das von der Nabelschnur noch nicht abgeschnitten, also noch immer abhängig von der Ernährung durch den mütterlichen Körper ist. Das Gedicht umfaßt also den Prozeß der Schwangerschaft. Die zweite Versgruppe assoziiert den Körper einer schwangeren Frau, indem die Ernährung der Tänzerin und die runde Form des zu gebärenden »Erdballs« ausdrücklich benannt werden. Die dritte Versgruppe greift mit den »leise sich lösende(n) Augenlider(n)« und dem Schrei des Neugeborenen dem Vorgang der Geburt voraus. In der vierten Versgruppe werden diese Träume und Phantasien einer schwangeren Frau gedichtlogisch »Ahnungen« benannt, während die fünfte Versgruppe Anspielungen auf die Muttermilch und die Sorgen einer Schwangeren enthält. Die »Marter des Abends« (Vers 28) weist auf die Gefühle der »kreißenden Wöchnerin« von Furcht und Schmerz voraus (Vers 32).

In der Figur der Braut hat Nelly Sachs nicht nur die konkreteste, sondern gleichzeitig die vorstellbar weiblichste Heldin geschaffen, die ihren Auftrag durch Schwangerschaft und Entbindung erfüllt, wobei der Bräutigam merkwürdig fern erscheint. Was dem Leser wie eine Trauung erscheint, ist eine entfernte Begegnung, über die Grenzen des Kosmos hinaus das Erblicken und Erkennen einer transzendenten Dimension ohne Namen. Der »Blindenraum« erinnert an die äußerste Dunkelheit hinter dem Licht und dem Feuer der Schöpfung, an die undurchdringliche Dunkelheit, die den ungesehenen und unbekannten Gott des *Sohar* umgibt.[21] Dieses unpersönliche Wesen wird hier als »blind« vorgestellt: eigenschaftslos besitzt es weder Sehvermögen noch Kraft zum Lichtspenden. Diese Assoziation in der ersten Versgruppe an das höchste, geheime Wesen des *Sohar* wird durch den Verweis auf die »fernen Schöpfungstage« im fünften Vers erhärtet. Es sieht so aus, als hätte der Schöpfungsvorgang noch nicht angefangen, als würde die Welt immer noch darauf warten, in Erscheinung zu treten, was mit der Vorstellung der »Blindheit« des schöpferischen *Nihil*, der brütenden Finsternis über den Wassern des Chaos übereinstimmt.

Im Gegensatz zum ersten Gedicht fehlt der Verweis auf das Wasser. Die Verse 10 bis 12, worin »der Erdball neuen Eingang sucht zur Geburt«, sowie das grundlegende Bild einer vulkanischen Eruption in der dritten Versgruppe erinnern jedoch an das Erwachen der Steinkohlenwälder in Feuer und Licht und deren Sturmlauf »an den Klippen des Anfangs« (*Erlöste aus Schlaf*, Vers 17). Obwohl es die »leise sich lösende(n) Augenlider« (Vers 15–16) und den »Erstlingsschrei« (Vers 18) des Neugeborenen in zentraler Stellung enthält, handelt dieses zweite Gedicht von einem weniger elementaren als geistigen Aspekt der Erlösung. Diese geistige Dimension erscheint in den Versen, die den Ausbruch der nach Geburt suchenden Erde einrahmen. Vers 7 bis 8 entwerfen ein Bild der Tänzerin, wie diese in der »Luft« ihre Nahrung sucht, als würde sie auf Feldern nahe an der Grenze zur Transzendenz oder zumindest in der Sphäre des Kosmos »weiden«, wie dies auch aus dem analog zu »Sternenstraßen« gebildeten Wort »Musikstraßen« zu schließen ist. Wie die Dichterin, die mit Hilfe der Sprache den Ort der Offenbarung, die Möglichkeit einer Epiphanie sucht, so setzt ihr *alter ego* die wortlose Musik für ihren Auftrag auf der Suche nach einem neuen Anfang ein. Die »zwitschernden Nester« (Vers 21) entsprechen der ›Musik‹ (Vers 7). Hier hat die Musik ihres Leibes schon Nester voller Vogeljungen geschaffen, die, als ein Bild für die Vision eines neuen und andersartigen Lebens – wie dies in dem Wort »Ahnungen« (Vers 20) präzisiert wurde – der Musik körperliche Existenz verleihen. Diese Rahmenverse spiegeln den Eindruck vom schwangeren Körper der Tänzerin, sie umfassen den »Erdball«, als wäre er ein wachsender Embryo, und halten gleichzeitig die geistige Dimension des Geburtsvorgangs aufrecht.

Die fünfte Versgruppe erscheint in diesem Zusammenhang sonderbar überflüssig. Ohne diesen Teil ergäbe das Gedicht eine schöne strenge Komposition, angefangen und abgeschlossen mit dem Bild der Tänzerin, in der ersten Versgruppe als Braut, in der letzten als Wöchnerin; dazu den oben beschriebenen Rahmen (Vers 7–8 und 19–21) als einen zweiten Kreis, der den Körper der Tänzerin darstellt, wie dieser die Erde umschließt. Die fünfte Versgruppe paßt nicht in diese Struktur. Welche Funktion hat sie also? Sie markiert am Verlauf der Gedicht-Zeit die notwendige Aufschiebung der Geburt.

Nun handelt das Gedicht von keiner normalen Schwangerschaft. Die Tänzerin trägt »an verborgener Nabelschnur« (Vers 34) die Bedingungen eines neuen kosmischen Lebens. Um ein unmißverständliches Bild ihrer außergewöhnlichen Aufgabe zu vermitteln, zeichnet die fünfte Versgruppe sie als kosmische Melkerin, die das Licht aus geheimen Quellen wie Ströme von Milch über die Erde gießt, bis der Tag zu Ende geht. Sie geht aus am Morgen wie die Sonne des 19. Psalms, deren Strahlen nicht nur das Sehen ermöglichen, sondern vor dessen Glut sich nichts auf der Erde verstecken kann. Licht-Spenden und Sehen als unteilbare Einheit ergeben den Hintergrund für Vers 29 bis 30, in welchen die Tänzerin ihre Augen an den Mond, zum Scheinen und zum Wachen, weiterreicht. Der Hinweis auf die Bibel erfolgt nicht zufällig. Die Beschreibung des schweren Auftrags der Tänzerin erinnert an die Passion Christi, der in der Nachtwache auf dem Ölberg unterlag, der gemartert und durchstochen wurde. Die Ähnlichkeit mit der Christus-Figur erklärt den Zutritt der Tänzerin zu den »verborgenen Quellen« – göttlichen oder schöpferischen – »Lichtes« (Vers 25–26). Die Sonne des 19. Psalms »geht heraus« am Morgen »wie ein Bräutigam aus seiner Kammer«. Dieses Bild könnte Nelly Sachs dazu inspiriert haben, ihre Tänzerin als Braut darzustellen.

Nelly Sachs stammte »aus christlichem Elternhaus«, wie sie sich gelegentlich ausgedrückt haben soll.[22] Deshalb sind Referenzen auf Christus oder auf die Bibel nicht erstaunlich. Von den Nazis zur Jüdin abgestempelt und zur Flucht gezwungen, eignete sie sich in den Jahren des Exils Elemente jüdischer Tradition an, die mit ihren eigenen religiösen Vorstellungen übereinstimmten. Zugleich drückte sie damit ihre Solidarität mit dem jüdischen Volk aus. Es war ein Glücksfall für sie, durch Martin Bubers Nacherzählung den Bilderreichtum chassidischer Mythen und – als Ergänzung zu diesen naiven Legenden – durch Gershom Scholems Übersetzung des *Sohar* die mystische Esoterik der spanischen Kabbala kennenzulernen. Diese Entdeckungen liegen vor der Entstehung des Gedichts und erlauben, in seiner bräutlichen Tänzerin eine Spiegelung der Schechina zu erkennen. Für die Kabbalisten hat der äußerste Grund aller Existenz, der *en-sof*, keine Eigenschaften und äußert sich nicht. Verborgen und unbekannt ist die Stätte dieses Gottes, sein dunkler Ort aber von einer Strahlenglorie umgeben, von der aus Lichtstrahlen durch verschiedene Stufen Gestalt annehmen, bis sie den jungfräulichen Schoß der Schechina erreichen und als Samen die Schöpfung ermöglichen. Deshalb erscheint Schechina bisweilen als Braut, die weiblichen schöpferischen Potenzen des geheimen, unbekannten Gottes darstellend, während gleichzeitig das göttliche Strahlen durch sie gebrochen und das Licht den Menschen erträglich und erkennbar gemacht wird. – Die Melkerin des Gedichts wäre ein wunderbares Gleichnis für diese Funktion! Bisweilen wurde eher die negative Seite der Weiblichkeit der Schechina herausgekehrt. Als rein rezeptiver Teil der Göttlichkeit wurde sie dann als öde Landschaft, als ein vom Quellwasser abhängiger Brunnen oder als bloße Spiegelung des Lichtes, das heißt als Mond beschrieben. Die Ähnlichkeit mit der Tänzerin der fünften Versgruppe ist frappierend.[23]

Getrennt von der göttlichen Sphäre befindet sich die Schechina im Exil, gefangen und versteckt in jedem kleinsten Teil der lebendigen Welt. In jedem menschlichen Wesen, in jedem Tier und jedem Baum, ja in jedem Stein und jedem Regentropfen sind Bruchstücke ihrer Göttlichkeit enthalten. Diese eingeschlossenen göttlichen Funken sehnen sich nach Wiedervereinigung mit dem Schöpfer. Als personifizierte Sehnsucht ähnelt die Schechina einer Braut, die sich nach dem Bräutigam sehnt. Die Sehnsucht der Schechina aber betrachtet Nelly Sachs nicht als ruhende Passivität, sondern als dynamische Passion, die einmal die Türen des Himmels aufbrechen wird. Abgeschnitten von ihrem Ursprung steht »Schechina (...) die Staubgekrönte«[24] – nur einmal in der Dichtung der Nelly Sachs beim Namen genannt – als Bild für Israel in der Diaspora und für eine Welt im Exil, der göttlichen Sphäre entfremdet, aber mit einer Erinnerung an ihren Ursprung und einer Sehnsucht nach Wiedervereinigung mit eben dieser Göttlichkeit, was gleichbedeutend mit Erlösung wäre. Ihre schöpferische Weiblichkeit hat Folgen sowohl für die lebendige Welt als auch für den verborgenen Gott.

Es muß also angenommen werden, daß diese fünfte Versgruppe notwendig ist, um die einzigartige Position der Tänzerin-Figur des Gedichts ganz klar herauszustellen und den Übergang zu der abschließenden letzten Versgruppe zu ermöglichen. Der offene Schluß des Gedichts gibt zu erkennen, daß die Geburt einer neuen Welt nicht zu Ende geführt wird. Die Tänzerin verbleibt in der Position einer »Wöchnerin«, wie es an dem offenen Nabelstrang erkennbar ist, an dem – immer noch ernährt aus ihrem Körper – nicht ein Kind, sondern zwei Kinder hängen, dieser »Zwillingsschmuck« (Vers 36), der für die komplementäre Doppelheit »von Tod und Geburt« (Vers 37) steht. Der Tänzerin von Gott oder umgekehrt Gott von der Tänzerin überantwortet (»Gott vererbt«, Vers 36), signalisiert der »Zwillingsschmuck« nicht den ersehnten Neubeginn kosmischen Lebens, sondern die Wiederkehr der Metamorphosen, von Generation zu Generation weitergereicht.

Das Gedicht führt uns nicht in eine himmlische Heimat, wie man es von der unmißverständlichen religiösen Färbung der Sprache und Bilder hätte erwarten können. Ein menschliches Wesen wird apostrophiert, dem es aufgetragen ist, die nie aufhörende Bewegung der Metamorphosen der Welt aufrechtzuerhalten, und dessen tänzerische Bewegungen mit seiner ruhelosen kosmischen Heimat übereinstimmen. Die Figur erscheint als Erlöserin einer Welt, die – wie es im ersten Gedicht gezeigt wurde – nicht aus eigener Kraft zu einem neuen und besseren Anfang finden kann. In den Bildern von der kosmischen Melkerin und vom »Gott vererbten Zwillingsschmuck« (Vers 36) wird der letzte und gefährlichste Auftrag der Erlöserin angedeutet: die Augen des göttlichen *Nichts* zu öffnen, das schöpferische Licht und den wachsamen Blick einer göttlichen Dimension auf eine sehnsüchtige Schöpfung fallen zu lassen, um damit die schmerzende Grenze zwischen Kosmos und Transzendenz zu vernichten.

IV

Die Tänzerin wurde als Rolle, als Maske und als Idealfigur der Dichterin angesehen. Diese Anschauungsweise kann uns helfen, die Aussage des Gedichts mit dem eingangs zitierten Motto zu verstehen:

> IN DER FLUCHT
> welch großer Empfang
> unterwegs –
>
> Eingehüllt
> 5 in der Winde Tuch
> Füße im Gebet des Sandes
> der niemals Amen sagen kann
> denn er muß
> von der Flosse in den Flügel
> 10 und weiter –
>
> Der kranke Schmetterling
> weiß bald wieder vom Meer –
> Dieser Stein
> mit der Inschrift der Fliege
> 15 hat sich mir in die Hand gegeben –
>
> An Stelle von Heimat
> halte ich die Verwandlungen der Welt –[25]

Dieser zentrale Text[26] aus dem Gedichtband *Flucht und Verwandlung* liest sich wie eine Zusammenfassung der oben interpretierten Gedichte. In seinem großen Innenteil spricht er von der dynamischen Flucht[27] der Elemente durch Metamorphosen und – parallel zu den in Steinkohle verwandelten Wäldern des ersten Gedichts – von einem Stein mit der Erinnerung an eine frühere lebendige Existenz. Der Stein in der Hand des »Ich«, der schreibenden Dichterin, beauftragt diese, mit den Mitteln des dichterischen Wortes die schlafende Kreatur zu erlösen.

In der Gedichtsammlung von 1959 formulierte Nelly Sachs ihren dichterischen Auftrag zur Heilung des Kosmos, der Natur und der Menschheit. Die Entstehung dieser »hymnischen Gesänge« erschien ihr, wie es in einem Brief vom 10.5.1958 an Peter Hamm heißt, »auf rätselhafte Weise ›Heute‹ und solche ungeahnten Fernen wie im Blinden zusammengeführt« zu haben. »Meine Kräfte sind dort geblieben«.[28] Bald danach sollte ihr Untertauchen in die Nacht der Paranoia zeigen, wie sehr sie am Ende ihrer Kraft war. Die hoffnungsvolle Epiphanie des Gedichtkreises *Flucht und Verwandlung* wird fortan von Verzweiflung beschattet sein. Nur an dieser einen Stelle im Leben und Werk der Nelly Sachs leuchtet der Mythos von Exil und Heimat in solcher Klarheit auf.

1 Es wird zitiert nach dem Sammelband *Fahrt ins Staublose. Die Gedichte der Nelly Sachs.* Frankfurt/M. 1961. Hier ist das Motto, das in der Erstausgabe des Gedichtbandes *Flucht und Verwandlung* (Stuttgart 1959, S. 5) der Folge der Gedichte vorangestellt ist, ausgespart; der Text desselben findet sich hier nur in den beiden Schlußversen des Gedichtes *In der Flucht*, S. 262. — 2 So bei der Entgegennahme des Friedenspreises des deutschen Buchhandels 1965 und bei der Überreichung des Nobelpreises 1966. — 3 Daß es sich tatsächlich um ein Glaubensbekenntnis handelt, kann durch das vergleichbare Zitat aus einem Brief vom 30.12.1957 an Margit Abenius erhärtet werden: »*Ich glaube an* die Durchschmerzung, an die Durchseelung des Staubes als an eine Tätigkeit, wozu wir angetreten. *Ich glaube an* ein unsichtbares Universum, darin wir unser dunkel Vollbrachtes einzeichnen. Ich spüre die Energie des Lichtes, die den Stein in Musik aufbrechen läßt, und ich leide an meinem Leibe an der furchtbaren Pfeilspitze der Sehnsucht, die uns von Anbeginn zu Tode trifft und die uns stößt, außerhalb zu suchen, dort wo das Unsichtbare zu spülen beginnt.« In: *Briefe der Nelly Sachs,* hg. von Ruth Dinesen und Helmut Müssener. Frankfurt/M. 1984 f., S. 180 f. (Hervorhebung, R.D.). — 4 Hermann Hesse: *Knulp.* Berlin 1915, S. 126. — 5 Unveröffentlichter Brief vom 3.3.1954 an Otto Scheurmann, Berlin. — 6 *Briefe der Nelly Sachs,* a.a.O., S. 186. — 7 Jean Améry formuliert in seinem Essay »Über Zwang und Unmöglichkeit Jude zu sein« einen ähnlichen Gedankengang: »Ohne Weltvertrauen stehe ich als Jude fremd und allein gegen meine Umgebung, und was ich tun kann, ist nur *die Einrichtung in der Fremdheit.* Ich muß das Fremdsein als ein Wesenselement meiner Persönlichkeit auf mich nehmen, auf ihm beharren wie auf einem unveräußerlichen Besitz. Immer noch und täglich wieder finde ich mich in der Einsamkeit.« In: Jean Améry: *Jenseits von Schuld und Sühne. Bewältigungsversuche eines Überwältigten.* Stuttgart 1977 ff., S. 149 (Hervorhebung R.D.). — 8 Zur Buchmesse, Oktober 1957, erschienen. — 9 Zitate aus *Briefe der Nelly Sachs,* a.a.O., S. 165 und S. 185 (Hervorhebung R.D.). — 10 Zitiert nach *Fahrt ins Staublose,* a.a.O., S. 326. Das Typoskript findet sich als Briefbeilage zweimal im Juli, zweimal im August 1958. Als Beilage zum Brief vom 7.7.1958 an Johannes Edfelt: Kein Titel, die erste Zeile nicht abgehoben, kein Zeilensprung nach »Laub«; Punkt nach »aufdecken«; kein Zeilensprung nach »kniend«, sondern Komma; kein Zeilensprung nach »stoßend«; Gedankenstrich nach »Außer-sich-Seins«; »welteinrollender« für »Welt einrollender«. Der Erstdruck in *Flucht und Verwandlung,* a.a.O., S. 68, ist identisch mit dem Zitat, nur ist die erste Zeile nicht abgehoben und die letzte Zeile wird »Welt-einrollender Musik« geschrieben. — 11 *Fahrt ins Staublose,* a.a.O., S. 172. — 12 Die religiöse Dimension des Gedichts tritt hier in der Verwendung des Wortes »auffahren« zutage. Vgl. die Formulierung des christlichen Glaubensbekenntnisses, wo es von Christus in der Rolle des Erlösers heißt: »aufgefahren gen Himmel«. Den Hinweis verdanke ich Barbara Oehler. — 13 Es ist eine Eigenart von Nelly Sachs, die Totalität der Existenz durch eine repräsentative Aufzählung der Elemente in ihren Gedichten vertreten zu lassen. Vgl. z.B. das frühe Gedicht *Die Kerze,* worin Luft, Flamme, Wasser und Staub, im 6. Vers als »die Elemente« zusammengefaßt, das Rätsel des Bräutigams bilden (*Fahrt ins Staublose,* a.a.O., S. 23). — 14 Der bildliche Charakter wird durch einen Brief vom 7.6.1957 an Elisabeth Borchers belegt, in dem Nelly Sachs ihrer Ergriffenheit über die junge Freundschaft mit der Briefempfängerin und mit Peter Hamm folgenden Ausdruck gibt: »Welches Geschenk für mich, daß ich begrüßen durfte, was mir *eine unsichtbare Welle Kostbares an den Strand spülte.*« (*Briefe der Nelly Sachs,* a.a.O., S. 163). — 15 *Fahrt ins Staublose,* a.a.O., S. 181. — 16 Der allen Zweifeln trotzende optimistische Charakter der Weltanschauung von Nelly Sachs tritt bei einem Vergleich mit dem bei aller Schönheit pessimistischen Gedicht *Welle der Nacht* von Gottfried Benn deutlich hervor: »Welle der Nacht – Meerwidder und Delphine / mit Hyakinthos' leichtbewegter Last / die Lorbeerrosen und die

Travertine / wehn um den leeren istrischen Palast. // Welle der Nacht – zwei Muscheln miterkoren, / die Fluten strömen sie, die Felsen her, / dann Diadem und Purpur mitverloren, / die weiße Perle rollt zurück ins Meer.« (Gottfried Benn: *Gesammelte Werke*. Bd. I. München 1975, S. 198). — 17 Vgl. Horst Bienek in seiner Besprechung von *Flucht und Verwandlung* (»Verwandlung der Welt«. In: Frankfurter Allgemeine Zeitung, 26.9.1959): »Zwei Zeilen aus dem Fluchtgedicht sind dem Buch vorangestellt; sie sind zugleich der Schlüsseltext für das Werk der Nelly Sachs: ›An Stelle von Heimat / halte ich die Verwandlungen der Welt.‹ Wer die Liebe dieser Frau zu Deutschland kennt, wer von ihrer unermeßlichen Sehnsucht nach Heimat weiß, der mag ahnen, wieviel überwundener Schmerz in diesen zwei Zeilen künstlerische Objektivität erfahren hat. Alle ihre Verse, die in den letzten zehn Jahren entstanden sind, kreisen immer wieder um dieses Thema, und es gibt kaum Gedichte in unserer Zeit, die so erschütternd von der Heimatlosigkeit des Menschen zeugen. Ihre Heimatlosigkeit aber (und wie könnte es bei einer Dichterin solchen Formats anders sein) reicht weit in existentielle Bezirke, dort sind alle Dimensionen des Schmerzes aufgerissen, die Flucht (das zweite Zentralthema) bekommt quälende Erinnerung.« Vgl. a. Hellmut Geißner in seiner Besprechung im Saarländischen Rundfunk, Saarbrücken, August 1959: »Im Titel schon mit ›Flucht und Verwandlung‹ sind nicht nur zwei Kernwörter gesprochen, sondern zugleich zwei Kernschicksale beschworen (...) Der Mensch nicht als Wanderer, vielmehr als Flüchtling gefaßt – großartiges Aufgreifen alttestamentarischer Bildkraft – hat keine Heimat, deshalb ist das eine Gesicht der Welt unverläßlich und trügerisch, das vermeintlich Bleibende wandelt sich und selbst in der Bleibe wird es verwandelt, muß es der Scheinruhe entrissen werden. Das meinen die Schlußverse eines Gedichtes, zugleich Motto des Ganzen, ›an Stelle von Heimat / halte ich die Verwandlungen der Welt‹. Der, den die Heimat verstieß, aber auch dem, dem die Heimat zerbricht, bleiben nur – wenn er der schlechten Flucht in tote Oasen der Scheinruhe widersteht – Flucht und Verwandlung«. — 18 *Fahrt ins Staublose*, a.a.O., S. 263 f. Fassung identisch mit dem Erstdruck in *Flucht und Verwandlung*, a.a.O., S. 14–15. Typoskript als Beilage zum Brief vom 29.5.58 an Britta und Ragnar Thoursie: Komma nach »Tänzerin« (nicht abgehoben); Punkt nach jeder Versgruppe, auch der letzten; Komma nach »des Lichtes« und doppelter Zeilenabstand: neue Zeile nach »durchstochen von«; Komma nach »Tänzerin« (Vers 1 und Vers 31) und nach »kreissende Wöchnerin« (sic!). — 19 *Die Tänzerin [D.H.]*. In: *Fahrt ins Staublose*, a.a.O., S. 37. — 20 Vgl. die Formulierung in einem Brief vom 30.10.1957 an Alfred Andersch. Nelly Sachs beschreibt ihre Bemühungen um »Abram im Salz«: »geschrieben als Versuch, das uralte Kulttheater, das einst begann, den elementaren Gefühlen der Menschen ersten Ausdruck zu verleihen, aufs neue zu beleben. Ich hatte es für Mim, Worte und begleitende Musik gedacht. Da die Bewegungen des Körpers pflanzenhaft vor dem Worte begann« (*Briefe*, S. 171). — 21 Vgl. z.B. Gershom Scholem: *Von der mystischen Gestalt der Gottheit*. Frankfurt/M. 1977 (Erstausgabe Zürich 1962), S. 31. — 22 Mündliche Mitteilung Dorothee Zimmermanns. Als »nicht praktizierende« Mitglieder der Synagoge lebten Vater, Mutter und Tochter Sachs assimiliert, die deutsche Kultur war ihre Kultur. — 23 Vgl. Gershom Scholem, a.a.O., Kapitel »*Schechina*; das passiv-weibliche Moment in der Gottheit«, S. 135–193; zum Buch Sohar insbesondere S. 176–188. Die Schechina als Symbol des Mangels u.a. unter dem Bild des Mondes, s. S. 171, hierzu S. 185: »die im Sohar sehr betonte Mondsymbolik«. — 24 *Fahrt ins Staublose*, a.a.O., S. 194. — 25 *Fahrt ins Staublose*, a.a.O., S. 262. Der Text stimmt mit dem Erstdruck in *Flucht und Verwandlung*, S. 13, überein. Ein Typoskript findet sich als Beilage zum Brief vom 29.5.58 an Britta und Ragnar Thoursie: »In der Flucht (nicht abgehoben) / welch großer Empfang unterwegs. // Eingehüllt in der Winde Tuch« – Punkt nach »Meer«, sonst wie Druck; d.h. es gibt hier zweimal einen Gedankenstrich! — 26 Dies ist das am häufigsten interpretierte Gedicht von Nelly Sachs. Ähnliche Akzente wie ich setzt Ehrhard Bahr: »Flight and Metamorphosis: Nelly Sachs as a Poet of Exile«. In: *Exile: The Writers Experience*, hg. von John M. Spalek and Robert F. Bell. Chapel Hill 1982, S. 267–277. — 27 Gewöhnlich verstehen die Interpreten den Ausdruck »in der Flucht« als gleichbedeutend mit »auf der Flucht«, hierin mit der Dichterin übereinstimmend: »(...) wenn man selbst einmal *auf der Flucht* einen Stein gestreichelt hat (...) so ist alles entstanden – *in der Flucht* (...)« (Brief vom 22.1.1959 an Dagrun Enzensberger. In: *Briefe der Nelly Sachs*, a.a.O., S. 196 – Hervorhebung R.D.). — 28 *Briefe der Nelly Sachs*, a.a.O., S. 190.

Laureen Nussbaum / Uwe Meyer

Grete Weil: unbequem, zum Denken zwingend

»Ich habe Auschwitz, wie andere Tb oder Krebs haben. Bin genauso schwer zu ertragen, wie alle Bresthaften«, schreibt Grete Weil in ihrem 1983 erschienenen Roman *Generationen*[1]. Dieser Erfahrungssatz einer Frau, die für den Tod in einem Vernichtungslager bestimmt war, kann als gültige Metapher für die Existenz des überlebenden Opfers gelesen werden. Geschrieben im Spannungsfeld individueller Lebenserfahrung und deren literarischer Verwandlung, erbringt Grete Weils lapidarer Ausspruch über die Auschwitz-Krankheit den Nachweis für Max Frischs These, es gebe Sätze, die nur in der Ich-Form Objektivität gewinnen. Als unheilbar Kranke diagnostiziert und thematisiert Grete Weil solcherart ihr Leiden, legt mit ihrem Schreiben immer wieder die Hand auf die Wunden, die Auschwitz der Menschheit zugefügt und den Nachfahren hinterlassen hat, und ist somit unbequem für sich selbst wie für ihre Leser. Das muß wohl einer der Gründe sein, weswegen die Exilforschung bislang einen großen Bogen um diese Schriftstellerin gemacht hat.

Grete Weils umfangreiches Werk läßt sich in einer ersten Annäherung als Triptychon beschreiben. Die Exiljahre in Amsterdam, speziell aber die Kriegs- und Deportationserfahrungen in Folge der deutschen Besatzung, sind zentral, füllen die Haupttafel. Die beiden Flügelbilder befassen sich einerseits mit Weils behüteten Kinderjahren am Tegernsee und in München sowie mit der eher unbürgerlichen Jugend- und Studienzeit vor 1933, andererseits mit ihrer Nachkriegswelt, mit dem Leben als Remigrantin im zerstörten und wiederaufgebauten Deutschland, mit aufschlußreichen Reiseerlebnissen, mit Weils Beziehung zu historischen und mythologischen Figuren und letztlich mit dem Verhältnis der alternden Schriftstellerin zum bevorstehenden Tod. Doch alle Begebenheiten auf diesen beiden Flügelbildern werden stets rückbezogen auf die Haupttafel, die das Ganze thematisch beherrscht: die Flüchtlingsexistenz, die Erfahrung von Verfolgung und Todesdrohung, die Verhaftung und Ermordung ihres Mannes, die Aufschub gewährende Mitarbeit beim Jüdischen Rat in der Sammelstelle für die Juden, wo sie Tausende auf Transport in die Todeslager gehen sah, und schließlich die eigene Zeit des Untertauchens.

Margarete Elisabeth Dispeker wurde 1906 in Rottach-Egern/Obb. als Tochter einer assimilierten jüdischen Rechtsanwaltsfamilie geboren. Man war religiös ungebunden in dem großbürgerlich-intellektuellen Elternhaus, pflegte keine jüdischen Riten und Gebräuche, versammelte sich vielmehr alljährlich um den Weihnachtsbaum. Neben den Anwaltskollegen des Vaters verkehrten auch Künstler und Intellektuelle, Adelige und Sozialisten im Hause Dispeker und niemand wurde nach seiner Religion gefragt. Der von der Tochter innig geliebte Vater, Siegfried Dispeker, unterhielt eine Anwaltskanzlei in München, ihr um zwölf Jahre älterer Bruder, Fritz, folgte beruflich dem Vater nach. Die Liebe Grete Dispekers zum Bruder blieb unverbrüchlich und fand später auch literarischen Niederschlag in der Beschäftigung mit der mythologischen Antigone und der biblischen Michal. Das Verhältnis der sehr selbständigen Vatertochter zur nicht weniger selbstbewußten Mutter, Isabella, war naturgemäß problematischer.[2]

Die Heranwachsende liebte die Ferien in Egern, das Wandern und Skilaufen in den bayrischen Alpen. Geprägt durch ihre bildungsbürgerliche Erziehung begann sie früh zu schreiben. Später zählte sie dann zum Freundeskreis des gleichaltrigen Klaus Mann, einem Kreis, der sich in Libertinage übte und doch auf der Suche nach einem Ziel war. Während des Germanistik-Studiums in München, Frankfurt am Main und Berlin fand Grete Dispeker den Kontakt zu jener revolutionären Studentengeneration der späten zwanziger Jahre, die nicht nur stark linkspolitisch interessiert war, sondern auch einem neuen, freien Lebensstil huldigte. Im Rückblick kommentierte sie diese frühe Emanzipation mit den Worten: »Wir waren ja die erste Generation, die sich sexuelle Freiheiten genommen hat«[3].

Noch während des Studiums heiratete sie den Dramaturgen Edgar Weil. Das war 1932. Im nächsten Jahr bereitete der Nationalsozialismus sowohl ihrer schriftstellerischen Tätigkeit als auch den Vorbereitungen zur Doktorarbeit ein jähes Ende. Schon im März 1933 wurde ihr Mann, damals zweiter Dramaturg an den Münchner Kammerspielen, zusammen mit der gesamten Direktion des Theaters verhaftet. Aber während man die Kollegen bald wieder frei ließ, behielt man Edgar Weil als einzigen Juden fast zwei Wochen in »Schutzhaft«. Es war der Schock dieser Erfahrung, der bei Grete Weil ein »jähes Begreifen des Faschismus«[4] auslöste.

Nach Edgars Entlassung beschloß das Ehepaar Weil, Deutschland zu verlassen; ein schwerer Entschluß für zwei brotlose junge Germanisten. In *Generationen* äußert sich Grete Weil zu jener enervierenden Erfahrung: »Seltsam, daß von dieser Zeit völliger Desorientierung so gut wie nie berichtet wird, obwohl sie in vielem schlimmer war als die Auswanderung selbst« (G, 63). Während Edgar Weil 1934 in Amsterdam eine kleine Zweigfirma der pharmazeutischen Fabrik seines Vaters gründete, erlernte Grete Weil in München einen »brauchbaren« Beruf. Als Porträtphotographin folgte sie ihrem Mann 1936 ins holländische Exil und eröffnete in Amsterdam ein Photoatelier. In dem Roman *Meine Schwester Antigone* bringt Grete Weil die mit dem Exil verbundene Entwurzelung auf den Punkt: »Emigration ist nicht der Sturz aus der eigenen Klasse in eine tiefere, Emigration ist Fallen ins Bodenlose«[5]. Dem Vater blieb die Emigration erspart. Er starb 1937, und mit seinem Tod hört Grete Weils Leben im nationalsozialistischen Deutschland endgültig auf. Im folgenden Jahr gelingt es ihr mit einer Notlüge, der Mutter die niederländische Einreiseerlaubnis zu verschaffen.

Ihr Bruder Fritz war inzwischen nach England ausgewichen. Als im Mai 1940 die deutschen Truppen über die Niederlande herfielen, versuchten Grete und Edgar Weil vergeblich, auf einem Fischerboot auch dorthin zu entkommen. Wie viele andere mußten sie nach Amsterdam zurückkehren. Im Juni 1941, ein Jahr bevor die eigentlichen Massendeportationen begannen, wurde Edgar Weil bei einer Razzia von der Straße weg verhaftet, mit dreihundert anderen jüdischen Männern in das Lager Mauthausen verschleppt und dort innerhalb weniger Wochen im Steinbruch zu Tode gequält.

In ihren Büchern kommt Grete Weil immer wieder auf diese traumatische Erfahrung zurück, zunächst in der Verschlüsselung auktorial erzählter Werke, die von Liebe, Verhaftung und Ermordung in der Hitlerzeit handeln, später dann unmittelbarer in den autobiographischen Romanen, in denen die Waiki-Figur Parallelen mit Edgar aufweist und ebenfalls einen frühen, gewaltsamen Tod in Mauthausen findet. Grete Weil kann sich auch als Fünfundachtzigjährige nicht vorstellen, daß eine »große Liebe endet«: »Im Leben sicher nicht. Kaum im Tod«[6].

Seit der Ermordung ihres Mannes lag Grete Weil nichts mehr am eigenen Leben und sie war bereit, es zu beenden, wenn sie dadurch nicht ihre Mutter schutzlos hinterlassen hätte. So half sie der Widerstandsbewegung, indem sie »unzählige Fotos für gefälschte Personalausweise« machte und später beim Fälschen von Lebensmittelkarten mitarbeitete.[7] Als dann im Sommer 1942 die Massendeportationen nach Polen beginnen, kann sie sich und ihre Mutter schützen, indem sie eine Stellung beim Jüdischen Rat erwirbt, zuerst als Photographin, später als Typistin. Das bedeutet Aufschub. Dafür muß sie jedoch tagtäglich in der Sammelstelle helfen, die zur Deportation bestimmten holländischen Juden durchzuschleusen, vorerst in das niederländische Durchgangslager Westerbork, wohl wissend, daß von dort aus allwöchentlich die Transporte ostwärts, in die Vernichtungslager gehen. Sie hat ein schlechtes Gewissen, wenngleich sie einigen wenigen helfen kann, Aufschub zu erhalten« oder zu entfliehen. Als Schriftstellerin wird sie in Zukunft immer wieder zurückkommen auf ihre Erfahrung in der unheilvollen Atmosphäre der Hollandse Schouwburg, dem sehr heruntergekommenen Theater, wo dieses gespensterhafte Stück ein Jahr lang spielt. Jahrzehnte später erwidert Grete Weil auf die Bemerkung einer nachgeborenen Deutschen, sie könne sich die Arbeit in der Sammelstelle gar nicht vorstellen, kurz und bündig: »Seien Sie froh«[8].

Im Sommer 1943 ist Amsterdam »judenrein«. Nun braucht man die Dienste des Jüdischen Rates nicht mehr. Grete Weil hat ein Versteck für ihre Mutter gefunden; sie selbst taucht im September unter. Sie beginnt nach der langen, vom Exilschicksal bedingten Unterbrechung wieder zu schreiben. Hans Sahl meint in seinen 1990 erschienenen Memoiren, die Emigrationsliteratur sei aus »Selbstbehauptungswillen« entstanden, »der Not, dem Hunger, der Verzweiflung« abgerungen, und das trifft gewiß auf Grete Weil zu.[9] Sobald sie untergetaucht ist, verfaßt sie das Puppenspiel *Weihnachtslegende 1943*, dessen sparsame Analogien zur biblischen Weihnachtsgeschichte ausreichen, um die Tragödie einer jungen jüdischen Familie zu beschreiben.[10] Während Grete Weil »auf der Speichertreppe« ihres Verstecks, »dem einzigen Ort«, an dem sie »allein sein konnte«[11], die Kraft zum Schreiben aufbringt, gehen der Krieg und die systematische Vernichtung der Juden weiter. Höchstens 15.000 von den etwa 140.000 Juden, die sich 1940 in den Niederlanden befanden, konnten die letzten Kriegsjahre im Versteck überleben. Grete Weil und ihre Mutter gehören zu diesen wenigen.

Die Schriftstellerin hat in Gesprächen immer wieder betont, daß sie von Anfang an entschlossen war, nach Kriegsende nach Deutschland zurückzukehren. Einerseits bedrückte sie wie viele andere Flüchtlinge die anti-deutsche Stimmung in den Niederlanden, die sich auch gegen die Exilanten richtete.[12] Andererseits wußte sie sich der deutschen Kultur zugehörig und war die deutsche Sprache die einzige, in der sie schreiben konnte. »Ob ich es mag oder nicht – und sehr oft mag ich es nicht – ich bin eine Deutsche«, erklärte sie viele Jahre später und fügte hinzu: »Ich hätte auch 45 in kein intaktes Land gehen können, das hätte mich rasend gemacht. Ich bin in die Schweiz gereist und nach Schweden. Die satten Menschen, die von nichts eine Ahnung hatten, aber immerzu erzählten, was sie durchgemacht hatten, waren für mich unerträglich. Deutschland war ebenso kaputt wie ich selbst, und das war genau das Richtige für mich.«[13]

Grete Weils Entscheidung zur Remigration stieß bei vielen Schicksalsgenossen auf Unverständnis. Mit dem Jugendfreund Klaus Mann stritt sie in ihrer Amsterdamer Wohnung eine lange Nacht über die Frage der Rückkehr. Seinen »unglaublichen Haß auf Deutschland« konnte Grete Weil nicht nachvollziehen, hatte sie doch bereits während des Krieges die Vorstellung einer Kollektivschuld abgelehnt.[14] Doch zunächst rettete sie von der Amsterdamer Firma ihres Mannes was zu retten war, um sich ein Einkommen zu sichern. 1947 trat sie die für eine Staatenlose abenteuerliche Rückreise über die grüne Grenze nach Deutschland an. Dort fand sie zu dem Jugendfreund und Opernregisseur Walter Jockisch zurück, mit dem sie fortan ihr Leben teilen wird. Sie setzt die Rückgabe der »arisierten« Firma ihres verstorbenen Schwiegervaters an die Familie Weil durch. Erst dann kommt sie endlich zum Schreiben, verfaßt nebenbei Libretti, so etwa für die Oper *Boulevard Solitude* von Hans Werner Henze[15], macht Übersetzungen aus dem Englischen und

Niederländischen und bespricht Bücher für den Funk. 1960 heiratet Grete Weil Walter Jockisch, in dessen Kreis von Künstlern und Intellektuellen sie sich wohl fühlt. Sie wohnen in Frankfurt am Main, sind aber viel unterwegs, wenn Jockisch in anderen Städten gastiert.

Unmittelbar nach dem Krieg entstand die Novelle *Ans Ende der Welt*. Grete Weil erzählt darin am Beispiel zweier jüdischer Amsterdamer Familien von den beklemmenden Erfahrungen in der Schouwburg und von den Deportationen. Da die junge Annabeth ihren Geliebten, Ben, nicht mehr vor dem Vernichtungslager retten kann, weist sie ein für sich selbst günstiges Ansinnen des SS-Hauptsturmführers mit einem kategorischen »Nein« von sich und läßt sich mit dem Liebsten nach Auschwitz deportieren. Bereits hier spricht Grete Weil das an, was sie später im Roman *Meine Schwester Antigone* thematisieren wird: die todesmutige, kompromißlose Verweigerung. Ans Ende der Welt verschleppt, werden die beiden jungen Leute zwar nicht sofort ins Gas geschickt, sondern als Arbeitssklaven selektiert. Dennoch endet die Erzählung mit sehr geringer Hoffnung, daß sie getrennt die kommenden Monate zwischen Leben und Tod überstehen werden. Es ist durchaus kennzeichnend für die politisch-gesellschaftliche Lage im Nachkriegsdeutschland, daß Grete Weil in Westdeutschland vergeblich nach einem Verleger für diese Novelle suchte. *Ans Ende der Welt* erscheint dann 1949 im Ostberliner Verlag Volk und Welt und findet keine Beachtung, auch nicht als es dreizehn Jahre später in der Bundesrepublik herauskommt.[16] Nur Albert Ehrenstein spricht 1949 im New Yorker *Aufbau* von einem »Meisterwerk«[17].

1963 veröffentlicht der Limes Verlag in Wiesbaden Grete Weils nächstes Buch, den Roman *Tramhalte Beethovenstraat*[18]. Es ist die Geschichte eines ahnungslosen jungen deutschen Dichters. Im Krieg als Berichterstatter nach Amsterdam geschickt, wird er dort Augenzeuge der nächtlichen Razzien. Sein Entsetzen reißt ihn in das jüdische Schicksal mit hinein. In dem Interview mit Liz Wieskerstrauch sagt Grete Weil viele Jahre später: »Ich hatte nie bei etwas so sehr wie bei der Tramhalte das Gefühl, daß ich es schreiben muß, weil niemand auf der Welt es schreiben kann außer mir«[19]. An dem jungen Dichter Andreas zeigt Grete Weil einerseits den eigenen inneren Zwang, nach dem Krieg einen gültigen Zeugenbericht zu verfassen, und andererseits das lähmende Gefühl des Versagens angesichts des Ungeheuerlichen: »Übrig bleibt der Mensch, der alles weiß und nichts mehr sagen kann, der im Umgang mit der Wirklichkeit Verstummte« (T, 135). Der Autorin, die selbst in der Amsterdamer Beethovenstraat wohnte, als nächtlich 400 Juden mit der Trambahn abtransportiert wurden, eröffnet sich mit dem Thema der Sprachlosigkeit ein Ausweg aus dem sie bedrohenden Sprachverlust. Mit der Darstellung des Werdegangs eines nichtjüdischen, unpolitischen Intellektuellen, der erst allmählich zu weitreichenden kritischen Einsichten gelangt, hoffte sie das deutsche Lesepublikum der frühen sechziger Jahre zu erreichen und ihm endlich die Augen zu öffnen für die Verbrechen, die im Namen des deutschen Volkes begangen wurden. *Tramhalte Beethovenstraat* fand jedoch eher in den Niederlanden Resonanz.[20]

Von nun an schreibt Grete Weil nahezu ausschließlich in der Ich-Form und findet damit den sie kennzeichnenden, sehr eigenen Stil. Unter dem Titel *Happy, sagte der Onkel* erscheinen drei einprägsame Amerika-Berichte: der erste handelt vom Wiedersehen mit emigrierten Verwandten in Kalifornien, der zweite spielt im New Yorker Schwarzenviertel, Harlem, der dritte und eindringlichste auf der mexikanischen Halbinsel Yucatán bei den Maya-Ruinen.[21] Die Erzählerin, eine jüdische Deutsche, hat ein scharfes Auge für die krassen Gegensätze im Amerika der sechziger Jahre und versucht die widersprüchlichen Eindrücke im Licht der eigenen Erfahrungen von Verfolgung und Flucht zu verarbeiten. Das tut sie, ohne sich selbst zu schonen, und sie kann daher in der Titelgeschichte mit den unreflektierten, widersprüchlichen Reaktionen ihrer kalifornischen Verwandten und deren Verdrängungen nichts anfangen. In *Gloria Halleluja*, bemüht, aus erster Hand dem Leben der unterdrückten Schwarzen in Harlem zu begegnen, erlebt die Erzählerin dreifachen Rausschmiß: als Jüdin bei einer bigott-christlichen schwarzen Familie, dann als Deutsche bei einer jüdischen Pfandleiherin aus Nürnberg, die als Opfer medizinischer Experimente im KZ nicht begreifen kann, daß eine Jüdin freiwillig in Deutschland wohnt, und schließlich als einzige Weiße in einer Harlemer Bar. Überall stößt die Touristin auf Angst, Mißtrauen und vereinfachte Denkschemata.

In der dritten Erzählung, *B sagen*, drängen sich angesichts der Maya-Tempel mit ihren Menschenopferstätten bei der traumatisierten Erzählerin Auschwitz-Parallelen auf. Arrogante deutsche und US-amerikanische Touristen werden kritisch beobachtet, und schließlich kommt es zu der aufreibenden inneren Konfrontation mit einem überheblichen Reiseleiter, in dem die Ich-Figur einen SS-Schergen ihrer Amsterdamer Jahre zu erkennen glaubt. Im imaginären Dialog zieht sie ihn zur Rechenschaft und stellt schließlich in der Dialektik von Anklage und Verteidigung sich selbst unerbittlich zur Rede. Hatten sie und ihresgleichen, die jungen Intellektuellen der Weimarer Republik, das Wissen um die Gefahr des heraufkommenden Nationalsozialismus etwa nicht verdrängt? Hatten sie sich tatkräftig gegen ihn eingesetzt? Führt sie, die einst zur Vernichtung Bestimmte, heute nicht – genau wie ihr Gegenspieler – eine komfortable Nachkriegsexistenz auf Grund von Überlebenskompromissen (H, 104 ff.)? Als das Buch 1968 erschien, konnte man mit der darin praktizierten Schonungslosigkeit offenbar wenig anfangen, hatte man doch in der Bundesrepublik gerade erst begonnen, sich mit der nationalsozialistischen Vergangenheit auseinanderzusetzen.

Walter Jockisch stirbt 1970 an Leukämie. Vier Jahre später zieht Grete Weil von Frankfurt nach Grünwald bei München, zurück in die Landschaft ihrer

Kindheit. Die zweite Heimatlandschaft liegt weiter südlich im Tessin, wo Grete Weil hoch über dem Lago Maggiore ein Haus besitzt. Dort ist sie den Küsten des Mittelmeers, die sie in ihren Büchern beschrieben hat, näher. 1980 beendet der Erfolg des Romans *Meine Schwester Antigone* die jahrzehntelange Abgeschiedenheit der mittlerweile 74jährigen Autorin. Das Buch schildert den Alltag einer alternden Ich-Erzählerin, deren Leben geprägt ist von traumatischen Erinnerungen an die Vergangenheit und von Schuldgefühlen, sich angesichts der Unmenschlichkeit nicht genug gewehrt, sondern das eigene Leben gerettet zu haben. Zum Maßstab der Selbstbetrachtung wird der Widerstand Antigones, jener Figur aus dem griechischen Mythos, die ihren Mut zum Neinsagen mit dem Leben bezahlen mußte. Weils Erzählweise ist nicht linear, sondern assoziativ. Souverän verbindet sie Fiktion, Dokumentation und Autobiographie. Wie ein Spinnengewebe, vom Lebensalltag der alternden Ich-Person in verschiedene Richtungen ausgehend, legt die Autorin Verbindungen und kehrt wieder zum Hier und Jetzt zurück.[22] Es ist ein Werk von besonderer stofflicher Dichte, das Jugenderinnerungen einschließt und Weils Offenheit gegenüber den kritischen Jugendlichen der siebziger Jahre zeigt, die sich aus der eigenen Widerstandserfahrung speist. Bezeugen will Grete Weil auch mit diesem Buch, dem sie den Bericht eines gefallenen deutschen Soldaten über die Liquidierung des Petrikauer Ghettos einfügt. Das Ganze wird somit eine Reflexion über Widerstand und Ohnmacht angesichts der Barbarei. Das Buch findet Anerkennung. Endlich erlangt die Autorin die Beachtung, die ihrem Werk gebührt.

Hand in Hand mit dem Erfolg geht das öffentliche Interesse. Immer wieder wird Grete Weil gefragt, warum sie so bald nach dem Krieg nach Deutschland zurückgekehrt sei, und nirgends beantwortet sie diese Frage so ausführlich wie in dem bereits angeführten Beitrag für Janssen-Jurreits Sammelband *Lieben Sie Deutschland?* In ihrer zögerlichen Antwort auf die Titelfrage: »Vielleicht, irgendwie...« erwähnt Grete Weil die vertraute Sprache und Kultur und den Jugendfreund, die sie zur Rückkehr in das Land, das ebenso kaputt war wie sie selbst, veranlaßten. Da sie auch in den schlimmsten Zeiten nie an Kollektivschuld geglaubt hatte, unterschied sie von Anfang an zwischen Nazis und Deutschen. Und dann kommt der bemerkenswerte Satz einer lebend Davongekommenen, die eben mehr jüdische Deutsche denn deutsche Jüdin ist: »Ich wollte mir, ich wollte dem toten Hitler beweisen, daß nicht er, sondern ich hierhergehörte«[23]. Diesen Beweis wollte Grete Weil auch mit ihrer schriftstellerischen Arbeit erbringen, denn sie hoffte, nach dem Zusammenbruch der Barbarei endlich im eigenen Sprachraum schreiben und einen Leserkreis finden zu können. Da war obendrein die Hoffnung, »daß Deutschland wie der Vogel Phönix aus der Asche steigen würde, ein geläutertes, besseres Deutschland« (ebd.), und daß man wirklich beim Wiederaufbau helfen könne. »Vielleicht wäre ich nicht gekommen, wenn ich damals geahnt hätte, daß es dreißig Jahre dauern würde, bis eine neue Generation, der man alles verheimlicht hatte, anfing, ungestüm die Wahrheit zu erforschen« (ebd.). Die Neonazis tragen nicht zu Grete Weils Seelenfrieden bei: »(...) daß unter uns, den Betroffenen, Menschen leben, die Auschwitz für eine Lüge halten, ist schwer erträglich«; schlimmer noch dünkt sie das Wahndenken, das der zunehmenden Rüstung zugrunde liegt, sowie »die Zerstörung der Umwelt durch einen nicht kleinzukriegenden Fortschritts- und Wachstumsglauben« (ebd.). Grete Weils differenzierte Haltung gegenüber Deutschland und den Deutschen ist kaum je auf Gegenliebe gestoßen. So mokierte sich Erich Kuby über den »moralischen Romantizismus« der Schriftstellerin und warf ihr das »Pathos einer deutschen Jüdin« vor, »die noch immer nichts anderes (...) will, als eine Deutsche zu sein«[24]. Solche Polemik übersieht den spezifischen Konflikt einer jüdischen deutschen Schriftstellerin zwischen den Kontinuitäten ihrer Herkunft und ihrer unheilbaren Traumatisierung als Verfolgte und wird dem besonderen literarischen Beitrag, den sie aus dieser inneren Spannung heraus liefert, nicht gerecht.

Im letzten Lebensabschnitt angelangt, hat die Schriftstellerin endlich mit ihrem Antigone-Buch eine – nach ihrer Einschätzung – vorwiegend jüngere Leserschaft gefunden, die auf sie hört. Das stimuliert die Schreibtätigkeit. Bereits 1983 erscheint der Roman *Generationen*, aus dem eingangs zitiert wurde. In diesem Werk wird die gattungsspezifische Grenzlinie zwischen Autobiographie und Roman weitgehender verwischt als in Weils anderen Texten mit erzählender Ich-Figur. *Generationen* ist eine zyklische Erzählung über die Periode, in der das *Antigone*-Buch aus »Schmerz, Zorn und Trauer« entstand (G, 128). Im knappen Epilog, *Noch einmal Antigone*, spielt die Autorin mit dem Gedanken, ihre Heldin sei, wie sie selbst, dem frühen Tod entronnen und nun ebenfalls eine alte, trotz allem Leid in die Heimat zurückgekehrte Frau. Wie würde sie das plötzliche öffentliche Interesse an ihrer Person verarbeiten können und wie schließlich sterben, noch einmal sterben? Was wäre daraus zu lernen?

Generationen ist in kurze Abschnitte aufgeteilt, jeweils unter oft schlagwortartigen Titeln im Kursivdruck. Aus dem Blickwinkel der Ältesten, einer über Siebzigjährigen, beschreibt die Erzählerin den Versuch dreier Frauen, die je einer anderen Generation angehören, einen »ménage à trois« zu führen. Das Experiment scheitert an der Diskrepanz der jeweiligen Lebenserfahrungen und an unüberbrückbaren Spannungen im persönlichen, im wirtschaftlichen und im erotischen Bereich. Die Ich-Person verliert darüber ihre um fünfzehn Jahre jüngere Freundin Hanna, die ihr wie eine Schwester gewesen war, »die einzige von Hitler Kaputtgemachte«, die sie im Nachkriegsdeutschland traf (G, 129). Wie Antigone hat auch die Hanna-Figur den kraftspendenden »Mut zur Verweigerung«. Mit ihr konnte die Erzählerin reden, wenn überall sonst unter den Deutschen, wie unter den Juden, durch das Schweigen über die Judenverfolgung das Leben erstickt wurde (G, 29, 12 f.). Daneben wird die im *Antigone*-Buch begonnene Auseinandersetzung mit dem Altsein fortgesetzt. Der Roman ist der radikale Rechenschaftsbericht eines alternden Menschen, der seine Isolation erkennt und die Beschwichtigungsversuche der Wohlstandsgesellschaft zurückweist. Indem die Ich-Figur durch Selbstvergewisserung die Unabwendbarkeit des eigenen Verfalls akzeptiert, gewinnt sie ihre Würde und einen Großteil ihrer Unabhängigkeit zurück. Der mißlungene »ménage à trois« erweist sich schließlich als eine produktive Schule für die zähe Erzählerin. Sie schreibt weiter, äußert ihre Entrüstung über die Verschandelung der Erde im Namen des Fortschritts und mißt die Fehlentwicklung in Deutschland, die Reiseerlebnisse in Sizilien, Indien und Nepal, die Unfähigkeit der jüngsten Hausgenossin, Verantwortung für ihr Leben zu übernehmen, an den eigenen Erfahrungen der Hitlerzeit: »Mögen andere schweigen, ich muß reden. Nicht um der Toten willen, es geht mir um die Lebenden« (G, 132).

In den bisherigen Werken hatten Grete Weils Ich-Figuren sich nur nebenbei über ihr Verhältnis zum Judentum ausgesprochen, so etwa in *Antigone*, wo die Erzählerin diese Beziehung »lau und lasch« nennt. In dem Roman *Der Brautpreis*, der 1988 erscheint, setzt sich Grete Weil zum ersten Mal mit Fragen der jüdischen Identität auseinander.[25] In der alternden Michal, der ersten Frau König Davids, findet die Autorin ein »Gefäß« (B, 169), um sich ihrer jüdischen Wurzel zu nähern. Von dieser späten Spurensuche wird, ohne die Polarität von Dichtung und Wahrheit gänzlich aufzuheben, im *Brautpreis* unmittelbar berichtet: eine deutsche Schriftstellerin jüdischer Herkunft unternimmt den Versuch, sich eine jüdische Identität zu erschreiben. Ausgangspunkt der Identitätssuche ist die Faszination, die von dem biblischen David auf die Nachgeborenen, Künstler und Exegeten ausgeht. Grete Weil nähert sich dieser zentralen Gestalt der jüdischen Geschichte über die Erinnerungen der Michal-Figur. In alternierenden Kapiteln kommen zwei Ich-Erzählerinnen, »Ich, Grete« und »Ich, Michal«, abwechselnd reminiszierend zu Wort. Trotz der 3000 Jahre, die zwischen ihren Leben liegen, sieht und erfindet die Autorin Parallelen. Grete und Michal lieben von früher Kindheit an den großen Bruder, so wie auch Weils Antigone Polyneikes liebte. Beide Frauen durchstehen Mord und Totschlag in ihrer nächsten Umgebung, beide kennen die Flucht, und beide trauern um ein Leben ohne den geliebten Mann und um die vielen anderen, die ihnen genommen wurden, weisen jedoch den Haß ab. Auch meinen beide, Juden und Nicht-Juden sollten friedlich miteinander im verheißenen Land leben können. Grete und Michal bleiben beide kinderlos und erzählen sich schließlich in der Einsamkeit des hohen Alters die eigene Geschichte. Die Autorin gibt ihrer Michal die Natur einer sanften Rebellin, die sich gegen den furchtbaren Gott Jahwe und seine Krieger auflehnt, sich dem Helden David aus

Abscheu vor dem obszönen Brautpreis verweigert und zugleich den Sänger David über dessen Tod hinaus liebt.

Da Grete Weil die Vorarbeit zu ihren Büchern genau nimmt, überwand sie achtzigjährig ihre Angst und besuchte 1986 erstmals Israel. In einem Interview präzisiert sie zwei Jahre später: »Ich hatte Angst vor meinen Gefühlen, ich gehöre dazu und Angst, ich gehöre nicht dazu«, um dann schließlich zu dem Schluß zu kommen: »Ich gehöre nicht dazu. Keinen Augenblick.«[26] In einem weiteren Gespräch über ihr Verhältnis zu Israel fügt sie hinzu: »Und jeder Nationalismus, auch der israelische, macht mir Angst. Ich selber bin ja auch mein ganzes Leben für die Assimilation eingetreten. Ich glaube, daß Assimilation meistens etwas ist, das beiden Völkern Gewinn bringt.«[27]

Auch die Grete-Figur im *Brautpreis* besucht Israel. Sie ist beeindruckt von der Landschaft sowie von der Gedenkstätte Yad Vashem, aber zu Hause, wie etwa in Italien, fühlt sie sich keineswegs. Der kämpferischen jüdischen Tradition, symbolisiert durch die Festung Masada, steht sie abweisend gegenüber, jedoch Jesus, den »zarten, seinen Feinden vergebenden Rabbi«, bejaht sie. Trotz aller Fremdheit empfindet sie »ganz tief im Herzen eine Zärtlichkeit für das Land und seine Bewohner, Zärtlichkeit, die den Wunsch einschließt, daß es gut gehen möge mit ihnen« (B, 222 ff.). Da ihr jedoch das Heimatgefühl für Erez Israel abgeht und auch der Glaube an Jahwe, den Gott der Väter, bei ihr nicht vorhanden ist, scheitert die Identitätssuche der spätgeborenen Ich-Erzählerin schließlich an dem Konflikt, den Jean Améry als »Zwang und Unmöglichkeit, Jude zu sein«, diagnostiziert hat.[28] Ohne die ethnisch-religiöse Bindung an das Judentum beschränkt sich ihre jüdische Identität auf die Tatsache, daß sie »als Jüdin erfahren habe, was Leiden bedeutet. Also wohl das einzige Rudiment einer Identität die Leidens-, die Schicksalsgemeinschaft« (B, 167).

Deswegen steht ihr schließlich Rembrandts »kleiner Judenjunge« (B, 11), der mit Harfe und Gesang dem mächtigen König Saul Heilung bringt, näher als Michelangelos herrlicher Held. Ersteren, »dem zu leiden vorbestimmt scheint, der Auschwitz nicht überlebt hätte«, möchte sie an ihr »mit Trauer erfülltes Herz drücken« (B, 236). Sie selbst wird mit dem Wissen um Auschwitz ihr Leben zu Ende bringen müssen, und es wird sie »quälen bis zum letzten Atemzug« (B, 237). Der Roman hat eine überzeugend konzipierte Doppelstruktur: aus der Perspektive Michals wird die komplizierte Bibelgeschichte um König David überschaubar nacherzählt, in den »Ich, Grete«-Abschnitten kommt die Erzählerin selbst mit ihrem traumatisierten Leben zu Wort.

Der Brautpreis wurde 1988 mit dem Geschwister-Scholl-Preis ausgezeichnet. In ihrer Dankesrede bei der Verleihung bekennt Grete Weil, sonst »Preisen gegenüber eher skeptisch«, daß sie sich über diese Auszeichnung aufrichtig freut, da sie nicht allein der Literatur, sondern gleichermaßen der geistigen Unabhängigkeit und dem verantwortlichen Gegenwartsbewußtsein, kurzum der Gesinnung gilt.[29] Daß dieser Preis im Namen der Geschwister Scholl verliehen wird, hat für Grete Weil noch zusätzliche Bedeutung, da die Nachricht vom Widerstand der jungen Studenten einen Hoffnungsschimmer für die verfolgte Grete Weil bedeutet hatte. Es gab also doch Deutsche, die »Nein« sagten. Der mutige Versuch, auch wenn er politisch nichts erreichte, ermöglichte der Schriftstellerin die Remigration nach dem Krieg. Sophie Scholl wurde durch ihre Tat für Grete Weil »die Antigone unserer Tage« (ebd.). Viele Jahre nach Kriegsende, als sie *Meine Schwester Antigone* schreibt, kommt sie auf Sophie Scholl zurück: »Die Analogie zwischen Sophie und Antigone ist dicht. Menschen, die bis zur Grenze gehen. Die ihr Selbst voll ausschöpfen. Nicht nach dem Erfolg fragen, nur nach der eigenen Notwendigkeit. Unbequeme. Schwierige. Die uns zum Denken zwingen. Unser Bewußtsein wach machen« (A, 112).

Unbequem und schwierig. Das gilt auch für ihren 1992 erschienenen Erzählungen-Band *Spätfolgen*, aus dem bereits zitiert wurde.[30] Die nun Sechsundachtzigjährige erzählt von einigen für die Gaskammern Bestimmten, die davonkamen, von solchen, die sich einen Überlebenskompromiß zurechtschustern konnten, und von anderen, denen das nicht gelang. Zu letzteren gehört Ben aus *Das Schönste der Welt*, dessen Frau und Tochter im Vernichtungslager ermordet wurden, während er selber als alliierter Pilot in relativer Sicherheit war. Hoch über dem Mittelmeer, an der Stelle, wo er einst mit seiner jungen Frau die Küstenstraße von Positano nach Sorrent und Amalfi entlang gewandert war, nimmt er sich viele Jahre später das Leben. Auf knapp viereinhalb Seiten wird das alles erzählt. Ebenso kurz und eindringlich ist die Geschichte von Esther, *Don't touch me*. Esther hat Auschwitz überlebt. Nach Jahrzehnten kehrt sie unwillig aus New York nach Deutschland zurück, um dort eine Kusine zu besuchen, und landet nach einem Autounfall in einem Münchner Krankenhaus. Das Auschwitz-Trauma steckt so tief, daß sie sich von keinem deutschen Arzt behandeln lassen will. Nach wenigen Tagen stirbt sie an inneren Verletzungen. – In einer dritten Geschichte, *Die kleine Sonja Rosenkranz*, ist die Hauptperson keine Jüdin, sondern eine frühere französische Widerstandskämpferin, die pensionierte Sprachlehrerin Marthe Besson. Sie hatte die nicht unbemittelte junge Sonja Rosenkranz während des Krieges bei einer Journalistin untergebracht und sich nicht weiter um sie gekümmert. Sonjas Leiche wurde einige Monate vor der Befreiung aus der Seine geborgen. Eine Fernsehsendung veranlaßt etliche Jahre später Marthe herauszufinden, ob das Mädchen aus Geldgier von der inzwischen prominenten Publizistin umgebracht wurde. Da diese jedoch unangreifbar ist, reist Marthe nun von einem KZ zum anderen, um ihre Schuldgefühle mit dem Gedanken zu beschwichtigen, daß der kleinen Sonja jedenfalls der weit furchtbarere Tod im Vernichtungslager erspart blieb.

Zwei weitere Erzählungen sind wiederum in der Ich-Form geschrieben. Sie handeln vom Wiedersehen der Erzählerin mit jüdischen Emigranten, die jetzt schon Jahrzehnte in den USA leben und glauben, einen Strich unter ihre frühere Existenz in Deutschland gezogen zu haben. *Das Haus in der Wüste* ist eine Überarbeitung der Erzählung *Happy, sagte der Onkel*. Grete Weil hat die Kritik an den US-amerikanischen Verhältnissen weitgehend eliminiert, um sich auf die undifferenzierte Akkulturation, auf die primitiven, sogar rassistischen Vorurteile und die – im Grunde armselige – Lebensweise von Onkel und Tante in »God's own country« zu konzentrieren. In *Guernica* trifft sich die Erzählerin mit dem Jugendfreund Hans, einstmals empfindsamer Kunsthistoriker. Auch er gibt sich akkulturiert, nennt sich jetzt John, hat eine Anwaltskanzlei in New York und weigert sich, Deutsch zu sprechen. Obendrein lehnt er jegliche nach 1933 entstandene Kunst ab. John gestattet sich auch nicht, Guernica, Auschwitz und die Atombombe auf einen Nenner zu bringen und daraus Schlüsse zu ziehen. Daß die Ich-Erzählerin weiterhin in Deutschland lebt und daß sie sich für das Schicksal der Schwarzen in seiner neuen Heimat interessiert, mißfällt ihm. Sein Interesse gehört ausschließlich den Juden, der eigenen Frau und den Kindern. Diese Ausschließlichkeit entsetzt die Jugendfreundin.

Es ist bezeichnend für Grete Weils selbstkritisches Verfahren, daß sie den diagnostischen Blick nicht nur auf die Identitäts- und Lebenskonflikte ihrer Protagonisten, sondern gleichermaßen auf die eigenen Überlebensstrategien richtet.

Wie hat sie mit ihrer Wunde gelebt? Ganz ohne Vereinfachungen? Indem sie den *Spätfolgen*-Band mit dem nachwortartigen Text *Und ich? Zeugin des Schmerzes* abschließt, zieht Grete Weil sich selbst zur Rechenschaft. Durch unverbrüchliche Liebe mit ihrem ersten Mann verbunden, empfand sie jahrelang, man habe sie mit Edgar nach Mauthausen verschickt. Sie hatte gemeint, dort »alle Schrecken, jede Qual, jeden durch Mißhandlung zugefügten Schmerz und die ohnmächtige Verzweiflung beim gewaltsamen Tod der Kameraden miterlebt zu haben« (S, 102). Durch die Lektüre von Primo Levis Beschreibung der Lager eines besseren belehrt, weiß sie jetzt, daß ihre Phantasie nicht »krank genug« gewesen ist, um sich ein KZ und Edgars gräßliches Leben und Sterben dort wirklich vorzustellen (S, 103). Damit löst sich ihre »so oft geäußerte Behauptung, ein Zeuge zu sein, (...) in Nichts auf« (S, 105). Sie fragt sich, ob sie vielleicht deshalb so lange am Leben geblieben ist, weil ihre Zeugenschaft nicht ausreichte (ebd.). Die Autorin verweist in diesem Zusammenhang auf die extremen Leidenserfahrungen Überlebender aus den Lagern wie Primo Levi, Jean Améry, Paul Celan und schließlich auch Bruno Bettelheim. Sie hatten über das Unsagbare geschrieben, konnten jedoch in der Folgezeit nicht weiter leben und gaben sich selber den Tod. Grete Weil ist sich nun darüber klar, daß sie nie – wie Primo Levi es formulierte – wirklich

»das Haupt der Medusa erblickt hat«, und das macht sie – auch eine Spätfolge – bescheidener. Ihre Zeugenschaft reicht nur aus »für die Verfolgung, nicht einmal für die Deportation, ganz sicher nicht für die KZ-Greuel« (ebd.). Was bleibt, sind ihre Bücher. Sie handeln »vom schlechten Gewissen derer, die überlebt haben und immer und immer wieder vom niemals vergehenden Schmerz« (S, 106).

In den letzten zehn Jahren, seitdem Grete Weil mit ihrem *Antigone*-Buch der Durchbruch gelang, hat man ihr Werk außerhalb der Germanistik und der Exilforschung durchaus zur Kenntnis genommen. 1985 produzierte Carin Braun für die ARD ein Fernsehfeature über Grete Weil in der Reihe *Frauengeschichten*.[31] 1989 erschien der bereits erwähnte schön angelegte, großformatige Band *Jüdische Portraits. Photographien und Interviews* von Herlinde Koelbl. Erich Fried kommt darin vor und Max Perutz, Theodore Kollek und Bruno Kreisky, Robert Jungk und Edward Teller. Von den 80 Porträts wählte Herlinde Koelbl das der Grete Weil für den Buchumschlag. 1990 gab Irma Hildebrandt ein Buch heraus über fünfzehn tapfere Frauen, die im Laufe der letzten vier Jahrhunderte in München gelebt und gewirkt haben. Der Titel ist ein gut bayrischer Ausspruch Grete Weils: *Bin halt ein zähes Luder*[32]. Grete Weils lebenslange Verbundenheit mit der bayrischen Heimat scheint nun langsam Gegenliebe zu finden. Unter dem – im Blick auf ihre Person etwas merkwürdig anmutenden – Buchtitel *Käuze, Ketzer, Komödianten* veröffentlichte Bernhard Setzwein 1990 Porträts über »Literaten in Bayern«, zu denen endlich auch Grete Weil gehört.[33] Darüber hinaus gibt es mittlerweile italienische und US-amerikanische Lizenzausgaben von einigen Büchern der Autorin.[34] In den Niederlanden, wo alle Bücher in Übersetzung vorliegen, ist Grete Weil nach Angaben Alexander von Bormanns unterdessen »die am meisten gelesene deutsche Autorin«[35]. In den akademischen Kanon indes wurden Grete Weil und ihr herausforderndes Werk bisher noch kaum aufgenommen.[36]

---

1 Grete Weil: *Generationen*. Zürich, Köln 1983; Taschenbuchausgabe: Frankfurt/M. 1985; zitiert wird nach der Taschenbuchausgabe unter dem Kürzel G. Angabe des Zitats: G, 7. —
2 Die Darstellung der Vita Grete Weils stützt sich – wenn nicht durch Zitat anders gekennzeichnet – auf die folgenden Interviews: Grete Weil: »Nicht dazu erzogen, Widerstand zu leisten«. In: *Weil ich das Leben liebe. Persönliches und Politisches aus dem Leben engagierter Frauen*. Hg. von Edith Laudowitz und Dorlies Pollmann. Köln 1981, S. 171–180; »›Ich habe Auschwitz, wie andere Tb oder Krebs‹. Liz Wieskerstrauch im Gespräch mit Grete Weil«. In: Anschläge. Zeitschrift für Kunst und Literatur (1988) H. 14, S. 22–26. Darüber hinaus führte einer der beiden Verfasser dieses Beitrages (U.M.) mehrere unveröffentlichte Interviews

mit Grete Weil. — 3 Grete Weil: »Nicht dazu erzogen Widerstand zu leisten«, a.a.O., (Anm. 2), S. 173. — 4 Grete Weil: »Vielleicht, irgendwie...« In: *Lieben Sie Deutschland? Gefühle zur Lage der Nation.* Hg. von Marielouise Janssen-Jurreit. München 1985, S. 54 f. — 5 Grete Weil: *Meine Schwester Antigone.* Zürich, Köln 1980; Taschenbuchausgabe: Frankfurt/M. 1982. Zitiert wird im folgenden nach der Taschenbuchausgabe unter dem Kürzel A. Angabe des Zitats: A, 112. — 6 Grete Weil im Gespräch mit Margit Saad-Ponnelle: »›Rache ist dumm – macht es besser‹. Gespräch mit der jüdischen Schriftstellerin Grete Weil«. In: Münchner Abendzeitung, 18.7.1991. — 7 Grete Weil: »Nicht dazu erzogen, Widerstand zu leisten«, a.a.O. (Anm. 2), S. 177. — 8 Liz Wieskerstrauch im Gespräch mit Grete Weil, a.a.O. (Anm. 2), S. 24. — 9 Hans Sahl: *Das Exil im Exil. Memoiren eines Moralisten II.* Frankfurt/M. 1990. Zitiert nach der Taschenbuchausgabe: Frankfurt/M. 1991, S. 197. — 10 Grete Weils *Weihnachtslegende 1943* erschien nach dem Krieg völlig unbeachtet in dem Sammelband *Das gefesselte Theater / Het tooneel in boeien. Het marionettentooneel der »Hollandgruppe« speelt voor onderduikers. Uitgegeven door de Hollandgruppe »Freies Deutschland«.* Amsterdam 1945. In einem Gespräch vom 20.5.1990 mit Uwe Meyer distanziert sich Grete Weil von der Darstellung des Vorwortes zu diesem Band, die hier abgedruckten Texte ständen in einem Zusammenhang mit Widerstandsaktivitäten der Hollandgruppe »Freies Deutschland«. Ein Auszug aus *Weihnachtslegende 1943* erschien in: *Deutschlands Erwachen. Kabarett unterm Hakenkreuz 1933–1945.* Hg. von Volker Kühn. (Kleinkunststücke, Bd. 3) Weinheim, Berlin 1989, S. 318–321. — 11 Grete Weil: »Und ich? Zeugin des Schmerzes«. In: dies.: *Spätfolgen. Erzählungen.* Zürich, Frauenfeld 1992, S. 104. Aus diesem Band wird in der Folge unter dem Kürzel S zitiert. — 12 Laureen Nussbaum hat als Flüchtlingskind die Kriegsjahre in Amsterdam verbracht, sich dort mit der niederländischen Lebensart vollends identifiziert und das ungastliche »Jetzt könnt ihr ja wieder nach Hause« nach dem Krieg nur schwer verwinden können. Siehe hierzu auch einen entrüsteten Tagebucheintrag Anne Franks vom 22.5.1944 in: *Die Tagebücher der Anne Frank. Kritische Ausgabe des Niederländischen Staatlichen Instituts für Kriegsdokumentation.* Frankfurt/M. 1988, S. 746. In der von Volker Jakob und Annet van der Voort herausgegebenen Interviewsammlung *Anne Frank war nicht allein. Lebensgeschichten deutscher Juden in den Niederlanden* erzählen einige aus den Lagern in die Niederlande zurückgekehrte Staatenlose von dem Trauma des abweisenden Empfangs (Berlin, Bonn 1988; siehe dort die S. 202, 217, 228, 236). — 13 Grete Weil: »Nicht dazu erzogen, Widerstand zu leisten«, a.a.O. (Anm. 2), S. 179. — 14 Zit. aus: Europäische Ideen (1981) H. 52 (Sonderheft: Klaus Mann zum 75. Geburtstag), S. 8. Zu dem Gespräch zwischen Grete Weil und Klaus Mann siehe auch: Klaus Mann: *Tagebücher Band VI: 1944–1949.* Hg. von Joachim Heimannsberg u.a. München 1991, S. 133 (Tagebucheintrag vom 14.9.1947). — 15 *Boulevard Solitude. Lyrisches Drama in sieben Bildern.* Text von Grete Weil, Szenarium von Walter Jockisch, Musik Hans Werner Henze. Mainz 1951. — 16 Wiesbaden 1963; später als Taschenbuch: Frankfurt/M. 1987. — 17 Albert Ehrenstein: »Ans Ende der Welt«. In: Aufbau, New York, 30.12.1949. — 18 Grete Weil: *Tramhalte Beethovenstraat.* Wiesbaden 1963; Neuausgabe als Taschenbuch: Frankfurt/M. 1983. Es wird aus letzterer Ausgabe zitiert unter dem Kürzel T. Neueste Ausgabe: Zürich, Frauenfeld 1992. — 19 Liz Wieskerstrauch im Gespräch mit Grete Weil, a.a.O. (Anm. 2), S. 26. — 20 Vgl. z.B. H. Wielek: »Amsterdam in oorlogstijd. Intelligent boek over de volgers en de vervolgden«. In: Het Parool, 15.8.1963; Ludwig Kunz: »Tramhalte Beethovenstraat. Een duitse roman«. In: Algemeen Handelsblad, 16.1.1963. — 21 Grete Weil: *Happy, sagte der Onkel.* Wiesbaden 1968; Taschenbuchausgabe: Frankfurt/M. 1982. Zitiert wird nach letzterer Ausgabe unter dem Kürzel H. — 22 Das Gleichnis vom Spinnengewebe ist einem Aufsatz über weibliche Erzählstrukturen entlehnt. Siehe: Josephine Donovan: »Toward a Women's Poetics«. In: Tulsa Studies in Women's Literature 3, H. 1/2 (1984), S. 99–110. — 23 Grete Weil: »Vielleicht, irgendwie ...«, a.a.O. (Anm. 4), S. 55 ff. — 24 Erich Kuby: *Mein ärgerliches Vaterland.* München, Wien 1989, S. 518. — 25 Grete Weil: *Der Brautpreis.* Zürich, Frauenfeld 1988; Taschenbuchausgabe: Frankfurt/M. 1991. Zitiert nach der Taschenbuchausgabe unter dem Kürzel B. — 26 Liz Wieskerstrauch im Gespräch mit Grete Weil, a.a.O (Anm. 2), S. 26. — 27 Herlinde Koelbl: *Jüdische Portraits. Photographien und Interviews.* Frankfurt/M. 1989, S. 256. — 28 Vgl. Jean Améry: »Über Zwang und Unmöglichkeit, Jude zu sein«. In: ders.: *Jenseits von Schuld und Sühne. Bewältigungsversuche eines Überwältigten.*

Stuttgart 1977, S. 130–156. Die Erstausgabe erschien 1966. — **29** Grete Weil: »Nicht das ganze deutsche Volk«. In: Süddeutsche Zeitung, 22.11.1988, S. 10. — **30** Siehe Anm. 11. — **31** Carin Brauns Film-Porträt wurde am 10.9.1985 um 16.10 h in der ARD gesendet. — **32** Irma Hildebrandt: *Bin halt ein zähes Luder. 15 Münchner Frauenporträts.* München 1990; darin: Antigone im Dritten Reich. Grete Weil (˙ 1906) – Sophie Scholl (1921–1943), S. 203–224. — **33** München 1990. — **34** Z.B. *Mia sorella Antigone.* Milano 1981; *Il prezzo della sposa.* Firenze 1991; *The Bride Price.* Boston 1992; schon etliche Jahre früher erschien in den USA eine schlechte und fehlerhafte Übersetzung des Antigone-Romans: *My Sister, My Antigone.* New York 1984. — **35** Vgl. Alexander von Bormann: »'Worte decken nur zu'. Grete Weils dialogisches Schreiben«. In: Neue Zürcher Zeitung, 18.7.1991 (anläßlich des 85. Geburtstages der Autorin). — **36** In dem von Gunter Grimm und Hans-Peter Bayerdörfer 1985 veröffentlichten Sammelband *Im Zeichen Hiobs* (Königstein/Ts. 1985) fehlt ein Beitrag zu ihrem Werk, obgleich sich der Band um den deutsch-jüdischen Dialog bemüht und Grete Weil eben gerade diesen Dialog seit Jahrzehnten mit bemerkenswerter Offenheit führt. Im *Nachrichtenbrief* Nr. 13 der Gesellschaft für Exilforschung berichtet Brita Eckert ausführlich über das »Symposium über deutschsprachige jüdische Autoren seit 1945« (Osnabrück, 2.–5.6.1991): vgl. Brita Eckert: »Berichte«. In: Exilforschung, 13 für das Jahr 1991, hg. von Ernst Loewy, Frankfurt/M. Dezember 1991, S. 43–48 [Erstveröffentlichung im Börsenblatt für den deutschen Buchhandel Nr. 49, 21.6.91, S. 2152–2154]. Man befaßte sich dort u.a. mit der Frage: »Wie weit war und ist Autoren jüdischen Schicksals nach Auschwitz Schreiben in deutscher Sprache – der Sprache der Verfolger – möglich?« (ebd., S. 43). Jedoch auch in diesem Rahmen referiert niemand über Grete Weil. Das ist um so auffälliger, da man sich auf die Autoren der mittleren Nachkriegsgeneration konzentrierte, das heißt gerade auf solche, die wie Grete Weil »erst nach der Emigration bzw. Flucht oder nach Kriegsende« zur Veröffentlichung ihrer Texte gelangten (ebd., S. 44). Im gerade von Julius H. Schoeps herausgegebenen Nachschlagwerk *Neues Lexikon des Judentums.* (Gütersloh, München 1992) kommt Grete Weil ebenfalls nicht vor, während ihr Name in Hans Schütz' deutsch-jüdischer Literaturgeschichte nur einmal am Rande erwähnt wird (*Juden in der deutschen Literatur: Eine deutschjüdische Literaturgeschichte im Überblick.* München 1992, S. 296). Schließlich hätte ein Aufsatz über das Leben und Werk der Grete Weil besonders gut in den neunten Band des *Jahrbuchs der Exilforschung* von 1991 gepaßt, der Exil und Remigration zum Thema hatte. Als eine der wenigen Ausnahmen für die wissenschaftliche Beschäftigung mit Grete Weils Werk ist zu nennen: Wolfgang Paulsen: *Das Ich im Spiegel der Sprache. Autobiographisches Schreiben in der deutschen Literatur des 20. Jahrhunderts.* Tübingen 1991. (Untersuchungen zur dt. Literaturgeschichte, Bd. 58). Siehe dort vor allem die Seiten 101 ff. Vgl. auch Sigrid Weigel: *Die Stimme der Medusa. Schreibweisen in der Gegenwartsliteratur von Frauen.* Dülmen, Hiddingsel 1987, S. 298 ff., die Grete Weils Roman *Meine Schwester Antigone* mit Christa Wolfs *Kassandra* vergleicht.

Dirk Krüger

»Vater, du mußt mir zuerst etwas erklären. Was bedeutet staatenlos? Wie kommt es, daß jemand staatenlos ist?«

Kinder- und Jugendliteratur im Exil – Erinnerungen an die deutsch-jüdische Autorin Ruth Rewald

»Von den Erwachsenen, die in die Verbannung gehen mußten, blieben die meisten der Muttersprache wenigstens insoweit treu, daß sie fortfuhren, deutsche Bücher zu lesen. Bei den Kindern lagen die Dinge anders. Sie besuchten die Schule im Asylland, sie spielten mit fremdsprachigen Freunden, sie vergaßen sehr oft die Sprache ihrer Heimat. Aus diesen Gründen hatten es die Autoren von Kinder- und Jugendliteratur im Exil ganz besonders schwer, es sei denn, daß sie bereit waren, in fremder Sprache neu zu beginnen. Dieser Versuch wurde von mehreren – Maria Gleit, Hertha Pauli, Oskar Seidlin – mit einigem Erfolg unternommen. Aber auch die in Deutsch weiterschreibenden Jugendschriftsteller stehen am Ende der Exilzeit keineswegs mit leeren Händen da.«[1]

Weiskopf verbindet diese Feststellung mit zahlreichen Hinweisen auf Kinder- und Jugendbuchautorinnen und -autoren, auf Kinder- und Jugendbücher, die im Exil entstanden sind. Es bleibt unerklärlich, warum die thematisch ungemein breite Exilforschung diesen Bereich der Exilliteratur trotz dieser eindeutigen Hinweise weitgehend ausgeblendet hat. Man kann darüber nur spekulieren. Tatsache aber bleibt, daß – einmal abgesehen von Lisa Tetzner und Kurt Kläber – Autorinnen wie Alex Wedding, Adrienne Thomas, Maria Osten, Hermynia Zur Mühlen, Auguste Lazar, Anna Maria Jokl oder Irmgard Faber du Faur weitgehend unbekannt und unerforscht geblieben sind. Gleiches gilt für die Autoren Max Zimmering, Walter Schönstedt, Béla Balazs, Richard Plant und Oskar Seidlin. In diesem Zusammenhang ist auch ein Hinweis auf Brechts *Kinderlieder* oder Bredels *Der Kommissar am Rhein* und *Die Vitalienbrüder* ebenso unerläßlich wie auf drei Autoren der »inneren Emigration«, auf Hans Falladas Erzählung *Hoppelpoppel, wo bist du?* und die Sammlung märchenhaft-grotesker *Geschichten aus der Murkelei*, auf Erich Kästner und auf Ehm Welks Bücher *Die Heiden von Kummerow* und *Die Gerechten von Kummerow*.[2] Es bleibt das historische Verdienst der ehemaligen DDR, daß wichtige Arbeiten der Kinder- und Jugendliteratur des Exils neu aufgelegt oder überhaupt erstmalig einem breiten Leserkreis zugänglich gemacht wurden.

Unter den von Weiskopf erwähnten Autorinnen ist auch die deutsch-jüdische Kinder- und Jugendbuchautorin Ruth Rewald. Einigen glücklichen Fügungen ist zu verdanken, daß ihr Lebensweg – besonders der im Exil – nahezu lückenlos rekonstruiert werden konnte.

Frankreich, 17. Juli 1942, Zone d'occupation allemande: Die kurz zuvor von einem »Aktionsausschuß für die Judentransporte aus Frankreich« vorbereitete und für den 16. und 17. Juli 1942 beschlossene Großrazzia »Rafle du Vel' d'Hiv«, die Teil der »Opération vent printanier« und der »Opération écume de mer« zur »ehebaldigsten restlosen Freimachung Frankreichs von Juden« war, näherte sich am Abend dieses Tages dem Ende. Die Aufforderung, die von der »Wannseekonferenz« am 20. Januar 1942 ergangen war, nunmehr konzentriert die »Endlösung der Judenfrage« zu realisieren, hatte auch zu dieser Aktion im besetzten Frankreich geführt. Die Bilanz am Ende der Razzia zeigte einen ›Fehlbetrag‹: Statt der angestrebten 20.000 Juden konnten ›lediglich‹ »12.884 verhaftet werden, darunter knapp 6.000 Frauen und 4.052 Kinder«.[3]

Unter den Frauen befand sich auch Ruth Rewald, die in dem Dorf Les Rosiers-sur-Loire von der Gestapo verhaftet wurde, wohin sie aus Paris vor den einmarschierenden deutschen Truppen geflohen war. Die erste Station ihres Deportationsweges war das Gefängnis von Angers. Dort gelang es ihr, eine für diesen Fall bereitgehaltene Postkarte an ihren Mann zu schreiben:

»Mein lieber Hans! Es ist soweit. Ich fahre zur Erntearbeit, ich weiß noch nicht wo: nahe Deiner Geburtsstadt[4] oder noch näher beim Doktor[5] ... Außer der Trennung von Anja wird mir nichts etwas ausmachen... Euch allen guten Mut. Ich habe ihn... Dir alles Gute!«

Die Karte, die Hans Schaul in dem französischen »Lager für politische Internierte« in Djelfa in der algerischen Sahara erreichte, wo er seit dem Frühjahr 1941 interniert war[6], trägt den Poststempel: ANGERS/MAINE-ET-LOIRE, 18.VII.1942. Sie ist das letzte Lebenszeichen von Ruth Rewald.[7]

Am 18. und 19. Juli wurden von den Behörden die Deportationslisten erstellt. In Angers sind auf ihnen 824 Juden, darunter 430 Frauen registriert. Ruth Rewald ist darin unter der laufenden Nummer 68 aufgeführt.[8] Am 20. Juli 1942, um 21.35 Uhr, hat der Transportzug schließlich den Bahnhof Angers St. Laud in Richtung auf die französisch-deutsche Grenze verlassen. Von den Behörden wurden am 21. Juli 1942 drei Briefe folgenden Inhalts abgeschickt:

»An das Reichssicherheitshauptamt, IV B 4 *Berlin*
An den Inspekteur der Konzentrationslager *Oranienburg*
An die Kommandantur des Konzentrationslagers *Auschwitz*

Betr.: Judentransporte aus Frankreich

Vorg.: Laufend

Der Transport hat am 20.7.1942, 21.35 Uhr, den Bahnhof Angers St. Laud verlassen. Transportstärke: 824 Juden (Davon 430 Frauen). Transportführer bis Neuburg Mosel: OETTERER. Verpflegung für 14 Tage ist mitgegeben.
I.A. (I. V.)
  Röthke
  SS-Obersturmführer«[9]

Berlin, 16. April 1945: Die Rote Armee begann an diesem Tag mit dem Angriff auf Berlin. Als am 2. Mai der letzte Widerstand gebrochen war, fielen den sowjetischen Soldaten in den Kellern des Reichssicherheitshauptamtes (RSHA) auf dem Prinz-Albrecht-Gelände am Rande von Hitlers Regierungsviertel sowie in den zahlreichen Außenstellen, die das Amt eingerichtet hatte, große Mengen Akten und Schriftstücke in die Hände. Seit Anfang 1940 wurden im RSHA alle antijüdischen Aktivitäten von Gestapo und SD in der Dienststelle IV D 4 (später IV B 4) koordiniert. Hier lag auch die Verantwortung für die Razzia vom 16. und 17. Juli 1942 im besetzten Frankreich, in Les Rosiers-sur-Loire. Der Leiter der Dienststelle war Adolf Eichmann.[10]

Unter den Dokumenten und Akten fanden die Soldaten auch einen Karton mit der Aufschrift: Beschlagnahmung Ruth Gustave Schaul, geb. Rewald, 5.6.06 / Berlin, Referendarin / Deutsch.R. Darin enthalten waren zahlreiche Briefe, persönliche Dokumente, Notizen, Manuskripte ihrer schriftstellerischen Tätigkeit, die der Gestapo in Frankreich in die Hände gefallen und von dieser in einen Keller des RSHA gebracht worden waren.

Alle Dokumente wurden von der Roten Armee zunächst in die Sowjetunion gebracht und im Jahr 1957 den zuständigen Stellen in der DDR übergeben. Seitdem sind sie im Zentralen Staatsarchiv (jetzt: Bundesarchiv) Potsdam archiviert und tragen die Signatur: 90 Re 1, Nachl. R. Rewald-Schaul 1932 bis 1939.[11]

In dem Bilanz- und Übersichtsartikel *Fünf Jahre Schutzverband Deutscher Schriftsteller im Exil*[12] berichtet Alfred Kantorowicz auch über das Engagement deutscher Exilschriftsteller im Spanischen Bürgerkrieg von 1936 bis 1939. In diesem Zusammenhang notiert er: »Ruth Schaul kam für Monate zu uns, um unter uns Stoff für ein neues Buch zu sammeln.« Und im Zusammenhang mit der Aufzählung von Schriftstellern, die literarische Produktionen aus diesem Engagement hervorgebracht hätten, nennt er sie ebenfalls.[13] In einer späteren Arbeit wird sie von ihm erneut und mit dem Hinweis erwähnt, sie sei Journalistin und Kinderbuchautorin und nach der Besetzung Frankreichs von der Gestapo verhaftet worden. Seither sei sie verschollen.[14]

Im Heft 6 des Jahres 1939 der Exilzeitschrift *Internationale Literatur – Deutsche Blätter* werden in einem *Pariser Brief* Aktivitäten antifaschistischer deutscher Schriftsteller im Exilzentrum Paris beschrieben. Diesem Bericht ist die folgende Information zu entnehmen: »Der Schutzverband Deutscher Schriftsteller führte im Laufe der Wintermonate mehrere Spanien-Veranstaltungen durch. So kamen an einem Abend zwei jüngere Schriftsteller, die in Spanien gewesen waren, mit eigenen Werken zu Wort: Ruth Schaul und Edy Brendt, während Willi Bredel und Alfred Kantorowicz in Referaten die Bedeutung des Freiheitskampfes des spanischen Volkes für das freie deutsche Schrifttum unterstrichen.«[15]

Zusätzliche Hilfen sowie eine thematische Erweiterung erfuhren die Forschungen durch die Hinweise auf diese Autorin bei F.C. Weiskopf.[16] Der entscheidende Hinweis auf ihren Nachlaß fand sich in dem Buch *Kunst und Literatur im antifaschistischen Exil 1933–1945. Band 6. Exil in den Niederlanden und in Spanien.*[17]

Durch die hilfreiche Unterstützung von Hans Schaul wurde es möglich, den Nachlaß in Potsdam einzusehen und aufzuarbeiten. Ergänzt und vertieft wurden die Recherchen durch zahlreiche Gespräche, Korrespondenzen und Nachforschungen vor allem in Frankreich und in der ehemaligen DDR.

Ruth Rewald wurde am 5. Juni 1906 als einziges Kind einer jüdischen Kaufmannsfamilie in Berlin geboren. Nach dem Abitur absolviert sie in Berlin und Heidelberg ein Jura-Studium, ohne es jedoch abzuschließen. Im Dezember 1929 heiratet sie den jüdischen Rechtsanwalt Hans Schaul, mit dem sie ein »jüdisch-intellektuelles Bohemien-Leben«[18] führt.

Auf sie läßt sich umformulieren, was Thomas Koebner in seiner Laudatio auf Hans Mayer so ausgedrückt hat: »Sie stammt aus dem jüdisch wohlhabenden und weitgehend assimilierten Bürgertum der deutschen Städte der Jahrhundertwende, einer gesellschaftlichen Gruppe, die im deutschen Geistesleben so einflußreich gewesen ist, wie das protestantische Pfarrhaus während der anderthalb Jahrhunderte zuvor. Dieses jüdische und weltoffene, erfolgreiche und kulturinteressierte Bürgertum als geistige Lebensform hat ihre Arbeit, ihre Haltung, ihr Interesse stark beeinflußt.«[19]

Schon früh vereint sich diese »geistige Lebensform« mit ihrem ausgeprägten Wunsch, »in der Wohlfahrtspflege tätig zu sein, wenn möglich in dem Gebiet der Jugendwohlfahrt«.[20] Es erscheint folgerichtig, wenn sie im Jahre 1930 mehrere Monate als »Hortnerin in einem städtischen Tagesheim Bezirk Prenzlauer Berg« arbeitet und die Lebensschicksale der Kinder und Jugendlichen studieren kann.²¹ In diese Zeit fällt auch ihre Hinwendung zur Kinder- und Jugendliteratur.

1931, mit 25 Jahren, debütiert sie mit einer Arbeit im renommierten Verlag D. Gundert, Stuttgart. Im Rahmen der Kinderbuch-Serie *Sonne und Regen im Kinderland* erscheinen ihre Erzählungen *Rudi und sein Radio* und *Peter Meyer liest seine Geschichte vor*. Wir treffen in diesem Erstlingswerk bereits auf ein Motiv, das in ihren späteren Arbeiten immer wiederkehrt. Es ist die Schule, das Lernen und die Bildung als wesentlicher Handlungshintergrund und die Art, wie der Lehrer dargestellt wird, nämlich als freundschaftlicher, verständnisvoller Förderer des eigenständigen, kreativen Handelns und Lernens der Kinder.

Beide Geschichten verraten bereits Ruth Rewalds Fähigkeit zu spannungsvoller Erzählkunst, zu klarer, nachvollziehbarer Handlungsführung. Sie beherrscht erkennbar den spezifischen Umgang mit der Sprache, die die Kinder- und Jugendliteratur erfordert. Dadurch erreicht sie ein hohes Maß an Identifikation der Leser mit den kindlichen Helden beider Geschichten. Dennoch ist die Feststellung unerläßlich, daß es sich dabei um recht anspruchslose Geschichten handelt, die keine nennenswerten literarischen Qualitäten aufweisen. Ähnliches trifft für ihre zahlreichen Kinderkurzgeschichten zu, die im Jahre 1932 und zu Beginn des Jahres 1933 in Kinder- und Jugendbeilagen von Tageszeitungen, vornehmlich mit sozialdemokratischer Orientierung, erscheinen.

Insgesamt sind das erste tastende Versuche, die sich an eine zu jener Zeit vorherrschende Tendenz in der Kinder- und Jugendliteratur anlehnen, völlig unpolitische und unkritische Kinder- und Jugendliteratur zu produzieren. Edwin Hoernle hatte, in der Tradition etwa eines Heinrich Wolgast stehend, 1929 erneut diese Art von Kinder- und Jugendliteratur einer grundsätzlichen und vernichtenden Kritik unterzogen.²²

Es waren offensichtlich solch scharf vorgetragene Kritiken zusammen mit den unübersehbaren gesellschaftlichen Entwicklungstendenzen dieser Jahre, die eine Veränderung in der Haltung Ruth Rewalds zum Kinder- und Jugendbuch bewirkten. Hinzu traten die intensiven literatur-theoretischen Diskussionen jener Jahre, an denen sich auch die Kinder- und Jugendbuchautoren beteiligten. Ruth Rewald hat mit ihrem 1932 ebenfalls im D. Gundert Verlag erschienenen Buch *Müllerstraße. Jungens von heute* den Versuch unternommen, eine ihr gemäße Antwort auf die neuen Herausforderungen, die die Zeit stellte, zu finden.

Dem Buch war ein außerordentlicher Erfolg beschieden. Die Auflage von 7.000 Exemplaren war drei Monate nach dem Erscheinen nahezu vergriffen. Über siebzig Kritiken lassen sich nachweisen, die sich alle ungewöhnlich positiv aussprachen. Auffallend ist der häufig anzutreffende Vergleich mit dem Schaffen Erich Kästners, namentlich mit seinem Buch *Emil und die Detekti-*

ve, das zu jener Zeit eine Sensation war und ungewöhnliche Wirkung auf die Kinder- und Jugendliteratur ausübte.

Neben hohen literar-ästhetischen Qualitäten und formaler Reife mag vor allem der Inhalt den Erfolg des Buches von Ruth Rewald begründet haben. In fünfzehn Kapiteln werden die Ferienerlebnisse von fünf Jungen und einem Mädchen erzählt, die in Berlin, in der Müllerstraße wohnen. Es sind Arbeiterkinder, die, bedingt durch die Notsituation ihrer Eltern wie die ökonomische und politische Situation ganz allgemein, die Ferien zu Hause verbringen müssen. Ihre Enttäuschung entlädt sich zunächst in Aggressivität und Zerstörungswut. Zank und Streit lassen die Freundschaften fast zerbrechen. Eine Wende bewirkt in dieser Situation die Feststellung eines Jungen, der sagt: »Wir alle müssen etwas anfangen, was einen Sinn hat.« Dies wird zum Ansporn, ein eigenes Theaterstück zu schreiben, einzustudieren und aufzuführen. Die Kinder ergänzen und beflügeln sich gegenseitig, es entfaltet sich eine produktive Beziehung zwischen individueller Entwicklung und Stärkung der Gruppe.

Mit diesem Buch wendet sich Ruth Rewald der realistischen Schreibweise zu, die zu jener Zeit auch in der Kinder- und Jugendliteratur verstärkt zur Anwendung kam. Die weltanschauliche Anlage weist diesem Buch einen Platz zwischen der proletarisch-revolutionären und bürgerlich-humanistischen Entwicklungslinie dieses Genus zu. Ruth Rewald begründet mit der *Müllerstraße* ihren Ruf und ihren geachteten Platz unter den deutschen Kinder- und Jugendbuchautoren zu Beginn der dreißiger Jahre.

In den Monaten des Jahreswechsels 1932/33 schreibt sie das Mädchen-Buch *Achtung Renate*. Es ist für das Weihnachtsgeschäft des Jahres 1933 gedacht. Ihr Verleger drängt auf eine gründliche Überarbeitung, die allerdings nicht mehr ausgeführt werden kann. Das Buch bleibt unveröffentlicht, das Manuskript befindet sich im Nachlaß.

Das Jahr 1933 markiert einen tiefen Einschnitt in der weiteren Entwicklung Ruth Rewalds. Auch ihre Lebensbedingungen erfahren vor dem Hintergrund der politischen Entwicklungen in Deutschland eine dramatische Wende. Im Mai 1933 reist sie unter dem Eindruck der Bücherverbrennungen über Stuttgart nach Paris, wohin ihr Mann ihr kurze Zeit darauf folgt. Zuvor war er als jüdischer Rechtsanwalt mit Berufsverbot belegt worden. In Paris teilen sie das Schicksal Tausender, die vor den Nationalsozialisten zu fliehen gezwungen waren, bedroht und eingeschüchtert von den Behörden, mit Wohnungsproblemen, fehlender Arbeitserlaubnis etc.

Ruth Rewald kauft sich mit etwas Geld zunächst in die Buchhandlung »Biblion« ein, die aber bereits 1936 geschlossen werden muß. Sie hält sich in dieser Zeit vorwiegend durch Gelegenheitsarbeiten aller Art über Wasser. Im November 1933 schreibt ihr Verleger aus Stuttgart: »Sie können sich wohl nicht denken, wie sehr sich die Verhältnisse auf dem Jugendschriftmarkt seit dem Frühjahr geändert haben, welche Beeinflussung durch die politische Umwälzung hier vor sich gegangen ist. Es ist heute ganz unmöglich geworden, ein Buch von ihnen herauszubringen. Zumal die Behörden auch nach der Abstammung fragen. Dazu kommt eine vollständig neue Einstellung zum Jugendbuch überhaupt.«[23]

Diese Bemerkungen beziehen sich auf einen Aufsatz von Max Fehring: *Die geistigen Grundlagen der Arbeit am Jugendschrifttum*. Darin wurde mit durchaus grundsätzlichem Charakter unter anderem formuliert: »Die Jugendschrift pflegt Einordnung und Unterordnung, Opferwille und Hingabe aus dem Ethos der völkischen Gemeinschaft, will den Nachwuchs zur Gliedschaft erziehen in den völkischen Lebensordnungen. Sie will das Schicksal des Volkes nacherleben lassen in historischen Darstellungen aus der Vergangenheit und das Geschichtsgeschehen unserer Tage bewußtmachen.« Solchen nationalsozialistischen Orientierungskriterien fügt Fehring die Drohung hinzu: »Was diesem ersten und wichtigsten Ziele schädlich ist, was überwundene liberalistische, individualistische und pseudo-sozialistische Tendenzen an die Jugend heranträgt, was artfremd ist und undeutsch, das wird ausgemerzt werden aus dem Erziehungsgut der deutschen Jugend.«[24]

Das Schaffen Ruth Rewalds entspricht diesen nationalsozialistischen Bewertungskriterien nicht. Sie ist damit geächtet und vom deutschen Kinder- und Jugendbuchmarkt verbannt. Auf diese Drohungen reagierte Ruth Rewald mit einem Werk, das als Höhepunkt ihres Schaffens bezeichnet werden muß. Es entsteht in dieser Zeit *Janko. Der Junge aus Mexiko*. Am 25. Oktober 1934 wird das Erscheinen dieses wichtigen Buches zwischen ihr und der S.A. des Éditions du Carrefour vertraglich fixiert. Die Auflagenhöhe beträgt 2.500 Exemplare – eine respektable Größenordnung für ein Kinder- und Jugendbuch in deutscher Sprache im Exil![25]

Auch auf dieses Buch gibt es eine breite, jetzt internationale Reaktion. Die Rezension aus der Exil-Zeitschrift *Das Neue Tage-Buch* vom 19. Januar 1935 sei hier ausführlich zitiert, weil sie exemplarisch den Grundton wiedergibt, der in allen Besprechungen anzutreffen ist: »Im Reich bekommen die Kinder Bücher wie etwa diese: *Im Hexenkessel der Granaten*, *Durch Front und Feuer*, *Panzer, Minen und Torpedos*, *Trommeln rufen durch Kamerun* und *Propeller überm Feind*. Die Zehnjährigen, die früher ihre abenteuerlichen Instinkte abreagierten, indem sie Kästner und den *Dr. Doolittle* lasen, werden heute angehalten, sich an den Wunschträumen schreibender Standartenführer zu erhitzen.

Man verlegt glücklicherweise auch Kinderbücher jenseits der deutschen Grenzen. Eines, soeben erschienen, stammt von Ruth Rewald: *Janko, der Junge aus Mexiko*. Es ist ein zartes, beinahe dichterisches Buch, diese Geschichte von Janko, dem Vagabunden, der seinen Verwandten in Mexiko davongelaufen ist und in eine deutsche Schule kommt, nachdem er sich als Schuhputzer, Geschirrwäscher, Zeitungsjunge durchgeschlagen hat. Es ist auch etwas Romantik in diesem Buch, jene Romantik nämlich, die die Jugend braucht, um ihre Sehnsucht nach fernen Ländern, nach Indianergeschichten, Lagerfeuern und exotischen Urwaldnächten, zu befriedigen. Dahinter aber steht, ebenso naiv wie anschaulich erzählt, ein Schicksal von heute. Janko ist nämlich staatenlos. Und was das heißt, ohne Paß in der Welt herumzuirren, von einem Konsulat zum anderen zu wandern und nirgends ›zuständig‹ zu sein, das wird hier einer Emigrationsjugend berichtet, die an sich selbst den Wahrheitsgehalt solcher Erzählungen nachprüfen kann. Ebenso heimatlos wie jener Janko, wird sie aus dem Optimismus, mit dem hier einer der ihren sich dem Leben stellt, neuen Mut und neue Zuversicht schöpfen. Das Buch ist, mit vielen, hübschen Zeichnungen von Paul Urban, im Sebastian-Brant-Verlag, Straßburg, erschienen.«[26]

Unter denen, die auf das Erscheinen des *Janko* reagieren, ist auch Lisa Tetzner. Sie schreibt: »Liebe Ruth Rewald, Sie haben da ein sehr gutes Buch geschrieben. Wirklich, ich bin selten von einem Kinderbuch so beglückt gewesen, zumal ich in dem Buch spüre, daß Sie als Schriftstellerin und Könnerin einen unerhört großen Schritt vorwärts getan haben. Mit Ihrem letzten Buch (gemeint ist die *Müllerstraße*, D.K.) konnte ich noch wenig anfangen. Zu dem sage ich in jeder Weise ›Ja‹.«[27]

Ruth Rewald stellt sich mit ihrem *Janko* bereits 1933/34 die Aufgabe, zwei Beiträge zu leisten: In einem Kinder- und Jugendbuch das Exil für Kinder und Jugendliche begreifbar zu machen und darin einen Schul- und Bildungsalltag zu entwerfen, der »Mit Blick auf Deutschland« auf die Perspektive eines vom Hitler-Faschismus befreiten Deutschlands zeigt.

Als Orientierung diente ihr Heinrich Manns Aufsatz *Aufgaben der Emigration*. Darin hatte er vor allem drei Forderungen vorgetragen: Die Rückkehr nach Deutschland ist vorzubereiten, es soll weder geklagt noch Rache geschworen werden und das Versäumnis der Republik in demokratischer Erziehung des Volkes ist zu überwinden.[28]

Ruth Rewald legt die Handlung ihres *Janko* bewußt in eine deutsche Kleinstadt. Die dort lebenden Kinder und Erwachsenen konfrontiert sie mit dem Fremdling, dem mexikanischen Jungen Janko, den sie mit derart vielen »Ungeheuerlichkeiten« ausstattet, die provozieren müssen. Doch die Kinder und die Erwachsenen bestehen diese Prüfung glaubwürdig. Sie zeichnet die Menschen in der deutschen Kleinstadt liebevoll-tolerant, jedoch nicht konfliktlos oder gleichmacherisch. Sie greift zu reichen charakterlichen Differenzierungen, aber sie überzeichnet nicht. Insgesamt wird der Gesamtzustand eher zu idyllisch gezeichnet, vor allem vor dem Hintergrund der tatsächlichen Situation in den deutschen Kleinstädten zu jener Zeit, den Erniedrigungen und Bedrohungen, denen sich die jüdischen Bürger ausgesetzt sahen. Ihr Buch ist keine offene und direkte Auseinandersetzung, keine Abrechnung mit dem faschistischen Alltag. Es wirkt durch seine positive Beispielsetzung antifaschistisch. In ihm modelliert sie gleichermaßen den literarischen Spiegel des »*Blicks nach Deutschland*« sowie das Bild, das den »anderen Nationen«, die genug »ungünstiges über Deutschland« wissen, etwas vermittelt von den »mildernden Umständen, die das deutsche Volk« verdient, von der »Hoffnung, die es trotz allem zuläßt«.

Eine weitere Intention ist ebenfalls in der zitierten Rezension angesprochen. Es geht Ruth Rewald mit ihrem *Janko* auch darum, daß sich die Kinder und Jugendlichen, die mit ihren Eltern in das Exil fliehen mußten, in der Person des Janko wiederfinden. Janko ist folglich nicht als Fremdling schlechthin angelegt, an dem sich Toleranz und Humanismus zu bewähren hätten. Janko ist vor allem angelegt als Person, in der das Exildasein paradigmatisch gestaltet wird. In diesem Sinn entfaltet er seine Wirkung. Im Verhältnis zwischen Janko und dem kleinstädtisch-deutschen Umfeld gestaltet sie vor allem die positiven Möglichkeiten des Exils. Sie will keine Apokalypse, keine düstere Vision, keinen »Sturz aus der Geschichte«, wie sie uns in den späteren Jahren des Exils aus zahlreichen literarischen Arbeiten entgegentreten. Ihr geht es darum, den kindlichen und jugendlichen Lesern Mut zu machen. Folglich konzentriert sie in der Person des Janko die Eigenschaften, die sie für erstrebenswert erachtet und verbindet das mit der Aufforderung, es ihm gleich zu tun.

So vollzieht sich in *Janko* eine ganz eigenständige und kindgerechte poetische Verarbeitung der »Erfahrung Exil«. Ihr gestalterischer Ansatz begreift das Exil als eine Möglichkeit der Begegnung mit einem anderen Kulturkreis, als gegenseitige fruchtbare, produktive und schöpferische Auseinandersetzung. Diese im Kern positive Sicht des Exils ist ihr wichtig und wesentlich. Und dafür will sie ihre jugendlichen Leser gewinnen.

Das Buch stellt ohne jeden Zweifel eine beachtenswerte literarische Leistung dar. Vor allem unter Berücksichtigung der Zeit und der Umstände, unter denen es entstanden ist. Besondere Erwähnung verdient die Tatsache, daß Ruth Rewald als Kinder- und Jugendbuchautorin in Paris praktisch allein war und Fragen nach einer antifaschistischen Konzeption in der Kinder- und Jugendliteratur im Rahmen der ansonsten umfangreichen und von hoher Qualität geprägten literarischen Diskussion im Exil eine ausgesprochene Randstellung einnahmen. Sie war im wesentlichen auf sich allein gestellt, sieht man einmal ab von den engen schöpferischen Kontakten, die sie mit Lisa Tetzner hatte.

Der Wert des Buches ergibt sich aber auch aus formal-literarischen Kriterien: aus der übersichtlichen, klar strukturierten Handlungsführung, aus der reichen Fülle nachvollziehbarer Motive, aus der prägnanten Sprache, dem klaren Satzbau, aus der Lebensnähe und Lebensfülle ihrer Figuren und dem hintergründigen Humor, der an verschiedenen Stellen erkennbar ist. Sie gibt ihrem Buch einen bewegten Ablauf mit vielen Höhepunkten und Wendungen. Auch tragische und novellistische Elemente sind auszumachen. Damit erreicht sie die für ein gutes Kinder- und Jugendbuch geforderte spannungsgeladene Handlung, die zum Lesen und zur Aneignung motiviert und die angestrebte Einheit von rationaler und emotionaler Wirkung befördert.

Janko wurde in der deutschsprachigen Emigration und darüber hinaus bekannt und auch verkauft. Dem Nachlaß von Ernst Leonard ist zu entnehmen, daß auf der von ihm Ende 1936 organisierten Buch-Verkaufsmesse in Paris auch *Janko* angeboten und 13 Exemplare verkauft worden sind.[29] Die Bücher *Müllerstraße* und *Janko* sind übersetzt in Schweden und Norwegen erschienen, in Verlagen, die der sozialdemokratischen Arbeiterbewegung dieser Länder nahe standen. Weit vorangetriebene Übersetzungen in französischer und englischer Sprache sind dagegen unveröffentlicht geblieben, obgleich sich Heinz Liepmann 1935 nachdrücklich dafür eingesetzt hat.

Mit diesem Buch macht Ruth Rewald einen wichtigen Schritt in ihrer Entwicklung als Kinder- und Jugendbuchautorin und begründet, mit aller gebotenen Zurückhaltung formuliert, ihre weltweite Anerkennung und Bekanntheit.

Ihr Nachlaß und Gespräche, die 1987 mit Hans Schaul geführt werden konnten, informieren darüber, daß sich Ruth Rewald, wenn auch nicht an hervorgehobener Stelle, aktiv an den zahlreichen politischen und kulturellen Aktivitäten der Exilierten in Frankreich beteiligt hat. Es würde den Rahmen dieser Arbeit sprengen, sie hier ausführlich darzulegen. Zur Charakterisierung ihrer politischen Position sei lediglich aus einem Gespräch zitiert, das der Verfasser am 3. Februar 1987 mit Hans Schaul führte: »Wir beteiligten uns aktiv an allen Versuchen, eine deutsche Volksfront zu gründen. Auch in dem Arrondissement, in dem wir wohnten, gab es einen Freundeskreis der Deutschen Volksfront. Wir waren zu dieser Zeit nicht Mitglied der Partei. Man konnte gar nicht eintreten. Als Rechtsanwalt, als Jurist schon gar nicht. In der Emigration gab es zunächst keine Neuaufnahmen. Ich wurde erst im März 1937 in den Schützengräben im Spanischen Bürgerkrieg aufgenommen. Ruths politische Vorstellungen waren die, daß sie freundlich gesinnt war mit Kommunisten. Sie hat deren Vorstellungen und Ziele aber letztlich gleichgesetzt mit allgemeiner Menschlichkeit, mit Humanismus. Journalistisch war sie fortschrittlich. Man kann aber nicht sagen, daß sie stark politisiert worden ist, obgleich wir beide in der Parteikandidatengruppe waren, Ruth bis zu deren Auflösung. Sie hat sich politisch eigentlich nicht weiterentwickelt. Das hing in starkem Maße auch mit der Sorge um das Kind zusammen, der Angst vor der Polizei, der sie ja auch nicht gewachsen war. Aber, sie war jedenfalls immer Sympathisierende und da sie Jüdin war – unverkennbar – war sie die Kandidatin für einen der ersten Deportationszüge nach Auschwitz.«[30]

Bedeutung erlangen für ihre weitere Entwicklung als Kinder- und Jugendbuchautorin in dieser Zeit politische Ereignisse wie der VII. Weltkongreß der Kommunistischen Internationale, der vom 25. Juli bis 20. August 1935 in Moskau tagte und eine Wende der kommunistischen Strategie und Taktik im Kampf gegen Faschismus und Krieg vollzog, sowie die folgende IV. Reichsparteikonferenz der KPD vom 3. bis 15. Oktober 1935, auf der die Wende nachvollzogen wurde. Auch die innenpolitischen Entwicklungen und Ereignisse in Frankreich selbst sind nicht ohne Wirkung. Von überragender Bedeutung für ihre Entwicklung wird aber der »Erste Internationale Schriftstellerkongreß zur Verteidigung der Kultur« vom 21. bis 25. Juni 1935, an dem sie teilgenommen hat.

In dieser Zeit wird ihre Aufmerksamkeit jedoch in zunehmendem Maße von den Ereignissen in China gefesselt. Vor diesem Hintergrund reift bei ihr die Idee und das Sujet zu einem neuen Kinder- und Jugendbuch, dessen Handlung in China angesiedelt sein sollte. Es entsteht *Tsao und Jing-Ling*.

Ruth Rewald stellt sich damit bewußt in die Tradition, die dieser Stoff in der deutschen Literatur hat. Verwiesen sei auf Arbeiten von Friedrich Wolf, Bert Brecht, Lisa Tetzner, Agnes Smedley und Egon Erwin Kischs sozialkritische Reportage *China geheim*. Den unmittelbaren und entscheidenden Anstoß erfährt sie durch einen Aufruf *Gegen den weißen Schrecken in China*, der praktisch von allen namhaften Schriftstellern jener Zeit unterschrieben worden war.[31]

Über das Ergebnis informiert Ruth Rewald in einem Brief vom 1. Juni 1936 an den sowjetischen Schriftsteller Isaak Babel. Sie hat ihn auf dem Internationalen Schriftstellerkongreß kennengelernt. Im Rahmen einer Hilfsaktion sowjetischer Schriftsteller für deutsche exilierte Schriftsteller hat er ihr zahlreiche Lebensmittelpakete geschickt. Sie schreibt: »In dem letzten Jahr habe ich an einem neuen Buch gearbeitet. Es handelt von chinesischen Kindern. Sie sind Kinder armer Bauern, werden an eine Seidenfabrik verkauft. Der Junge läuft fort, erlebt viele Abenteuer, wird Kuli, hilft eine Kuliorganisation zu gründen, und es gelingt ihm auf vielen Umwegen, auch auf seine Schwester, die immer noch in der Fabrik Spinnerin ist, einzuwirken. Es bricht ein Streik aus, der zwar die verkauften Kinder nicht befreit, aber einige Erleichterungen schafft und das Bewußtsein der tausenden von Frauen und Kindern in der Fabrik stärkt für die Zukunft.« Sie ergänzt den Bericht mit dem Hinweis: »Es ist für mich sehr schwer zu schreiben, da ich den ganzen Tag in einer Buchhandlung arbeite, abends kochen und das Haus besorgen muß und erst dann Zeit für mich habe. Sie können sich denken, wie angenehm Ihre Pakete für mich waren. Tagelang brauchte ich mich um die Ernährung nicht mehr zu kümmern.«[32]

Am 20. Juni 1936 beendet sie die Arbeit an dem Text. Ihre Bemühungen, die Geschichte in einem Verlag herauszubringen, schlagen fehl. Erst mit Hilfe von Lisa Tetzner gelingt die Veröffentlichung – allerdings lediglich in der Wochenzeitschrift *Der Öffentliche Dienst. Zeitung des Schweiz. Verbandes des Personals Öffentlicher Dienste* und zwar in der Zeit vom 20. Mai bis 16. Juli 1937. Als Buch ist dieser ungehobene Schatz der Kinder- und Jugendliteratur noch nicht erschienen. Alle Versuche, einen Verlag dafür zu interessieren, sind bisher erfolglos geblieben.

Das entscheidende Problem besteht bei der Niederschrift dieses Buches darin, daß die Forderungen, Literatur, also auch die Kinder- und Jugendliteratur, müsse sich durch kämpferische Eindeutigkeit und Parteinahme auszeichnen, müsse in die aktuellen gesellschaftlichen Auseinandersetzungen eingreifen, müsse einen Beitrag zur Formierung der Volksfront und zum Kampf gegen Hitler leisten, auch Ruth Rewald nicht unberührt lassen. Auf der anderen Seite geht es ihr darum, der Gefahr zu widerstehen, Produzentin utilitaristischer Agitationsliteratur zu werden, durch allzu starke Aufnahme aktueller politischer und gesellschaftlicher Bezüge an poetischem und ästhetischem Gehalt zu verlieren.

Konsequenterweise verteidigt sie gegenüber Lisa Tetzner und anderen den legendenhaften Charakter der Erzählung. Ruth Rewald strebt nicht Wahrheit im Sinne historischer Faktizität an. Ihr geht es nicht um einen historisch oder gar wissenschaftlich beglaubigten Bericht, sondern um die Gestaltung menschlich erhebender außerordentlicher Schicksale, die ihren moralisch-didaktischen Zielsetzungen zu dienen geeignet sind. Sie will zum gemeinsamen und organisierten Kampf für die eigenen Interessen, gegen Erniedrigung, Unterdrückung und extreme Ausbeutung motivieren, sie will für ihre jugendlichen Leser die Welt und die Lebensumstände als durch das eigene Handeln veränderbar und begreifbar machen und entsprechende Konsequenzen in deren Verhalten fördern. Die Gestaltung dieser Erlebnisse und Situationen von existenzieller Bedeutung sowie die Hervorhebung und Herausarbeitung moralischer, sozialer und politischer Integrität, Würde und Überlegenheit verknüpft sie nicht schlechthin mit »dem Menschen«, sondern mit den geschlagenen, den erniedrigten und extrem ausgebeuteten Frauen und Kindern in der Seidenfabrik und mit dem Kuli Tschen. Ihnen gehört ihre ganze Sympathie, sie haben für die Leser Vorbildfunktion. Dennoch sind ihre Helden nicht klassenkämpferische Überhelden, sondern Menschen mit Sorgen und Ängsten, denen Verzagtheit und Resignation nicht fremd ist. Ihr Kampf vollzieht sich nicht als ein gradliniger Aufstieg, sondern ist gekennzeichnet von Rückschlägen und Rückzügen. Hierin zeigt sich der eigentliche Unterschied zu den Autoren der proletarisch-revolutionären Kinder- und Jugendliteratur.

Er besteht vor allem darin, daß Ruth Rewald als Ziel und Ergebnis der handelnden und kämpfenden Personen nicht die sozialistische Gesellschaftsordnung antizipiert. Ihr geht es um die Darstellung von Erfolgen im Kampf hier und jetzt, kleine Erfolge, aber solche, die sich einfügen in das Verständnis eines geschichtlichen Kontinuums des Kampfes. Auch wenn wesentliche Gestaltungsmerkmale die Nähe zur proletarisch-revolutionären Kinder- und Jugendliteratur belegen, ihr Gesamtansatz ist nicht in dieser Tradition begründet, sondern gewerkschaftlich geprägt. Sie zeigt damit das, was im politischen Raum die Volksfront als Idee verkörperte, auf der betrieblichen und gewerkschaftlichen Ebene, nämlich das kämpferische und solidarische Zusammenstehen in Zeiten der Not und Bedrängnis über alle sonstigen Meinungsunterschiede hinweg. Sie leistet damit auf dem Gebiet der Kinder- und Jugendliteratur einen Beitrag zum engeren und kämpferischen Zusammenschluß aller Gegner des Nationalsozialismus.

Anlage und Ausführung verraten Einflüsse solcher Arbeiten wie etwa Brechts *Fünf Schwierigkeiten beim Schreiben der Wahrheit*. Auch die Debatten und Redebeiträge auf dem »Ersten Internationalen Schriftstellerkongreß zur Verteidigung der Kultur« zeigen Wirkungen, selbst wenn es, entgegen den angekündigten Absichten, nicht zu einer besonderen Diskussion über antifaschistische Kinder- und Jugendliteratur gekommen ist. Die Beiträge von Brecht, Klaus Mann, Ernst Toller und Hans Marchwitza hinterlassen einen besonderen Eindruck bei ihr.

Ruth Rewald reicht das Manuskript 1936 für den »Heinrich-Heine-Preis« ein, der vom Schutzverband Deutscher Schriftsteller (SDS) ausgeschrieben wurde. Sie erhält dafür unter 80 Einsendungen eine »lobende Erwähnung«. Damit hat sie endgültig Anschluß an das Niveau der bedeutendsten Kinder- und Jugendbuchautoren ihrer Zeit erreicht.

Dies wird allerdings überschattet durch bedrohliche politische Ereignisse, im Spanischen Bürgerkrieg die Bombardierung Guernicas und die blutigen Auseinandersetzungen zwischen linken Gruppen in Barcelona, sowie die Moskauer Schauprozesse, die viele Schriftsteller, auch Ruth Rewald, zutiefst erschüttert haben.

Das Leben Ruth Rewalds wird in dieser Zeit aber vor allem durch den Umstand geprägt, daß ihr Mann seit September 1936 in den Internationalen Brigaden kämpft, und durch die Geburt ihrer Tochter Anja im Mai 1937. Hier liegen auch die Wurzeln für ihr letztes Kinder- und Jugendbuch, ein Werk, das den Spanischen Bürgerkrieg zum Ausgangspunkt und Handlungshintergrund hat: *Vier spanische Jungen*.

Ruth Rewald verfolgt zunächst in Paris den Gang der Ereignisse aus den Briefen, die sie aus Spanien von ihrem Mann erreichen, und aus den Medien. Mit zunehmender Heftigkeit der Kampfhandlungen in Spanien, aber auch unter dem Eindruck wachsender Solidarität und des Engagements vor allem von Schriftstellern wächst ihr Verständnis und das bewußte Eintreten für die Sache der spanischen Republik.

Als am Nachmittag des 16. Juni 1937 im Bereich des Frontabschnitts der

XIII. Internationalen Brigade, die im Gegensatz zu allen anderen Internationalen Brigaden nicht um Madrid, sondern tief im Süden Spaniens eingesetzt ist, vier spanische Jungen aus dem Bergarbeiterstädtchen Penarroya zum Bataillon »Tschapajew« überlaufen, sind Hans Schaul und Alfred Kantorowicz, die bereits vor 1933 in Berlin befreundet waren, unmittelbare Zeugen dieser Begebenheit, von der eine ungeheure Faszination ausgeht. Nur so wird die beträchtliche Aufmerksamkeit verständlich, die sie hervorruft.[33] Hans Schaul und Alfred Kantorowicz entwickeln gemeinsam die Idee, daraus ein Kinder- und Jugendbuch zu machen und beauftragen Ruth Rewald mit der Ausführung. Aus den Briefen von Hans Schaul kann die Entstehungsgeschichte nachgezeichnet werden. Um ihre Kenntnisse über den Krieg, das Land und die Geschichte sowie über die reale Lage der Kinder zu vertiefen, begibt sich Ruth Rewald mit Unterstützung vor allem von Heiner Rau und Gustav Regler selbst für vier Monate nach Spanien. In den Monaten November/Dezember 1937 und Januar/Februar 1938 lebt und arbeitet sie im Kinderheim »Ernst Thälmann«, das von der XI. Internationalen Brigade für spanische Kinder, Opfer des grausamen Krieges, eingerichtet und unterhalten wurde.

Nach ihrer Rückkehr nach Paris beginnt sie unverzüglich mit der Niederschrift des Buches, mit dem sie nach ihren eigenen Worten vor allem die internationale Solidarität mit den spanischen Kindern anspornen und selbst einen Beitrag dazu leisten will. Sie beendete die Arbeiten am 30. September 1938. An diesem Tag schickt sie das Manuskript an den Tiden Norsk Förlag in Oslo, der ihre beiden anderen Bücher herausgebracht hatte. Sie bietet das Manuskript in der folgenden Zeit weiteren Verlagen ohne Erfolg an. Lediglich einige Kurzgeschichten, die auch zur literarischen Ausbeute ihres Spanien-Engagements gehören, kann sie in schweizerischen Frauen-Zeitungen unterbringen, auf Vermittlung von Anna Siemsen. So bleibt auch diese Arbeit fast 50 Jahre unveröffentlicht. Das Buch erschien 1987 und hat inzwischen zahlreiche wissenschaftliche und populärwissenschaftliche Reaktionen hervorgerufen; im März 1988 wurde es von der »Deutschen Akademie für Kinder- und Jugendliteratur« mit dem Titel »Buch des Monats« in der Sparte Taschenbuch bedacht.

Es waren die aktuellen Ereignisse in Spanien, die das Manuskript *Vier spanische Jungen* provozierten und sie waren es auch, die es zum Zeitpunkt seiner Fertigstellung scheinbar überflüssig machten. Bei vertiefter Analyse zeigt sich aber, daß *Vier spanische Jungen* aufgrund seiner inhaltlichen und literarisch-ästhetischen Qualitäten das Format hat, die Zeit in der es angesiedelt ist, zu überdauern. Dennoch sind deutliche Merkmale der Zeit unübersehbar. War schon das Exil eine geschichtliche Ausnahmebedingung, die auch eine entsprechende literarische erzeugte, so trug der Spanische Bürgerkrieg 1936 bis 1939 dazu bei, diese Konstellation noch zu verstärken. Unter dem Eindruck dieses Ereignisses ist es bei vielen Autoren zu einer deutlich erkennbaren literarischen Akzentverschiebung gekommen, hin zu einem mehr politisch-operativen Verständnis von Literatur. Kriterien der formalen Meisterschaft traten in den Hintergrund zugunsten einer Literatur, die sich aus unmittelbarem Anlaß mit einer unmittelbaren Zielstellung entwickelte. Es entstand eine Dichtung, die sich dem Tagesereignis verpflichtet fühlte, die polemisch auf sofortige und unmittelbare Wirkung drängte und die sich im konkreten Fall des Spanischen Bürgerkriegs darauf konzentrierte, »einer Sache zu dienen, die sie nicht nur als Sache der spanischen, sondern der Freiheit überhaupt ansahen.«[34] Diese Merkmale zeigen sich auch in Ruth Rewalds *Vier spanische Jungen*.

Das Buch ist, wie viele Exilarbeiten, nicht frei von vordergründig politisch-agitatorischen wie von geschichtsillustrativen Momenten. In seiner sprachlichen Gestaltung weist es nicht durchgängig poetische Schönheiten auf. Stereotypen und eine sparsame Verwendung von Metaphern sind unübersehbar. Allerdings ist seine aufklärerische Funktion hoch zu veranschlagen. Auch wenn ihre kindlichen Helden nicht als Entwicklungsfiguren angelegt sind, gewinnen sie doch durch die Vielfalt ihrer Lebensbeziehungen individuelles Profil und Ausstrahlungskraft. Der Wert der dargestellten Geschichte besteht vor allem darin, daß sie für die Gegenwart erschlossen werden kann. Es wird eine historische Grunderfahrung akzentuiert, die für die Gegenwart, für das Wirken um den Erhalt des Friedens fruchtbar gemacht werden kann. Ruth Rewald geht es zusätzlich um die Vermittlung eines Geschichtsbildes, das kämpferisch-demokratische Lehren und Verhaltensweisen befördert. Den fürchterlichen Konsequenzen nationalsozialistischer Erziehungspraxis und -zielen stellt sie Prinzipien entgegen, die für die exilierten antifaschistischen Schriftsteller konstitutiv waren: Solidarität, Völkerfreundschaft, Hilfsbereitschaft den Schwachen gegenüber, konsequente und begründete Antikriegshaltung. Damit ist dieses Buch auch eingebettet in solche Fragestellungen, die den Wert der Literatur des Exils für die heutige Generation zu beantworten suchen.[35] Das Buch und seine Autorin verweisen zudem auf den beträchtlichen Anteil jüdischer Kombattanten auf seiten der spanischen Republik, auf ihr mutiges Engagement, auf ihre Opferbereitschaft und Solidarität.[36]

In den Tagen und Wochen des September 1939 trennen sich endgültig die Wege von Hans Schaul auf der einen und Ruth Rewald und ihrer Tochter Anja auf der anderen Seite. Hans Schaul wird zunächst im Lager Le Vernet interniert, später in einem Lager in Algerien. Von dort führt ihn sein Weg in die Sowjetunion und nach 1945 in die DDR.

Ruth Rewald und ihre Tochter müssen, als sich Anfang Juni 1940 die deutschen Truppen rasch auf Paris zubewegen, über Sainte-Anne sur Campbon nach Les Rosiers-sur-Loire fliehen, wo sie laut Eintragung in die Liste »Enregistrement des visas d'arrivée et de départ délivrés aux étrangers« am 29. November 1940 eintreffen. Aus der Zeit bis zu ihrer Deportation sind wir durch zahlreiche Postkarten informiert, die ihr Mann empfangen hat und retten konnte, darunter auch jene letzte vom 18. Juli 1942.

Danach verlieren sich ihre Spuren in den Verbrennungsöfen von Auschwitz. Am 15. Juni 1950 verkündet das Amtsgericht Berlin-Mitte den folgenden Beschluß: »Auf Antrag des Verwaltungsangestellten Hans Schaul wird die Schriftstellerin Ruth Gustave Schaul geb. Rewald, geboren am 5. Juni 1906 in Berlin, zuletzt wohnhaft in Les Rosiers S.L., Frankreich, für tot erklärt und als Zeitpunkt des Todes das Ende des 8. Mai 1945 festgestellt. Der Beschluß trägt das Aktenzeichen: 58. II. 599.50.«[37]

Nicht ganz zwei Jahre später ereilt auch Anja Schaul das Schicksal ihrer Mutter. Sie wird zunächst von ihrer Lehrerin aufgenommen. Alle Versuche, Anja zu adoptieren, scheitern. Als schließlich das Reichssicherheitshauptamt auf eine dringende Anfrage aus der Pariser *Vernichtungsfiliale* am 13. August 1942 antwortet: »Die in den Lagern Pithiviers und Beaune-la-Rolande untergebrachten jüdischen Kinder können nach und nach auf die vorgesehenen Transporte nach Auschwitz aufgeteilt werden«, besteht akute Lebensgefahr für dieses fünfjährige Mädchen, denn als die Lager von Pithiviers und Beaune-la-Rolande geräumt sind, gehen die Greifkommandos erneut auf Jagd, beschaffen neues »Menschenmaterial« für die Gaskammern und Verbrennungsöfen. Und so kommen sie am Morgen des 25. Januar 1944 nach Les Rosiers-sur-Loire in die Schule zu Frau Le Moine und holen Anja aus der Klasse. Sie wird, wie viele, zunächst in das Lager Drancy bei Paris gebracht. Auf der »Transportliste in zweifacher Ausfertigung« wird sie zur Nummer 1201. Als Beruf ist angegeben: Schülerin. Am 10. Februar 1944 rollt sie in einem Viehwaggon eingesperrt nach Auschwitz. Und auch an diesem Tag gehen wieder drei Briefe ab...[38]

Am 18. Februar 1946 legt Oberjustizrat L.N. Smirnow im Prozeß gegen die Hauptkriegsverbrecher vor dem Internationalen Militärgerichtshof in Nürnberg den *Bericht der Außerordentlichen Staatlichen Kommission über die ungeheuerlichen Verbrechen der Deutschen Regierung in Auschwitz* vor. Der Hilfsankläger der Sowjetunion führt wörtlich aus: »Unter den befreiten Auschwitzgefangenen, die ärztlich untersucht wurden, befanden sich 180 Kinder, von denen 52 unter 8 Jahren und 128 zwischen 8 und 15 Jahren waren.«[39] Anja war nicht unter diesen Kindern. Am 11. Juli 1951 verkündet das Amtsgericht Berlin-Mitte: »In der Todeserklärungssache Anja Schaul ist der Beschluß vom 29. Mai 1951 rechtskräftig geworden.« Der Vorgang bekommt das Aktenzeichen: 58 II 5506/50.

Das literarische Exilwerk Ruth Rewalds entwickelte sich in Übereinstimmung mit den markanten politischen und literarischen Ereignissen und Strömungen der für die deutsche Literaturentwicklung schwierigsten Zeit in diesem Jahrhundert und erfährt von diesen wichtige und schöpferische Impulse. »Die Arbeits- und Lebensbedingungen des Exils waren dem literarischen Experiment, der formalen Neuerung nicht günstig.«[40] Diese Feststellung F.C. Weiskopfs trifft auch auf Ruth Rewald zu. Ihr durch die Umstände bewirktes schmales Werk ist und bleibt aber ein Beitrag zum Thema »Zukunft Deutschland« in dem Sinne, wie es Anna Seghers bereits 1944 in ihrem Aufsatz *Aufgaben der Kunst* formuliert hat: »Die Künstler müssen die Begriffe von drei Werten in der deutschen Jugend neu erwecken: Das Individuum, das Volk, die Menschheit.«[41]

Die zentrale Idee in ihrem Werk ist der Humanismus von der Art, wie ihn Ludwig Marcuse 1936 beschrieben hat: »Humanismus ist aber nicht nur ein Gegenstand des Abbaus. Er ist vielmehr, in seinem fruchtbaren Kern, die einzige Parole gegen den Faschismus... Es gibt sehr verschiedene Gegner des Faschismus: Ihr Generalnenner ist ein Negativum. Doch es gibt, falls ich richtig sehe, nur eine einzige Zentralidee, in der alles wurzelt, was mehr als nur Gegen ist: Die Idee der humanitas; die Idee der menschlichen Solidarität vor den Nöten auf dieser Erde; die Idee des Anrechts aller Menschen auf die Früchte dieses Sterns, die nicht einem Mann und nicht einer Gruppe und nicht einer Nation und nicht der weißen Rasse oder der gelben mehr gehören als einem anderen Mann und einer anderen Gruppe und einer anderen Nation und einer anderen Rasse... mit aller Energie und aller Klugheit die humanitas zu verwirklichen – dort ist Humanismus.«[42]

In diesem Sinne wird ihr Werk zu einem humanistischen Protest und zu einer Alternative zu der auf Rassenhaß, Unmenschlichkeit, Völkerfeindschaft und Kriegsbereitschaft zielenden Kinder- und Jugendliteratur im Dritten Reich.

Ruth Rewald ist nur 36 Jahre alt geworden. So ist ihr Werk relativ klein geblieben, zumindest was den Umfang betrifft. Vieles macht den zeitbedingten Eindruck des Unfertigen. Die Zeit, in die sie hineingeboren wurde, war ihrer Entwicklung und Reife nicht günstig. Dennoch, aus dem, was sie geschrieben und wie sie es geschrieben hat, werden wir Nachgeborenen die Verpflichtung ableiten müssen, der deutsch-jüdischen Kinder- und Jugendbuchautorin Ruth Rewald den Platz einzuräumen, der ihr und ihrem Werk gebührt.

Ihr Schicksal ist zunächst ein weiterer Beleg für die Verbrechen, die an dem jüdischen Volk begangen worden sind. Die eigentliche Bedeutung ergibt sich aber aus der Tatsache, daß Ruth Rewald und ihr Werk uns erneut darauf aufmerksam machen, jüdische Bürger nicht vorwiegend oder ausschließlich als Opfer nationalsozialistischer Verbrechen zu sehen, sondern auch und vor allem als Mitschöpfer der deutschen Kultur, in ihrem Falle als Mitschöpferin der deutschen Kinder- und Jugendliteratur.

1 F.C. Weiskopf: *Unter fremden Himmeln. Ein Abriß der deutschen Literatur im Exil 1933 bis 1947.* Berlin und Weimar 1981, S. 124. — 2 Vgl. dazu auch: Dirk Krüger: *Die deutschjüdische Kinder- und Jugendbuchautorin Ruth Rewald und die Kinder- und Jugendliteratur im Exil.* Frankfurt/M. 1990, S. 119 ff. — 3 Die Darstellung folgt den Ermittlungen, die die Kölner »Zentralstelle im Lande Nordrhein-Westfalen für die Bearbeitung von nationalsozialistischen Massenverbrechen in Konzentrationslagern« in Vorbereitung des Prozesses gegen Ernst Heinrichsohn, Kurt Lischka und Herbert Martin Hagen anstellte, der im Oktober 1979 vor der 15. Großen Strafkammer des Landgerichts Köln stattgefunden hat. Vgl. dazu auch: *Der Prozeß gegen die Hauptkriegsverbrecher vor dem Internationalen Militärgerichtshof, Nürnberg, 14. November 1945 bis 1. Oktober 1946.* Band VII. *Verhandlungsniederschriften 5. Februar 1946 bis 19. Februar 1946.* Fotomechanischer Nachdruck. München und Zürich 1948, S. 32 f. — 4 Gemeint ist damit Hohensalza im ehemaligen Posen. In diesem Ort wurde Hans Schaul am 13. Dezember 1905 geboren. — 5 Gemeint ist Stalin bzw. die Sowjetunion. ›Doktor‹ war eine unter den Emigranten benutzte Tarnbezeichnung. — 6 Vgl. dazu auch: *Brigada Internacional ist unser Ehrenname... Erlebnisse ehemaliger deutscher Spanienkämpfer.* Ausgewählt und eingeleitet von Hanns Maaßen. Bd. II. Frankfurt/M. 1976, S. 429 f. — 7 Die Karte befindet sich im Besitz von Hans Schaul, eine Kopie im Besitz des Verfassers. Vgl. dazu auch: Faksimile der Karte in: Ruth Rewald: *Vier spanische Jungen.* Hg. und mit einem Nachwort von Dirk Krüger. Köln 1987, S. 172 f. — 8 Vgl. dazu auch: Faksimile der Transportliste in: Ruth Rewald: *Vier spanische Jungen*, a.a.O., S. 169. Das Original befindet sich in den Archives du centre de documentation juive contemporaine, Paris. — 9 Vgl. dazu auch: Faksimile der Briefe in: Ruth Rewald: *Vier spanische Jungen*, a.a.O., S. 168. Die Originale befinden sich in den Archives du centre de documentation juive contemporaine, Paris. — 10 Vgl. dazu auch: Johannes Tuchel / Reinold Schattenfroh: *Zentrale des Terrors. Prinz-Albrecht-Straße 8. Das Hauptquartier der Gestapo.* Berlin 1987. — 11 Die Rekonstruktion basiert auf einem Gespräch mit dem Abteilungsleiter des Zentralen Staatsarchivs Potsdam, Herrn Metschies, das der Verfasser am 5. Februar 1987 in Potsdam führte und aufzeichnete. Vgl. dazu auch: Aly, Götz/Heim, Susanne: *Das zentrale Staatsarchiv in Moskau (»Sonderarchiv«). Rekonstruktion und Bestandsverzeichnis verschollen geglaubten Schriftguts aus der NS-Zeit.* Düsseldorf 1993, S. 50. — 12 Das Wort (1938), H. 12, S. 60 ff. — 13 Ebd., S. 73. — 14 *Die deutsche Exilliteratur 1933–1945.* Hg. von Manfred Durzak. Stuttgart 1973, S. 96. — 15 Internationale Literatur – Deutsche Blätter (1939) H. 6, S. 145. — 16 F.C. Weiskopf: *Unter fremden Himmeln*, a.a.O., S. 124 f. — 17 *Kunst und Literatur im antifaschistischen Exil 1933–1945.* Bd. 6. *Exil in den Niederlanden und in Spanien.* Frankfurt/M. 1981, S. 286. — 18 Brief von Lotte Pflüger, Lissabon, an den Verfasser. Sie ist die Cousine von Ruth Rewald. Der Brief ist datiert vom 4. Februar 1988. Das Original befindet sich im Besitz des Verfassers. — 19 Thomas Koebner: »Der ›Außenseiter‹ als Lehrer – Hans Mayer zu Ehren«. In: Broschüre der Gesellschaft für Exilforschung: *Verleihung der Ehrenmitgliedschaft an Prof. Dr. Dr. h.c. Hans Mayer am 11. September 1987 in der Deutschen Bibliothek.* Frankfurt/M., S. 12. — 20 Brief von Ruth Rewald an Hertha Kraus vom 28.8.1934 (Nachl. Ma 1 / Bl. 127). — 21 Ebd. — 22 Edwin Hoernle: *Grundfragen der proletarischen Erziehung.* Berlin 1929. — 23 Brief D. Gundert an Ruth Rewald vom 3.11.1933 (Nachl. Ma 1 / Bl. 91). — 24 Max Fehring: »Die geistigen Grundlagen der Arbeit am Jugendschrifttum«. In: Jugendschriften-Warte 38 (1933) H. 7, S. 49–52. Hier zitiert nach: *Die Diskussion um das Jugendbuch.* Hg. von Jörg Becker. Darmstadt 1986, S. 157. — 25 Vgl. dazu: Dirk Krüger: *Die deutsch-jüdische Kinder- und Jugendbuchautorin Ruth Rewald*, a.a.O., S. 91 f. — 26 Das Neue Tage-Buch, Ausgabe 19. Januar 1935, S. 71. — 27 Brief von Lisa Tetzner an Ruth Rewald vom 17. Dezember 1934 (Nachl. Ma 1 / Bl. 211). — 28 Heinrich Mann: »Aufgaben der Emigration«. In: Die neue Weltbühne (1933) H. 50, S. 1557 ff. — 29 Die Rechnung, aus der das hervorgeht, wurde ausgestellt von der Éditions du Carrefour/Paris. Sie trägt die Nummer: Facture Nr. 10084 und das Datum 19. Dezember 1936. Sie befindet sich im Nachlaß von Ernst Leonard, der ebenfalls im Bundesarchiv, Abteilung Potsdam archiviert ist, und trägt die Signatur: Nachlaß Ernst Leonard, 90 Le 5, Ma. 6 / Bl. 48. – Die Buchverkaufsausstellung wurde am 19. Dezember 1936 in der Galerie Billiet (Pierre Vornus), 30 Rue de La Boétie eröffnet (Pariser Tageszeitung vom 20. Dezember 1936) und dauerte bis zum 31. Dezember 1936. Der Reinerlös sollte den

»notleidenden deutschen Schriftstellern zugute« kommen (Pariser Tageszeitung vom 18. Dezember 1936). — **30** Vgl. dazu: Dirk Krüger: *Die deutsch-jüdische Kinder- und Jugendbuchautorin Ruth Rewald*, a.a.O., S. 165. — **31** Internationale Literatur (1935) H. 1, S. 127 f. — **32** Brief von Ruth Rewald an Isaak Babel vom 1. Juni 1936 (Nachl. Ma. 1 / Bl. 18). — **33** Vgl. dazu: Das Wort (1938) H. 3, S. 45 ff. sowie *»Tschapaiew«. Das Bataillon der 21 Nationen. Dargestellt in Aufzeichnungen seiner Mitkämpfer.* Redigiert von Alfred Kantorowicz (Informationsoffizier des Bataillon). Berlin 1956, S. 306 f. und 308 ff. — **34** F.C. Weiskopf: *Unter fremden Himmeln*, a.a.O., S. 109. — **35** Vgl. dazu auch: Ruth Rewald: *Vier spanische Jungen*, a.a.O. — **36** Luigi Longo: *Die Internationalen Brigaden in Spanien*. Berlin 1958, S. 43; Alfred Kantorowicz: *Spanisches Kriegstagebuch*. Frankfurt/M., S. 153 f. Zum Engagement von jüdischen Freiwilligen in Spanien vgl. auch: Gesellschaft für Exilforschung e.V.: *Nachrichtenbrief Nr. 7–8 / Dezember 1987*. Frankfurt/M., S. 52, 54 und 105. — **37** Vgl. dazu: Dirk Krüger: *Die deutsch-jüdische Kinder- und Jugendbuchautorin Ruth Rewald*, a.a.O., S. 272. — **38** Vgl. dazu auch: Nachwort. In: Ruth Rewald: *Vier spanische Jungen*, a.a.O., S. 165. — **39** *Der Prozeß gegen die Hauptkriegsverbrecher vor dem Internationalen Militärgerichtshof*, a.a.O., Band 7–8, S. 610. — **40** F.C. Weiskopf: *Unter fremden Himmeln*, a.a.O., S. 134. — **41** Anna Seghers: »Aufgaben der Kunst«. In: Freies Deutschland 3 (1944) H. 12, S. 23. — **42** Ludwig Marcuse: »Der Fall Humanismus«. In: Das Wort 1 (1936) H. 1, S. 65 f.

Gabriele Hofner-Kulenkamp

Versprengte Europäerinnen[1]
Deutschsprachige Kunsthistorikerinnen im Exil

Die Kunstgeschichte, eine relativ junge Disziplin, für die gerade in der Weimarer Republik eine auffallende Wachstumsphase begonnen hatte, erlitt durch die Vertreibung zahlreicher Wissenschaftler nach 1933 besonders große Verluste. Frauen hatten es allerdings auch in den zwanziger Jahren schwer in diesem Fach. Unter den 54 hauptamtlichen Dozentinnen, die 1932 an deutschen Hochschulen lehrten, war keine Kunsthistorikerin[2], und auch an den Museen gab es nur »wissenschaftliche Hilfsarbeiterinnen«, die im Gegensatz zu ihren männlichen Kollegen kaum auf eine feste Anstellung hoffen konnten. So arbeitete ein Großteil nach der Promotion freiberuflich im Kunsthandel, für Verlage und Zeitungen oder an Volkshochschulen.

Ungefähr ein Drittel der emigrierten Kunsthistoriker waren Frauen. Sie flohen größtenteils im Rahmen der Emigrationswellen 1933/34 und 1938/1939, also nach der Machtübernahme bzw. dem »Anschluß« Österreichs, dem Münchener Abkommen und der Pogromnacht.[3] Ihr Alter, ihre familiäre und berufliche Situation waren unterschiedlich. Studentinnen, Witwen und Mütter kleiner oder halbwüchsiger Kinder, Volontärinnen an Museen und Assistentinnen an Hochschulinstituten zwischen zwanzig und 65 Jahren sahen sich gezwungen, Deutschland zu verlassen.

Gründe für die Emigration waren politische, aber in erste Linie rassische. Der größte Teil der exilierten Kunsthistorikerinnen stammte aus sogenannten assimilierten jüdischen Familien oder war nach nationalsozialistischen Rassebegriffen »nicht-arisch«. Das bezog auch Personen mit ein, die bis dahin keinerlei religiöse, ethnische, kulturelle oder historische Bezüge zum Judentum empfunden hatten. Viele von ihnen waren protestantisch oder katholisch getauft oder Atheisten, und die sogenannten »Mischlinge« wußten oft genug nicht einmal, daß unter ihren Vorfahren Juden waren. Sie wurden von der Verfolgung überrascht, standen ihr völlig fassungslos gegenüber, wurden obendrein auch von jüdischen Institutionen nicht als Juden anerkannt und saßen zwischen allen Stühlen.[4] Relativ wenige der Kunsthistorikerinnen waren »Arierinnen« und verließen Deutschland mit ihren jüdischen Ehemännern oder aus politischen Gründen.

Aufnahmeländer

Fast alle Emigrantinnen fanden erst nach Aufenthalten in mehreren Durchgangsländern eine neue Heimat. Zunächst floh die Mehrzahl von ihnen – wie die meisten durch die Nationalsozialisten Vertriebenen – in europäische Länder. Auch die Kunsthistorikerinnen rechneten damit, daß der Spuk der »Tausend Jahre« bald vorbei sein würde, und die Schweiz, Frankreich oder England kannten sie ebenso wie Italien von Exkursionen und Studienaufenthalten her.

In der Schweiz brauchten Juden im Gegensatz zu politischen Flüchtlingen ein Visum, und eine Arbeitsgenehmigung war kaum zu erhalten, so daß das Land für die meisten Kunsthistorikerinnen eine Durchgangsstation blieb.

Frankreich erwies sich als Falle. Die erste Frau des Malers Max Ernst, Luise Straus-Ernst, promovierte Kunsthistorikerin, die sich in den zwanziger Jahren zur erfolgreichen Journalistin hochgearbeitet hatte, floh im Mai 1933 nach Paris, wo sie sich einen kärglichen Lebensunterhalt durch Museumsführungen, Deutschunterricht, Büroarbeiten und Zeitungsartikel verdiente. Lange weigerte sie sich, ihrem 1938 in die USA emigrierten Sohn zu folgen. 1940 kam sie aus dem Internierungslager Gurs frei, aber alle Versuche ihrer Angehörigen, ihr doch noch ein Emergency-Visum für die Vereinigten Staaten zu verschaffen, scheiterten. Sie wurde aus ihrem Versteck in dem provençalischen Dorf Manosque in das Lager Drancy verschleppt und am 30. Juni 1944 nach Auschwitz deportiert.[5]

England, das Land der großen Sammlungen, der Kenner und des Kunsthandels, bot für Kunsthistorikerinnen wie für ihre männlichen Kollegen zunächst nur in diesen Bereichen Arbeitsmöglichkeiten. An den Universitäten begann sich die Kunstgeschichte erst in den fünfziger Jahren zu etablieren, der erste Lehrstuhl wurde 1955 in Oxford eingerichtet.[6] Die nach London umgesiedelte Kulturwissenschaftliche Bibliothek Warburg bot zwar Vorträge, Kurse und wissenschaftliche Literatur, konnte aber trotz enormer Bemühungen nicht allen Emigranten Stellen bieten oder vermitteln. Immerhin blieben ca. 25% der Kunsthistorikerinnen für immer in Großbritannien.

Die USA waren erstes und gleichzeitig endgültiges Aufnahmeland vorwiegend für Frauen, die als »nonquota-immigrants« einreisen konnten, hauptsächlich also für die Ehefrauen von Kunsthistorikern, die einen Lehrauftrag an einer amerikanischen Universität erhalten hatten.[7] Nach abenteuerlicher Flucht gelangten einige andere schließlich mit Emergency-Visa nach Nordamerika.[8]

Für Palästina wurde von den vier Kategorien von Einwanderungsgenehmigungen nur das sogenannte »Kapitalistenzertifikat«[9] unbegrenzt erteilt. Für alle anderen Fälle gab es auch hier Quoten, die von der Aufnahmefähigkeit und dem Bedarf des Landes abhingen, und gebraucht wurden weder Kunsthistoriker noch Kunsthistorikerinnen, sondern Handwerker und landwirtschaftliche Arbeiter. Neben dem 1906 gegründeten Jerusalemer Bezalel-Museum mit seiner hauptsächlich archäologischen, ethnographischen und kunstgewerblichen Sammlung gab es in der Vierzigtausend-Einwohner-Stadt Tel Aviv erst seit 1932 ein kleines städtisches Museum, das im Haus des Bürgermeisters Meir Dizengoff auf einer Fläche von 200 Quadratmetern untergebracht war.[10] Universitäten gab es nur in Haifa und Jerusalem, und keine von beiden hatte eine kunstgeschichtliche Abteilung. Vor allem Wissenschaftlerinnen, die an den jüdischen Museen Berlin und Frankfurt gearbeitet hatten, gingen nach Palästina.

Zwei Kunsthistorikerinnen schließlich verschlug es nach Australien, wo sie in Brisbane und Melbourne Karriere machten.

Wie schwierig der Weg einer Familie in ihr endgültiges Aufnahmeland sein konnte, zeigt die Geschichte der Ende 1989 mit 104 Jahren in New York verstorbenen Doyenne der jüdischen Kunstgeschichte Rachel Wischnitzer: Nachdem sie mit ihrem Mann und dem vierzehnjährigen Sohn 1938 nach Paris geflohen war, bekam die in Minsk Geborene für sich und ihren Sohn ein Visum für die USA, da die Quote für russische Einwanderer noch nicht ausgeschöpft war. Die beiden kamen im Mai 1940 in New York an. Ihrem Mann Mark, dessen Geburtsort 1918 polnisch geworden war, wurde das Visum verweigert, da die Einwanderungsquote für Polen bereits erreicht war. Er floh über Portugal in die Dominikanische Republik, von wo aus er nach fünfmonatigem Aufenthalt erst im Mai 1941 legal in die USA einreisen konnte.[11]

Die Anfangszeit im Exil

Die älteren alleinstehenden Kunsthistorikerinnen sahen nach 1933 keine beruflichen Chancen im Ausland. Erst nachdem der wirtschaftliche und psychische Druck in Deutschland und Österreich unerträglich geworden war, verließen sie ihr Heimatland meist völlig mittellos, nachdem sie auf »legalem« Weg regelrecht ausgeplündert worden waren.[12]

Aber auch die jüngeren, mobileren, die 1933 und kurz danach emigrierten, waren oft gezwungen, zunächst jede beliebige Arbeit anzunehmen, um ihren Lebensunterhalt zu verdienen. Sie verdingten sich als Reinemachefrauen, Kindermädchen und Fabrikarbeiterinnen. Soweit wie möglich wurden die im Studium erworbenen Kenntnisse und Fähigkeiten wenigstens in irgendeiner Form in den Brotberuf einbezogen. Viele Kunsthistorikerinnen erteilten Sprachunterricht, veranstalteten Führungen und kunstgeschichtliche Kurse in Museen, arbeiteten als Journalistinnen oder nach Zusatzausbildungen als Photographinnen oder Restauratorinnen. Manchmal wurden

Kenntnisse aus der Studienzeit zur Grundlage eines neuen Berufes: Zusammen mit ihrem Mann baute eine der Frauen ein Antiquariat für kunstwissenschaftliche Literatur auf. Manche aber arbeiteten bis zu ihrer Pensionierung in fremden Berufen, um sich danach wieder der Kunstgeschichte zu widmen, die sie offenbar während ihres Arbeitslebens nie ganz aufgegeben hatten.

College- und Universitätskarrieren

Im Gegensatz zu der Archäologin Margarete Bieber, die seit 1931 planmäßige Professorin in Gießen gewesen war und im Herbst 1934 auf Einladung des Barnard College nach New York kam[13], hatte keine der Kunsthistorikerinnen Lehrerfahrungen an der Universität. Viele von ihnen hatten vor den verschiedensten Institutionen Vorträge gehalten und konnten sich in den USA, wo »lecturing« geradezu ein Gesellschaftsspiel war, zeitweise damit durchschlagen. Klaus Mann beschreibt in seinem *Wendepunkt* die Profession des »lecturers«:

»Romanciers, Polarforscher, Politiker, exilierte Prinzen, Tennismeister, Religionsstifter, Köche, Medien, Blumenzüchter, Zeitungskorrespondenten, Psychoanalytiker sind im Nebenberuf ›lecturers‹, während andere sonst überhaupt nichts tun: sie reisen umher und plaudern. Meist sind es Damen der mittleren und hohen Bourgeoisie, Mitglieder der berühmten ›womenclubs‹, die sich von solchen Wanderrednern zur Lunchzeit oder nach dem Dinner belustigen und belehren lassen; aber auch männliche Vereine zeigen sich ›lecture‹-freudig, und es kommt selbst vor, daß man von gemischten Gruppen, Studentenorganisationen, schöngeistigen Zirkeln, religiösen Sekten zu einem Vortrag eingeladen wird. Vom Vortragenden (der sich übrigens ohne Zuhilfenahme eines Manuskriptes in freier Rede zwanglos äußern soll) erwartet, verlangt das Publikum vor allem eines – *personality.*«[14]

Ähnlich wie die lectures von Klaus und Erika Mann, die schon 1927 in Harvard und Princeton Vorträge hielten, hat vermutlich auch manchmal die Tätigkeit von Kunsthistorikerinnen ausgesehen.

Wenn sie aber über längere Zeit als »lecturers« an einem College arbeiteten, und das kam am häufigsten an Frauencolleges wie Goucher, Bryn Mawr oder Wellesley vor, so haben sie meistens Einführungskurse und Übersichtsveranstaltungen abgehalten. Die Studenten der Universitäten und Colleges, die häufig relativ weit von Museumszentren entfernt lagen und selten so reiche Museen wie Harvard hatten, kannten kaum Kunstwerke aus eigener Anschauung. Die Diabeschaffung aber war, wenn man erst einmal die Sprachschwierigkeiten einigermaßen überwunden hatte, die nächste Hürde. Noch 1956 soll selbst am New Yorker Metropolitan Museum of Art weder der Grundriß der Hagia Sophia noch der Konstantinsbogen im Dia vorhanden gewesen sein, und man mußte einen Vortrag über Delacroix mit einem einzigen Diapositiv bestreiten.[15]

Drei Frauen standen 1933 in Deutschland kurz vor der Habilitation und damit am Anfang einer Universitätskarriere. Nur zwei von ihnen erreichten annähernd und sehr verspätet ihr Ziel.

Aenne Liebreich, die seit 1927 als Assistentin am Kunsthistorischen Institut der Universität Kiel gearbeitet hatte, fand im Frühjahr 1933 Aufnahme am Institut d'art et d'archéologie der Sorbonne. Ihre deutsche Habilitationsschrift wurde in Paris als Dissertation angenommen, und als anerkanntermaßen hervorragende Wissenschaftlerin hätte sie sicher eine erfolgreiche Universitätslaufbahn erwartet. Sie nahm sich im Winter 1939/40, vermutlich unter der Bedrohung der Internierung, in Paris das Leben.

Die beiden anderen machten nach Überwindung vieler Hindernisse schließlich noch verspätet Karriere im Exil in England und den USA:

Helen Rosenau, deren Dissertation über den Kölner Dom nach Fritz Saxl »unangefochten als die beste historische Arbeit darüber«[16] galt, und die sich im Frühjahr 1933 in Münster habilitieren wollte, kämpfte jahrelang verbissen in England um Anerkennung. 1940 erwarb sie dort den Ph.D., arbeitete die nächsten Jahre an Instituten für Erwachsenenbildung und lehrte von 1947 bis 1951 an der Londoner Universität. Erst 1951 erhielt sie ihre erste feste Anstellung als »lecturer« an der Universität von Manchester[17], wo sie 1966 zum »senior lecturer« befördert wurde. Anschließend lehrte sie wieder an der Londoner Universität und am dortigen Leo Baeck College.

Sabine Gova, deren Ziel immer eine akademische Laufbahn gewesen war, und die 1933 in Marburg über Schinkels Altes Museum promoviert hatte, stand in Paris 1940 nach ihrer französischen Promotion zum zweiten Mal kurz vor der Erfüllung ihrer beruflichen Wünsche, als die Deutschen die Stadt besetzten. Nach ihrer erneuten Flucht fand sie, mit einem Emergency-Visum in die USA entkommen, erst langsam wieder zur Kunstgeschichte zurück. An der katholischen Fordham University in New York, für deren Radiostation sie jahrelang Kunstvorträge gehalten hatte, wurde erstmalig ein Lehrstuhl für Kunstgeschichte eingerichtet, und mit zwanzigjähriger Verzögerung begann ihre Universitätskarriere. 1958 fing sie als »lecturer« an und wurde bald zum »assistant professor« befördert. 1960, mit 59 Jahren, erreichte sie schließlich eine Position, die für Frauen Seltenheitswert hat[18]: Sie wurde »chairman« des Art-History-Department am St. Peter's College in New York und Jersey City. 1967, noch vor ihrer Pensionierung, verließ sie, die sich in Amerika nie ganz zuhause gefühlt hatte, wegen des Vietnamkrieges die USA und zog sich nach Frankreich in die Haute Garonne zurück. »Kunstgeschichte ist kein wichtiges Fach in Amerika«[19], sagte sie noch 1962. Dabei hatte die Wertschätzung des Faches, vor allem an Frauencolleges, soweit man sie an der Entwicklung von Budgets, Kursangebot und Stellen ablesen kann, seit den

Anfängen um 1900 stetig zugenommen.[20] Dennoch besaß eine Universität wie die koedukative Fordham University mit ca. 10.000 Studenten und Studentinnen, die ein paar Sommerkurse in Kunstgeschichte veranstaltete, keinen Lehrstuhl.

Als Einundsiebzigjährige begann die bereits erwähnte Rachel Wischnitzer ihre späte Karriere als Lehrerin am Stern-College der Yeshiva-University in New York, wo sie das Art History Department gründete und noch zwölf Jahre unterrichtete. Sie hatte 1944 ihre Magisterarbeit in New York geschrieben und wollte anschließend über die Synagoge von Dura-Europos promovieren. 1945, in der Woche ihrer mündlichen Prüfungen, erhielt sie von ihrem Sohn, der als Soldat in Paris war, die Nachricht, daß ihr greiser Vater 1944 deportiert und ermordet worden war. Sie konnte ihr Examen nicht abschließen, erhielt aber bei ihrem Ausscheiden aus dem Berufsleben von der Universität die Ehrendoktorwürde.[21]

Museumskarrieren

In den USA, wo die pädagogische Arbeit als vorrangig galt, da das Interesse für Kunst oft erst geweckt werden mußte, machten die Wissenschaftler meist nicht viel mehr als ein Zehntel des Museumspersonals aus.[22] An Museen waren die beruflichen Chancen für Frauen noch schlechter als im College- und Universitätsbereich. Noch 1972 hatte in den USA ein einziges großes Museum einen weiblichen Direktor, und kaum eine Frau arbeitete als Kuratorin einer bedeutenden Sammlung. Nur graphische Abteilungen, Kunstgewerbesammlungen und ausgefallene Spezialgebiete bildeten die Ausnahme. Viele Kunsthistorikerinnen arbeiteten jahrelang als »research associates« oder Assistentinnen und besonders gern wurde ihnen die mühsame Aufgabe der Edition der Museumspublikationen überlassen.[23]

Auch die Emigrantinnen arbeiteten an den Museen, zumindest zunächst, auf den traditionellen Frauengebieten. Wie verschieden dabei die Arbeitsbedingungen von denen an deutschen Museen waren, schildert anschaulich die seit 1934 am Museum von San Francisco angestellte Elisabeth Moses in einem Brief von 1937: »Ich kam hier gerade in dem günstigen Moment an, als Dr. Heil den Entschluß faßte, aus diesem Wild West Museum, einer amusanten Mischung von Gipsfiguren, ausgestopften Giraffen, Rococokommoden, Indianerkörben und lebensgroßen Fotografien der Pioneers ein vernünftiges Museum zu machen. Eine konstructive Arbeit, die viel reizvoller und vielseitiger war oder ist, als die Beschäftigung in unsern mehr oder weniger fertigen europäischen Museen. Auch etwas schwieriger, denn man muß hier ebensoviel von Peru und Mexico wissen wie von französischer Gotik oder ägyptischer Prähistorie.«[24]

Interessant konnte die Tätigkeit in den Museen der neuen Heimat also durchaus sein. Aber man mußte auch selbst einige Eigenschaften beisteuern. Das zeigt die Geschichte Gertrude Rosenthals:

Sie war 1939 nach England gegangen, hatte ein Jahr lang am Courtauld Institute als »research assistant« gearbeitet und war ab 1940 Bibliothekarin und »lecturer« am Goucher College in Baltimore. 1945 wurde sie an das 1923 gegründete Baltimore Museum of Art geholt. Die monetäre Situation des Museums, das immer von Finanzkrisen geschüttelt war, verbesserte sich in den vierziger Jahren durch mehrere Fonds, und es erhielt bedeutende Sammlungen wie die Cone-Collection der französischen klassischen Moderne zum Geschenk.[25] Eine Geldspende ermöglichte auch die Anstellung Gertrude Rosenthals[26], die nun eng mit der Direktorin zusammenarbeitete. Als das Museum das Angebot erhielt, 1960 das Kommissariat des amerikanischen Pavillons der Biennale von Venedig zu übernehmen, wählten beide zusammen Künstler und Kunstwerke aus und überwachten die Installation der Ausstellung. Bis sie 1968 in den Ruhestand ging, blieb Gertrude Rosenthal »chief curator«. Nachfolger der 1962 pensionierten Direktorin allerdings wurde nicht die qualifizierte Mitarbeiterin, sondern ein Mann.

Neben sprühender Vitalität, unstillbarer Neugier, grenzenlosem Enthusiasmus und nie versiegender guter Laune werden Gertrude Rosenthal Diplomatie, Überzeugungskraft, Klugheit, Charme zugeschrieben. »Trude ... brought liveliness and excitement to every part of her work and refreshment to her colleagues«.[27] Daneben war sie, deren deutscher Akzent anfangs bei den Kollegen eine eher feindselige Haltung hervorgerufen hatte, klug genug, Ablehnung zu übersehen, sich Freunde zu schaffen und sich wie eine gute Amerikanerin »fully aware of the responsibilities of citizenship«[28] zu benehmen. Daß daneben ihr Fleiß, ihre Fachkenntnisse und ihre schriftstellerischen Fähigkeiten außerordentlich waren, ist selbstverständlich.

Wie waren aber die Chancen an Museen anderer Länder?

Palästina hatte, wie schon erwähnt, neben dem Jerusalemer Bezalel-Museum erst seit 1932 ein kleines Museum in Tel Aviv. Daß die Kunst in dem Land, das erst 1948 zum Staat Israel werden sollte, lange Zeit kaum eine Rolle spielte, ist verständlich.

Elisheva Cohen, die ihre Dissertation in Deutschland nicht mehr hatte abschließen können, begann ihre Museumslaufbahn 1955. Die geschiedene Frau des Justizministers kehrte nach einer zwanzigjährigen Familienphase zur Kunstgeschichte zurück. Sie wurde Konservatorin der graphischen Abteilung des damals noch in einem Privathaus untergebrachten Bezalel-Museums. Als dieses 1965 Teil des neueröffneten Israel-Museums wurde, setzte sie ihre Tätigkeit dort fort, zunächst als Konservatorin und von 1969 bis 1975 als Hauptkonservatorin. 1973 war ihre Abteilung mit 38.000 graphischen Blättern die größte des Museums.[29]

Zu den weniger als 4.000 deutschsprachigen Juden, die nach Melbourne emigrierten, gehörte Ursula Hoff. Das beste, was man über Melbourne sagen konnte, war, daß es so weit wie möglich von Hitler entfernt war, das schlimmste aber war nach Äußerungen europäischer Emigranten der ungeschminkte Provinzialismus.[30]

Einer Kunsthistorikerin eröffnete diese Stadt immerhin berufliche Möglichkeiten: Ursula Hoff wurde dort stellvertretende Direktorin der National Gallery of Victoria. Sie war nach London emigriert, wo sie unter anderem als Forschungsassistentin für die Henry Oppenheimer Collection und die Royal Academy gearbeitet hatte, als sie 1939 ein Stellenangebot aus Australien erhielt. Sie war zunächst Sekretärin und Tutorin am Women's College der Melbourner Universität. 1943 begann sie, neben ihrer Lehrtätigkeit als »assistant keeper« der graphischen Abteilung der National Gallery of Victoria zu arbeiten, die nach einem Umbau 1941/42 einen neuen »print-room« für Forschungsarbeiten und zur Benutzung durch die Studenten erhalten hatte.[31] Sie wurde 1949 »keeper«, 1956 »curator« und 1968 »assistant director«. Nach ihrer Pensionierung wurde sie 1975 zum »overseas adviser« des Felton Bequest ernannt, einer bedeutenden Stiftung von 1904, aus deren Einkommen die National Gallery einen Großteil ihres Etats für Kunstwerke bestreitet.[32] Mit Mitteln des Felton Bequest und durch die Vermittlung Ursula Hoffs gelangte so 1956 eine englische Sammlung von Dürergraphik nach Melbourne. Obwohl sie zunächst nur für die Graphiksammlung angestellt war, beschrieb sie schon 1949 drei Viertel der *Masterpieces* des Museums, alle Werke außer den australischen, und bearbeitete 1961 die Gemälde und Skulpturen der Sammlung. Ab 1948 lehrte sie als erste Frau am Department of Fine Arts an der Universität, und von 1959 bis 1973 war sie Herausgeberin des *Annual Bulletin of the National Gallery of Victoria*, das sie von einer sechsseitigen Vierteljahreszeitschrift zu einem der wichtigsten kunsthistorischen Publikationsorgane Australiens machte. Neben umfassenden Interessen und Kenntnissen und wissenschaftlicher Neugier werden ihr wie Gertrude Rosenthal Humor und Lebhaftigkeit in einer Festschrift bestätigt.[33]

Alle Kunsthistorikerinnen, die im Exil die Museumslaufbahn einschlagen konnten, waren entweder unverheiratet oder geschieden, hatten also keine Familie zu versorgen. Neben breitgefächerten Fachkenntnissen mußten sie auch persönliche Eigenschaften wie Humor und Fröhlichkeit sowie eine besondere Assimilationsbereitschaft mitbringen. Es könnte wohl für alle gelten, was ihre Vorgesetzte über Gertrude Rosenthal sagte: Her »career bears testimony to her ability to rise valiantly above such handicaps as of being transplanted to another land, of learning a new language, of making new friends and forming new loyalties«.[34]

Familie und Beruf

Fast die Hälfte der vor 1900 geborenen und zwei Drittel der zwischen 1900 und 1915 geborenen Kunsthistorikerinnen waren verheiratet. Erstaunlicherweise wurden die Studien und Forschungen gerade der älteren Generation häufig von den Ehemännern unterstützt oder zumindest gebilligt. Unter ihnen ist im Gegensatz zu den jüngeren keine einzige, die nach ihrer Heirat nur noch Hilfsarbeiten für ihren Mann geleistet hätte. Besonders häufig waren Kunsthistorikerinnen mit Kollegen verheiratet. Von der selbständigen Wissenschaftlerin bis zur stillen Mitarbeiterin, die nur dem Ruhm des Gatten lebt, gibt es unter ihnen abgestuft alle Varianten.

Der berühmteste »Fall« ist Erica Tietze-Conrat, die erste Frau, die in Wien im Fach Kunstgeschichte promovierte.[35] Von 1905 bis zu ihrem Lebensende publizierte sie regelmäßig, und eine kurze Familienphase ist höchstens an der geringfügig verminderten Aufsatzmenge in den Geburtsjahren ihrer vier Kinder feststellbar. Diese wuchsen in der Obhut einer Kinderfrau auf in dem Bewußtsein, daß die Mutter nicht bei der Arbeit gestört werden durfte[36], und ein Freund berichtet, unmittelbar neben Erica Tietze-Conrats Schreibtisch hätten Kühlschrank und Kochplatte ihren Platz gehabt, so daß sie mit einem Minimum an Aufwand ein Essen bereiten konnte.[37]

Häufiger hielt sich die Ehefrau dezent im Hintergrund und tauchte bestenfalls als Mitarbeiterin auf dem Titelblatt der Werke ihres Mannes auf. Das Wirken dieser Ehefrauen wird sehr anschaulich beschrieben in einer Hommage an Justus Bier, in der es über Senta Bier heißt: »Hidden rather than documented in every page of Bier's Riemenschneider corpus is Senta Bier's considerable contribution to her husband's work. ... She provides a second pair of eyes, a sounding board, and sometimes a counter opinion. Since Bier, who never learned to drive, also never learned to type, Senta's critical and tireless support had to have many facets«.[38]

Neben diesen Tätigkeiten gelang es ihr im Gegensatz zu vielen Kolleginnen, für einige Jahre eine bescheidene Teilzeitkarriere als »assistant professor« für Kunstgeschichte am Wirkungsort ihres Mannes zu machen, die ein Umzug allerdings vorzeitig beendete.

Manche Frauen machten auch eine eigene Karriere nach dem Tod ihres Mannes.

Sibyl Moholy-Nagy, die Frau des bekannten Bauhausmeisters, hatte bereits verschiedene berufliche Erfahrungen hinter sich, als sie mit ihrem zweiten Ehemann Laszlo ins Exil ging. Nachdem sie Schauspielerin, Dramaturgin und Filmregisseurin gewesen war, verarbeitete sie den Schock der Emigration schriftstellerisch, soweit ihr dazu neben ihren Pflichten als Mutter zweier Kinder, Ehefrau und Mitarbeiterin ihres Mannes überhaupt Zeit blieb.

»And here I am running for my husband's school a summer camp, scrubbing floors, making beds, planning and calculating meals, driving over the country for supplies, receiving ignorant visitors, wrestling with a group of scantily self-behaved American youths and caring for the well being of two little girls three and five years old. No writing, no reading, no thinking«[39], notierte sie 1939. Welch ein Unterschied zur Situation Erica Tietze-Conrats! Aber wäre ihre Lage in Deutschland besser gewesen? 1943, mit vierzig Jahren, stellte sie resigniert fest: »What I wanted was this – a husband, a successful marriage, an occasional lover, children... – and a career all of my own, which means work successfully done by me because no one else could do precisely this kind of work I had decided to do.«[40]

Erst 1946, kurz vor seinem plötzlichen Tod, durfte sie an Laszlo Moholy-Nagys School of Design Vorlesungen halten. Schließlich wurde sie nach verschiedenen Lehraufträgen am Pratt Institute in Brooklyn 1951 ordentliche Professorin für Architekturgeschichte. Mehrere Bücher und zahlreiche Aufsätze zur zeitgenössischen Architektur machten sie international bekannt.

Auch Kate Steinitz erwarb sich ihren Ruf als Leonardo-da-Vinci-Forscherin erst spät. Ihr Haus war im Hannover der zwanziger Jahre ein Zentrum der intellektuellen und künstlerischen Avantgarde gewesen, und sie betätigte sich selbst zeitlebens als Malerin, Zeichnerin und Photographin. Anfang der vierziger Jahre verlor sie im Exil ihren Mann. Als Patientin kam sie zu Dr. Elmer Belt, einem Bibliophilen, Sammler von Leonardo-Ausgaben und Leonardo-Literatur. Sie begann für ihn zu arbeiten, und während ihrer akzessorischen und bibliothekarischen Tätigkeit für ihn entwickelte sie sich im Lauf einiger Jahre zur anerkannten Leonardo-Spezialistin. Sie war Mitte fünfzig, als sie ihre berufliche Karriere als Bibliothekarin und Wissenschaftlerin begann, nachdem sie schon als Künstlerin beträchtliche Erfolge gehabt hatte.[41]

Die wissenschaftliche Arbeit

Worüber haben Kunsthistorikerinnen im Exil gearbeitet? Blieben ihre Interessen gleich oder wandten sie sich anderen Themen zu?

Vor allem die jüngeren Kunsthistorikerinnen schnitten im Exil teils freiwillig, teils notgedrungen ihre in Deutschland begonnenen Forschungen auf das Aufnahmeland zu. Manchmal lassen sich die verschiedenen Stationen der Emigration an Publikationen ablesen. Eine Hinwendung zur Kunst des Gastlandes war häufig, daneben fällt in einigen Fällen ein neues Interesse an jüdischer Kunst auf. Manche Kunsthistorikerinnen schrieben im Exil über dieselben Gebiete wie vor der Emigration: Erica Tietze-Conrat blieb über die Jahre Dürer und der venezianischen Malerei treu, und vom Jahr ihrer Promotion 1905 bis 1957, dem Jahr vor ihrem Tod, ist ihre Bibliographie lückenlos. Daneben ist aber auch das Gegenteil dieser ungewöhnlichen

Publikationstätigkeit zu beobachten: ein weitgehendes wissenschaftliches Verstummen.

Wie die besonderen Umstände im Exil nicht nur Interessen, sondern auch die Arbeitsweise verändern konnten, beschreibt die nach Ägypten emigrierte Österreicherin Hilde Zaloscer aus eigener Erfahrung.[42] Ähnlich wie Erich Auerbachs berühmtes Buch »Mimesis« ohne Sekundärliteratur aus der direkten Auseinandersetzung des Autors mit den Texten entstand, so sind sicher auch kunsthistorische Arbeiten oft mehr aus der direkten Auseinandersetzung mit den Kunstwerken als mit der Literatur geschrieben worden.

Die Rückkehr

Daß das Exil auch im Fall weitgehender ökonomischer, sozialer und sogar kultureller Integration für viele der Emigranten ein Wartezustand blieb, zeigen die Äußerungen Stefan Zweigs, der unter äußerlich viel günstigeren Umständen lebte als alle Kunsthistorikerinnen, und doch daran verzweifelte: »Und ich zögere nicht zu bekennen, daß seit dem Tage, da ich mit eigentlich fremden Papieren oder Pässen leben mußte, ich mich nie mehr ganz als mit mir zusammengehörig empfand. Etwas von der natürlichen Identität mit meinem ursprünglichen und eigentlichen Ich blieb für immer zerstört (...) Es hat mir nicht geholfen, daß ich fast durch ein halbes Jahrhundert mein Herz erzogen, weltbürgerlich als das eines ›citoyen du monde‹ zu schlagen. Nein, am Tage, da ich meinen Paß verlor, entdeckte ich mit 58 Jahren, daß man mit seiner Heimat mehr verliert als einen Fleck umgrenzter Erde.«[43]

Viele der Kunsthistorikerinnen müssen ähnlich empfunden haben wie Zweig, der seine Heimat nie wiedersehen sollte. Reisen und Gastvorträge führten sie in der Nachkriegszeit nach Deutschland und Österreich. Die meisten kehrten mit zwiespältigen Gefühlen wieder in ihre neue Heimat zurück. Manche kamen zumindest für einige Monate im Jahr wieder, allerdings meist nicht nach Deutschland, sondern in einen deutschsprachigen Teil Europas, in die Schweiz. Einige verbrachten ihren Lebensabend in Basel, als wollten sie Deutschland zwar nahe sein, aber doch nicht in diesem Land leben, wo sie sich nicht besonders willkommen fühlten.

Die traumatischen Erfahrungen ihrer Rückkehr nach Österreich, dieser »Heimkehr ins Exil«[44], mit Hunger, Arbeits- und Wohnungslosigkeit schildert Hilde Zaloscer. Bitter schließt sie ihre Autobiographie mit der Feststellung: »Nein, ich bedaure nichts, würde wohl alles wieder so machen (...) Nur eines bedaure ich (...) ich hätte nicht nach Wien zurückkommen sollen. (...) Bin ich hier nicht vielmehr, wie die ›Alte Dame‹ aus Dürrenmatts Theaterstück, nur ›Besuch‹? Getragen von den gleichen bitteren Gefühlen? Also doch nicht heimgekehrt, nur zu Besuch.«[45]

Eine wirkliche Heimkehr scheint sogar für Nichtjüdinnen kaum möglich gewesen zu sein. Auch sie bezeugen die ablehnende Haltung, die den Zurückkehrenden entgegenschlug. Sie waren tatsächlich »zuhause nicht erwünscht, nicht gewollt, vergessen und damit im Grunde erst jetzt, nach der Heimkehr, eigentlich heimatlos geworden.«[46]

Es ist nicht festzustellen, welche Chancen die vertriebenen Kunsthistorikerinnen in Deutschland gehabt hätten, aber man kann bezweifeln, daß sie sehr groß gewesen wären. Im Ausland haben immerhin einige von ihnen mit Glück, großem persönlichem Einsatz und vor allem enormen Anpassungsleistungen beruflich Erstaunliches erreicht. Für Museen und Lehrstätten in Gegenden, die auf einer Karte der Kunstgeschichte weiße Flächen gewesen wären, wie Australien, Palästina und die nordamerikanische Provinz, war ihre Ankunft ein wahrer Glücksfall. Kunsthistorikerinnen, die als Journalistinnen arbeiteten und über Kunst und Architektur der Gastländer in den Nachkriegsjahrgängen der deutschen Zeitschriften berichteten oder im Ausland junge deutsche Künstler durch Aufsätze und Ausstellungen förderten, haben wesentlich zur Verständigung beigetragen. Anerkennung für ihre Leistungen erhielten nur wenige.

---

1 Dieser Aufsatz basiert auf einer von Prof. Martin Warnke angeregten Hamburger Magisterarbeit, die neben einem zusammenfassenden Teil Kurzbiographien und Bibliographien von 78 deutschsprachigen vertriebenen Kunsthistorikerinnen umfaßt. *Eindrücke eines versprengten Europäers* ist der Untertitel eines Aufsatzes von Erwin Panofsky über seine Erfahrungen im amerikanischen Exil. — 2 Vgl. Charlotte Lorenz: *Entwicklung und Lage der weiblichen Lehrkräfte an den wissenschaftlichen Hochschulen Deutschlands.* Berlin 1953, S. 10. — 3 Vgl. Eike Middell u.a.: *Exil in den USA.* Frankfurt/M. 1980, S. 16. — 4 Vgl. Franklin A. Oberlaender: »Zwischen den Stühlen«. In: Bios (1990), S. 189. — 5 Vgl. Jimmy Ernst: *Nicht gerade ein Stilleben.* Köln 1985; Susanne Liesenfeld: »Luise Straus Ernst«. In: *Max Ernst in Köln.* 7.5.-6.7.1980, Köln, Kunstverein, S. 287–302; Ute Speck, Karin Wieland: »Restbestände«. In: Niemandsland 1989, S. 86–103. — 6 Vgl. Erwin Panofsky: »Three decades of art history in the United States«. In: Ders.: *Meaning in the visual arts.* Repr. Harmondsworth 1987 (Penguin Books), S. 371. — 7 Vgl. Eike Middell u.a., a.a.O., S. 41. — 8 Ca. 17 bis 18% der Kunsthistorikerinnen konnten direkt, ebensoviele auf Umwegen in die USA gelangen. — 9 Vgl. Hedwig Brüchert-Schunk: »In alle Winde zerstreut«. In: Anton Maria Keim (Hg.): *Als die letzten Hoffnungen verbrannten.* (Mainzer Ed. 5) Mainz 1988, S. 83–84. — 10 Vgl. Hannah Petor: »Museen in Israel«. In: Weltkunst 43 (1973), S. 2146. — 11 Vgl. Rachel Wischnitzer: »From my archives«. In: Journal of Jewish Art 6 (1979), S. 6–15; Claire Richter Sherman: »Rachel Wischnitzer, pioneer scholar of Jewish art«. In: Women's Art Journal 1 (1980), S. 42–46; Bezalel Narkiss: »Rachel Wischnitzer«. In: *Rachel Wischnitzer: From Dura to Rembrandt.* Milwaukee, Vienna, Jerusalem 1990, S. 9–25. — 12 Vgl. Avraham Barkai: *Vom Boykott zur Ent-*

judung. Frankfurt/M. 1988, S. 122 ff. — **13** Vgl. Larissa Bonfante: »Margarete Bieber 1879–1978«. In: Claire Richter Sherman, Adele M. Holcomb (Hg.): *Women as interpreters of the visual arts 1820–1979.* Westport, Conn., London 1981, S. 250–252. — **14** Klaus Mann: *Der Wendepunkt.* Frankfurt/M., Hamburg 1963, S. 322. — **15** Vgl. Briefe von Carla Gottlieb an Paul Frankl vom 22. und 28.11.1956 (Germanisches Nationalmuseum, Nürnberg, Archiv, Nachlaß Frankl). — **16** Fritz Saxl: Empfehlungsschreiben an die Society for the Protection of Science and Learning vom 16.11.1933 (Bodleian Library, Oxford, Archiv, SPSL 192/1). — **17** »Lecturer« ist in England im Gegensatz zu den USA eine feste Stelle. — **18** Vgl. Ann Harris: »The second sex in academe«. In: Art in America (1972) H. 3, S. 18. — **19** Zitiert nach: *Auszug des Geistes.* (Bremer Beitr. 4) Bremen 1962, S. 145. — **20** Vgl. Robert J. Goldwater: »The teaching of art in the colleges of the United States«. In: College Art Journal 2 (1942). Suppl., S. 3–31. — **21** Vgl. Anm. 11. — **22** Vgl. W.R. Valentiner: »Scholarship in museums«. In: College Art Journal 19 (1959/60), S. 65. — **23** Vgl. Ann Harris, a.a.O., S. 19. — **24** Brief von Elisabeth Moses an Alexander Dorner vom 30.8.1937 (Busch-Reisinger-Museum, Cambridge, Mass.). — **25** Vgl. *The Museum.* Baltimore 1966 (The Baltimore Museum of Art Annual 1 (1966)). — **26** Vgl. Adelyn D. Breeskin. In: *Studies in honour of Gertrude Rosenthal.* P. 2. Baltimore 1968 (The Baltimore Museum of Art Annual 4 (1972), S. 11. — **27** Charles Parkhurst, ebd. P.1. 3 (1968), S. 2. — **28** Adelyn D. Breeskin, a.a.O., S. 13. — **29** Vgl. Hannah Petor, a.a.O. — **30** Vgl. John Foster (Hg.): *Community of fate.* Sydney, London, Boston 1986, S. XIII–XIV. — **31** Vgl. *Catalogue of the National Gallery of Victoria.* Melbourne 1948, S. X–XI. — **32** Vgl. S.F. Markham, H.C. Richards: *Directory of museums and art galleries in Australia and New Zealand.* London 1934, S. 48. — **33** Vgl. Art Bulletin of Victoria 28 (1987), S. 7. — **34** Adelyn A. Breeskin, vgl. Anm. 26. — **35** Vgl. E.H. Gombrich: »Erica Tietze-Conrat«. In: Burlington Magazine 101 (1959), S. 149. — **36** Vgl. Madlyn Millner Kahr: »Erica Tietze-Conrat 1883–1958, productive scholar in Renaissance and Baroque art«. In: *Women as interpreters...*, a.a.O., S. 305. — **37** Vgl. Colin Eisler: »Kunstgeschichte American style«. In: *The intellectual migration.* Cambridge, Mass. 1969, S. 579. — **38** Inge Witt: »Justus Bier, man of vision«. In: North Carolina Museum of Art. Bulletin 12 (1975), S. 19–20. — **39** Sibyl Moholy-Nagy, Tagebuch, zitiert nach Judith Paine: »Sibyl Moholy-Nagy«. In: Archives of American Art Journal 15 (1975), S. 15. — **40** Ebd., S. 16. — **41** Vgl. Material im Institut für Zeitgeschichte München, Archiv (MA 1500). — **42** Vgl. Hilde Zaloscer: »Vom Vorteil des Nachteils«. In: Wiener Jahrbuch für Kunstgeschichte 43 (1990), S. 157–167. — **43** Stefan Zweig: *Die Welt von gestern.* Berlin, Frankfurt/M. 1965, S. 374. — **44** Hilde Zaloscer: *Eine Heimkehr gibt es nicht.* Wien 1988, S. 160. — **45** Ebd., S. 182–183. — **46** Wolfgang Frühwald, Wolfgang Schieder: »Gegenwärtige Probleme der Exilforschung«. In: W.F./W.Sch. (Hg.): *Leben im Exil.* (Reihe Histor. Perspektiven 18) Hamburg 1981, S. 18.

Christhard Hoffmann

Zerstörte Geschichte
Zum Werk der jüdischen Historikerin Selma Stern[1]

I

Die Entstehung der modernen jüdischen Historiographie ist eng mit dem Prozeß der Emanzipation und Integration der Juden in Europa verknüpft. Im vormodernen Judentum wurde die kollektive Vergangenheit nicht qua Historiographie, also durch die erzählende Darstellung eines kontinuierlichen Geschichtsverlaufs, sondern mittels einer sakralisierten Erinnerungskultur präsent gehalten.[2] »Geschichte« war für den mittelalterlichen Juden in erster Linie die in der Bibel autoritativ festgehaltene, durch Ritual und Rezitation regelmäßig erinnerte, religiös gedeutete Ursprungsgeschichte des jüdischen Volkes. Sie bildete ein für alle Zeiten gültiges Paradigma, gleichsam den Schlüssel zur Sinndeutung jedes historischen Geschehens. Die jeweilige Gegenwart wurde mit den vorgeprägten Typen der Bibel sinnhaft erschlossen: Der aktuelle Bedrücker des jüdischen Volkes erschien dann als Pharao oder Haman redivivus, die gegenwärtige Diasporasituation war eine Aktualisierung des babylonischen Exils, das erfahrene Leid eine Strafe Gottes für begangene Sünden. In dieser Perspektive gab es vor dem Übergang der Welt in das messianische Zeitalter nichts grundsätzlich Neues, also auch keine »Geschichte« oder »Entwicklung«.

Mit der Auflösung der traditionellen jüdischen Gruppenstruktur und der beginnenden Akkulturation Ende des 18. / Anfang des 19. Jahrhunderts ändert sich diese statische Geschichtsauffassung. Beeinflußt vom zeitgenössischen Aufschwung des Historismus zur führenden Bildungsmacht in Deutschland wandelt sich das Verhältnis – zumindest einer intellektuellen Führungsschicht – der Juden zur eigenen Tradition: sie wird in der entstehenden *Wissenschaft des Judentums* quellenkritisch aufgearbeitet, damit historisiert und in ihrem normativen Anspruch relativiert; gleichzeitig werden Zeitvorstellung und Geschichtsauffassung dynamisiert: Vergangenheit, Gegenwart und Zukunft werden als zusammengehörende Teile *eines* umfassenden Entwicklungsprozesses empfunden und interpretiert. Aufgabe der neu entstehenden Geschichtsschreibung wird es, die Vergangenheit so darzustellen, daß die Einheit der Geschichte, ihr »Sinn« deutlich und damit sinnvolles Handeln in der Gegenwart möglich wird. Die moderne jüdische Historiographie, die die traditionellen Formen des jüdischen Kollektivgedächtnisses mit der Zeit ersetzte, diente so als Mittel zur Selbstdefinition und Selbstbehauptung des Judentums im Zeitalter der Akkulturation. »Geschichte« wurde – wenigstens für diejenigen deutschen Juden, die in irgendeiner Form an ihrem Judentum festhalten wollten – zu einem wichtigen Medium für die Bildung und Bewahrung einer jüdischen Identität in der modernen säkularen Welt.

Da aber die Auffassungen über das Zentrum und die Inhalte jüdischer Identität seit dem Ende des 19. Jahrhunderts unter den deutschen Juden zum Teil stark differierten, gab es entsprechend auch unterschiedliche Geschichtsbilder. Das jeweilige jüdische Selbstverständnis in der Gegenwart führte zu anderen Wertungen, Deutungen und Herangehensweisen an die Vergangenheit. Vereinfachend möchte ich dabei drei historiographische Konzepte unterscheiden:

1. *Jüdische Geschichte als Religionsgeschichte,* als die Geschichte des *Judentums, nicht die der Juden.* Die Reduktion der eigenen Vergangenheit auf eine Art Kirchengeschichte entsprach – neben anderen Gründen – dem emanzipatorischen Selbstverständnis der meisten deutschen Juden, nach dem Judesein eine rein konfessionelle, keine nationale Zugehörigkeit bedeutete. Als »deutscher Staatsbürger jüdischen Glaubens« sah man die *deutsche* Geschichte als eigene Nationalgeschichte an und überließ die jüdische Geschichte dem Religionsunterricht.

Das 2. Konzept, *jüdische Geschichte als Nationalgeschichte,* ist die deutliche Gegenposition dazu. Subjekt der jüdischen Geschichte ist in dieser Auffassung nicht eine Idee oder religiöse Lehre, sondern das jüdische Volk, das in allen Phasen seiner Geschichte als eigenständige, aktive Größe angesehen wird. Dieser nationale Ansatz, der im wesentlichen bereits dem Geschichtswerk von Heinrich Graetz zugrundelag und der dann im 20. Jahrhundert vor allem von osteuropäischen Historikern wie Simon Dubnow oder von zionistischen Autoren vertreten wurde, ist in Deutschland vor 1933 über eine Außenseiterposition nicht hinausgekommen.

Das 3. Konzept, schließlich, versteht *jüdische Geschichte als Beziehungsgeschichte zwischen Juden und Umwelt.* Es wurde vor allem von Eugen Täubler[3] theoretisch entwickelt, der davon ausging, daß die jüdische Geschichte – als Diaspora- oder Minderheitengeschichte – nicht isoliert betrachtet werden dürfe, sondern als Teil der allgemeinen Geschichte aufgefaßt werden müsse. Rechtliche, soziale, wirtschaftliche, politische und kulturelle Rahmenbedingungen der jeweiligen Umwelt bilden die Grundlage für die Lebensverhältnisse der jüdischen Minderheit, werden aber durch den Einfluß der jüdischen Gruppe, zum Beispiel in Wirtschaft und Kultur, auch ihrerseits verändert. In diesen Wechselbeziehungen ist die Geschichte der Juden in Deutschland als »Teil der Gesamtgeschichte des deutschen Volkes« zu verstehen. Auf der anderen Seite hat diese Geschichte aber auch ihren innerjüdischen Aspekt, sie ist Teil der allgemeinen jüdischen Geschichte und geprägt von religiösen und kulturellen Entwicklungen. Eine adäquate Betrachtungsweise der deutsch-jüdischen Geschichte muß also beide Verbindungslinien – die zur deutschen und die zur jüdischen Geschichte – im Auge behalten und, wie Täubler sagt, »in einer Mittellinie vorwärtsstreben«[4]. Dieses integrale Konzept jüdischer Geschichtsschreibung ist Ausdruck eines veränderten Selbstverständnisses, das sich in Teilen der deutschen Judenheit nach dem Ersten Weltkrieg stärker entwickelt hatte.[5] Nicht bedingungslose Anpassung an die Umwelt und auch nicht Selbstisolation, sondern das Bewußtsein einer Doppelexistenz, einer sich immer wandelnden Identität zwischen zwei gleichberechtigten Polen, dem deutschen und dem jüdischen, sind dafür charakteristisch.[6] Im Kontrast zu den beiden ersten Modellen wird jüdische Identität hier nicht als statische und gleichbleibende Größe, als Idee, religiöses System oder Volk definiert, sondern als sich erst aus dem Akkulturationsprozeß ergebende dynamische und veränderbare Synthese angesehen. Der Akkulturationsprozeß selbst, die Wechselbeziehungen zwischen Judentum und Umwelt, werden dabei als charakteristisch und sinnhaft für die jüdische Existenz verstanden. Es ist deutlich, daß ein solches dynamisches Konzept deutsch-jüdischer Identität eine gewisse Stabilität der Beziehungen voraussetzte. Die gewaltsame Zerstörung der deutsch-jüdischen Geschichte durch den Nationalsozialismus machte daher auch Täublers Modell der Beziehungsgeschichte und die mit ihm verbundenen Wirkabsichten auf das jüdische »Leben« seiner Zeit obsolet.

Stärker als jeder andere Historiker war Selma Stern, die Mitarbeiterin und seit 1927 die Ehefrau[7], Täublers Ideen deutsch-jüdischer Beziehungsgeschichte verpflichtet. Ihr historiographisches Werk zur jüdischen Geschichte ist daher ein aufschlußreiches Dokument für den durch die Ausgrenzungs- und Emigrationserfahrung verursachten Identitätsbruch und den damit verbundenen Wandel des jüdischen Geschichtsbewußtseins.

II

Die intellektuelle Entwicklung Selma Sterns, die 1890 im badischen Kippenheim als Tochter eines jüdischen Arztes geboren wurde, war entscheidend durch das bildungsbürgerliche Milieu, in dem sie aufwuchs, geprägt. Hinzu kam die Erfahrung der erfolgreichen Überwindung geschlechtsspezifischer Bildungsbarrieren und ein daraus resultierendes neues, wenngleich nicht feministisches, weibliches Selbstbewußtsein – auch als Historikerin.[8] Sie war die erste Schüler*in*, die in das ehrwürdige humanistische Gymnasium in Baden-Baden aufgenommen wurde und gehörte zu den insgesamt wenigen Frauen, die während des Kaiserreiches im Fach Geschichte promovierten.

Nach der Doktorarbeit, die sie 1913 in München über den deutschen Jakobiner Anacharsis Cloots, der als »Redner des Menschengeschlechts« in der Französischen Revolution eine Rolle spielte, angefertigt hatte[9], arbeitete Stern als freie Autorin, sie gab Unterrichtsstunden, schrieb im Auftrag der Historischen Kommission für Hannover, Oldenburg und Braunschweig eine umfassende wissenschaftliche Biographie des Herzogs Karl Wilhelm Ferdinand von Braunschweig[10] und verfaßte zahlreiche kleinere Aufsätze und Essays für Zeitungen und Zeitschriften. Dabei standen kultur- und frauengeschichtliche Themen im Vordergrund ihrer meist biographischen Studien.[11]

Erst 1920 wandte sie sich der jüdischen Geschichte zu, als sie eine wissenschaftliche Beamtenstelle am Forschungsinstitut der neugegründeten Akademie für die Wissenschaft des Judentums[12] in Berlin erhielt. Dieses Forschungsinstitut stand unter der Leitung Täublers, der die jüdische Wissenschaft an die professionellen Standards der allgemeinen Wissenschaften angleichen und eine Reihe jüngerer Gelehrter zu einer untereinander abgestimmten Forschungsarbeit vereinen wollte. Der historischen Sektion stellte Täubler die Aufgabe, die Akkulturation der Juden an die Umwelt – oder wie er es nannte: die »Europäisierung« des Judentums – in drei wichtigen historischen Phasen zu erforschen: Er selbst nahm sich als Althistoriker die Zeit des Hellenismus vor, Fritz Baer untersuchte die Juden im christlichen Spanien und Selma Stern wandte sich der preußischen Geschichte zu. Sterns Studie über den preußischen Staat und die Juden, die sie 1920 begann und nach langen Unterbrechungen erst 1975 abschließen sollte[13], verfolgte das Ziel, den Prozeß der rechtlichen, wirtschaftlichen und kulturellen Eingliederung der Juden in den preußischen Staatskörper von den Anfängen bis zum preußischen Emanzipationsedikt von 1812 im Detail darzustellen und durch Edition des gesamten Aktenmaterials zu dokumentieren.

Dabei war es ein besonderes Anliegen, den Wandel des jüdischen Typus, seines Selbstverständnisses und seiner Eigenart im Prozeß der Emanzipation und der Assimilation im einzelnen herauszuarbeiten. Für Stern bildet die Emanzipation kein einmaliges Ereignis, das durch ein Dekret der französischen Nationalversammlung oder durch einen Beschluß des preußischen Kabinetts plötzlich herbeigeführt wurde. Emanzipation ist für sie »ein Jahrhunderte dauernder Prozeß, der heute noch nicht zu seinem Abschluß gekommen ist.«[14] Entsprechend erkennt sie in den aus staatspolitischem Kalkül oder utilitaristischen Motiven erfolgten Vereinheitlichungsbestrebungen der preußischen Beamten des 17. Jahrhunderts bereits erste Assimilierungstendenzen. Emanzipation und Assimilation sind für Stern »natürliche« Erscheinungen. Sie sind auf vielfältige Weise in die wirtschaftliche, politische und kulturelle Entwicklung der Moderne einbezogen und haben dadurch einen quasi objektiven Charakter. Für den Juden stellt der Emanzipationsprozeß, stellt das Verlassen des Ghettos die neue und notwendige Aufgabe, die Spannung zwischen Eigenem und Fremdem zum Ausgleich zu bringen, oder mit den Worten Sterns über Jud Süß, er muß versuchen, »zwei Welten in sich zu einer zu gestalten, zu erleben und zu erleiden.«[15] Ob ein solcher Versuch glückt, hängt nicht nur von der Person, sondern auch von den Zeitumständen ab. Jud Süß scheitert in Sterns Interpretation gerade deshalb, weil er vom Schicksal in eine Epoche gestellt war, »in der eine Synthese von Judentum und Zeitgeist noch nicht möglich war« wie dann am Ende des 18. Jahrhunderts.[16] Sterns Darstellung der Voremanzipationsepoche ist von der Erfahrung und dem Glauben geprägt, daß eine solche Synthese in der Gegenwart möglich und notwendig ist. Nach eigenem Zeugnis hat sie die beiden ersten Bände ihres Werkes in einer Atmosphäre geschrieben, »in der an eine Wiedergeburt des Judentums aus dem Geiste und mit den Mitteln der modernen Wissenschaft und an eine sinnvolle Symbiose von Deutschen und Juden geglaubt werden konnte«[17]. Die eigene Erfahrung der Emanzipation durch Bildung, die Stern als Frau und Wissenschaftlerin gemacht hatte, mochte zu diesem positiven Bild der frühen jüdischen Emanzipationsgeschichte beigetragen haben.

Versucht man, Sterns Werk über den *preußischen Staat und die Juden* im zeitgenössischen Kontext[18] zu verstehen, so lassen sich folgende Wirkabsichten erkennen:

Es sollte der wissenschaftlichen Öffentlichkeit zeigen, daß die jüdische Geschichtswissenschaft der allgemeinen universitären Geschichtsforschung an Professionalität und handwerklichem Können nicht länger nachstand. Bis in die Details der Anlage hinein folgte Sterns Werk denn auch dem Musterbeispiel solider preußischer Editionskunst, den *Acta Borussica*. Es sollte ferner in der methodischen Auseinandersetzung um Nationalgeschichte vs. Beziehungsgeschichte demonstrieren, daß die jüdische Geschichte nur im Kontext der allgemeinen Geschichte angemessen verstanden werden kann. Stern akzentuierte daher den Einfluß des preußischen Staates und seiner Verwaltung auf die innerjüdische Entwicklung, sie betonte weiterhin die Abhängigkeit der Judenpolitik von den allgemeinen historischen Veränderungen des Staatsverständnisses, der Verwaltungsstrukturen, des Wirtschaftslebens etc. Zweifellos stellte diese Einbettung der jüdischen Geschichte in den Kontext der Umweltgeschichte einen Erkenntnisgewinn, einen Objektivierungsversuch in einer ideologisierten innerjüdischen Debatte um die positiven bzw. negativen Auswirkungen der Emanzipation für das jüdische Leben dar. Angesichts der nationaljüdischen Kritik an dem Verlust jüdischer Substanz durch die Assimilation und angesichts einer nostalgischen Rückbesinnung auf das »authentische« jüdische Leben der Vormoderne, wie es zum Beispiel im idealisierten Ostjudenbild der Zeit zum Ausdruck kam, bedeutete Sterns Interpretation eine ausdrückliche Rechtfertigung des Modernisierungsprozesses. In ihrer Perspektive sind Assimilation und Emanzipation historisch notwendige Entwicklungen, die nicht einfach rückgängig gemacht werden können, sondern die als fortbestehende »Aufgabe« für die Judenheit verstanden werden müssen. Das Ziel der Geschichte liegt – da folgt sie ganz dem humanistischen Ideal des deutschen Bildungsbürgertums – in der Befreiung des Individuums von den Zwängen der Herkunft und der religiösen Bevormundung, liegt in der persönlichen Bildung des Einzelnen in Freiheit und sittlicher Verantwortung. Von daher ist die Auflösung des Ghettos als Fortschritt zu werten: die Juden werden aus der »Enge« ihrer bisherigen Existenzform, in der das »Individuum von der Gemeinschaft absorbiert wurde«[19], herausgerissen. Die Schattenseiten dieses Prozesses – der Verlust an jüdischer Autonomie, die vom Staat bewußt unterstützten Auflösungserscheinungen im Judentum, das Anwachsen von judenfeindlichen Tendenzen – bleiben demgegenüber weitgehend ausgeblendet.[20]

Es wird nun zu fragen sein, welche Konsequenzen der Umbruch des Jahres 1933, die Erfahrung von Verfolgung und Emigration für Sterns jüdisches Selbstverständnis und für ihre Darstellung der jüdischen Geschichte hatten.

III

1933 hatte Stern den zweiten Darstellungsband ihres Werkes über den *preußischen Staat und die Juden*, der die Zeit des Soldatenkönigs umfaßte, beendet. Wegen der finanziell bedingten Auflösung der Akademie für die Wissenschaft des Judentums konnte der Band zunächst nicht erscheinen. Erst 1938 wurde er im Schocken-Verlag gesetzt und ausgedruckt, dann aber noch vor Auslieferung bei der Liquidierung des Verlages Ende 1938 beschlagnahmt und vernichtet.[21] Ein einziges Exemplar wurde durch eine nichtjüdische Angestellte des Verlages gerettet und bildete die Vorlage für den in den sechziger Jahren erfolgten Neudruck.[22] Bis zu ihrer Emigration aus Deutschland im Frühjahr 1941 hat Selma Stern dann auf ausdrücklichen Wunsch von Leo Baeck und Otto Hirsch, den Vorsitzenden der Reichsvertretung der deutschen Juden, an der Fortsetzung ihres Hauptwerkes gearbeitet und konnte das in zerstreuten Archiven liegende Aktenmaterial für die Zeit Friedrichs des Großen noch fast vollständig sammeln und abschreiben. Sie tat dies in dem Bewußtsein, wichtige Dokumente für die jüdische Geschichtsschreibung zu sichern, solange die Möglichkeit dazu bestand. Weil die nationalsozialistischen »Institute zur Erforschung der Judenfrage« das Gebiet der deutsch-jüdischen Geschichte zunehmend für sich reklamierten, wurde jüdischen Historikern – und auch Selma Stern – der Archivbesuch immer mehr eingeschränkt und schließlich 1938 ganz untersagt. Kurz vor ihrer Emigration wurde Stern von der Reichskulturkammer zudem verboten, ihre gedruckten Bücher und die in zwanzigjähriger Tätigkeit gesammelten Aktenkopien auszuführen. Daraufhin ließ die Reichsvertretung die wesentlichen Aktenstücke abschreiben und die Abschriften heimlich nach Schweden schaffen. Durch die Vermittlung des Heidelberger Neuhistorikers Willy Andreas gelang es dann aber doch, das Verbot der Reichskulturkammer rückgängig zu machen[23], so daß Selma Stern – was wohl singulär gewesen sein dürfte – noch im März 1941 ihre gesamten Papiere einschließlich der Archivmaterialien mit in die USA nehmen konnte.

Die äußeren Bedingungen im amerikanischen Exil waren vergleichsweise günstig. Täubler hatte eine Berufung als Gastprofessor im Rahmen des »College-in-Exile«-Projektes am Hebrew Union College in Cincinnati erhalten, und Selma Stern fand ebendort eine Beschäftigung an den American Jewish Archives, zu deren Aufbau und systematischer Erschließung sie wesentlich beitrug. Obwohl ihr diese Tätigkeit genug Zeit für eigene Forschungen ließ und sie ihr gesamtes Quellenmaterial zur Verfügung hatte, hat Stern ihre Arbeit am *Preußischen Staat* in den USA fast 20 Jahre lang nicht fortsetzen können. Hierfür waren vor allem psychische Gründe verantwortlich. Ihr Briefwechsel aus diesen Jahren dokumentiert die inneren und äußeren Widerstände gegen eine Wiederaufnahme dieser Studien.[24] Die wesentlichen Fakten und die Dokumente waren zwar die gleichen geblieben, aber ihrer Interpretation, die diese Fakten zu einem sinnvollen Ganzen fügten, war der Boden entzogen worden. Stern hat diese Schwierigkeiten bei der späteren Neuauflage des ersten Bandes auch deutlich ausgesprochen: »Hatte ich bisher geglaubt, daß die Emanzipation so wenig aufgehoben werden könnte wie das Recht, das Gesetz und die Verfassung des Staates, in der sie verankert war, so zeigte mir nun die ›geschehene Geschichte‹, daß meine Arbeit, die ein dringendes Anliegen der Gegenwart hätte klären und dem lebendigen Leben dienen wollen, ihren eigentlichen Sinn verloren hatte, nachdem das lebendige Leben vernichtet worden war.«[25]

Auch in der persönlichen Krise während der Kriegsjahre blieb Sterns Versuch der Selbstvergewisserung ihrer jüdischen Identität an das Medium der Historiographie gebunden. 1942 bis 1944 schrieb sie einen historischen Roman, der in Einzelepisoden das Schicksal einer jüdischen Familie während der Verfolgungszeit des »Schwarzen Todes« darstellte und der 1946 unter dem Titel *The Spirit Returneth* von der Jewish Publication Society in den USA publiziert wurde.[26] Was das Schreiben an diesem Roman für sie persönlich bedeutete, hat Stern später folgendermaßen ausgedrückt: »Nach den erschütternden Erfahrungen, die wir in den 30er und beginnenden 40er Jahren im ›Dritten Reich‹ erlebt und erlitten hatten, war es mir [...] nicht mehr möglich, meine wissenschaftlichen Arbeiten weiterzuführen. Noch weniger war ich imstande, die sich überstürzenden Ereignisse unserer unmittelbaren Gegenwart objektiv zu beurteilen und sie in mein historisches Weltbild einzuordnen. In dieser fast auswegslosen und niederdrückenden Situation vertiefte ich mich in die Chroniken, die literarischen Zeugnisse und die heiligen Bücher einer längst entschwundenen Epoche, in der die deutsche Judenschaft ähnlichen unbegreiflichen und zerstörerischen Mächten ausgeliefert war wie meine eigene Generation im 20. Jahrhundert. Hatte ich mich zuerst nur in die Vergangenheit geflüchtet, um die bedrohliche und gefahrvolle Gegenwart zu vergessen, so fand ich unerwarteten Trost und Zuspruch in den Aufzeichnungen der weisen Lehrer meines Volkes, aber auch in den philosophischen und religiösen Schriften christlicher Mystiker und Gelehrter. Indem ich versuchte, das gewaltige tragische Geschehen jener Zeit innerlich nachzuerleben, begann ich auch zu erfassen, was dieser mittelalterlichen Judenschaft die Kraft gegeben hat, das über sie verhängte Unheil standhaft und tapfer zu ertragen, ja den gewaltsamen Tod in Freude und Gläubigkeit zu erleiden.«[27]

Hatte Stern vor der Emigration den Weg des jüdischen Individuums aus den Bindungen der Gemeinschaft, aus der »Enge« des Ghettos, als Befreiungsgeschichte dargestellt, so suchte sie nun gerade im Gemeinschaftsgefühl, in der wechselseitigen Solidarität, in den religiösen Sinnangeboten des traditionellen Judentums Trost und Orientierung für ihre Gegenwart. Die durch die nationalsozialistische Entrechtung und Verfolgung ausgelöste Krise führte zu einer Rückkehr zu den Quellen jüdischer Identität, die sie im religiösen Gruppengedächtnis ihres Volkes aufgezeichnet fand. Ein solcher Weg war für Stern, für die Geschichte immer Spiegel und Fluchtpunkt ihrer Identität war, naheliegend und – man könnte fast sagen – vorgezeichnet. Bereits 1929, in ihrer Jud-Süß-Biographie, hatte sie die letzte Lebensphase des Süß als »Umkehr« des assimilierten Juden zu den religiösen Wurzeln seines Volkes interpretiert: »Hatte er [Jud Süß] sich einst als die freie, den eigenen Gesetzen gehorchende Individualität gefühlt, so überkommt ihn nun das mächtige jüdische Familien- und Sippenbewußtsein. [...] Hatte er sich einst aus der modernen Philosophie und Literatur eine Weltanschauung gezimmert, so tröstet er sich nun an den Lehren der heiligen Schrift und an den Gestalten der eigenen Geschichte.«[28] Diesen Weg beschritt sie nun selbst.

Der Wandel in Sterns jüdischem Selbstverständnis manifestiert sich in ihrer Geschichtsschreibung auf drei Ebenen:

Erstens in der *Themenwahl* und der *Interpretation des historischen Stoffes:* Hatte sie in Deutschland die Veränderung des Juden im Prozeß der Akkulturation und die Beziehungsgeschichte thematisiert, so stehen jetzt jüdische Solidarität und Selbstbehauptung gegenüber einer feindlichen Umwelt im Mittelpunkt ihrer historiographischen Aufmerksamkeit, wobei die selbst erlebte Geschichte häufig den Ausgangspunkt bildet. Ihre 1959 erschienene wissenschaftliche Biographie des Befehlshabers der deutschen Judenschaft zur Zeit der Reformation, Josel von Rosheim, ist dafür ein Beispiel.[29] In dem akribisch aus den Quellen rekonstruierten Kampf Josels, der keine Gefahren und Strapazen scheute, um seine Glaubensgenossen gegen die Willkür der

Städte und Fürsten, gegen Ritualmordanklagen und Hostienschändungsprozesse, nicht zuletzt gegen Luthers erbarmungslosen Pogromaufruf zu schützen, sah Stern eine Parallele zum Einsatz Leo Baecks für die deutschen Juden im »Dritten Reich«.

Zweitens zeigt sich der Wandel in einer – umfangmäßig allerdings begrenzt bleibenden – *inhaltlichen Revision* ihrer Geschichtsdarstellung. Diese läßt sich am deutlichsten in dem 1950 erschienenen Buch *The Court Jew* erkennen, das vom Inhalt und von der Anlage her eine Erweiterung ihrer Jud-Süß-Biographie darstellt. Hatte sie 1929 das tragische Schicksal des Stuttgarter Hofjuden durch die Zurückgebliebenheit des württembergischen Gemeinwesens, durch den Sieg des alten Ständestaates über den modernen absoluten Fürstenstaat erklärt und mit der positiven Aussicht geschlossen, daß die Juden heute, nach der Emanzipation, davor geschützt seien, »anderes Recht als das allen gemeinsame erfahren und erleiden zu müssen«[30], akzentuierte sie 1950 viel schärfer die spezifisch antijüdischen Motive, die zu Süß' Hinrichtung führten und die eine potentielle Gefahr für alle Hofjuden darstellten: »Because of his role in eliminating the old order and in establishing the new, the Court Jew became for the reactionary forces of his time a symbol of the revolution that was threatening to destroy their position. Theirs was the bitter and implacable hatred of a class that sees its age-old privileges endangered«.[31]

Drittens schließlich dokumentieren sich die Veränderungen der Emigrationszeit in einer völlig *gewandelten Geschichtsauffassung:* Die Vergangenheit wird nicht länger als zielgerichteter, sinnvoller, zum Besseren fortschreitender Geschichtsprozeß, sondern als letztlich unerklärliches Auf und Ab von glücklichen und katastrophalen Phasen angesehen: »Hatte ich [...] geglaubt, daß die jüdische Geschichte, wenn auch oft durch Katastrophen unterbrochen, sich in einer langsam fortschreitenden Entwicklung vollziehe, so wurde mir [...] nun bewußt, daß man nicht nur in den hellen, den geistigen, den rationalen, sondern auch in den dunklen, den elementaren, den abgründigen, den unbegreiflichen und geheimnisvollen Mächten des Daseins ›einen der geschichtlichen Grundfaktoren zu sehen habe‹ [...], dem der jüdische Mensch, gefährdeter als jeder andere, je und je ausgesetzt war und immer wieder ausgesetzt sein wird.«[32] Da die Geschichte selbst nicht mehr als sinnvolle Entwicklung verstanden und dargestellt werden kann, bleibt als Halt nur die Hoffnung, daß sich gerade in der Absurdität des Leidens die eigene Bestimmung erfüllt. Stern beruft sich denn auch als unzerstörbaren Kern der Identität auf »den immer wieder in Not und Tod sich erneuernden, in Not und Tod erst seines Ursprungs und seiner Sendung sich bewußt werdenden Genius des jüdischen Volkes«[33]. Die Erfahrung der zerstörten deutsch-jüdischen Geschichte führt bei ihr zu einer existentialistischen Weltauffassung[34], in der Leid und Tragik Charakteristika jüdischen Lebens bilden, in der es kein Ziel jüdischer Geschichte, ja genaugenommen überhaupt keine jüdische Geschichte mehr gibt, wenn man »Geschichte« im neuzeitlichen Verständnis als sinnvolle Einheit zwischen Vergangenheit, Gegenwart und Zukunft definiert. An die Stelle der teleologischen Geschichtsbetrachtung tritt bei ihr – wiederum – das kollektive Gedächtnis, das die divergierenden Erfahrungen der Vergangenheit aufbewahrt und so die Kontinuität jüdischer Existenz bezeugt.

Im Jahr 1961, acht Jahre nach dem Tod ihres Mannes, verließ Selma Stern Cincinnati und zog nach Basel, wo ihre Schwester lebte. In Europa gelang es ihr schließlich, das Hauptwerk über den *Preußischen Staat und die Juden* doch noch zu einem Abschluß zu bringen.[35] 1971 erschien der dritte Darstellungsband, der die Zeit Friedrichs des Großen behandelte, und vier Jahre später lag mit den zugehörigen Aktenbänden und dem Register das Gesamtwerk in acht Bänden vor. Wer erwartet hatte, daß der Umbruch der Zeiten sich auch in der Konzeption und den Wertungen des Abschlußbandes widerspiegelte, sah sich jedoch getäuscht. Zwar brachte Stern ihr verändertes Welt- und Geschichtsbild in der Einleitung des dritten Bandes deutlich zum Ausdruck, aber in Auffassung und Konzeption knüpfte dieser doch eng an die ersten beiden, vor der Emigration entstandenen Teile an. Eine grundlegende inhaltliche Revision ist nicht zu erkennen. Nach wie vor erscheint die reglementierende und zum Teil schikanierende preußische Judenpolitik letztlich als heilsamer Zwang für die Integration der Juden in die Mehrheitsgesellschaft, nach wie vor wird die deutsch-jüdische Begegnung in ihrer Größe und Tragik beschworen, aber die Ursachen des Scheiterns werden nicht analysiert. Das Gespräch zwischen Deutschen und Juden, schreibt Stern, das mit dem Gespräch zwischen Lessing und Mendelssohn seinen Anfang genommen hat, »endete im Jahre 1933, als die Symbiose sich noch nicht ganz vollzogen hatte, aber eine ›reale Möglichkeit‹ gewesen war.«[36] Der Bruch in den Beziehungen, die Zerstörung der Geschichte bleiben letztlich unbegreiflich. Es gibt keinen sinnvollen oder gar ursächlichen Zusammenhang zwischen der Geschichte der jüdischen Akkulturation in Deutschland und ihrer Zerstörung durch den Nationalsozialismus, wie das manchmal leichtfertig behauptet wurde.

In ihrem Beharren auf der Perspektive der Vorkriegszeit ist Sterns Abschlußband von 1971 »selbst zu einem späten Zeugnis der Assimilation des deutschen Judentums«[37] geworden. Vermutlich war dies bis zu einem gewissen Grade auch von ihr intendiert. Es waren nicht nur technische Gründe, die sie im wesentlichen an der alten Konzeption festhalten ließen. Man kann hier auch eine gewisse Verteidigungshaltung, ein Insistieren auf den positiven Erfahrungen erkennen, das für viele deutsche Juden in der Nachkriegszeit charakteristisch war. In einer Zeit, in der man die deutsch-jüdische Geschichte fast ausschließlich von ihrem katastrophalen Ende her sah und die akkulturierten deutschen Juden von daher als realitätsfremde Illusionisten beurteilte, wollte Stern der Nachwelt Zeugnis für die Realitäten und Möglichkeiten dieser Geschichte – so wie sie sie erlebt und gefühlt hatte – ablegen und dieses Bild in der kollektiven Erinnerung verankern. So wurde ihre Darstellung von vornherein zu einem historischen Dokument oder, wie sie selbst sagte, zu einem »Requiem«[38]. Das Bewußtsein, Zeugin einer zerstörten Welt zu sein, führte zu einer konservierenden Geschichtsbetrachtung, in der die Hoffnungen und Erfahrungen, aber auch die Selbsttäuschungen der Vergangenheit als Realität weiterlebten.

1 Die Forschungen zu diesem Aufsatz sind im Zusammenhang eines DFG-Projektes zur Emigration der deutschsprachigen Judaistik nach 1933 entstanden, das von 1987 bis 1990 unter Leitung von Professor Dr. Herbert A. Strauss am Zentrum für Antisemitismusforschung der Technischen Universität Berlin durchgeführt wurde. — 2 Vgl. dazu: Yosef Hayim Yerushalmi: *Zachor: Erinnere Dich! Jüdische Geschichte und jüdisches Gedächtnis.* Berlin 1988; Ada Rapoport-Albert (Hg.): *Essays in Jewish Historiography.* Middletown 1988; Jan Assmann: *Das kulturelle Gedächtnis. Schrift, Erinnerung und politische Identität in frühen Hochkulturen.* München 1992. — 3 Zu Täubler vgl. Selma Stern-Täubler: »Eugen Taeubler and the ›Wissenschaft des Judentums‹«. In: *Yearbook of the Leo Baeck Institute (YB LBI)* 3 (1958), S. 40–59; Jürgen v. Ungern-Sternberg: »Einleitung«. In: Eugen Täubler: *Der römische Staat.* Stuttgart 1985; Christhard Hoffmann: *Juden und Judentum im Werk deutscher Althistoriker des 19. und 20. Jahrhunderts.* Leiden 1988, S. 200–219; Herbert A. Strauss: »Das Ende der Wissenschaft des Judentums in Deutschland: Ismar Elbogen und Eugen Täubler«. In: Hartmut Walravens (Hg.): *Bibliographie und Berichte. Festschrift für Werner Schochow.* München 1990, S. 280–298; Alfred Heuß: »Eugen Täubler Postumus«. In: *Historische Zeitschrift* 248 (1989), S. 265–303. Die wichtigsten Aufsätze Täublers zur jüdischen Geschichtswissenschaft sind zusammengefaßt in: Eugen Täubler: *Aufsätze zur Problematik jüdischer Geschichtsschreibung 1908–1950.* Hg. von Selma Stern-Täubler. Tübingen 1977. — 4 Täubler: *Jüdische Geschichtsschreibung,* a.a.O., S. 3. — 5 Vgl. dazu: Eva G. Reichmann: »Der Bewußtseinswandel der deutschen Juden«. In: Werner Mosse u. Arnold Paucker (Hg.): *Deutsches Judentum in Krieg und Revolution 1916–1923.* Tübingen 1971, S. 511–612; Shulamit Volkov: »Die Dynamik der Dissimilation: Deutsche Juden und die ostjüdischen Einwanderer«. In: dies.: *Jüdisches Leben und Antisemitismus im 19. und 20. Jahrhundert.* München 1990, S. 166–180. — 6 Zum »postemanzipatorischen« Charakter der Täublerschen Historik vgl. David Sorkin: »Emancipation and Assimilation. Two Concepts and their Application to German-Jewish History«. In: *YB LBI* 35 (1990), S. 17–33, bes. S. 23 f. — 7 Nach ihrer Eheschließung im Jahre 1927 hieß sie Selma Täubler bzw. führte den Doppelnamen Täubler-Stern oder auch Stern-Täubler. Als Autorin nannte sie sich aber weiterhin Selma Stern, so daß ihr Geburtsname auch hier allein verwendet wird. — 8 Vgl. dazu Hiltrud Häntzschel: »Der Exodus von Wissenschaftlerinnen. ›Jüdische‹ Studentinnen der Münchner Universität und was aus ihnen wurde.« In: *Exil* 12 (1992), S. 43–52. Häntzschel zitiert darin eine Tagebuchnotiz Sterns vom 7. Juni 1914, in der es u.a. heißt: »Die Frau von heute soll ein andres Ideal haben als Männern nachahmen. Sie soll sich bewußt sein, daß sie selbst eine Kraft ist, die auf ihrem Gebiete Großes leisten kann! Ich träume von einer Verbindung zwischen Wissenschaft und Literatur, Belletristik und Philosophie, Wissenschaft und Leben!« — 9 *Anacharsis Cloots, der Redner des Menschengeschlechts.* Berlin 1914. — 10 *Karl Wilhelm Ferdinand Herzog zu Braunschweig und Lüneburg.* Hildesheim und Leipzig 1921. — 11 Siehe z.B.: »Der britische Imperialismus«. In: *Die Frau.*

Monatsschrift für das gesamte Frauenleben unserer Zeit 21 (1914), S. 95–104; »Sophie, Kurfürstin von Hannover«. In: Ebd., S. 609–618 und 675–683; »Juliane von Krüdener. Eine Erinnerung an die Tage der heiligen Allianz«. In: *Deutsche Rundschau* 42 (1915), S. 233–260; »Die politischen Frauen der französischen Revolution«. In: *Frankfurter Zeitung* v. 28.5.1919. — 12 Zur Akademie vgl. Werner Schochow: *Deutsch-jüdische Geschichtswissenschaft. Eine Geschichte ihrer Organisationsformen unter besonderer Berücksichtigung der Fachbibliographie.* Berlin 1969, S. 38–42; Christhard Hoffmann: »Jüdisches Lernen oder judaistische Spezialwissenschaft? Die Konzeptionen Franz Rosenzweigs und Eugen Täublers zur Gründung der ›Akademie für die Wissenschaft des Judentums‹ (mit drei unveröffentlichten Briefen Rosenzweigs)«. In: *Zeitschrift für Religions- und Geistesgeschichte* 45 (1993), S. 18–32. Die gründlichste Untersuchung jetzt bei David N. Myers: »The Fall and Rise of Jewish Historicism. The Evolution of the Akademie für die Wissenschaft des Judentums (1919–1934)«. In: *Hebrew Union College Annual* 63 (1992). — 13 *Der preußische Staat und die Juden.* 4 Teile in acht Bdn. Tübingen 1962 und 1971/75. Wenn nicht anders vermerkt, zitiere ich im folgenden nach dieser Auflage. — 14 *Der preußische Staat und die Juden.* Bd. I/1, Berlin 1925, S. XI. — 15 *Jud Süß. Ein Beitrag zur deutschen und zur jüdischen Geschichte.* München ²1973, S. 3. — 16 Ebd., S. 140. — 17 *Preußischer Staat*, a.a.O., Bd. I/1, S. XII. — 18 Zur jüdischen Historiographie in der Weimarer Republik vgl. David N. Myers: »*From Zion Will Go Forth Torah«. Jewish Scholarship and the Zionist Return to History.* Ph.D. Columbia University, New York 1991; Christhard Hoffmann: »Jüdische Geschichtswissenschaft in Deutschland: 1918–1938. Konzepte, Schwerpunkte, Ergebnisse«. In: Julius Carlebach (Hg.): *Wissenschaft des Judentums – Anfänge der Judaistik in Europa.* Darmstadt 1992, S. 132–152. — 19 *Preußischer Staat*, a.a.O., Bd. II/1, S. 171. — 20 Vgl. die ausführliche Rezension Adolf Leschnitzers zu den ersten beiden Bänden des *Preußischen Staats* in: *Jahrbuch für die Geschichte Mittel- und Ostdeutschlands* 12 (1963), S. 298–307. — 21 Vgl. Volker Dahm: *Das jüdische Buch im Dritten Reich. Zweiter Teil: Salman Schocken und sein Verlag.* Frankfurt/M. 1982, Sp. 598 f. — 22 *Preußischer Staat*, a.a.O., Bd. I/1, S. XIV. — 23 Ebd., S. XV und Bd. III/1, S. 425. — 24 Die äußeren Hemmnisse zur Fortführung des *Preußischen Staats* werden in einem Brief von Jacob Jacobson an Selma Stern – Brighton, 19. Mai 1947 (Universitätsbibliothek Basel, Nachlaß Selma Stern-Täubler, D 10, 5) – angesprochen: »Daß sich die amerikanischen Juden entsprechend ihrer Immigrationsgeologie für ein Aktenwerk über den Preußischen Staat und die Juden nicht sehr erwärmen würden, kann ich mir gut vorstellen. War doch schließlich auch in Deutschland der Kreis derer, die mit wirklichem Verständnis und mit der Bereitschaft sich führen und aufklären zu lassen, an Ihre Bücher herangingen und Sinn für das Wachstum geschichtlichen Lebens hatten, wenn auch nicht klein so doch begrenzt. Und da waren es noch Probleme des eigenen Schicksals, das man durch solche Werke in seiner Vielgestaltigkeit und Verwurzelung erklärt bekam. Aber in Amerika? Die Früchte einer Entwickelung, die schließlich doch in Mitteleuropa reifte, genießen alle gern, aber an die Ursprünge und Zusammenhänge wollen sie weniger gern erinnert sein. Das grosse Argument dagegen scheint A.H. [Adolf Hitler] zu sein. Und damit wird dann allen vernünftigen Schlussfolgerungen und Überlegungen Valet gesagt, man verzichtet darauf, die Komplexheit der Erscheinungen aufzulösen und macht sich dadurch unfähig, Lehren aus dem zu ziehen, was uns passiert ist. Unsere Uhren gehen immer vor oder nach, daher leben wir dauernd in Unsicherheit und Selbsttäuschung und zerstören das eigene Prestige. – Soll aber darum der Ertrag so vieler arbeitsreicher Jahre – jeden Morgen als erste in Dahlem! – so leicht dahingegeben werden?« — 25 *Preußischer Staat*, a.a.O., Bd. I/1, S. XIII. — 26 *The Spirit Returneth ... A Novel.* Philadelphia 1946. Eine leicht überarbeitete deutsche Fassung erschien unter dem Titel: *Ihr seid meine Zeugen. Ein Novellenkranz aus der Zeit des Schwarzen Todes 1348/49.* München 1972. — 27 *Ihr seid meine Zeugen*, a.a.O., S. 291 f. — 28 *Jud Süß*, a.a.O., S. 168. — 29 *Josel von Rosheim. Befehlshaber der Judenschaft im Heiligen Römischen Reich Deutscher Nation.* Stuttgart 1959. — 30 *Jud Süß*, a.a.O., S. 176. — 31 *The Court Jew. A Contribution to the History of the Period of Absolutism in Central Europe.* Philadelphia 1950, S. 267. — 32 *Preußischer Staat*, a.a.O., Bd. I/1, S. XIII. — 33 Ebd. — 34 Zur parallelen Entwicklung bei Eugen Täubler vgl. Hoffmann: *Judentum im Werk deutscher Althistoriker*, a.a.O., S. 216–219. — 35 Über die inneren Schwierigkeiten bei der Fertigstellung des *Preußischen Staats* schrieb Stern an Willy Andreas, Basel 15. Juni 1962 (Generallandesarchiv Karlsruhe, Nachlaß Andreas): »Sie können sich vorstellen, dass es für mich nicht einfach ist, nach einer Pause von mehr als 25 Jahren und nach den großen und tragischen Veränderungen in meinem Leben und dem völlig gewandelten Weltbild wieder da anzuknüpfen, wo ich einmal – im Gefühl des Geborgenseins und Daheimseins – aufgehört habe. Auch bin ich nicht mehr jung genug, diese ungeheure Aktenmasse durchzuarbeiten und in der Darstellung zu klären. Ich habe in der Zwischenzeit mich viel mit religiösen und rein jüdischen Problemen befaßt und ich glaube, es würde mich erleichtern, wenn ich an etwas Persönlicherem arbeiten könnte. [...] Es ist schwer, nur noch ein Requiem zu schreiben, wenn man einmal dem gegenwärtigen Leben hatte dienen und ein unmittelbares Problem, das allen Juden am Herzen lag, hatte lösen wollen.« — 36 *Preußischer Staat*, a.a.O., Bd. III/1, S. 421. — 37 So Monika Richarz in einer Rezension zum dritten Band des *Preußischen Staats*. In: *Historische Zeitschrift* 222 (1976), S. 199. — 38 Siehe Anm. 35.

Beate Schmeichel-Falkenberg

Aufforderung zum Überleben
Lotte Goslar und das Exil

Vor dem Nationalsozialismus flohen nicht nur Menschen, deren Existenz akut bedroht war. Es gab auch Freiwillige des Exils, Menschen, die von ihrem Abscheu vor Hitler ins Ausland getrieben wurden. Sie hätten bleiben, mitlaufen und in ihrem Heimatland eine ununterbrochene Karriere machen können, wenn sie gewollt hätten. Sie mußten nicht wie Juden, politische Gegner und andere den Nazis verhaßte Minderheiten um Freiheit und Leben fürchten. Ein Bleiben im nazistischen Deutschland empfanden sie jedoch als unerträglich und mit ihrer Würde unvereinbar.

Zu diesen Aufrechten gehört auch Lotte Goslar. Ungewöhnlich wie ihre Emigration und ihr Exil in den USA sind auch ihr Werdegang und ihre Kunst – so ungewöhnlich und erstaunlich wie die faszinierende Persönlichkeit dieser Frau überhaupt. Ihr Weggang aus Deutschland hat verhindert, daß man ihren Namen hier kennt, »die Goslar«, die in der amerikanischen Tanzszene berühmt ist, konnten in Deutschland nur wenige bei Gastspielen bewundern. Wer sie auf der Bühne sah und sich von ihr verzaubern und hinreißen ließ, dem wurde wieder einmal bewußt, welche Verarmung in der Kulturszene der Nationalsozialismus angerichtet hat, schmerzlich spürbar bis heute.

»The world's greatest dance mime«, sagt ein Kritiker von ihr, oder: »Everything she touches has the mark of genius«, ein anderer nennt sie »a divine clown«.

Wer ist diese Lotte Goslar? Recherchen über ihr Leben sind eigentümlich schwierig. Genaues ist oft nicht zu ermitteln, ihr selbst sind Daten unwichtig, Buchführung ist ihr lästig, ihre Erinnerungen sind – oft zu ihrem eigenen Erstaunen – sehr selektiv und lückenhaft. Für sie zählt das Heute. Ihr Erzählen von der Vergangenheit gerät ihr stets zu kleinen farbigen, poetischen Szenen, genau so, wie sie mit ihrem Tanzen Geschichten erzählt.

Schwierig auch, ihre Profession exakt zu bezeichnen. Im *Ballettlexikon* von Koegler und Günther[1] ist sie als »dt.-amerik. Tänzerin« verzeichnet, ohne Geburtsdatum. Aber was heißt hier Tänzerin? Lotte Goslar paßt in keine Kategorie, sie entzieht sich jeder Klassifizierung. Obwohl ihre Kompagnie »Pantomime Circus« heißt, ist sie keine Pantomimin. In ihrer Darstellungsweise sind vielerlei Elemente der Bewegungskunst vereinigt: Modern Dance und Ausdruckstanz, Elemente des klassischen Balletts und auch der Pantomime, Clowneskes und Grotesktanz. Sie beherrscht sie alle, sie spielt souverän mit ihnen und amalgamiert sie zu ihrer eigenen, unverwechselbaren und unnachahmlichen, zauberhaften Mischung von Theater und Zirkus, von Klamauk und Varieté, von englischer Music Hall und französischem Vaudeville, von Märchen und großem Drama, von Tragödie, Komödie und Show. Sie gehört keiner Schule an, ihre Kunst ist undogmatisch und zeitlos. Darum auch wird sie überall auf der Welt verstanden, Menschen jeder Herkunft und Bildung lieben sie, Junge und Alte. Nach ihrem eigenen Alter gefragt, antwortet sie »Ich bin 36« oder auch »Ich bin 120«. Beides stimmt.

Dresden

Lotte Goslar wurde in Dresden in eine bürgerliche Mittelstandsfamilie hineingeboren, sie hatte drei ältere Brüder. In das behütete Leben brachen frühe Verluste ein: Einer ihrer Brüder starb, als sie drei Jahre alt war; wenige Jahre später verlor sie ihren Vater. Der hatte in einer Bank gearbeitet und gerade eine sichere und finanziell gute Position erreicht. Unvergeßlich ist ihr sein abendliches Klavierspiel, bei dem sie manchmal tanzte und das sie oft in den Schlaf begleitete. Nach dem Tod des Vaters ging es sparsam zu, und die Mutter hatte große Mühe, die drei Kinder allein durchzubringen. Trotzdem gehören diese frühen Jahre zu Lotte Goslars kostbarsten Erinnerungen, von der Mutter spricht sie mit tiefer Liebe und Dankbarkeit. Ihre besondere Begabung wurde von der Mutter erkannt; sie gab ihr viel Freiheit, ihre Phantasie und Kreativität zu entfalten. Auch die Mutter starb früh, noch während Lotte Goslar zur Schule ging. Die beiden Brüder und ihre Schwester führten danach ihren kleinen Haushalt allein. Es muß ein schwieriges, aber wunderbar freies und unabhängiges Leben gewesen sein mit viel Raum für Träume und Entfaltung eigener Initiativen, die sich bei Lotte Goslar immer nur um das Tanzen drehten; sie wollte nie etwas anderes als tanzen. Zuerst waren es Märchenfiguren, Elfen, Zwerge und Blumen, aber bald schon wurden es komische Figuren mit dem Mut zur Häßlichkeit.

In Dresden, der Genieküche des deutschen Tanzes, lebten und arbeiteten Mary Wigman und Gret Palucca. Beide Künstlerinnen, heute legendäre Gestalten der Tanzgeschichte, beeinflußten die junge Goslar, mit beiden kam sie früh in Berührung. Bei Mary Wigman begann sie mit einem Kurs, zu dessen Abschluß alle Schüler einen selbstentworfenen Tanz vorführen mußten. Lotte Goslars erstes Auftreten, obgleich voller Hemmungen absolviert, wurde unerwarteterweise von der Wigman vor allen Schülern gelobt – eine wichtige Ermutigung. Den gleichen Tanz, den einzigen, den sie damals beherrschte, *Im grünen Licht*, eine – wie sie heute sagt – »finstere und todtraurige Angelegenheit«, führte sie dann auch Gret Palucca vor, deren expressive Körpersprache ihr gemäßer schien als der strenge, pathetische Stil der Mary Wigman. Palucca wünschte sie sich als Lehrmeisterin. Diese erkannte das ungewöhnliche Talent sofort und nahm Lotte Goslar in ihre Schule auf. Von ihr lernte sie Disziplin, Einfachheit und Wahrhaftigkeit. Sie wurde bestärkt, sie selbst zu sein. Sie wußte immer, daß sie den Menschen Geschichten erzählen, sie zum Lachen bringen, sie verzaubern wollte. Ihr wurde aber auch bald klar, daß sie sich nicht an eine bestimmte Gruppe oder Schule binden mochte. So erfand sie ihre eigenen Tänze und führte sie mit einem Pianisten zusammen auf. Zuerst war das Paluccas Pianist Herbert Trantow, zu dessen Musik sie ihren auch später immer wieder aufgeführten Tanz mit dem Titel *Der Unwirsch* zeigte. Das war eine misanthropische Clownsfigur mit unförmiger Nase, struppigen Haaren, bösen Augenbrauen, dickem Bauch und riesigen Latschen an den Füßen, der hemmungslos seine schlechte Laune, seine Wut und seinen Ärger austobte.

Bald darauf entstanden die Märchenfigur *Das Alräunchen* und *Die Jungfrau* nach Wilhelm Busch. Hier waren früh schon alle Attribute versammelt, die Lotte Goslar bekannt und berühmt machten: das Naive, Lächerliche, Dummdreiste, Freche, auch das Sentiment, das die Nähe zum Kitsch nicht scheut, nicht zuletzt das Zauberische, Verspielte und das zärtliche Augenzwinkern. Diese drei Tänze waren bereits so perfekt, daß sie zu den erfolgreichsten Nummern ihres Repertoires wurden und später das Publikum in aller Welt hinrissen.

Berlin

Lotte Goslar hielt es nicht in Dresden, die Weltstadt Berlin lockte. Man war auf sie aufmerksam geworden und lud sie Ende 1929 zu einer Matinee in die Volksbühne ein, wo sie auf Anhieb einen Riesenerfolg hatte. Anschließend erhielt sie Engagements im ›Kabarett der Komiker‹ und in der ›Skala‹. Ihre literarisch-musikalischen Solonummern, die auf grotesk-komische Weise Alltagssituationen aufs Korn nahmen und doch niemals ohne Liebe zum Menschen und seinen Schwächen waren, rissen das verwöhnte Berliner Publikum hin, ebenso wie später das in New York. Ihr durchschlagender Erfolg Ende der zwanziger, Anfang der dreißiger Jahre war um so erstaunlicher, als es im Berlin der Weimarer Republik von ungewöhnlichen Talenten aller Sparten wimmelte, nicht nur im Tanz. Dieser allerdings erlebte nach dem Ersten Weltkrieg eine besonders stürmische Blüte: Namen wie Rudolf von Laban, Mary Wigman, Gret Palucca, Kurt Joos, Harald Kreutzberg und Dore Hoyer machten den »German Dance« zu einem international bekannten Markenzeichen. Exotische Erscheinungen wie Anita Berber, La Jana oder Valeska Gert gehörten mit zur vielseitigen Tanzpalette jener Zeit.

Valeska Gert ist übrigens die einzige Tänzerin, die gelegentlich mit Lotte Goslar verglichen wird oder diese mit ihr – es gibt Berührungspunkte und Verwandtschaften, bei aller Verschiedenheit. Hans Sahl, der beide kannte und über beide schrieb, nennt Valeska Gert »Draculas Tochter«; von Lotte Goslar sagt er in seiner ersten Kritik über sie, 1933 im *Prager Mittag*: »Sie besitzt (...) jene Anmut des Häßlichen, die noch unter den grausamsten Verkleidungen die Melodie der Schönheit ahnen läßt.«[2]

Es spricht für Lotte Goslars Noblesse und Fairneß, wenn sie von Valeska Gert sagt: »Valeska Gert hat alles freigemacht und den Boden geebnet für all die, die später kamen. Sie hat den Tanz vom Ehrensockel gerissen, ihn entstaubt und mit neuen Impulsen genährt. Alle Tänzer und Pantomimen, die danach kamen, haben ihr zu danken. Ich auch.«[3]

1933 war diese kulturelle Hoch-Zeit zuende. Auf dem Wege über die Emigration und die Berührung und Vermischung mit anderen, vor allem amerikanischen Traditionen kam nach dem Sieg über die Hitlerdiktatur manches in veränderter Form auf die deutsche Szene zurück, auch auf die Tanzszene. Vieles blieb für immer verloren.

Prag

Nach ihrem Berliner Erfolg erhielt Lotte Goslar Engagements in verschiedenen europäischen Großstädten. Als die Nationalsozialisten an die Macht kamen, befand sie sich in Prag. Viele glaubten damals, Hitler würde sich nicht lange halten können, eine verständliche, aber verhängnisvolle Fehleinschätzung. Auch Lotte Goslar hoffte darauf, doch gab es für sie kein Zögern, sie blieb draußen und kam nicht nach Deutschland zurück. Obwohl sie sich als unpolitischen Menschen bezeichnet, war ihre Einstellung den Nazis gegenüber eindeutig: sie waren ihre Gegner.

Daher sagte sie begeistert zu, als Erika Mann sie im Herbst 1933 bat, bei ihrem politisch-literarischen Kabarett »Pfeffermühle« mitzumachen. Ein Jahr zuvor hatte die Tochter Thomas Manns zusammen mit ihrem Bruder Klaus, mit der Schauspielerin Therese Giehse und dem Musiker Magnus Henning das Kabarett gegründet.[4] Es geschah aus dem unbefriedigenden Gefühl heraus, als Intellektuelle nicht genug gegen den Faschismus in Deutschland zu tun.

Am 1. Januar 1933 war in München Premiere, am 30. Januar erhielt Hitler die Macht in Deutschland und Ende Februar mußte die »Pfeffermühle« ihr Auftreten in Deutschland beenden. Die Arbeit wurde zu gefährlich, die Geschwister Mann mußten emigrieren; die meisten Ensemblemitglieder folgten ihnen in die Schweiz. Dort wurde die Kabarettarbeit wieder aufgenommen, mit einem noch besseren, noch kompromißloseren Programm. »Wehrt

Euch und kämpft. Es geht um Eure Erde!« war das Motto des Programms, das auch vielen deutschfreundlichen Schweizern nicht behagte und daher auch hier für Aufsehen und Ärger sorgte.[5] Beim zweiten Exilprogramm in Zürich am 1. Januar 1934 war Lotte Goslar dann dabei und begeisterte mit ihren Tänzen *Der Unwirsch, Der Vamp, Die Zirkustänzerin* und *Die Jungfrau*. Photos bezeugen die starke Wandlungsfähigkeit der Künstlerin und machen ihren Erfolg verständlich. Klaus Mann notiert am 1.1.1934 im Tagebuch: »Tänzerin Goslar, höchst komisch.«[6]

Über eine spätere Tournee heißt es im *Prager Tageblatt*: »(...) die Tänzerin Lotte Goslar – ein Nonplusultra von revolutionärem Gestus und neuem Geist. Sie fegt einfach fort, was je als Tanz gegolten, und ersetzt es durch ein in der Fratze beschwingtes, in der Dissonanz klingendes parodistisches Spiel von höchstem Elan. Sie und Therese Giehse, die Diseuse, die in zahmen Worten Feuer und Wut gibt, wurden besonders leidenschaftlich gefeiert (...) der Abend vor ausverkauftem Haus war ein rauschender Erfolg.«[7] So war es überall, in kleineren Schweizer Städten, nachdem man nicht mehr in Zürich auftreten durfte, in der Tschechoslowakei, in Luxemburg, im Elsaß, in Belgien, vor allem in Holland.

Während eines Gastspiels in Prag Ende August 1935 bot sich für Lotte Goslar die Chance, für längere Zeit an einem Ort aufzutreten und das anstrengende Vagabundenleben zu unterbrechen. Sie wurde für ein Jahr an das »Befreite Theater« von Voscovec und Werich verpflichtet. Die dort gepflegte Mischung aus Wort, Tanz, Musik, politisch-literarischen Texten und komödiantischen Szenen kam dem Stil der Lotte Goslar sehr entgegen. Sie nennt diese Zeit der Kooperation mit den beiden Allroundgenies ihr nachhaltigstes Theatererlebnis, das ihr hilfreiche Erfahrungen vermittelte. Beide erklären in ihrem Programmheft über den »Tanzenden Clown«, warum sie diese Tänzerin unbedingt und sofort an ihr Prager Theater verpflichten wollten, nachdem sie sie zum ersten Mal sahen: »Sie drückt Vorstellungen und Ideen des Tanzes so perfekt aus, daß es unmöglich ist, sie in eine andere Ausdrucksform zu transformieren. Wir haben nie zuvor von einem Tanzkünstler gehört, der es riskierte, solche abstrakten und unwahrscheinlichen Sujets zu wählen wie Goslar. Ein Tanz heißt *Der Künstler selbst*. Der erscheint auf der Bühne in einem Kostüm, das eine Kreuzung zwischen Mephisto, Faust und Dante aus dem Wachsfigurenkabinett darstellt, alles mottenzerfressen und etwas unanständig. Die Nase reicht bis unters Kinn, am Hut eine Feder und die Augenbrauen ständig in Bewunderung der eigenen Genialität hochgezogen. Ohne irgendetwas Konkretes auszudrücken benimmt sich die Tänzerin so unbeschreiblich, daß der Zuschauer einen Eindruck bekommt von der unermeßlichen Lächerlichkeit der Eitelkeit und des sogenannten Mysteriums des Künstlers. Auf rein emotionalem Wege entwickelt sie langsam den Ausdruck von etwas, das vielleicht noch niemand im Tanz bisher gesehen hat.«[8]

Prag wurde für Lotte Goslar noch aus anderen Gründen wichtig. 1933 lernte sie hier den gerade aus Berlin geflüchteten Schriftsteller Hans Sahl kennen, der über sie für den *Prager Mittag* schrieb. Lotte Goslar stellt das Vorbild dar für die Luise in Hans Sahls Roman *Die Wenigen und die Vielen*. Im zweiten Band seiner Memoiren, *Das Exil im Exil*, sind der lebenslangen Freundin bewegende Passagen der Erinnerung gewidmet, voller Respekt, Bewunderung und Liebe.[9] Lotte Goslar nahm Hans Sahl zum Vorbild für einen Tanz, den sie *Ein Häufchen Unglück (A heap of misery)* nannte, in dem sie ihn zärtlich karikiert, wie er am Morgen unausgeschlafen und zerzaust den Tag zu beginnen versucht.

Gegen Ende ihres Engagements beim »Befreiten Theater« in Prag erreichte Lotte Goslar ein Telegramm von Erika Mann: Die »Pfeffermühle« sei für eine Saison nach New York verpflichtet worden und ob sie mitmachen wolle. Sie sagte zu. Neue Erfahrungen in einer fremden Welt und die Fortsetzung der Zusammenarbeit mit alten Freunden lockten. Den Auftakt zur Tournee in der Neuen Welt bildete ein Abend in Schloß Leopoldskron in Salzburg, wo der Hausherr Max Reinhardt der Truppe freundschaftlich-kollegiale Starthilfe geben wollte und dazu eine Reihe bekannter Personen einlud, die in den USA für Erika Mann und ihr Kabarett wichtig sein konnten. Lotte Goslar erinnert sich, daß Marlene Dietrich dabei war, Helen Hayes mit ihrem Mann und noch etwa zwanzig andere Zelebritäten. Das Ensemble mußte in der riesigen, kalten Halle voller antiker Möbel und überdimensionaler Gemälde von Fürsten und Erzbischöfen spielen, ohne Bühne und bei Kerzenlicht. »Niemand war sonderlich begeistert, am wenigsten wir selbst«, so ihr Resumé.

Therese Giehse sagt dazu im Gespräch mit Monika Sperr – und ihr Ärger über das ganze riskante Unternehmen ist deutlich zu spüren: »Das war eine schaurigschöne Angelegenheit. Die Gäste, alle sehr reiche Amerikaner, wußten von der politischen Lage nicht mehr, als sie wissen wollten, eigentlich gar nichts. Das Ganze war eine sehr exklusive Vorstellung. Alle meinten es freundlich mit uns. Ich wußte danach mit absoluter Sicherheit, daß das amerikanische Gastspiel ein großer Unsinn war. Aber die Erika, die hat's halt gewollt.«[10]

New York

Erika und Klaus Mann waren vorausgefahren. Am 11. November 1936 schifften sich nach langem Warten in Rotterdam Lotte Goslar, Therese Giehse und Magnus Henning, der Musiker des Ensembles, nach Amerika ein. Statt des erhofften Luxusliners stand nur ein betagter holländischer Frachter zur Verfügung, der einmal bessere Tage gesehen hatte, dem aber inzwischen der zweite Schornstein abhanden gekommen war (»vor Jahren abgebrochen«), der überladen war mit riesigen Betonklötzen, nur über ein einziges, defektes Bad für die zwanzig Passagiere verfügte und keine Stabilisatoren besaß. Alle waren ständig seekrank, bis auf Therese Giehse. Lotte Goslar beschreibt die tragikomischen Abenteuer dieser Überfahrt ebenso amüsant wie sarkastisch in einem eigenen Kapitel ihrer unveröffentlichten Memoiren.

Nach zahlreichen Schwierigkeiten, die nur mit dem diplomatischen Geschick und der zähen Energie der Prinzipalin überwunden werden konnten und mit der Hilfe amerikanischer Freunde, unter anderem dem Verleger Alfred A. Knopf, fand am 5. Januar 1937 im Theatersaal des Chanin Building, Ecke Lexington Avenue, 42. Straße, 17. Stock, die »Peppermill«-Premiere statt.

Dazu Lotte Goslar: »Also, wir traten im Chanin-Theater in New York auf; die Columbia Concert Corporation hatte uns engagiert. Wir sollten erst in New York spielen und danach auf eine große Tournee durch die USA gehen. Wir waren aber ein Flop. Nach einer Woche war es aus. Unsere eigene Agentur ließ uns nicht weiter spielen. Es gab einige Gründe für den Reinfall. Erstens konnten die Schauspieler (sogar die herrliche Giehse) nicht genug Englisch, um frei zu spielen. Zweitens waren die Themen zum großen Teil nicht interessant für die Amerikaner (z.B. ein Chanson über die Grenzen, die es ja hier nicht gibt.). Und drittens war Amerika damals noch sehr ›isolationist‹. Man wollte gar nicht soviel über die Schwierigkeiten wissen. Abgesehen von allem war die ›Pfeffermühle‹ auch eine Kunstform, die es hier nicht gibt. Literarisches Kabarett war dem Amerikaner fremd.«[11]

Thomas Mann, der seit Bestehen der »Pfeffermühle«, deren Namen er selbst am Familientisch gefunden hatte[12], an ihrem Schicksal starken Anteil nahm, teilte die Enttäuschung. Er hatte eigens für das Programmheft einen Beitrag geschrieben, der mit den werbenden Worten für seine Tochter schließt: »Eine Frau! und so schöne Augen; und so clever dazu – I think, she will be a success.«[13] Klaus Mann schreibt in seinen knappen Tagebuchaufzeichnungen am 5. Januar 1937: »Die Peppermill-Premiere. Fort excitant. Erster Teil etwas zäh. 2. Teil starker Beifall. Viele Bekannte, unter ihnen Raimund Hofmannsthal und Gottfried Reinhardt (...). Die ersten Kritiken; ›Times‹, sehr matt. Ach, diese Presse-Schufte!«[14] Und am nächsten Tag, dem 6.1.1937: »Die sehr gemeine und blöde Presse über die ›Mühle‹. Schlimm. Abendessen (...) in der Oyster-Bar, Grand Central. Thema natürlich: das Mühlen-Fiasko.«[15] Mit den Nachwirkungen der Enttäuschung und den Gründen für den Mißerfolg der »Peppermill« befassen sich die Geschwister Mann auch in ihrem Buch *Escape to Life*, im Kapitel über das Theater und die deutschen Emigranten in New York: »Die emigrierten deutschen Künstler haben allen Grund, diejenigen unter ihren Kameraden zu beneiden, die bei Ausübung ihres Handwerks nicht auf die Sprache angewiesen sind. Wie herrlich haben es die Musiker, wie gut die Tänzer (...) wie neidisch waren wir vom ersten Tag an auf unsere Freundin Goslar gewesen. Der konnte nicht viel zustoßen, die tanzte!«[16]

Die Manns, vor allem Erika, gehörten zu denen, die Lotte Goslars Kunst des darstellenden Tanzes sehr genau kannten. In *Escape to Life* findet sich folgende Beschreibung: »Die Goslar hat ihren schönen und gestrafften Körper ganz in der Gewalt. Sie tanzt Spitze, Step, Akrobatik, wie man es will oder doch wie ihr Gegenstand es fordert. Ihre Themen sind meist von skurriler Art; sie kann so komisch sein wie ein Clown, gleichzeitig ist sie immer rührend. Alle großen Clowns sind rührend, Chaplin, Grock, die Rivels, nie haben wir Tränen über sie gelacht, ohne die anderen Tränen zu spüren, die wir leicht über sie vergießen könnten. Tanzend erzählt die Goslar die Geschichten von Geschöpfen, denen alles mißrät. Das *Häufchen Unglück* oder das *Alräunchen* oder der *So What*, alle sind sie freundlich, gutwillig, eifrig im Grunde. Sie geben sich die größte Mühe, dies Leben zu bestehen, und alle scheitern sie auf die komischste und auf die traurigste Art. Oft sind ihre Gesichter auch noch durch verwunderliche Nasen verunziert, ihre Augenbrauen sind erstaunt und trübsinnig bis zu den Haarwurzeln hinaufgezogen, in den seltsamsten und unwirklichsten Kostümen stapfen und wirbeln sie auf der Bühne umher. Manchmal scheinen sie von Natur nicht unglücklich, sind anziehend und wohlgeraten, dann kommt von außen ein Mißgeschick und zerstört alles. In *Intoxication* stellt die Goslar ein Mädchen hin, das reizend wäre, nur eben ist es leider völlig berauscht. Die verrückte, besinnungslose Manier, in der dies Kind seine Drehungen vollführt, die argen Augenblicke, in denen es erwacht und verzweifelt zu lächeln beginnt, um gleich wieder dem qualvoll-wollüstigen Taumel zu verfallen, all dies ist mitleiderregend in hohem Grad. Aber die technische Vollkommenheit des Tanzes, die restlose Beherrschtheit dieses Körpers, noch im scheinbar unkontrolliertesten Wirbel, flößt Bewunderung ein; als Wirkung bleibt die Rührung über den schlimmen Zustand des attraktiven Kindes und das angenehm schwebende Gefühl von dem enormen Können seiner Darstellerin. Es war nicht verwunderlich, daß Lotte Goslar in New York Fuß faßte. Ein Vertrag bindet sie auf Jahre hinaus an den großen Agenten Colston Leigh. Nach einem sehr erfolgreichen Gastspiel im New Yorker Rainbow-Room ging sie im Winter 37/38 auf eine ausführliche Tournee durch die Staaten und tanzte anschließend am Broadway in ›Who Is Who?‹ Beneidenswerte Tänzer!«[17]

Der amerikanische Manager wollte Lotte Goslar auf keinen Fall ihre Clownsnummer vom Unwirsch, *The Disgruntled*, zeigen lassen, die Figur sei nicht komisch, nur häßlich. Erika Mann, wie immer wagemutig, bestärkte sie darin, es doch zu tun. Gerade dieser Tanz wurde ein unerwarteter Erfolg und die groteske Figur zu einem Markenzeichen unzähliger Aufführungen in den USA und vielen anderen Ländern der Welt. Ihr Weg zum Erfolg, so sieht es Lotte Goslar heute rückblickend, war von vielen außergewöhnlichen

Glücksfällen begünstigt. Am Tag, bevor sie enttäuscht nach Europa zurückkehren wollte, erhielt sie ein Angebot vom Direktor des »Institute of Arts and Sciences« der Columbia University, der ihren Auftritt mit der »Pfeffermühle« gesehen hatte und sie nun, zusammen mit Martha Graham, Agnes DeMille und Agna Enters, für eine Serie *Große Tänzerinnen* verpflichten wollte. Eine dreijährige Solotournee schloß sich an, die sie durch viele Staaten der USA führte; sie bekam einen Auftritt in einem der berühmtesten Nachtclubs, dem »Rainbow Room« im Rockefeller Centre, man bot ihr die Mitarbeit in Broadway Shows an, nicht nur als Tänzerin, sondern auch als Choreographin. Es entstanden die von ihr arrangierten Tanzszenen *From Vienna, Reunion in New York* und *New Faces*.

Hollywood

Ihre amerikanische Karriere war auf dem besten Weg. Nach einigen Jahren des unruhigen Wanderns bot sich die Möglichkeit, für längere Zeit fest engagiert zu werden, und zwar an das »Turnabout Theatre« in Hollywood, das ihr ausgezeichnete Bedingungen für den Solotanz und die Teamarbeit mit interessanten Kollegen bot. Zu ihnen gehörte vor allen anderen Elsa Lancaster, die Frau des Schauspielers Charles Laughton, die in langen Jahren der Zusammenarbeit am »Turnabout«-Programm zu ihrer engen Freundin wurde. Zum Erfolg Lotte Goslars trug ohne Frage bei, daß sie den Aufforderungen und Verlockungen widerstand, auch einmal etwas »typisch Amerikanisches« zu machen. Ihre Eigenwilligkeit und Originalität standen dagegen; sie war der Meinung, man könne nur das parodieren, was man sehr genau kenne. Etiketten wie »typisch deutsch« oder »typisch europäisch« schätzt sie bis heute nicht für ihren Stil; »typisch menschlich« läßt sie gelten, das gefällt ihr.

In Hollywood wollte sie zwei Wochen bleiben – es wurden zehn Jahre daraus, die sie zu den glücklichsten ihres Lebens zählt. Neben New York im Osten war hier an der Westküste der zweite wichtige Sammelpunkt deutscher und österreichischer Emigranten, von denen Lotte Goslar viele gut kennenlernte und sich mit manchen befreundete. Hier begann sie wieder Wurzeln zu schlagen, nachdem sie ihre früheren so oft schmerzhaft hatte ausreißen müssen; hier traf sie im Jahre 1943 Bill Seehaus, mit dem sie bis zu seinem plötzlichen Tod 1959 sehr glücklich verheiratet war.[18]

In Kalifornien begegnete Lotte Goslar Bert Brecht. Sie wurde von ihm an der Arbeit am *Galileo Galilei* beteiligt. Er übertrug ihr die Choreographie für eine Marktszene in der Uraufführung. Sie erlebte die grotesken Schwierigkeiten von Brecht und Laughton, das Stück in eine englische Fassung zu bringen: Laughton des Deutschen gänzlich unkundig und Brecht miserabel Englisch sprechend. Brecht war von Lotte Goslars Ausdrucksweise stark an-

Aufforderung zum Überleben 225

Oben: Lotte Goslar: »Der Unwirsch«
Links: Lotte Goslar: »The So-What«

Lotte Goslar und Bertolt Brecht bei den Proben zu »Galileo Galilei«, Kalifornien 1942

gezogen, er schrieb sogar eine Szene für sie, die Parabel vom Clown und dem Löwen. Erst viele Jahre später, 1972, führte Lotte Goslar sie in New York mit ihrer eigenen Kompagnie, dem »Pantomime Circus«, auf. Brecht hatte nur »Clown« und »Löwe« vorgegeben. Sie kam auf die glänzende Idee, den Löwen, damit er wirklich zu einem großen, bedrohlichen Untier würde, von vier Tänzern vorführen zu lassen, einer als Kopf, zwei andere als Vorder- und Hinterpranken, der vierte spielte mit einer mächtigen Peitsche den Schwanz. Mit diesem Monstrum sieht sich der zitternde Clown in einen Käfig gesperrt, sein blutiges Ende vor Augen, während ein gaffender Mob, dargestellt von Tänzern mit gesichtslosen Masken, gierig auf das Massaker wartet. Aber der Clown gewinnt Mut, er beißt dem Löwen den Hals durch und nimmt am Ende grinsend den Applaus der Menge entgegen. Die Szene läßt die hohe Qualität von Lotte Goslars Gruppenarbeit erkennen, die auch die Kritik immer wieder besonders herausstellte. Brecht hätte diese Realisierung seiner Idee wohl auch gutgeheißen.

In Hollywood freundete sich Lotte Goslar mit Marilyn Monroe an, die damals, Ende der vierziger Jahre, am Anfang ihrer großen Karriere stand. Sie saß häufig im »Turnabout Theatre«, eines Tages rief sie bei Lotte Goslar an und bat um Tanzunterricht. Goslar riet ihr von Solostunden ab, bot ihr aber an, in eine gerade angelaufene Klasse einzutreten, da sie Tänzerinnen und Tänzer für ein neues Programm trainierte. Marilyn Monroe faßte Zutrauen zu der Emigrantin aus Europa und kam zwei Jahre lang zum Gruppenunterricht, immer pünktlich, wie Lotte Goslar sich erinnert, obgleich sie doch wegen ihrer Unpünktlichkeit berüchtigt war. Sie erschien ungeschminkt, in Jeans und barfuß und wollte lernen. Lotte Goslar spricht von ihrer Schüchternheit und Ängstlichkeit, die sie ihr zu überwinden half, aber auch von ihrem Sinn für Humor und – natürlich – ihrer außerordentlichen Schönheit.

Nach vielen Jahren der Soloarbeit wuchs in Lotte Goslar das Empfinden, daß sie allein auf der Bühne nicht all das ausdrücken konnte, was sie sagen wollte. Auch hatte sie, wie viele große Tänzerinnen und Tänzer, das Bedürfnis, ihr Können und ihre Kenntnisse an andere weiterzugeben. So gründete sie 1954 ihre eigene Tanzkompagnie, die auf einer der ersten Europatourneen den Namen »Pantomime Circus« erhielt, der ihr bis heute geblieben ist, obwohl es weder ein Zirkus ist noch sich um Pantomime handelt. Sie brachte dafür sechs Tänzerinnen und Tänzer ganz unterschiedlicher Art zusammen; ihr Auswahlkriterium war größtmögliche Vielseitigkeit. Dazu kamen ein Pianist, der »live« spielte, und ein Stage Manager, der der Chefin assistierte. In dieser Besetzung, mit einem Programm von zwanzig sehr verschiedenen Nummern, ging die Truppe auf Tournee, bereiste die USA und viele andere Länder der Erde – auch in Alaska gab sie Vorstellungen! –, vor allem aber trat sie in Europa auf, wo sie bald sehr geschätzt war und berühmt wurde.

Zurück in New York

Nach dem Tod ihres Mannes verließ Lotte Goslar Hollywood im Jahre 1959 wieder und ging zurück in den Osten der USA, »Lotte Goslar's Pantomime Circus« ging mit. In der bewährten Zusammensetzung nahm der »Pantomime Circus« seine Arbeit 1960 in New York mit immer neuen Programmen, Ideen, Erfolgen auf. Nach vier Jahrzehnten ist ein Teil der Truppe immer noch beisammen, viele der Tänzerinnen und Tänzer gehören ihr nun schon seit Jahren, manche seit Jahrzehnten an – eine Rarität in diesem wechselvollen Metier. Neue Künstler kamen hinzu. Die Kompagnie wurde für Lotte Goslar zu ihrer Familie. Die Ensemblemitglieder dankten und danken ihrer Leiterin für ihre Inspiration und Fürsorge, die weit über das Künstlerische hinausgeht, mit begeistertem Einsatz und treuer Anhänglichkeit. Ihr geräumiges Haus, ein alter Bauernhof inmitten sanfter Hügel in Cornwall, Connecticut, nicht weit von der lauten Metropole, ist auch das Heim ihrer Kompagnie. Ständig sind einige von ihnen bei ihr und diskutieren, probieren Neues aus, trainieren, manche inzwischen mit Partnern und Kindern. Sie können über alles mit ihr reden, sie möchten, daß sie ihnen zuhört; sie berät sie, regt an, sie kritisiert und tröstet. Sie hat nicht nur ein offenes Haus, sondern auch ein offenes Herz. Ihr amerikanisches Haus mit europäischer Atmosphäre beherbergt auch ihr Archiv, in dem man ein Stück internationaler Tanzgeschichte studieren kann.

Vor einigen Jahren drehte Rosa von Praunheim mit Lotte Goslar, Maria Piscator und Dolly Haas einen Film, in dem Lotte Goslars Kunst des Tanzens, des tänzerischen Geschichtenerzählens, dokumentiert ist. Es gibt einige Videofilme, auf denen Höhepunkte ihrer Produktion festgehalten sind. So wird man auch noch in Zukunft eine ihrer wunderbarsten Tanzgeschichten bestaunen können, *Grandma always danced*. In dieser Parabel eines Lebens zeigt sie ihre großartige Wandlungsfähigkeit in der Darstellung der verschiedenen Lebensalter vom Säugling über das Kind, das junge Mädchen und die reife Frau bis zur Großmutter. Mit äußerst sparsamer Gestik und Mimik und mit nichts als einem Schleier als Requisit macht sie den Prozeß des Älterwerdens sichtbar und erlebbar, in perfektem Timing und mit vielschichtigen, knappen Andeutungen. Zu guter Letzt läßt sie die Zuschauer einen Blick ins Jenseits tun, wenn Grandma als Engel in den Himmel schwebt und dort immer weiter tanzt.

Lotte Goslar ist, nach den Worten von Hans Sahl, »mit dem Abbau des Feierlichen beschäftigt«[19]. Genau das zeigt sie auch in einem anderen ihrer zu Recht berühmten Geniestreiche, dem *Liebestraum*. Sie sitzt neben dem Liszt spielenden, um Konzentration ringenden Pianisten, besorgt und tütelig als seine alte Kinderfrau, und erinnert sich mit präzis auf die Musik abgestimmter Gestik an die Zeit, als sie ihren Schützling in den Armen wiegte, ihn wikkelte, badete, ihn kämmte und bürstete. Gedankenverloren zupft sie an seinem Rock und entfernt ein Stäubchen von seinem Ärmel. Am Ende schläft sie zu der gefühlvollen Liszt-Musik selig ein und wird von ihrem Pianisten leise und liebevoll von der Bühne getragen.

»Der Abbau des Feierlichen«, die Entlarvung des Pathetischen, Pompösen, zieht sich durch das ganze Werk von Lotte Goslar, darin Charlie Chaplin verwandt, mit dem man sie oft verglichen hat. Stärker noch als er kann sie die reine Lebensfreude vermitteln, das Glück, auf dieser Welt zu sein, von dem sie selbst so sehr durchdrungen ist und das auch die Kinder ansteckt, für die sie eigene Programme entwickelt hat. Ihre universelle Sprache wird von allen verstanden.

Hans Sahl, dem lebenslangen Freund, zu dem sie beim Abschied in Europa gesagt hatte: »Versprich mir, daß du nie sterben wirst«, sei hier noch einmal das Wort über Lotte Goslar gegeben: »Der Tanz ist ihr Geliebter, ihre Kinder sind die Mitglieder der Compagnie (...) sie kommen, wann immer sie sie ruft, sie werden fortsetzen, was sie ihnen gezeigt hat, daß es besser ist, sich totzulachen als sich totzuweinen, sie hat ihnen gezeigt, wie sie den Menschen sieht, sehr klein, sehr lächerlich und sehr liebenswert. Ihr Witz ist ein heroisches Trotzdem, eine Aufforderung zum Überleben.«[20]

Hauptquelle meiner Informationen sind persönliche mündliche Mitteilungen, die unveröffentlichten, englisch geschriebenen Memoiren von Lotte Goslar und Programme und Pressemappen. — 1 Koegler/Günther: *Ballettlexikon*. Stuttgart 1984. — 2 Hans Sahl: *Das Exil im Exil*. Frankfurt/M. 1990, S. 26. — 3 Frank-Manuel Peter: *Valeska Gert*. Berlin 1987, Rückendeckel. — 4 Zur Geschichte der »Pfeffermühle« siehe Helga Keiser-Hayne: *Beteiligt euch, es geht um eure Erde. Erika Mann und ihr politisches Kabarett, die »Pfeffermühle« 1933–1937*. München 1990. — 5 Ebd., S. 50 f., 85 f., 112 f. — 6 Klaus Mann: *Tagebücher 1931–1932*. München 1989, S. 9. — 7 Zitiert nach Helga Keiser-Hayne, a.a.O., S. 119. — 8 The Dancing Clown, written by Voscovec and Werich, Liberated Theatre Prague. Zitiert nach Lotte Goslars unveröffentlichten Memoiren (Übersetzung B.S.F.). — 9 Hans Sahl, a.a.O., S. 25–27, 45–48, 189–192. — 10 Therese Giehse: *Ich hab nichts zum Sagen. Gespräche mit Monika Sperr*. München, Gütersloh, Wien 1973, S. 189. — 11 Zitiert nach Helga Keiser-Hayne, a.a.O., S. 133. — 12 Erika Mann: *Briefe und Antworten*, Bd. II: *1951–1969*. München 1985, S. 207. — 13 Zitiert nach Helga Keiser-Hayne, a.a.O., S. 133. — 14 Klaus Mann: *Tagebücher 1936–1937*. München 1990, S. 97 f. — 15 Ebd., S. 98. — 16 Erika und Klaus Mann: *Escape to Life. Deutsche Kultur im Exil*. München 1991, S. 348. — 17 Ebd., S. 349 f. — 18 Wilhelm Seehaus hatte als nichtjüdischer Anwalt in Gardelegen nach 1933 jüdische Mandanten verteidigt. Nachdem man ihn mit einem Schild »Judenknecht« um den Hals durch die Stadt geführt hatte, floh er aus Deutschland. — 19 Hans Sahl, a.a.O., S. 190 f. — 20 Ebd., S. 192. – Hans Sahl starb am 27. April 1993 in Tübingen. — Die Fotos auf Seite 225 sind im Privatbesitz der Verfasserin.

Dorothea Dornhof

»Nur nicht stillschweigen müssen zu den Verbrechen seines Landes«
Gespräch mit Lisa Fittko, Chicago, 14. Dezember 1992

Dorothea Dornhof: Bereits Ihr Erinnerungsbuch *Mein Weg über die Pyrenäen* (1985), in dem Sie unter anderem schildern, wie Sie Walter Benjamin auf seiner Flucht über die Pyrenäen führten, gehört zu den »wichtigsten authentischen Berichten aus einer furchtbaren Zeit« (Hermann Glaser). Ihr neuestes Buch trägt den Titel *Solidarität unerwünscht*, und Sie beschreiben darin sehr anschaulich die Stationen Ihrer Emigration 1933 bis 1940, die Sie von Prag über die Schweiz und Holland nach Frankreich führten. *Solidarität unerwünscht* bezieht sich konkret auf den Alltag der deutschen antifaschistischen Emigranten in Frankreich, die bei Kriegsausbruch zu unerwünschten »feindlichen Ausländern« erklärt und in Lager gesteckt wurden. Wenn wir heute an Deutschland denken, wo Asylantenheime brennen und ein deutlich stärker gewordener Fremdenhaß sich artikuliert, ist Ihr Buch nicht auch als eine Warnung zu verstehen, als eine Warnung vor den Folgen der Ausgrenzung und Stigmatisierung?

Lisa Fittko: Ja das stimmt schon. Ich habe in dem Buch selbst keine Analogien gezogen. Ich habe eigentlich immer die Absicht, den Leser aufzumuntern, selbst Analogien herzustellen. Über den Titel gab es eine briefliche Diskussion mit dem Verlag darüber, ob er denn wirklich angebracht sei, und ich fand, daß er es ist. In ihm kommen meine eigenen Erfahrungen des Ausgegrenztseins zum Ausdruck, es fängt an mit meiner Ablehnung in Prag, und es zieht sich ja durch die gesamte Emigration, und natürlich habe ich mir gedacht, daß es jetzt ein sehr aktuelles Thema ist. Ich sehe in den Handlungen der Regierung in Deutschland, die Veränderung des Grundgesetzes usw., eine Rechtsentwicklung. Wenn man die Phasen durchlebt hat wie ich und wie viele meiner Generation, dann weiß man schon sehr genau den Unterschied zwischen einer Rechtsregierung und dem Faschismus zu erkennen.

Viele jüdische Amerikaner, die hier in Chicago Hyde Park leben, sind sehr beunruhigt über die Entwicklung in Deutschland. Es gibt panische Reaktionen, weil sie genau diesen Unterschied nicht machen. Ich versuche ihnen zu zeigen, daß es diese verabscheuungswürdige rechtsextreme Gewalt in Deutschland gibt und daß man unterscheiden sollte zwischen diesen rechtsradikalen Gruppen, die Gewalttaten verüben, und der Macht in den Händen der Regierung, was ja etwas ganz anderes ist. Ich war immer ein politisch denkender Mensch, und ich sehe momentan keinen Vergleich zwischen Nazideutschland und der jetzigen Entwicklung. Ich sehe keinerlei Erscheinungen, die es damals gab und die zum Faschismus geführt haben. Ich lebe zwar nicht in Deutschland, habe aber viele deutsche Freunde und lese viel über das Land, in dem ich meine Jugend verbracht habe, und kann nur sagen, daß ich die Panik vor der Wiedergeburt einer Hitlerbewegung nicht teile, weil die Umstände völlig anders sind. Die Neonazis sind nicht weniger verabscheuungswürdig, sie haben aber keine Macht, und ich sehe auch nicht, daß die Entwicklung darauf hinausläuft. Aber es ist schwer, mit manchen jüdischen Menschen darüber zu sprechen.

D.D.: So wie Sie von den Juden sprechen, habe ich den Eindruck, daß Sie immer die anderen meinen. Fühlen sie sich als Jüdin außerhalb der jüdischen community in Amerika?

L.F.: Ich bin Jüdin. Doch ich bin nicht religiös und habe eigentlich immer das Gefühl gehabt, daß es die Nazis waren, die mir zum Bewußtsein gebracht haben, daß ich Jüdin bin. In Berlin hat es ja vor 1933 nicht sehr viel Antisemitismus gegeben. Ich habe als Kind in Wien schon sehr früh den Antisemitismus gespürt, und meine Eltern haben mir beigebracht, daß das dumme Leute seien, die ihre Haßgefühle gegenüber einer bestimmten Gruppe ausleben, aber es hat mich nicht dazu geführt, mich einer bestimmten Gruppe zugehörig zu fühlen, in diesem Fall der jüdischen. Erst durch den Holocaust ist es mir bewußt geworden, daß es ja nicht von mir abhängt, ob ich Jüdin sein will oder nicht. Ich habe mich eigentlich nie um die Geschichte meiner jüdischen Vorfahren gekümmert, so daß ich eigentlich nicht richtig weiß, was es bedeutet, sich als Jude zu fühlen. Ich weiß nur, wenn man zu dieser Gruppe gehört, daß man unter bestimmten Umständen der Verfolgung und Vernichtung ausgesetzt ist. Aber das unterscheidet mich doch nicht als Menschen von allen anderen Menschen.

Der Unterschied besteht eher darin, daß die große Mehrzahl der Emigranten aus Deutschland unter dem Hitlerregime jüdisch war, und es waren meistens unpolitische Menschen, die nie aktiv in einer politischen Bewegung waren.

D.D.: Gab es nicht auch einen jüdischen Widerstand, ich erinnere nur an die Gruppe um Herbert Baum in Berlin oder an den Protest der Frauen im Scheunenviertel gegen die Deportation ihrer Männer während der sogenannten »Fabrikaktion«?

L.F.: Ich meine nicht, daß alle Juden unpolitisch waren. Für mich gab es immer einen Unterschied zwischen den Emigranten, die mehr oder weniger wohlhabende Leute waren, und denen, die einen politischen Hintergrund hatten. Die Masse der Menschen konnte ja nicht ins Ausland gehen und die Opfer des antifaschistischen Widerstands kamen in der Mehrzahl aus Arbeiterkreisen.

Mir wird heute oft gesagt, daß die Ideologie des Nationalsozialismus, beispielsweise in *Mein Kampf* von Hitler, schon sehr früh in deutlicher Sprache die Vernichtungsabsichten gegenüber den Juden zum Ausdruck brachte. Ich habe *Mein Kampf* nie gelesen und kenne auch niemanden, der es je gelesen hat. Die verbreitete Einstellung vor Hitlers Machtantritt war doch die, daß das Buch nicht ernst genommen wurde. Es war nicht vorstellbar, was dann einsetzte. Man konnte nicht wissen, was geschieht. Was den Holocaust anbetrifft, ist er bis heute nicht vorstellbar. Es gibt ja diese schrecklichen Beispiele, daß Menschen in den Vernichtungslagern bis zum Schluß glaubten, daß sie in Duschräume geführt würden. Man kann nicht sagen, es mußte jeder wissen. Es war völlig unvorstellbar.

Ich spreche hauptsächlich von Berlin und nicht von ganz Deutschland. In den intellektuellen und politischen Kreisen Berlins gab es so etwas wie ein Elitebewußtsein: so etwas kann in Polen vorkommen, Terror, Folter, aber nicht in Deutschland, wir sind doch eine Kulturnation.

D.D.: Hannah Arendt mußte ebenfalls wie Sie 1933, politisch bedroht, Deutschland verlassen und kam dann über verschiedene Exilländer auch in die USA. An Karl Jaspers schreibt sie 1947, daß keiner ihrer Aufsätze mehr ohne das Bewußtsein des jüdischen Schicksals in unserem Jahrhundert geschrieben werden könne. – Sie beschreiben in ihrem Buch, daß Sie schon sehr früh aktiven politischen Widerstand geleistet haben, in Form von Berichten und Flugblättern über den Terror und die Gewalt, die Sie dann über die Grenzen brachten, um das Ausland darüber zu informieren, was in Deutschland geschieht.

L.F.: Ich habe mich immer als politische Emigrantin verstanden. Hannah Arendt und ich bewegten sich in unterschiedlichen Zirkeln, wir standen uns nicht sehr nahe. Ich kannte ihren Mann, den Heinrich Blücher. Aber sie hat sich in völlig anderen Kreisen bewegt.

Mit Deutschland verbanden sich für mich die Menschen, unter denen ich gelebt hatte, und das waren die Widerstandskämpfer. Das bestimmt die Perspektive. Ich habe mich nie, wie Hannah Arendt, mit zionistischen Gedanken beschäftigt, obwohl mir seit langem klar war, daß es doch einen Unterschied macht, ob ich Jüdin bin oder nicht. Ich lebte in einer anderen Welt mit meinen Freunden, die aktiven Widerstand leisteten und die wie ich Antisemitismus und Rassismus als eine der Erscheinungen des Faschismus betrachteten. Ich hatte oft den Eindruck, daß viele jüdische Emigranten die Verfolgung als etwas Persönliches aufgefaßt haben. Es ist sehr interessant, sich hier in Hyde-Park in jüdischen Emigrantenkreisen zu bewegen. Da gibt es einen großen Haß auf alles, was deutsch ist. Sie behaupten, daß sie die deutsche Sprache vergessen haben, weil diese Sprache für sie ein Symbol des deutschen Antisemitismus geworden ist. Das ist natürlich nicht wahr, man vergißt seine Muttersprache nicht, man mag zwar ein bißchen aus der Übung kommen, aber hier wird es zu einer Prinzipienfrage. Und die Gespräche sind deshalb interessant, weil sie doch nie von Deutschland losgekommen sind. Ich habe dann manchmal das Gefühl, daß sie hier in Amerika einiges vermissen, was sie als assimilierte deutsche Juden vor 1933 als selbstverständlich betrachtet hatten: die Geselligkeit, die Kultur, Theater, Oper. Psychologisch spüre ich da mehr als das Verstoßensein aus einem Land. Da ist etwas, was sie nie vergessen können; etwas, was ihnen gehört hat, ist für immer verloren gegangen, und dann müssen sie damit fertig werden, indem sie sich selber davon überzeugen, daß sie gar nichts verloren haben. Sie wollten eben einhundertfünfzigprozentige Amerikaner werden. Und ab und zu bricht dann die Liebe zu ihrem Vaterland durch.

Wir sind ja erst 1948 hierher gekommen. Ich bin hier nicht geboren, nicht aufgewachsen, ich kenne nicht die Kinderlieder, die man hier im Kindergarten lernt. Es gibt natürlich viele Amerikaner, die sich nicht nur für Sport interessieren. Aber ich weiß manchmal gar nicht, wovon sie reden. Ich falle als Ausländerin eigentlich nicht auf, aber ich bin nicht hier geboren, und ich merke das sehr oft.

D.D.: Wurde es für Sie nach 1945 ein Problem, sich als Deutsche zu bezeichnen, nach all Ihren Erfahrungen der Verfolgung, der Internierungslager und des Ausgegrenztseins?

L.F.: Die Nationalsozialisten waren nicht Deutschland für mich. Man kann natürlich sagen, das deutsche Volk hat sich nicht erhoben gegen den Nationalsozialismus, aber man muß dabei gewesen sein, um zu wissen, was es bedeutet hätte, sich zu erheben. Das ist immer sehr leicht gesagt, wenn man bedenkt, was der Hitlerfaschismus für eine Diktatur war. Ich kann nur wiederholen: Deutschland waren für mich die Menschen, mit denen ich Widerstand geleistet habe. Es waren ja doch Tausende. Und daß die Kommunisten die aktivsten waren, wurde gerade in diesem Land häufig geleugnet.

D.D.: In der Geschichtsschreibung der DDR wurden gerade alle anderen nicht-kommunistischen Formen des Widerstandes lange Zeit ignoriert und der kommunistische als der einzig wirkliche zum Mythos stilisiert.

L.F.: Das ist natürlich falsch. Ich habe großen Respekt vor der Gruppe um den 20. Juli, und zugleich hatte ich Mißtrauen gegenüber einer Opposition des Militärs. Vielleicht ist Mißtrauen zu stark, aber ick trau ihnen nich janz. Sie wollten Hitler stürzen, und darin waren sie hundertprozentig zu unterstützen; aber ich bin nicht ganz sicher, ob sie eine Militärdiktatur oder eine Demokratie wollten.

Ich fühlte mich solidarisch mit dem Ziel, Hitler zu stürzen. Es gab ja auch christlichen Widerstand, aber er war verglichen mit der Kirche im allgemeinen minimal, und auch die Kommunisten waren minimal, wenn man sie vergleicht mit der gesamten Bevölkerung. Aber es war doch wohl der einzige organisierte Widerstand. Es gab bei den Sozialdemokraten individuelle

Widerstandsleistungen, viele haben sich Widerstandsgruppen angeschlossen, aber der Parteivorstand in Prag, die sogenannte SOPADE in Paris später, war gegen einen aktiven Widerstand.

D.D.: Sie beschreiben in Ihrem Buch, daß sie sich von den Konflikten der zerstrittenen Emigrantenkreise ferngehalten haben. Hat nicht gerade die sektiererische Politik der KPD in den dreißiger Jahren eine wirkliche Volksfront aller Hitlergegner verhindert?

L.F.: Das stimmt nur zum Teil. Man sollte nicht vergessen, wie sich die Führung der SPD verhielt. Sie hatten die Einstellung, daß es durch aktiven Widerstand nur unnötige Opfer gebe und daß die Kommunisten verantwortungslos handeln. In Prag gab es einen Antrag der Führung der KPD an die SOPADE, einen gemeinsamen Aufruf nach Deutschland zu verfassen, und die SOPADE hat sich geweigert, mit der Begründung, daß sie ihre Anhänger in Deutschland verlieren würde, wenn sie ein gemeinsames Papier mit den Kommunisten unterschreiben würde. Daß die KPD unglaubliche Fehler gemacht hat, darüber habe ich gar keinen Zweifel. Aber viele der Fehler muß man einfach aus den Zeitumständen heraus erklären. Als die NSDAP an die Macht kam, war keine Linkspartei auf die wirklichen Gefahren der Entwicklung vorbereitet. Niemand hatte wirklich eine Ahnung davon, wie man sich schützen kann. Den Terror der Nazis hatte es vorher noch nie gegeben, in keinem Land. Wenn man also auf die Fehler der Kommunisten schaut, sollte man auch bedenken, wie diese Fehler entstanden sind, was nicht zur Verteidigung der Fehler führen soll. Aber die Entwicklung der Feindschaft zwischen den beiden Parteien war nun einmal nicht einseitig. Es ist beinahe wie mit Kindern, wie findet man wirklich heraus, wer angefangen hat. Man muß alles im Rahmen der Geschehnisse sehen, schließlich haben sie Rosa Luxemburg umgebracht, und wie können Sie erwarten, daß man das vergißt. Mein Mann »durfte« während des Ersten Weltkrieges mit 13 Jahren aus der Schule heraus, weil es kein männliches Familienmitglied mehr gab, um die Familie zu ernähren. Dann wurde er einem Freikorps angegliedert und nach dem Osten transportiert. Sie wollten darauf zur Roten Armee überlaufen, was ihnen nicht gelang, und so sind sie zurück, und mein Mann galt offiziell von seiten der Sozialdemokratischen Regierung als Deserteur, weil er als Kind aus einem illegalen Freikorps weggelaufen ist!

Warum wir uns von den Pariser Emigrantenkreisen ferngehalten haben, kann ich Ihnen genau sagen. Sie waren zwar alle Antifaschisten, aber sie haben nichts getan, als sich gegenseitig zu bekämpfen. Manchmal waren es nur Diskussionen, und manchmal ist es zu physischen Konfrontationen gekommen. Ich erinnere mich an eine Diskussion um die Politik der KPD, es ging um die Spaltung der Gewerkschaftsbewegung durch die Bildung einer linken Gewerkschaft (RGO), und Paul Merker war einer der aktivsten Organisatoren der RGO. Sie haben sich gegenseitig so bekämpft, daß gar nichts mehr übrig geblieben ist. Sie hatten ja gar keine Zeit und keine Kraft mehr, den Nationalsozialismus zu bekämpfen. Es ging alles in Kämpfen gegeneinander auf. War es denn überhaupt möglich, zu einer Einheit zu kommen? Ich habe keine Antwort darauf, es ist jedenfalls nicht dazu gekommen.

D.D.: Sie schildern ihre mutigen Aktionen in den verschiedenen Ländern der Emigration als etwas so Selbstverständliches, als hätte es für diese Entscheidung keine andere Wahl gegeben.

L.F.: Seit dem Januar 1933 war uns klar, daß der Kampf gegen den Faschismus jetzt unter illegalen Bedingungen weitergeführt werden mußte. Wir verteilten Flugblätter in den Treppenhäusern oder schoben sie unter die Türen: Tod dem Faschismus – der Kampf geht weiter!

Freunde von mir wurden in die SA-Keller von Berlin verschleppt und dort gefoltert. Manche von ihnen wurden nach einigen Tagen grausamster Folter entlassen, und durch sie wußten wir genau, was dort geschah. Wir wollten das Ausland informieren über die SA-Höllen im ganzen Land, das Schweigen durchbrechen. Wir hofften auf eine Wirkung im Ausland, wenn die Wahrheit über die Folterungen und Morde bekannt würde.

In der Emigration haben sich dann Kreise gebildet, manchmal waren es die alten Parteien, und manchmal ging es durch die Parteien hindurch. Ich sehe mich und meinen Mann gar nicht als besondere Helden. Es sind ja so viele Menschen umgebracht worden, wir haben Glück gehabt. Und wie man durchgehalten hätte, wenn sie uns gekriegt hätten, das weiß niemand von sich selber.

D.D.: Ich weiß zwar, daß Sie es nicht mögen, wenn Ihre Aktivitäten zu sehr mit dem Namen Walter Benjamin verknüpft werden, denn er war für Sie einer unter vielen Menschen, die Sie auf der nach Ihnen benannten Fittko-Route über die Pyrenäen führten. Gestatten Sie mir trotzdem die Frage, wie Sie Walter Benjamin kennengelernt haben. Als Sie ihn 1940 in Marseille treffen, beschreiben Sie ihn schon sehr vertraut als »den alten Benjamin«.

L.F.: Es gab verschiedene Berührungspunkte. Ich kann mich auch nicht mehr erinnern, wann ich ihn das erste Mal gesehen habe. Paris war voll von deutschen Intellektuellen, die versuchten, sich eine neue Existenz aufzubauen, und ich sah Benjamin als einen von ihnen. Zufällig hat er im selben Haus wie mein Bruder gewohnt, und sie haben oft Schach gespielt. Arthur Koestler hat auch in dem Haus gelebt. Es kamen dort also immer viele Leute zusammen. Man kann es als eine typische Emigrantensituation bezeichnen. Man wollte unter sich sein, unter Menschen, die die eigene Sprache sprechen. Ich habe meinen Bruder viel später gefragt, woran er sich noch erinnern kann. Und er konnte sich noch genau erinnern, daß Benjamin sehr höflich war. Unter Emigranten war man nicht sehr höflich, es war so ungewohnt. Mein Bruder war damals ein junger Mann, theoretischer Physiker, und Benjamin war im reifen Alter; mein Bruder kann sich erinnern, daß Benjamin ihn immer nach seiner Arbeit gefragt hat, womit er sich gerade beschäftigt, und Benjamin hatte keine Ahnung von theoretischer Physik, hat sich aber sehr dafür interessiert. Mein Bruder hingegen hat ihn nie gefragt, woran er arbeitet. Das sind nur so kleine Erinnerungen.

Zu Beginn des Krieges, also im September 1939, wurden die deutschen Männer alle in französische Konzentrationslager gesteckt, mein Mann und Benjamin waren in demselben Lager. Sie haben sich angefreundet, und mein Mann hat mir dann später davon erzählt, weil ich ja zu dieser Zeit im Frauenlager Gurs war. Er hat ihn gern gemocht, aber ihn mehr so wie ein seltenes Tier betrachtet. Er hat ihn genau beobachtet und wollte wissen, auf englisch sagt man, what makes him tick. Da war dann die Episode, daß Benjamin, der ein schwerer Raucher war, aufgehört hatte zu rauchen, und er hat sich bei meinem Mann beklagt, wie schwer das ist. Mein Mann war ein sehr praktischer Mensch und hat ihm gesagt, daß die Entscheidung, in einer so komplizierten Situation mit dem Rauchen aufzuhören, völlig falsch sei und er das doch lieber auf den Zeitpunkt nach der Entlassung verschieben sollte. Benjamin erklärte ihm, daß die Umstände im Lager für ihn nur erträglich sind, wenn er etwas hat, worauf er sich völlig konzentriert, damit er die Beschwerden des Lagers nicht mehr spürt. Die Konzentration auf das Nichtrauchen ließ ihm die Strohsäcke und das schlechte Essen nebensächlich erscheinen. Das würde es ihm möglich machen, das Lager zu ertragen. Es ist eine kleine Episode, die, glaube ich, Benjamin ein wenig charakterisiert und vielleicht auch eine mögliche Erklärung für den Selbstmord gibt, sofern andere so etwas überhaupt erklären können. Denn ich hab mir dann später manchmal gedacht, daß die Drohung, ihn von Spanien nach Frankreich zurückzuschikken, wieder diesen Zustand bei ihm hervorgerufen hat. Er muß gefühlt haben, daß etwas seine Kräfte übersteigt – das ist etwas, was ich nicht ertragen kann, da muß ich Schluß machen. Er war kein Mensch, der sich beklagt hat, das habe ich ja während des Weges über die Berge genau beobachtet. Er hat sich nie beklagt. Aber er hat sich ausgerechnet, daß er das nicht mehr schafft. Ich will hier keine Theorie darüber aufstellen, es ist eher ein Eindruck, den ich von Walter Benjamin hatte. Er hatte ja das Morphium bei sich, was ich damals nicht wußte, das habe ich erst später erfahren. Koestler hat darüber geschrieben, sie haben sich sozusagen das Morphium geteilt. Das war nicht so außergewöhnlich damals, wir waren eigentlich alle vorbereitet, falls wir den Nazis in die Hände fallen. Aber bei Benjamin war das alles viel stärker, er hat sich alles ausgerechnet und dann war es so. Dann gab es bei ihm kein Abwägen mehr, er hatte beschlossen, daß er das Risiko nicht eingehen kann.

»Doch es scheint mir jetzt, daß Walter Benjamin in jener Nacht in Port-Bou die ›wirkliche Gefahr‹ nicht außer acht gelassen hat. Doch unterschied sich *seine* wirkliche Gefahr, *seine* Realität von der unsrigen. In Port-Bou mußte er wieder einmal dem ›Bucklicht Männlein‹ begegnet sein, seinem eigenen, dem Benjaminschen ›Bucklicht-Männlein‹ – und er mußte mit ihm auf seine Art fertig werden.« (L.F.: *Mein Weg über die Pyrenäen*, S. 148)

Und was die Geschichte mit der schwarzen Tasche betrifft, in der Benjamin sein letztes und wichtigstes Manuskript trug, so bin ich ja mit der Geschichte fast vierzig Jahre herumgegangen, ohne eine Ahnung zu haben, daß das nicht allgemein bekannt ist und daß dieses Manuskript nicht gefunden worden ist. Der Benjamin-Herausgeber Rol Tiedemann ist der Sache nachgegangen. Ich bin dann auch nach Port-Bou gefahren. In dem Dorf gibt es niemanden, der nicht weiß, wer Benjamin war. Jetzt wird dort, am Friedhof, ein Monument errichtet. Das Manuskript konnte nicht gefunden werden. Nur die schwarze Ledertasche wurde damals ins Sterberegister eingetragen mit der Bemerkung: unos papeles mas de contenido desconocido – mit Papieren unbekannten Inhalts. Das Merkwürdige ist auch, daß es in dem Todesregister des Dorfes nur eine Fotografie gibt, und das ist die von Walter Benjamin. Inzwischen ist ja bekannt, daß es sich bei dem Manuskript um eine Abschrift seiner letzten Arbeit handelte, des *Passagen-Werkes* – ein Buch über Paris und gleichzeitig eine Kulturgeschichte des 19. Jahrhunderts, die er in Paris Georges Bataille gab, um sie in der Bibliothèque Nationale vor den Nazis zu verstecken.

D.D.: Sie datieren den Zeitpunkt, wo Sie beginnen, Lust am Tagebuchschreiben zu bekommen, bereits Ende der dreißiger Jahre. Damals haben Sie nicht daran gedacht, das jemals zu veröffentlichen. Sie schreiben ›Oder vielleicht dann, wenn sich unsere Hoffnungen erfüllt haben...‹ Sie leben seit 1948 in den USA und sind nicht nach Deutschland zurückgekehrt.

L.F.: Es gab eine Reihe von Umständen, die dazu geführt haben, daß wir nicht zurückgekommen sind. Eigentlich hatte ich für mich keine andere Möglichkeit ins Auge gefaßt, als zurückzukehren. Wie zahllose deutsche Emigranten verdanken wir unsere Ausreise dem amerikanischen Journalisten und Schriftsteller Varian Fry, der im Auftrag des Emergency Rescue Committee half, in Südfrankreich festsitzende Emigranten aus Europa herauszubringen. Ohne die Hilfe von Fry und seinen Mitarbeitern wären Heinrich Mann, Franz Werfel, Lion Feuchtwanger oder Walter Mehring dem Zugriff der Gestapo nicht entkommen. Wir kamen, wie viele andere politische Emigranten, nach Kuba, und dort ist es uns unmöglich gemacht worden, nach Europa zurückzukehren. In den ersten zwei Jahren nach 1945 gab es keinen direkten Verkehr von Kuba nach Europa. Man konnte nur über die USA ein Schiff nach Europa bekommen, und dazu brauchte man ein amerikanisches Transitvisum. Das State Department hat uns keine Transitvisa gegeben, weil die Parole war, wie Sie ja sicher wissen, ›never mind the nazis, go after the commies‹ – man wollte keine linksgerichteten Menschen zurücklassen. Und das, wovon wir geträumt hatten, ein neues demokratisches Deutschland, mußte verhindert werden. Sie haben versucht, uns daran zu hindern zurückzugehen. So kamen wir nach den Vereinigten Staaten. Außerdem haben wir uns gefragt, ob wir unter den Umständen nach Deutschland zurückkehren wollen; Deutschland war geteilt, beide Teile waren besetzt. Mein Mann war Journalist und wollte für keine Besatzungsmacht arbeiten, und so fragten wir uns: wo gehören wir hin, wenn wir nach Deutschland zurückgehen? Mein Mann bekam dann ein Visum für die Staaten, kein Transitvisum. Ich bin in Uzhgorod (heute Ukraine) geboren, das war Österreich-Ungarn damals, jedenfalls war die Quota für Ost-Europäer geschlossen. Dann hat mir der Vize-Konsul in der Botschaft von Havanna angeboten, mich mit meinem Mann auf die deutsche Quota zu nehmen. Als Deutsche konnte ich sofort ein Visum bekommen.

Hier in Chicago bin ich in einer Friedensorganisation ›Freeze‹ tätig, die sich dafür einsetzt, die Waffenproduktion einzufrieren, insbesondere die nukleare.

Als ich anfing, Bücher zu schreiben und meine Erinnerungen sehr lebhaft zurückgekommen sind, ist mir aufgefallen, daß es bestimmte Sachen gibt, die damals von unglaublicher Bedeutung waren, die völlig verloren gegangen sind, die aber unseren Alltag in der Illegalität und in der Emigration ausgemacht haben, zum Beispiel die ›Volkszählung‹ im Frühjahr 1933, um die Illegalen ausfindig zu machen. Das war für uns Illegale die entsetzlichste Nacht, viele Menschen wurden damals verhaftet. Und niemand weiß heute mehr etwas davon.

D.D.: Welche Bedeutung hatte für Sie das Jahr 1989?

L.F.: Ich wollte verstehen. Ich stand der DDR kritisch gegenüber, habe aber auch die positiven Dinge dort gesehen. Ich habe auch versucht, den kubanischen Sozialismus zu beobachten und zu verstehen. Das einzige, was ich als Antwort sagen kann, ist, daß es mir unverständlich war. Unverständlich war für mich besonders, daß nach vierzig Jahren eines sozialistischen Systems nichts mehr übrig bleibt, die Menschen hängen nicht daran, sie wollen das nicht aufrechterhalten. Das war das absolut Unbegreifliche für mich.

Bücher von Lisa Fittko:

Mein Weg über die Pyrenäen. München, Wien 1985.
Solidarität unerwünscht. Erinnerungen 1933–1940. München, Wien 1992.

Biographisches:

Lisa Fittko, die 1948 mit ihrem Mann aus dem kubanischen Exil nach Amerika einwanderte, lebt heute im Süden Chicagos, im Universitätsviertel Hyde Park, gewissermaßen einem weißen Ghetto in einer schwarzen Wohngegend.

Geboren wurde sie 1909 in Uzhgorod, das heute zur Ukraine gehört. Ihre Kindheit und Jugend verbrachte Lisa Eckstein in Wien und Berlin. Geprägt wurde sie durch das pazifistisch-linke Milieu ihrer Eltern, ihr Vater gab in Wien eine linksintellektuelle Zeitschrift heraus.

In Berlin schloß sie sich dem Sozialistischen Schülerbund an. Erich Mühsam war ein Freund der Familie. Sie besuchte Vorträge des marxistischen Philosophen August Wittfogel und erlebte eine Saalschlacht, als der »Stahlhelm« eine Versammlung der Sozialistischen Arbeiterjugend stürmte. Schon sehr früh begann sie illegal gegen den aufkommenden Nationalsozialismus zu arbeiten. 1933 mußte sie wegen ihrer politischen Arbeit Deutschland verlassen. Im Prager Exil begegnete sie dem jungen Spandauer Arbeiter Hans Fittko, mit dem gemeinsam sie nicht nur die Flucht durch die Länder Europas antrat, sondern mit dem sie ihren antifaschistischen Kampf fortsetzte. Mit ihm schmuggelte sie antifaschistische Literatur über die Grenze nach Deutschland, seinetwegen mußte sie Basel verlassen, weil die Schweiz einem Auslieferungsbegehren der Gestapo stattgegeben hatte.

1940 wurde Lisa Fittko von den französischen Behörden als »feindliche Ausländerin« in dem berüchtigten Frauenlager Gurs interniert. Sie entkam nach Marseille und arbeitete dort mit ihrem Mann mit dem Emergency Rescue Committee zusammen. Gemeinsam mit Hans Fittko baute sie die berühmte Flucht-Route über die Pyrenäen (F-Route) auf, und seinetwegen ist sie letztendlich nach dem Krieg nicht mehr nach Deutschland zurückgekehrt.

Seit dem Vietnamkrieg ist sie in der Friedensbewegung aktiv. In den achtziger Jahren begann sie, ihre Erinnerungen aufzuschreiben, zunächst über die Jahre 1940/41 *Mein Weg über die Pyrenäen*; nun hat sie einen neuen Band mit Erinnerungen vorgelegt: *Solidarität unerwünscht. Erinnerungen 1933–1940*. Ihre Themen sind vor allem der Alltag im Widerstand, Verfolgung, Flucht und Stationen des Exils und immer wieder die Frage, wie es möglich wurde, daß die Nationalsozialisten in Deutschland an die Macht kommen konnten.

Lisa Fittko schreibt am Ende ihres Buches, im Blick auf den Waffenstillstandsvertrag zwischen Frankreich und Deutschland (1940), der die Auslieferung deutscher Emigranten vorsah: »Doch wir, sagten wir, wir ergeben uns nicht. Wir haben eine Aufgabe. Unsere Aufgabe ist jetzt, aus dieser Falle zu entkommen. Wir müssen uns selber retten (...) wir müssen versuchen, uns gegenseitig zu retten. Damit wir dabei sein können, Europa und die Welt von der Barbarei zu befreien. Und was dann? Was dann kommt, wird sicher nicht immer glatt gehen. Es wird in den Händen künftiger Generationen liegen.«

Sabine Rohlf / Susanne Rockenbach

Auswahlbibliographie »Frauen und Exil«

Vorbemerkung

Die vorliegende Auswahlbibliographie soll einen Überblick über die noch recht spärliche Forschungsliteratur zum Thema »Frauen und Exil« sowie die Vielzahl anderer Texte verschaffen, die das Exil der Frauen zwischen 1933 und 1945 dokumentieren. Einige Vorbemerkungen sind nötig, um aufzuzeigen, welche Ansprüche diese Auswahlbibliographie erfüllen kann und wo ihre Grenzen liegen.

Wir haben versucht, einen möglichst breitgefächerten Überblick über die Literaturlage zu liefern. Da erst wenig Forschungsliteratur vorliegt, fand auch »unwissenschaftliches« Material Eingang: Autobiographien wurden ebenso aufgenommen wie Zeitungsartikel und Interviews, auch der eine oder andere vielleicht etwas kurios wirkende und schwer zugängliche Fund. Literarische Verarbeitungen des Exils wie Romane, Erzählungen und Gedichte wurden nicht aufgenommen; sie hätten die vorliegende Bibliographie gesprengt. Literarische Primärtexte tauchen nur auf, wenn die Veröffentlichungen, wie bei neueren Wiederauflagen nicht selten der Fall, informative Vor- oder Nachworte enthalten, die einen Zugang zu Leben und Werk der Autorin verschaffen. Allerdings ist zuweilen schwer zu sagen, wo die Trennlinie zwischen Autobiographie und Fiktion liegt. In Zweifelsfällen entschieden wir uns für die Aufnahme der Texte, da das Material über viele Exilantinnen ohnehin sehr spärlich war.

Zum Aufbau der Bibliographie: Auf die Aufzählung einschlägiger Lexika und Bibliographien folgt übergreifende Sekundärliteratur, die das Thema »Frauen und Exil« allgemein behandelt oder zumindest Informationen über mehr als eine Exilantin liefert. Eine alphabetische Liste einzelner Exilantinnen, der von ihnen und über sie verfaßten Texte bildet den Hauptteil. Unter den Namen der Exilantinnen sind – mit Sternchen gekennzeichnet – von ihnen selbst verfaßte Texte aufgeführt; es handelt sich hierbei um Autobiographien, Erinnerungen, Briefwechsel und andere Selbstzeugnisse sowie Artikel, Interviews oder Vorträge, die das Thema Exil behandeln. Es folgen, wenn auffindbar, Arbeiten über die Exilantinnen sowie Radio- und Fernsehsendungen über ihr Leben und ihre Arbeit. Querverweise zeigen an, wo weitere Informationen über die jeweiligen Frauen im zweiten Teil der Bibliographie zu finden sind.

Bei den wenigen berühmten Exilantinnen, über die schon länger gearbeitet wird – wie z.B. Anna Seghers – beschränkten wir uns darauf, einige exilspezifische Arbeiten und Standardwerke zu nennen, die weiterführende Literaturhinweise liefern. Das heißt, daß ausführliche Personalbibliographien hier nicht zu finden sind, dafür lenken wir den Blick auf die Vielzahl der weniger Berühmten, bei denen die aufgeführten Titel sicher oft das einzige Material darstellen.

Die schlichte alphabetische Systematik, die auf eine Zuordnung nach Tätigkeitsfeldern oder »Berufen« der Frauen verzichtete, spiegelt weibliche Lebensrealitäten. Anders als bei Männern vielleicht möglich, entziehen sich die Lebenswege und Persönlichkeiten vieler Frauen einer klaren Definition ihrer Berufstätigkeit. Gerade im Exil übten sie unterschiedlichste Tätigkeiten aus: Viele verzichteten auf ihre ursprünglichen Berufe, um dem Mann die Ausübung seiner »Berufung« durch ihre fachfremde Erwerbstätigkeit zu ermöglichen. Andere wechselten vom Hausfrauendasein in die Erwerbstätigkeit oder änderten je nach Notwendigkeit oder Aufenthaltsort ihre Aktivitäten. Sicher lassen sich viele Exilantinnen auch in Gruppen sortieren: Wissenschaftlerinnen, Schriftstellerinnen, Musikerinnen... Das hier vorliegende Material versammelt allerdings auch Mütter, Managerinnen von Schriftstellerehegatten, Revolutionärinnen, Improvisationstalente usw., die in kein Raster passen.

Über Schriftstellerinnen im Exil liegt das Lexikon *Verbrannt verboten vergessen* von Renate Wall vor, das in diesem Jahr in einer überarbeiteten Neuauflage erscheinen wird. Kunsthistorikerinnen sind in der Magistra-Hausarbeit *Kunsthistorikerinnen im Exil* von Gabriele Hofner-Kulenkamp versammelt. Uns erschien es in dieser Bibliographie wichtig, eine Liste der zahlreichen, größtenteils unbeachteten Zeugnisse vorzulegen. Es ist notwendig, auch die weniger »Berühmten« und weniger eindeutig zuzuordnenden Exilantinnen zu beachten und zu bearbeiten, um verschüttete Geschichten zu rekonstruieren, Zusammenhänge herzustellen, frauenspezifische Fragestellungen zu entwickeln und ein Stück Frauengeschichte neu zu schreiben.

Bei einigen wenigen Aufsätzen und Artikeln konnten Seitenangaben, Ersterscheinungsdaten und Sendetermine nicht ermittelt werden. Wir beschlossen, uns lieber diese Lücken zu erlauben, als um einer glatten und einheitlichen Zitierweise willen Informationen zurückzuhalten.

Diese Auswahlbibliographie ist ein Anfang. Eine weiterführende Arbeit, die die genannten Mängel beseitigt, die Kurzbiographien und vollständige Literaturlisten aller Frauen hinzufügt und Lücken schließt, ist ein notwendiges Projekt, das allerdings in einem größer angelegten Rahmen stattfinden müßte.

Wir bedanken uns bei Gabriele Mittag und Martina Kliner-Fruck, die uns großzügig die Bibliographien ihrer unveröffentlichten Dissertationen einsehen ließen, sowie bei Barbara Seib, Deutsche Bibliothek Frankfurt a.M., für Kritik, Anregung und Zuspruch und bei allen anderen, die uns mit Literaturhinweisen und hilfreichen Tips unterstützten.

1. Lexika

Amir, Dov: Leben und Werk der deutschsprachigen Schriftsteller in Israel. Eine Bio-Bibliographie, München 1980.

Bibliographia Judaica. Verzeichnis jüdischer Autoren deutscher Sprache, bearb. v. Renate Heuer, Bd. 1: A–K, Frankfurt/M. 1982, Bd. 2: L–R, Frankfurt/M. 1984, Bd. 3: S–Z, Frankfurt/M. 1988.

Biographisches Handbuch der deutschsprachigen Emigration nach 1933, Bd. 1: Politik, Wirtschaft, Öffentliches Leben, München / New York / London / Paris 1980, Bd. 2: International biographical Dictionary of Central European Emigrés 1933–1945, The Arts, Sciences and Literature, München / New York / London / Paris 1983, Bd. 3: Gesamtregister, München / New York / London / Paris 1983.

Brinker-Gabler, Gisela / Ludwig, Karola / Wöffen, Angela (Hg.): Lexikon deutschsprachiger Schriftstellerinnen 1800–1945, München 1986.

Deutsches Exil 1933–1945. Katalog der Bücher und Broschüren, Red. Mechthild Hahner, Sonderveröffentlichungen der Deutschen Bibliothek Frankfurt/M. Nr. 16, Stuttgart 1989.

Deutsche Nationalbibliographie und Bibliographie der im Ausland erschienenen deutschsprachigen Veröffentlichungen, hg. v. Die Deutsche Bibliothek Frankfurt/M.

Dick, Jutta / Sassenberg, Marina (Hg.): Jüdische Frauen im 19. und 20. Jahrhundert. Lexikon zu Leben und Werk. Reinbek bei Hamburg 1993.

Die Frauenfrage in Deutschland. Bibliographie, hg. vom Institut für Frau und Gesellschaft, Bd. 1: 1981, bearb. v. Ilse Delvendahl, München 1983, Bd. 2: 1982–1983, bearb. v. Ilse Delvendahl, Bd. 3: 1984, bearb. v. Ilse Delvendahl, München 1987, Bd. 4: 1985, bearb. v. Gisela Ticheloven unter Mitarb. v. Susanne Rudolf, Susanne Urban, München 1990, Bd. 5: 1986, bearb. v. Marion Göhler, München 1991.

Jessen, Jens: Bibliographie der Autobiographien, Selbstzeugnisse, Erinnerungen, Tagebücher und Briefe deutscher Schriftsteller und Künstler, München / London 1987.

Lexikon deutsch-jüdischer Autoren, Bd. 1 (A–Benc), hg. v. Archiv Bibliographia Judaica, Redaktionelle Leitung: Renate Heuer, München / London u.a. 1992.

Melzwig, Brigitte: Deutsche sozialistische Literatur 1918–1945. Bibliographie der Buchveröffentlichungen, Berlin / Weimar 1975.

Schmid-Bortenschlager, Sigrid / Schnedl-Bubenicek, Hanna: Österreichische Schriftstellerinnen 1880–1938. Bio-Bibliographie, Stuttgart 1982.

Spalek, John F. in collab. with Adrienne Ash and Sandra H. Hawrylchak: Guide to the Archival Materials of the German-speaking Emigration to the United States after 1933, Bd. 1: A–L, Bd. 2: M–Z, Charloteville 1978.

Stern, Desider: Werke jüdischer Autoren deutscher Sprache. Bio-Bibliographie, 3. Aufl., Berlin / München 1970.

Sternfeld, Wilhelm / Tiedemann, Eva: Deutsche Exil-Literatur 1933–45. Eine Bio-Bibliographie, mit e. Vorw. v. Hannes W. Eppelsheimer, 2. Aufl., Heidelberg 1970.

Walk, Joseph: Kurzbiographien zur Geschichte der Juden 1918–1945, hg. v. Leo Baeck Institute Jerusalem, München / New York / London 1988.

Wall, Renate: Verbrannt verboten vergessen. Kleines Lexikon deutschsprachiger Schriftstellerinnen 1933 bis 1945, 2. durchges. Aufl., Köln 1989.

2. Übergreifende Sekundärliteratur zum Thema Frauen im Exil: Überblicksdarstellungen, Aufsatz- und Portraitsammlungen alphabetisch nach VerfasserInnen

Archiv der deutschen Frauenbewegung (Hg.): Jüdin – Deutsche – deutsche Jüdin? Auswirkungen des Antisemitismus in Deutschland. Ariadne. Almanach der deutschen Frauenbewegung, H. 23, Mai 1993.

Backhaus-Lautenschläger, Christine: ...Und standen ihre Frau. Das Schicksal deutschsprachiger Emigrantinnen in den USA nach 1933, Pfaffenweiler 1991.

Benz, Wolfgang (Hg.): Das Exil der kleinen Leute. Alltagserfahrungen deutscher Juden in der Emigration, München 1991.

Bierther, Ursula u.a. (Hg.): Künstlerinnen international 1877–1977, Ausstellungskatalog, zusammengestellt u. hg. aus Anlaß der Ausstellung im Schloß Charlottenburg, Berlin 1977 von der Arbeitsgruppe Frauen in der Kunst, Berlin 1977.

Cierpialkowski, Darius / Keil, Carina: Der Verein Berliner Künstlerinnen in der Zeit zwischen 1933 und 1945, in: Profession ohne Tradition. 125 Jahre Verein der Berliner Künstlerinnen. Ein Forschungsprojekt in Zusammenarbeit mit dem Verein Berliner Künstlerinnen, hg. v. d. Berlinischen Galerie, Berlin 1992, S. 383–395 (mit Unterabschnitt »Vereinskünstlerinnen im Exil«, S. 392–394).

Domin, Hilde: Exilerfahrungen. Untersuchungen zur Verhaltenstypik, in: Frankfurter Hefte, Zeitschrift für Kultur und Politik, 3/1974, S. 185–192.

Dick, Jutta / Hahn, Barbara (Hg.): Von einer Welt in die andere. Jüdinnen im 19. und 20. Jahrhundert, Wien 1993.

Drewitz, Ingeborg: Die zerstörte Kontinuität. Exilliteratur und Literatur des Widerstandes, Wien 1981.

Eberhard, Pascale: Les emigrées allemandes (1933–45) à travers romans et témoignages, Paris 1982.

Eckert, Brita: Die jüdische Emigration aus Deutschland 1933–1941: 60 exemplarische Biographien, München 1986.

Erdle, Birgit R.: Das Verstummen sprechen: Sprache und Sprachlosigkeit in Texten exilierter und deportierter Schriftstellerinnen, in: Hirschbach/Nowoselsky, s. Tl. 2.

Evers, Ursula: Deutsche Künstlerinnen des 20. Jahrhunderts. Malerei – Bildhauerei – Tapisserie, Hamburg 1983.

Feidel-Mertz, Hildegard (Hg.): Schulen im Exil. Die verdrängte Pädagogik nach 1933, Reinbek bei Hamburg 1983.

Feidel-Mertz, Hildegard: Pädagogik im Exil nach 1933. Erziehung zum Überleben. Bilder und Texte einer Ausstellung, Frankfurt/M. 1990.

Frauen in der Einen Welt. Zeitschrift für interkulturelle Frauenalltagsforschung, hg. v. Frauen in der Einen Welt. Zentrum für interkulturelle Frauenalltagsforschung und internationalen Austausch, Nürnberg. Sonderbd. 1: Flucht, Vertreibung, Exil, Asyl. Frauenschicksale im Raum Erlangen, Fürth, Nürnberg, Schwabach, Nürnberg 1990.

Friesen, Gerhard (Hg.): Nachrichten aus den Staaten. Deutsche Literatur in den USA, Hildesheim 1983.

Frisch, Shelley (Hg.): Women in Exile, in: Special Issue of the Germanic Review, vol. 62, no. 3, 1987, S. 106–159.

Frommhold, Erhard: Kunst im Widerstand. Malerei, Graphik, Plastik 1922–1945, Dresden / Frankfurt/M. 1968.

Gilzmer, Mechthild: Blanche Neige à Rieucros ou l'art de créer derrière des fils de fer barbelés, in: Lendemains, 61/1991, S. 46–52.

dies.: Fraueninternierungslager in Südfrankreich: Riencros-Brens (1939–1944), in: Exil. Forschung, Erkenntnisse, Ergebnisse, 1/1993.

dies.: Schneewittchen hinter Stacheldraht. Aspekte des kulturellen Lebens in einem französischen Fraueninternierungslager (1939–1942), in: Hirschbach/Nowoselsky, s. Tl. 2.

Grieser, Dietmar: Musen leben länger. Begegnungen mit Dichterwitwen, München / Wien 1981.

Häntzschel, Hiltrud: Der Exodus der Wissenschaftlerinnen. Absolventinnen der Münchner Universität und was aus ihnen wurde, in: Exil. Forschung, Erkenntnisse, Ergebnisse, 2/1992.

Heinemann, Marlene: Gender and Destiny. Women Writers and the Holocaust, Westport/Connecticut 1986.

Hilzinger, Sonja: Antifaschistische Zeitromane von Schriftstellerinnen, in: Exil. For-

schung, Erkenntnisse, Ergebnisse, 1/1992, S. 30–45.
Hirschbach, Denny / Nowoselsky, Sonia (Hg.): Zwischen Aufbruch und Verfolgung. Künstlerinnen der 20er und 30er Jahre, Bremen 1993.
Hoffmann, Christine: Deutsche und österreichische Ausdruckstänzerinnen in der Emigration, in: Hirschbach/Nowoselsky, s. Tl. 2.
Hofner-Kulenkamp, Gabriele: Kunsthistorikerinnen im Exil (mit 58 Kurzbiographien und Bibliographien), Magistra-Hausarbeit, Hamburg 1991.
Kahn, Lisa (Hg.): Reisegepäck Sprache. Deutschschreibende Autorinnen in den USA 1938–1983, erweiterte zweisprachige Ausgabe, Denver 1983.
Kannonier, Waltraud: Zwischen Flucht und Selbstbehauptung. Frauen-Leben im Exil, Linz 1989.
Kaplan, Caren: Deterritorializations. The Rewriting of Home and Exile in Western Feminist Discourse, in: Cultural Critique, 6/1989, S. 187–198.
Keenan, Deborah / Lloyd, Roseann (Hg.): Looking for Home. Women writing about Exile, Minneapolis 1991.
Klapdor-Kops, Heike: Das Exil der Frauen. Thesen zu einer überlesenen Geschichte, in: Sammlung 5, Jahrbuch für antifaschistische Literatur und Kunst, hg. v. Uwe Naumann, Frankfurt/M. 1982, S. 115–122.
dies.: Heldinnen. Überlegungen zu den Frauengestalten der deutschen Exildramatik, in: Entwürfe von Frauen in der Literatur des 20. Jahrhunderts, hg. v. Irmela von der Lühe, Berlin 1982, S. 86–106.
dies.: »In der Fremde zu Haus?« Frauen im Exil. Bericht über ein Gespräch, in: Exil. Forschung, Erkenntnisse, Ergebnisse, 3/1982, S. 69–71.
dies.: Dramatikerinnen auf der deutschen Bühne. Notwendige Fortsetzung einer im Jahr 1933 unterbrochenen Reflexion, in: Theaterzeitschrift 9, Berlin 1984.
dies.: Heldinnen. Die Gestaltung der Frauen im Drama deutscher Exilautoren 1933–1945, Weinheim / Basel 1985.
dies.: Überlebensstrategie statt Lebensentwurf. Frauen in der Emigration, in: Hirschbach/Nowoselsky, s. Tl. 2.
Kliner-Lintzen, Martina: »Der Not und dem Zwang gehorcht«. Jüdinnen in der Emigration, in: Spuren zur »Reichskristallnacht« in Hamm, hg. v. Oberstadtdirektor der Stadt Hamm, Stadtarchiv, Hamm 1988, S. 40–42.
dies.: Jüdinnen unter nationalsozialistischer Verfolgung und in der Emigration, in: Maria Anna Kreienbaum (Hg.): Frauen bilden Macht. Dokumentation des 7. Fachkongresses Frauen und Schule, Dortmund 1989, S. 204–212.
Kreis, Gabriele: Frauen im Exil. Dichtung und Wirklichkeit, Düsseldorf 1984.
Kunst im Exil in Großbritannien 1933–45. Eine Ausstellung der Neuen Gesellschaft für Bildende Kunst in den Räumen der Orangerie des Schlosses Charlottenburg vom 10.1.–23.2.1986, Ausstellungskatalog, Berlin 1986 (darin 31 Kurzbiographien von Künstlerinnen mit Literaturhinweisen).
Lixl-Purcell, Andreas: Women of Exile. German-Jewish Autobiographies since 1933, Westport/Connecticut 1988.
ders.: Erinnerungen deutsch-jüdischer Frauen 1900–1990, Leipzig 1992.
Mann, Erika / Mann, Klaus: Escape to Life. Deutsche Kultur im Exil, hg. u. mit e. Nachw. v. Heribert Hoven, München 1991 (zuerst engl., Boston 1939).
Mittag, Gabriele (Hg.): Gurs. Deutsche Emigrantinnen im französischen Exil, Katalog der gleichnamigen Ausstellung des Werkbundarchivs mit e. Vorw. v. Gisèle Freund, Beiträgen v. Gabriele Mittag, Mechthild Gilzmer, Rose Gauger, Rita Thalmann u.a. und Fotografien v. Birgit Kleber, Berlin 1991.
dies.: L'art dans le camp de Gurs, in: Les Nouvelles Cahiers. Allemagne, An I, Paris Eté 105/1991, S. 50.
dies.: Detektivische Spurensuche. Über die Tagung »Frauen im Exil 1933–1945«, in: Freitag, 22.11.1991.
dies.: »Wir können uns nur noch an uns selbst festhalten«. Künstlerinnen und Kunstproduktion in Gurs, in: Hirschbach/Nowoselsky, s. Tl. 2.
dies.: Wunderbares Reich des Tanzes. Der Ausdruckstanz der 30er Jahre, in: Hirschbach/Nowoselsky, s. Tl. 2.
Mittag, Susanne: »Im Fremden ungewollt zuhaus«. Frauen im Exil, in: Exil. Forschung, Erkenntnisse, Ergebnisse, 1/1981, S. 49–56.

Mülsch, Elisabeth-Christine: »Die Romane unserer Zeit sind die Romane unserer Kinder«. Deutschsprachige jüdische Kinder- und Jugendbuchautoren im amerikanischen Exil, in: Exil. Forschung, Erkenntnisse, Ergebnisse, 1/1990, S. 65–73.

Niers, Gert: Frauen schreiben im Exil. Zum Werk der nach Amerika emigrierten Lyrikerinnen Margarete Kollisch, Ilse Blumenthal-Weiss, Vera Lachmann, Frankfurt/M. / Bern / New York / Paris 1988.

Patsch, Sylvia M.: »Und alles ist hier fremd«. Schreiben im Exil, in: Gisela Brinker-Gabler u.a. (Hg.): Deutsche Literatur von Frauen, Bd. 2: 19. und 20. Jahrhundert, München 1988, S. 304–317.

Pazi, Margarita (Hg.): Nachrichten aus Israel. Deutschsprachige Literatur in Israel, Hildesheim 1981.

dies.: Staub und Sterne. Deutschschreibende Autorinnen in Erez-Israel und Israel, in: Gisela Brinker-Gabler u.a. (Hg.): Deutsche Literatur von Frauen, Bd. 2: 19. und 20. Jahrhundert, München 1988, S. 317–333.

Pelz, Annegret: Passeggiera – Transit. Metaphern des Übergangs in Exilromanen von Frauen, in: Hirschbach/Nowoselsky, s. Tl. 2.

Pfanner, Helmut F.: Die Rolle der Frau im Exil: Im Spiegel der deutschsprachigen Literatur in New York, in: A. Arnold / H. Eichner / E. Heier / S. Hoeffert (Hg.): Analecta Helvetica et Germanica. Eine Festschrift zu Ehren von Hermann Boeschenstein, Bonn 1979, S. 342–359.

Philipp, Michael (Hg.): Gurs – ein Internierungslager in Südfrankreich 1939–1943. Literarische Zeugnisse, Briefe und Berichte, Hamburger Institut für Sozialforschung, Hamburg 1991.

Reinfrank-Clark, Karin (Hg.): Ach, Sie schreiben deutsch? Biographien deutschsprachiger Schriftsteller des Auslands-PEN, Gerlingen 1986.

Rheinsberg, Anna: Kriegs/Läufe. Namen. Schrift, Mannheim 1989.

Rockenbach, Susanne / Rohlf, Sabine: Tagungsbericht »Frauen im Exil«. Tagung vom 28.–30.10.1991 in Bad Münstereifel, in: Sibylle Benninghoff-Lühl u.a. (Hg.): Frauen in der Literaturwissenschaft, Nr. 32, Hamburg 1991, S. 13–17.

Schmeichel-Falkenberg, Beate: »Women in the Emigration after 1933« – Tagung in Washington D.C. (25.–27.11.1991), in: Nachrichtenbrief. Newsletter, Nr. 13 / Dezember 1991, hg. v. d. Gesellschaft für Exilforschung e.V., S. 55/56.

Schmid-Bortenschlager, Sigrid: Thema Faschismus. Zu einigen Romanen österreichischer Autorinnen der dreißiger Jahre, in: Zeitgeschichte, 9. Jg., 1/1981, S. 1–17.

Schoppmann, Claudia (Hg.): Im Fluchtgepäck die Sprache. Deutschsprachige Schriftstellerinnen im Exil, Berlin 1991.

Schramm, Hannah: Menschen in Gurs. Erinnerungen an ein französisches Internierungslager (1940–1941), mit e. dokumentarischen Beitrag zur französischen Emigrantenpolitik (1933–1944) v. Barbara Vormeier, Worms 1977.

Schwarz, Helga: Internationalistinnen. Sechs Lebensbilder, Berlin/DDR 1989.

Seib, Barbara: Tagung »Frauen im Exil« in der Kurt-Schumacher-Akademie in Bad Münstereifel (28.–30.10.1991), in: Nachrichtenbrief. Newsletter, Nr. 13 / Dezember 1991, hg. v. d. Gesellschaft für Exilforschung e.V., S. 49–54.

Serke, Jürgen: Die Verbrannten Dichter, Weinheim 1977.

Siegel, Eva-Maria: Weibliche Jugend im Nationalsozialismus. Massenpsychologische Aspekte in Exilromanen von Hermynia Zur Mühlen, Irmgard Keun und Maria Leitner, unveröffentl. Diss., Humboldt-Universität Berlin 1991, u.d.T.: Jugend, Frauen, Drittes Reich. Studien zu Autorinnen im Exil 1933–1938. Pfaffenweiler (im Druck). (Reihe THETIS-Literatur im Spiegel der Geschlechter).

dies.: »Können Sie mich verstehen?« Exil-Symposien. Eine Reisereportage (zur Tagung »Frauen im Exil«, Bad Münstereifel 1991), in: Mit der Ziehharmonika. Zeitschrift der Theodor Kramer Gesellschaft, 9. Jg., 2/1992, S. 18–20.

dies.: »Frauen im Exil«, in: Die Weltbühne, 87. Jg., 46/1992, S. 1467–1468.

dies.: Weibliche Jugend im Nationalsozialismus. Massenpsychologische Aspekte in Exilromanen von Hermynia Zur Mühlen, Irmgard Keun und Maria Leitner (Arbeitsbericht), in: Galerie. Revue culturelle et pédagogique, hg. von Cornel Meder, Luxemburg, 10. Jg., 3/1992, S. 378–383.

Spiel, Hilde: Das vertauschte Werkzeug. Schriftsteller in zwei Sprachen, in: Literatur und Kritik, 8. Jg., 79/1973.
dies.: Psychologie des Exils. Ein Vortrag, gehalten auf der Tagung der Exilforscher in Wien im Juni 1975, in: Neue Rundschau, 86. Jg., 3/1975, S. 424–439.
Stephan, Inge: Das Schicksal der begabten Frau im Schatten berühmter Männer, Stuttgart 1990.
Stiftung Deutsche Kinemathek (Hg.): Sechs Schauspieler aus Deutschland. Exil: Elisabeth Bergner, Curt Bois, Dolly Haas, Franz (Francis) Lederer, Herta Thiele, Wolfgang Zilzer, Berlin 1983.
Stürzer, Anne: Das Zeitstück von Frauen – Ein Lehrstück vom Vergessen. Über Theaterautorinnen der Weimarer Republik, Diss. Hamburg 1990, Veröffentl.: Stuttgart 1993.
Union für Recht und Freiheit Prag (Hg.): Deutsche Frauenschicksale, London 1937.
Das verborgene Museum. 1. Dokumentation der Kunst von Frauen in Berliner öffentlichen Sammlungen. Eine Ausstellung der Neuen Gesellschaft für Bildende Kunst Berlin im Rahmen der 750-Jahr-Feier in den Räumen der Akademie der Künste, 18.12.1987–8.2.1988, Ausstellungskatalog, Berlin 1987.
Wimmer, Reiner: Vier jüdische Philosophinnen. Rosa Luxemburg, Simone Weil, Edith Stein, Hannah Arendt, Tübingen 1990.
Wirth, Günther: Verbotene Kunst 1933–1945. Verfolgte Künstler im deutschen Südwesten, Stuttgart 1987 (darin 14 Kurzbiographien über verfolgte und emigrierte Künstlerinnen).
Wolffheim, Elsbeth: Schwerpunkte der deutschen Exilforschung im Rückblick, in: Hirschbach/Nowoselsky, s. Tl. 2.
Zadek, Walter: Mut und Schwermut der Frauen, in: Walter Zadek (Hg.): Sie flohen vor dem Hakenkreuz. Selbstzeugnisse der Emigranten. Ein Lesebuch für Deutsche, Reinbek bei Hamburg 1981, S. 93–132.

Radio

Kreis, Gabriele: Frauen im Exil, NDR, 45.50 Min., 18.1.1984.
Mittag, Gabriele: Frauen und Nationalsozialismus. Über in Deutschland Gebliebene, über Flüchtende, Radio 100 (»Dissonanzen«), 60 Min., 8.5.1990.
dies.: Von Paris nach Gurs. Über den Weg deutscher Emigrantinnen ins französische Exil, SFB, 30 Min., 17.2.1990.
dies.: Deutschland, Paris und kein Zurück. Über den Lebensweg von Ruth Fabian, Anne-Lise Eisenstadt und Lisa Fittko, SFB (Kulturtermin), 30 Min., 12.6.1991.

Fernsehen

Praunheim, Rosa von: »Dolly, Lotte und Maria. Rosa von Praunheim besucht drei deutsche Damen in New York«, Interviews mit Dolly Haas, Lotte Goslar und Maria Piscator, ARD, 16.2.1987.

3. Texte von und über Exilantinnen
Literatur und Rundfunksendungen

Helen Adolf
Buehne, Sheema Z. / Hodge, James L. / Pinto, Lucille B. (Hg.): Helen Adolf Festschrift, New York 1968.
Friesen, s. Tl. 2.

Anni Albers
Josef und Anni Albers. Retrospektive ihrer Werke in der Münchner Stuck-Villa, Ausstellungskatalog, hg. u. Vorw. v. Maximilian Schell, München 1990.

Jenny Aloni
Kienecker, Friedrich / Steinecke, Hartmut (Hg.): Jenny Aloni. Ausgewählte Werke 1939–1986, mit Beiträgen zu Leben und Werk v. Hartmut Steinecke, Luise Pohlschmidt, Friedrich Kienecker, Margarita Pazi, Paderborn 1987.
Pazi 1981, s. Tl. 2.
Schoppmann, s. Tl. 2.
Zadek, s. Tl. 2.

Annot
Bierther, s. Tl. 2.

Hannah Arendt
* Hannah Arendt und Karl Jaspers: Briefwechsel 1926–1969, hg. v. Lotte Köhler u. Hans Sahner, München / Zürich 1985.

Barnouw, Dagmar: Der Jude als Paria. Hannah Arendt über die Unmündigkeit des Exils, in: Exilforschung. Ein internationales Jahrbuch, Bd. 4, München 1986, S. 43–61.
Breier, Karl-Heinz: Hannah Arendt zur Einführung, Hamburg 1992.
Eckert, s. Tl. 2.
Enegrén, André: La pensée politique de Hannah Arendt, Paris 1984.
Evangelische Akademie Hofgeismar (Hg.): Macht und Gewalt. Einführung in die Philosophie Hannah Arendts. Dokumentation einer Tagung der Evangelischen Akademie Hofgeismar 11.–13. März 1988, Hofgeismar 1989.
Friedmann, Friedrich Georg: Hannah Arendt. Eine Jüdin im Zeitalter des Totalitarismus, München / Zürich 1985.
Heuer, Wolfgang: Hannah Arendt, mit Selbstzeugnissen und Bilddokumenten, Reinbek bei Hamburg 1987.
ders.: Citizen. Persönliche Integrität und politisches Handeln. Eine Rekonstruktion des politischen Humanismus Hannah Arendts, Berlin 1992.
Reif, Adelbert (Hg.): Gespräche mit Hannah Arendt, München 1976.
Wimmer, s. Tl. 2.
Young Bruehl, Elisabeth: Hannah Arendt. Leben, Werk und Zeit, aus dem Amerikan. v. Hans Günter Holl, Frankfurt/M. 1986.

Franzi Ascher-Nash
* Essays aus jüngster Zeit (1974–1975), Saarbrücken 1976.
* Die wahre Perspektive meines Lebens, o.O. 1978.
Friesen, s. Tl. 2.

Ella Auerbach
Unger, Dorothee v.: Emanzipation und Emigration. Aus dem bewegten Leben der Ella Auerbach, in: Aufbau, 9.10.1987.

Ellen Auerbach
Frowein, Cordula: Emigriert – Grete Stern und Ellen Auerbach. Fotografien vor und nach 1933, Ausstellung in der Zentralbibliothek vom 25.10. – 19.11.1988, Wuppertal 1988.

Anita Augsburg
* Lida Gustava Heymann in Zusammenarbeit mit Anita Augsburg: Erlebtes und Erschautes. Deutsche Frauen kämpfen für Freiheit, Recht und Frieden 1850–1940, hg. v. Margrit Twellmann, Neuaufl.: Frankfurt/M. 1990 (zuerst Meisenheim am Glan 1972).

Elisabeth Augustin
* Eine Grenzüberschreitung und kein Heimweh, in: Hans Würzner (Hg.): Zur Deutschen Exilliteratur in den Niederlanden 1933–1940, Amsterdamer Beiträge zur Neueren Germanistik, Amsterdam 1977, S. 33–43.
* Biographie und Erzählung »Vorm Fenster«, in: Exil. Forschung, Erkenntnisse, Ergebnisse, 2/1985, S. 25–35.
* Auswege, mit e. Nachw. v. Pascale Eberhard, Mannheim 1988.
Fetting, Hugo / Hermsdorf, Klaus: Elisabeth Augustin, in: Klaus Hermsdorf, Hugo Fetting, Silvia Schlenstedt: Kunst und Literatur im antifaschistischen Exil 1933–1945, Bd. 6: Exil in den Niederlanden und in Spanien, Frankfurt/M. 1981, S. 55 ff.
Radio:
Bergner, Margit: Flucht nach Amsterdam. Die Schriftstellerin Elisabeth Augustin erzählt, WDR 1, 25 Min., 5.9.1987.

Rose Ausländer
Baumann, Gerhart: Rose Ausländer – Aufbruch in das »Land Anfang«, in: Neue Rundschau, 92. Jg., 4/1981, S. 45–60.
Braun, Helmut: Rose Ausländer. Materialien zu Leben und Werk, Frankfurt/M. 1991.
Drewitz, Ingeborg: Die Leichtigkeit der Schwere. Rose Ausländer: »Mein Atem heißt jetzt«, in: die horen, 32. Jg., 145/1987, S. 157–160.
Korn-Steinmetz, Gabriele: »Die Vergangenheit hat mich gedichtet«. Zum Tode von Rose Ausländer, in: die horen, 33. Jg., 149/1988, S. 209–210.
Lermen, Birgit: »Ausgegrabene Wurzeln«. Die Lyrikerin Rose Ausländer, in: Stimmen der Zeit, 110. Jg., 203/1985, S. 263 ff.
Niers, Gerd: Leben und Überleben in der Sprache. Zum 85. Geburtstag Rose Ausländers, in: Aufbau, 23.5.1986.
Wallmann, Jürgen P.: »Mein Atem heißt jetzt«. Ein Gespräch mit Rose Ausländer, in: Literatur und Kritik, 16. Jg., H. 157/158, Aug./Sept. 1981, S. 474–476.

Radio:
Hogke, Raimund: Schreiben gegen das Sterben. Portrait, WDR 1, 60 Min., 6.7.1987.
Fernsehen:
Demski, Eva: Die Dichterin Rose Ausländer. Gespräch mit Rose Ausländer, HR, 16.5.1987.

Ninon Ausländer-Hesse
Stephan, s. Tl. 2.

Emmy Ball-Hennings
Rheinsberg, s. Tl. 2.

Erna Barschak
* Erlebnisse in USA, (Erstausgabe: My American Adventure), Zürich 1947.

Wanda Bartha
Molnar, Franz: Gefährtin im Exil. Aufzeichnungen für eine Autobiographie, aus d. Amerikan. v. Werner v. Grünau, Bad Wörrishofen 1953.

Irmgard Bartenieff
Myers, Martha: Body Therapies and the Modern Dancer. Irmgard Bartenieff's Fundamentals, Dance Magazine, New York 1980.
Siegel, Marcia: Profile. Irmgard Bartenieff, in: The Kinesis Report, Bd. 2, 1980.

Vicki Baum
* Es war alles ganz anders. Erinnerungen, Frankfurt/M. 1962.
Bell, Robert F.: Vicki Baum, in: John M. Spalek, Joseph Strelka, Sandra H. Hawrylchak (Hg.): Deutsche Exilliteratur seit 1933. Kalifornien, Bd. 1: Bern / München 1976, Tl. 1, S. 247–259, Tl. 2, S. 6–13 (Bibliographie), Tl. 2, S. 156/157 (Quellenkundlicher Bericht).
ders.: Depicting the Host Country. Vicki Baum's ›The Mustard Seed‹, in: Helmut F. Pfanner (Hg.): Kulturelle Wechselbeziehungen Exil – Exile across Cultures (Studien zur Literatur der Moderne, Bd. 14), Bonn 1986, S. 139–150.
Holzner, Johann: Zur Ästhetik der Unterhaltungsliteratur im Exil am Beispiel Vicki Baums, in: Alexander Stephan / Hans Wagener (Hg.): Schreiben im Exil. Zur Ästhetik der deutschen Exilliteratur 1933–1945, Bonn 1985, S. 236–249.

Fernsehen:
Krechel, Ursula / Wiesner, Herbert: Ich bin eine erstklassige Schriftstellerin zweiter Güte. Die Karriere der Vicki Baum, HR 3, 90 Min., 22.8.1985.

Maria Becker
Fernsehen:
Schmidt, Dietmar N.: Ehrlich sein wie nie im Leben. Die Schauspielerin Maria Becker, HR 3, 60 Min., 2.2.1990.

Mathilde Quappi Beckmann
* Mein Leben mit Max Beckmann, aus d. Amerikan. v. Doris Schmidt, München 1983.

Olga Benario
Morais, Fernando: Olga. »Ich habe für das Richtige, das Gute, das Beste auf der Welt gekämpft«. Biographie, aus d. brasil. Portug. v. Sabine Müller Nordhoff, Reinbek bei Hamburg 1992.
Pampuch, Thomas: Olga Benario-Prestes. Das Leben einer jüdischen Kommunistin aus Neukölln, die vor 45 Jahren von der brasilianischen Regierung an die Nazis ausgeliefert wurde, in: taz, 28.2.1987.
Wedding, Alex: Aus Brasilien ins III. Reich verschleppt, in: Union für Recht und Freiheit Prag (Hg.): Deutsche Frauenschicksale, London 1937, S. 95 ff.
Werner, Ruth: Olga Benario. Die Geschichte eines tapferen Lebens, Berlin/DDR 1961.

Therese Benedek
Weidemann, Doris: Leben und Werk von Therese Benedek 1892–1977. Sexualität und Psychologie des Weiblichen, Frankfurt/M. 1988.

Charlotte Beradt
Radio:
Gembardt, Ulrich / Granzow, Brigitte / Wiegenstein, Roland H.: »Eine Katastrophe genügt...«. Erinnerung an Charlotte Beradt, 1940–1986 im New Yorker Exil, WDR 3, 105 Min., 3.12.1988.

Alice Berend
Castonier, Elisabeth: Unwahrscheinliche Wahrheiten. Erlebnisse, Kurioses, Erinnerungen. Portrait einer deutschen Schrift-

stellerin – Zu einem Werk aus dem Nachlaß von Alice Berend, Bergisch Gladbach 1985.

Charlotte Berend-Corinth
* Mein Leben mit Lovis Corinth, Hamburg (Bergedorf) 1947.
* Lovis, München 1958.
Charlotte Berend-Corinth. Malerei, Graphik. Eine Ausstellung des Kunstvereins Erlangen zum 100. Geburtstag der Künstlerin, Erlangen 1980.
Evers, s. Tl. 2.
Stephan, s. Tl. 2.

Elisabeth Bergner
* Bewundert viel und viel gescholten... Elisabeth Bergners unordentliche Erinnerungen, München 1978.
Eckert, s. Tl. 2.
Stiftung Deutsche Kinemathek, s. Tl. 2.
Unsere schwarze Rose. Elisabeth Bergner. Ausstellung des Historischen Museums der Stadt Wien, 21. Jänner – 21. März 1993, Wien 1993.
Völker, Klaus: Elisabeth Bergner. Das Leben einer Schauspielerin. Ganz und doch immer unvollendet, hg. v. d. Akademie der Künste, Berlin 1990.

Maria Berl-Lee
Friesen, s. Tl. 2.

Ruth Berlau
* Brechts Lai-Tu. Erinnerungen und Notate von Ruth Berlau, hg. u. mit e. Nachw. v. Hans Bunge, Darmstadt / Neuwied 1985.

Anna Beyer
* Politik ist mein Leben, hg. v. Ursula Lükking, Frankfurt/M. 1991.

Margarete Bieber
Bonfante, Larissa: Margarete Bieber (1879–1978). An Archaeologist in two Worlds, in: Claire Richter Sherman / Adele M. Holcomb (Hg.): Women as Interpreters of the visual Arts 1820–1979, Westport/Connecticut 1981, S. 239–274.

Ilse Bing
Ilse Bing, Paris 1931–1952. Musée Carnavalet 1.12.1987–31.1.1988, Ausstellungskatalog (m. e. Essay v. Nancy C. Barrett u. Bibliographie der Ausstellungen u. Photos von I.B.)
Mittag, Gabriele: Leben in der Mitte. Besuch bei der Fotografin Ilse Bing in New York, in: Tagesspiegel, 26.5.1992.
Fernsehen:
Henning, Crissy: Frankfurt, Paris, New York. Die drei Leben der Ilse Bing (Fotografin), ZDF, 60 Min., 27.4.1986.

Grete Bloch
Schocken, Wolfgang A.: Wer war Grete Bloch?, in: Exilforschung. Ein internationales Jahrbuch, Bd. 4, München 1986, S. 83–97.

Karola Bloch
* Aus meinem Leben. Erinnerungen, Pfullingen 1981.
* Die Sehnsucht des Menschen, ein wirklicher Mensch zu werden. Reden und Schriften, 2 Bde., hg. v. Anne Frommann u. Welf Schröter, Mössingen-Talheim 1989.
Radio:
Barkhausen, Silvia: Fasziniert von einem Philosophen. Karola Bloch erzählt, WDR 1, 25 Min., 19.5.1990.
Sünkenberg, Werner befragt Karola Bloch, WDR, 43. 45 Min., 16.2.1986.
Fernsehen:
Karola Bloch im Gespräch mit Wilfried F. Schoeller zum 85. Geburtstag, HR, 30 Min., 13.2.1990.
Harrich Zandberg, Danuta / Harrich, Walter: Ein deutsches Schicksal – Karola Bloch, (»Frauen die Geschichte machen«, Tl. 3), S3, 45 Min., 3.6.1990.
»... ich bin froh, daß ich keine Deutsche bin!« Ein deutsches Schicksal – Karola Bloch-Piotrkowska, W3, 45 Min., 15.11.1990.

Lola Blonder
siehe Anna Rattner

Klara Blum (Dshu Bailan)
Hsia, Adrian: Zwei Enden des Himmels. Das bewegte Leben der jüdisch-chinesischen Schriftstellerin Klara Blum, in: Die Zeit, 5.1.1990.
H.U.: Die Dichterin mit den zwei Namen. Ein Gespräch mit Prof. Dr. Blum aus Kanton, in: Neue Zeit (Berlin), 1/1960.
Lange, Thomas: Emigration nach China. Wie aus Klara Blum Dshu Bailan wurde,

in: Exilforschung. Ein internationales Jahrbuch, Bd. 3, München 1985, S. 339–348.

Ilse Blumenthal-Weiss
* Ohnesarg: Gedichte und ein dokumentarischer Bericht, mit e. Einl. v. Günter Kunert, Hannover 1984.
Niers, s. Tl. 2.
Pfaffenholz, Alfred: »Erbschaft der Scheiterhaufen«. Über Ilse Blumenthal-Weiss, in: Hirschbach/Nowoselsky, s. Tl. 2.
Schwertfeger, Ruth: Women of Theresienstadt. Voices from a Concentration Camp, Oxford / New York / Hamburg 1990.

Gertrud Bodenwieser
Dunlop Mac Tavish, Shona: Gertrud Bodenwieser. Tänzerin, Choreographin, Pädagogin. Wien – Sydney, aus d. Engl. v. Gabriele Haefs, hg. v. Denny Hirschbach, gek. Ausg. Bremen 1992.

Netti Boleslav
Pazi 1981, s. Tl. 2.
dies.: Netti Boleslav, in: Neue Deutsche Hefte, 29. Jg., 4/1982, S. 882–885.
dies.: Lebensbeschreibung von zwei Autoren im Exil: Erich Gottgetreu – Netti Boleslav, in: Alice Schwarz-Gardos (Hg.): Hügel des Frühlings. Deutschsprachige Autoren Israels erzählen, Freiburg im Breisgau 1984.

Käthe Braun-Prager
* Heimat in der Fremde. Erlebnisse und Erzählungen aus England, mit e. Nachw. v. Felix Braun, Wien 1968.

Julie Braun-Vogelstein
* Was niemals stirbt. Gestalten und Erinnerungen, Stuttgart 1966.

Marianne Breslauer
Marianne Breslauer. Foto-Ausstellung in der Berliner Nationalgalerie, Ausstellungskatalog, Berlin 1989.
Müller, Karin Bettina: Bildkomposition in Schwarz und Weiß. Exil, Heirat, Veränderungen im Medium Fotografie: Ende der 30er Jahre gab Marianne Breslauer ihre Kunst auf, in: taz, 14.11.1987.
Reichart, Manuela: Nur ein Bild. Eine Begegnung mit der Photographin Marianne Breslauer, in: Die Zeit, 26.8.1983.
dies.: Das Geheimnis des eingefangenen Augenblicks. Ein Portrait, in: Die Zeit, 17.11.1989.

Luise Helen Bronner
Friesen, s. Tl. 2.

Erna Brünell
* Ein Leben für die Bühne. 60 Jahre Theater, Film und Cabaret, mit e. Vorw. v. Hans Gmür, Altstätten / München 1988.

Margarethe Buber-Neumann
* Von Potsdam nach Moskau. Stationen eines Irrweges, Stuttgart 1957.
* Als Gefangene bei Stalin und Hitler, Stuttgart 1958.
* »Freiheit du bist wieder mein...«. Die Kraft zu überleben, München 1978.
Radio:
Mittag, Gabriele: Zum Tode von Margarethe Buber-Neumann, Radio 100 (»Dissonanzen«), 60 Min., 14.11.1989.
Fernsehen:
Fila, Ivan: Ein deutsches Schicksal. Margarethe Buber-Neumann, HR 3/WDR, 45 Min., 30.5.1988.

Eva Busch
* Und trotzdem. Eine Autobiographie, München 1991.
Radio:
»So war die Zeit – war die Zeit so?« Die Diseuse Eva Busch erzählt, SWF, 60 Min., 6.2.1986.

Elisabeth Castonier
* Stürmisch bis heiter. Memoiren einer Außenseiterin, 7. Aufl., München 1964.
* Seltsames Muster. Begegnungen, Schicksale, München 1971.

Vera Craener
* Frauen stellen sich um. Ein Ruhmesblatt in der Geschichte der Immigration, in: Aufbau, 22.12.1944.

Doris Dauber
* Eine Nacht – ein Leben. Autobiographische Skizzen einer unbekannten Frau, Buenos Aires 1945, 2. Aufl., Rudolstadt 1950.
* Als ich drei Berufe hatte – Argentinien, wie es wirklich ist. Eine Reportage, Rudolstadt 1949.

Janina David
* Ein Stück Himmel. Erinnerungen an eine Kindheit, aus d. Engl. v. Hannelore Neves, 18. Aufl., München / Wien 1986.
* Ein Stück Erde. Das Ende einer Kindheit, aus d. Engl. v. Hannelore Neves, 14. Aufl., München / Wien 1987.
* Ein Stück Fremde. Erinnerungen an eine Jugend, aus d. Engl. v. Gertrud Barusch, 7. Aufl., München / Wien 1987.
* Ein Teil des Ganzen, München 1988.

Fernsehen:
Ein Stück Himmel. Produktion Bavaria (WDR), Regie: Franz Peter Wirth, Buch: Leo Lehmann, nach d. autobiogr. Roman v. Janina David, 2 Teile, Länge 115 bzw. 116 Min., Uraufführung: ARD, 2./5.11.1986.

Helene Deutsch
* Helene Deutsch. Selbstkonfrontation, aus d. Amerikan. v. Brigitte Stein, München 1975.

Buchinger, Erwin J.: Helene Deutsch. Leben und Werk, Diss., Mainz 1986.
Mitscherlich, Margarethe: Die Frage der Selbstdarstellung. Überlegungen zu den Autobiographien von Helene Deutsch, Margret Mead und Christa Wolf, in: Neue Rundschau, 91. Jg., 23/1980, S. 291–316.

Marlene Dietrich
* ABC meines Lebens, Berlin 1963. (Erstausgabe: ABC, New York / Toronto 1962).
* Nehmt nur mein Leben... Reflexionen, München 1979.

Marley, Sheridan: Marlene Dietrich, Frankfurt/M. / London / New York 1976, 2. Aufl.: New York 1977.
Mittag, Gabriele: Marlene. La fin d'une époque, in: Freitag, 15.5.1992.
Riva, Maria: Meine Mutter Marlene, Erlangen 1992.
Seydel, Renate (Hg.): Marlene Dietrich. Eine Chronik ihres Lebens in Bildern und Dokumenten, gestaltet v. Bernd Meyer, Berlin 1984.
Spoto, Donald: Marlene Dietrich. Biographie, aus d. Amerikan. v. Ulrike v. Sobbe, München 1992.

Fernsehen:
Schell, Maximilian: Portrait eines Mythos, ARD, 22.12.1986.

Hilde Domin
* Über die Hoffnung. Autobiographisches aus und über Deutschland, München 1982.
* Zurückgehend als Bote der Versöhnung. Dankrede bei Entgegennahme des Nelly-Sachs-Preises 1983, in: die horen, 29. Jg., 134/1984, S. 127–132.
* »Ich glaube an die befreiende Kraft des Worts«, Interview mit Adalbert Reif zu ihrem 75. Geburtstag, in: Börsenblatt für den deutschen Buchhandel, 24.7.1987.
* Von der Natur nicht vorgesehen. Autobiographisches, München 1988.
* Gesammelte Essays. Heimat in der Sprache, München 1992.
* Gesammelte autobiographische Schriften. Fast ein Lebenslauf, München 1992.

Hilde Domin. Begleitheft zur Ausstellung der Stadt- und Universitätsbibliothek Frankfurt/M. (12.1.–27.2.1988), hg. v. Bernhard Koßmann unter Mitarb. v. Winfried Giesen, Frankfurt/M. 1988.
Hammers, Irmgard: Dichtungstheoretische Reflexion und künstlerische Verwirklichung, Diss., Köln 1984.
Heise, Hans-Jürgen: Hilde Domin. Nachtrag zum 75. Geburtstag (27. Juli 1987), in: Neue deutsche Hefte, 34. Jg., H. 195, 3/1987, S. 664–669.
Raulet, Gérard: Die Kraft des Dennoch. Zum 80. Geburtstag Hilde Domins, in: Frankfurter Rundschau, 27.7.1992.
Stern, Dagmar C.: Hilde Domin. From Exile to Ideal, Germanic Studies in America, no. 33, Berne / Francfort/M. / Las Vegas 1979.
Stern, Guy: In Quest of regained Paradise. The Theme of Return in the Work of Hilde Domin, in: The Germanic Revue, vol. 62, no. 3, 1987, S. 136–142.
Wangenheim, Bettina v. (Hg.): Heimkehr ins Wort. Materialien zu Hilde Domin, Frankfurt/M. 1982 (mit Bibliographie, Vita, Interpretationen).

Radio:
Renate Wiggershaus im Gespräch mit Hilde Domin, SWF, 58 Min., 7.9.1986.

Fernsehen:
Frankfurter Vorlesungen zur Poetik. Das Gedicht als Augenblick der Freiheit, HR 3, fünf Sendungen, jeweils ca. 40 Min., 14.1. / 21.1. / 28.1. / 4.2. / 11.2.1988.
Hans-Rüdiger Schwab im Gespräch mit

Hilde Domin, (»Zeugen des Jahrhunderts«), ZDF, 1.11. / 5.11.1989, jeweils 60 Min.
Ingeborg Wurster im Gespräch mit Hilde Domin, ZDF, 26.5.1985.

Isadora Duncan
Caravello, P.: Isadora Duncan. Tanz und Revolte, in: Emma 5/1977, S. 22–25.

Tilla Durieux
* Eine Tür steht offen. Erinnerungen, Berlin 1954, erweiterte Fassung unter dem Titel: Meine ersten neunzig Jahre: Erinnerungen. Die Jahre 1952–1971, nacherzählt v. Joachim Werner Preuss, Frankfurt/M. / Berlin 1991.
Preuss, Joachim Werner: Tilla Durieux. Portrait einer Schauspielerin – Deutung und Dokumentation, Berlin 1965.
Vormweg, Heinrich: Europa und die Dichter. Tilla Durieux erzählt, in: Süddeutsche Zeitung, 28./29.11.1992.

Blandine Ebinger
Raddatz, Fritz J.: Blandine, in: Zeit-Magazin, 13.11.1987.
Radio:
Gespräch mit der Schauspielerin Blandine Ebinger, Gesprächspartner: Juan Allende Blin (»Das Gespräch«), WDR, 58.30 Min., 22.1.1984.

Cordelia Edvardson
* Gebranntes Kind sucht das Feuer, aus d. Schwed. v. Anna-Liese Kornitzky, München / Wien 1986.

Ida Ehre
* Gott hat den größeren Kopf, mein Kind..., mit Geleitwort v. Helmut Schmidt, München / Hamburg 1985.
Schulze-Reimpell, Werner: Die Mutter Courage des Theaters. Zum Tod der Schauspielerin und Intendantin der Hamburger Kammerspiele, in: Frankfurter Allgemeine Zeitung, 17.2.1989.
Fernsehen:
Versuch du selbst zu sein: Das Theaterleben der Ida Ehre, 1 Plus, 45 Min., 16.12.1986.

Eva Ehrenburg
* Sehnsucht, mein geliebtes Kind. Bekenntnisse und Erinnerungen, o.O. 1963.

Susanne Eisenberg-Bach
* Karussell. Von München nach München, eingel. v. Rosalind Arndt-Schlug u. Rosanna Vitale (Frauen in der Einen Welt, Sonderbd. 2), Nürnberg 1991.

Anne-Lise Eisenstadt
Radio:
Mittag, G. 1991, s. Tl. 2 (Radio).

Hilde Eisler
Engelhardt, Manfred: Gespräch mit Hilde Eisler, in: ders.: Deutsche Lebensläufe. Gespräche, Berlin 1991, S. 27–48.
Menge, Marlies: Zwei aus einer Straße. Hilde Eisler und Freya Eisner: Adresse Karl-Marx-Allee, in: Die Zeit, 21.10.1988.

Lotte Eisner
* Ich hatte einst ein schönes Vaterland. Memoiren, München 1988.
Radio:
Stadler, Gabriele: Legenden soll man nicht zerstören. Portrait, HR 2, 60 Min., 28.2.1989.
Fernsehen:
Saless, Sohrab Shadid: Die langen Ferien der Lotte H. Eisner, (Filmportrait), WDR u. HR 3, 60 Min., 17.7.1987.

Ruth Eisner
* Nicht wir allein... Aus dem Tagebuch einer Berliner Jüdin, Berlin 1971.

Dora Fabian
Brinson, Charmian: The strange Case of Dora Fabian and Mathilde Wurm, in: German Life and Letters, New Series, vol. 45, 4/1992, S. 323–344.

Ruth Fabian
Mittag, Gabriele: Berlin, Paris. Eine Spur: Hommage an Ruth Fabian, in: Freitag, 15.5.1992.
Radio:
Mittag, G. 1991, s. Tl. 2 (Radio).

Martha Feuchtwanger
* Nur eine Frau. Jahre, Tage, Stunden, München 1983.
* Leben mit Lion. Gespräch mit Reinhart Hoffmeister, in d. Reihe Zeugen d. Jahrhunderts, hg. v. Ingo Hermann, Göttingen 1991.
Hofe, Harold v.: Nachruf auf Martha Feucht-

wanger, in: Exil. Forschung, Erkenntnisse, Ergebnisse, 2/1987, S. 78.

Köpke, Wulf: Die würdige Greisin. Martha Feuchtwanger als Beispiel, in: Exilforschung. Ein internationales Jahrbuch, Bd. 7, München 1989, S. 212–225.

Radio:
Ein halbes Jahrhundert im Exil. Gespräch mit Martha Feuchtwanger über ihr Leben, Gesprächspartnerin: Marianne Heuwagen, RIAS, 53 Min., 30.6.1982.

Fernsehen:
Gespräch mit Martha Feuchtwanger, Gesprächspartner: Reinhart Hoffmeister (»Zeugen des Jahrhunderts«) Tl. 1: Die Jahre vor den Nazis, ZDF, 45 Min., 17.1.1983, Tl. 2: Die Jahre der Emigration, ZDF, 50 Min., 24.1.1983.

Paula Fichtl
* Alltag bei Familie Freud. Die Erinnerungen der Paula Fichtl, Nachw. v. Friedrich Hacker, Hamburg 1987.

Grete Fischer
* Dienstboten, Brecht und andere Zeitgenossen in Prag, Berlin/London/Olten 1966.

Tergit, Gabriele: Biographische Angaben zu Grete Fischer. Aus den clubinternen »Autobiographien und Bibliographien« des PEN-Zentrums deutschsprachiger Autoren im Ausland, London 1970.

Ruth Fischer
Lübbe, Peter (Hg.): Ruth Fischer. Arkadij Maslow. Abtrünnig wider Willen. Aus Briefen und Manuskripten des Exils, mit Bibliographie der Veröffentl. Ruth Fischers seit ihrer Emigration, Vorw. v. Hermann Weber, München 1990.

Lisa Fittko
* Mein Weg über die Pyrenäen. Erinnerungen 1940/41, mit e. Vorw. v. Frederik Hetmann, Ravensburg 1992 (Erstausgabe: München/Wien 1985).
* Solidarität unerwünscht. Meine Flucht durch Europa. Erinnerungen 1933–1940, München/Wien 1992.

Radio:
Die Schuhe passen nicht. Lisa Fittko erzählt von der Flucht deutscher Emigranten 1940 über die Pyrenäen, BR, 39.20 Min., 24.9.1984.

Gembart, Ulrich: Lisa Fittko im Gespräch, WDR, 58.23 Min., 18.12.1985.
Mittag, G. 1991, s. Tl. 2 (Radio).
Stephan Reinhardt im Gespräch mit Lisa Fittko, SWF, 59 Min., 31.8.1986.

Edith Foster
* Maturatreffen. 50 Jahre danach, aus d. Amerikan. v. Ines Rieder, (Biographische Texte zur Kultur- und Zeitgeschichte, Bd. 8), hg. v. Verein Kritische Sozialwissenschaft u. Polit. Bildung, Wien 1989.

Anne Frank
* Geschichten und Ereignisse aus dem Hinterhaus, mit e. Vorw. v. Josh van Soer, Frankfurt/M. 1983.
* Das Tagebuch der Anne Frank, mit e. Vorw. v. Albrecht Goes, Frankfurt/M. 1987.

Finkele, Simone / Karcher, Beate / Schneider, Gabriele / Weber, Birgit (Bearb.): Die Welt der Anne Frank 1929–1945. Eine Auswahlbibliographie, Karlsruhe 1989.

Gies, Miep: Meine Zeit mit Anne Frank, in Zusammenarbeit m. Alison Leslie Gold, Bern/München/Wien 1987.

Lindwer, Willy: Anne Frank. Die letzten sieben Monate. Augenzeuginnen berichten, aus d. Niederl. v. Mirjam Pressler, Frankfurt/M. 1990.

Niederländisches Staatliches Institut für Kriegsdokumentation (Hg.): Die Tagebücher der Anne Frank, m. e. Einführung v. Harry Pape, Gerold van der Stroom, David Barnouw u. e. Zusammenfassung d. Berichts des Gerichtslaboratoriums d. Justizministeriums, verfaßt v. H.J.J. Hardy, vollständige, textkritische, kommentierte Ausgabe mit 110 Abb. und Dokumenten, aus d. Niederl. v. Mirjam Pressler, Frankfurt/M. 1988.

Radio:
»Im Vorderhaus«. Miep Gies erinnert sich an Anne Frank und ihre Zeit im Gespräch mit Sven-Claude Bettinger, WDR 3, 30 Min., 8.4.1988.

Fernsehen:
Lindwer, Willy: Anne Frank. Die letzten sieben Monate. Dokumentarfilm, W 3, 45 Min., 8.3.1990.

Charlott Frank
* Sagen, was noch zu sagen ist. Mein Leben mit Leonhard Frank, München 1982.

Käte Frankenthal
* Der dreifache Fluch: Jüdin, Intellektuelle, Sozialistin. Lebenserinnerungen einer Ärztin in Deutschland und im Exil, hg. v. Kathleen M. Pearle u. Stephan Leibfried, Frankfurt/M. 1981.

Recha Freier
Zadek, s. Tl. 2.

Anna Freud
Peltzmann, Barbara R.: Anna Freud. A Guide to Research, New York / London 1990.
Peters, Uwe Henrik: Anna Freud. Ein Leben für das Kind, München 1979.
Salber, Wilhelm: Anna Freud, mit Selbstzeugnissen und Bilddokumenten, Reinbek bei Hamburg 1985.
Radio:
Peters, Uwe Henrik: Anna Freud (Portraits zur deutsch-jüdischen Geistesgeschichte), SDR, 24 Bl. (Manuskript im Dt. Literaturarchiv in Marbach a.N.), 10.5.1988.
Rutschky, Michael: Letzter Versuch, Anna Freud zu sprechen, NDR 3, 7.5.1983.

Sophie Freud
* Meine drei Mütter und andere Leidenschaften, (My Three Mothers and other Passions), aus d. Engl. v. Brigitte Stein, 2. Aufl., Düsseldorf 1989.

Margarete (Sallis-) Freudenthal
* Ich habe mein Land gefunden, Frankfurt/M. 1977.

Gisèle Freund
* Lemondeetmacamera, Paris 1970, dt. Übersetzung: Memoiren des Auges, aus d. Franz. v. Rudolf Kimmig, Frankfurt/M. 1977.
* Photographie, mit autobiographischen Texten u. e. Vorw. v. Christian Caujolle, München 1985.
* Portraits von Schriftstellern und Künstlern, mit e. autobiogr. Text, München 1989.
Ausstellung mit Fotografien im Berliner Bauhausarchiv (1.9.–16.10.1988), anschließend Paris, Ausstellungskatalog, Berlin 1988.
Bierther, s. Tl. 2.
Mittag, Gabriele: Fotografin Wissenschaftlerin. Gisèle Freund ist achtzig, in: Hamburger Rundschau, 13.8.1988.
dies.: »Grande Dame der Fotografie«. Gisèle Freund hält nichts von Kulturgetue, in: Hamburger Rundschau, 27.5.1992.
Radio:
Gisèle Freund im Gespräch mit Sabine Mann, (»Zeitgenossen«), SWF, 56.45 Min., 14.9.1983.
Fernsehen:
Gero von Boehm im Gespräch mit der Fotografin Gisèle Freund, SWF, 45 Min., 25.4.1985.

Elisabeth Freundlich
* »Flüchtlingsgespräche« aus heutiger Sicht, in: Österreicher im Exil 1934–1945. Protokoll des Internationalen Symposiums zur Erforschung des österreichischen Exils von 1934–1945, abgehalten vom 3.–6.6.1975 in Wien, hg. v. Dokumentationsarchiv des Österreichischen Widerstandes, Wien 1977, S. 509–513.
* Abschied und Wiederkehr, in: Jochen Jung (Hg.): Vom Reich zu Österreich. Kriegsende und Nachkriegszeit in Österreich von Augen- und Ohrenzeugen, München 1985, S. 49–60.
* Finstere Zeiten. Vier Erzählungen, mit e. Nachw. v. Werner Fuld, Mannheim 1986.
Radio:
Elisabeth Freundlich im Gespräch mit Doris Demant (»Zeitgenossen«), SWF 2, 60 Min., 3.5.1987.

Anne Fried
* Farben des Lebens, Leipzig / Weimar 1991.

Sophie Friedländer
* Am meisten habe ich von meinen Schülern gelernt. Lebensgeschichte einer jüdischen Lehrerin in Berlin und im Exil, hg. v. Monika Römer-Jacobs u. Bruno Schonig, (Reihe Lehrer Lehrerinnen Lebensgeschichten 8), Berlin 1987.

Marguerite Friedlaender-Wildenhain
* Ein Leben für die Keramik. Die Handwerkskunst der großen Keramikerin des Bauhauses, aus dem Engl. v. Heinz Wachter, Berlin 1989.

Bella Fromm Wells
* Blood and Banquets. A Berlin Social Diary, New York 1942, dt. Übersetzung: Als Hitler mir die Hand küßte, aus d. Engl. v. Arno Emmerich, Berlin 1993.

Ruth Gerechter
* Ackermann, Michael/Gerechter, Ruth: Langer Weg zur Freiheit. Geschichte einer Hamburger Jüdin, Wuppertal/Zürich 1991.

Elena Gerhardt
* Recital, London 1953.

Valeska Gert
* Katze von Kampen, Percha am Starnberger See / Kempfenhausen 1973.
* Ich bin eine Hexe. Kaleidoskop meines Lebens, München 1989.

Berger, Renate: Moments can change your life. Kreative Krisen im Leben von Tänzerinnen der 20er Jahre, in: Hirschbach/Nowoselsky, s. Tl. 2.
Peter, Frank-Manuel: Valeska Gert: Tänzerin, Schauspielerin, Kabarettistin. Eine dokumentarische Biographie, Berlin 1985.
Radio:
Mittag, G. 1990, s. Tl. 2 (Radio).
Fernsehen:
Schlöndorff, Volker: »Nur zum Spaß, nur zum Spiel...«. Kaleidoskop Valeska Gert: Portrait einer genialen Unterhaltungskünstlerin, T.V. Produktion, DDR 1977.

Adrienne Gessner
* Ich möchte gern was Gutes sagen... Erinnerungen, Wien / München 1985.

Lothar, Ernst: Das Wunder des Überlebens. Erinnerungen und Erlebnisse, Hamburg / Wien 1960.

Therese Giehse
Drews, Wolfgang: Die Schauspielerin Therese Giehse, Velber 1965.
Eckert, s. Tl. 2.
Giehse, Therese / Sperr, Monika: »Ich hab nichts zum Sagen«. Gespräch mit Monika Sperr, Reinbek bei Hamburg 1976.

Anna Gmeyner
* Manja. Ein Roman um fünf Kinder, mit e. Vorw. v. Heike Klapdor-Kops, Mannheim 1984 (Erstausgabe unter Pseudonym Anna Reiner, Amsterdam 1938).

Klapdor-Kops, Heike: »Und was die Verfasserin betrifft, laßt uns weitersehen«. Die Rekonstruktion der schriftstellerischen Laufbahn Anna Gmeyners, in: Exilforschung. Ein internationales Jahrbuch, Bd. 3, München 1985, S. 313–338.

Edith Goldschmidt
* Drei Leben. Autobiographie einer deutschen Jüdin, Steinfurt 1992.

Leonore Goldschmidt
Pichler, Hermann: Tribut an eine ungewöhnliche Pädagogin. Die Berliner Goldschmidt-Schule bleibt unvergessen, in: Aufbau, 18.12.1987.

Claire Goll
* La poursuite de vent. Mémoire pour le présent, Claire Goll avec la collab. de Otto Hahn, Paris 1976.
* Claire und Ivan Goll: Meiner Seele Töne. Das literarische Dokument eines Lebens zwischen Kunst und Liebe aufgezeichnet in ihren Briefen, neu hg. u. komment. v. Barbara Glaubert, München 1978.
* Ich verzeihe keinem. Eine literarische chronique scandaleuse unserer Zeit, München / Zürich 1980.

Blumenthal, Bernhard: Claire Goll's Prose, in: Monatshefte für deutschen Unterricht, deutsche Sprache und Literatur, Vol. 75, 4/1982, S. 358–368.
Rheinsberg, Anna: Spurensuche. Claire Goll. Versuch einer biographischen Skizze, in: Schreibheft, 21/1983, S. 62–71.
Rheinsberg, s. Tl. 2.
Serke, s. Tl. 2.

Lotte Goslar
Fernsehen:
Praunheim, s. Tl. 2 (Fernsehen).

Dorothea Gotfurt
Reinfrank-Clark, s. Tl. 2.

Nina Gourfinkel
* Unter dem Himmel zweier Welten, München 1955, (Erstausgabe: Aux prises du temps, Paris 1953).

Ingrid Greenburger
* Widerstand. Ein deutsches Schicksal, Hamburg 1981.

Mimi Grossberg
* The road to America: Mimi Grossberg. Her Times and her Emigration – a bilingual Report, New York 1986.

Friesen, s. Tl. 2.

Sina Grosshut
* Mosaik eines Lebens, London / Worms 1987.

Gitta Grünebaum
Moßler, Peter: Vom Grammophon tönt Taubers »Always Heimweh«. Rudolf Heß war abends oft der letzte Gast: Die Geschichte der Gitta Grünebaum, die vor den Nazis nach Amerika flüchtete, in: Frankfurter Allgemeine Zeitung, 1.9.1991.

Margarete Grünfeld
* »Alte unnennbare Tage«. Erinnerungen, geschrieben 1954–1958 in London, London 1958.

Lea Grundig
* Gesichte und Geschichte, Berlin/DDR 1960.
Evers, s. Tl. 2.
Hütt, Wolfgang: Lea Grundig, Dresden 1969.
Lea Grundig. Zeichnungen. Graphik, Ausstellungskatalog mit Auswahlbibliographie, hg. v. d. Akademie der Künste der Deutschen Demokratischen Republik, Berlin/DDR / Leipzig / Dresden 1975.
Müller, Karoline: Vom Erkennen der Wahrheit oder Wem dient die Kunst? Notizen zum Wirken von Lea und Hans Grundig, in: die horen, 26. Jg., 1/1981, S. 149–155.

Hanna Grunwald-Eisfelder
Otto, Reinhard: Wie haste det jemacht? Lebenslauf von Hanna Grunwald-Eisfelder. Nach mündlichen und schriftlichen Überlieferungen erzählt, Soltau 1992.

Annemarie Günther
Gilzmer, Mechthild: Ein Leben ist viel zuviel. Ein Portrait der deutschen Kommunistin und Exilantin Annemarie Günther, in: Freitag, 22.11.1991.

Erika Guetermann
* Von Alpha bis Romeo. Gedichte mit Angaben zur Person, Lahnstein 1978.

Hedwig Guggenheimer-Hintze
Stephan, s. Tl. 2.

Hella Guth
* Malerei aus fünf Jahrzehnten, Ausstellung Galerie Steir-Semler, Kiel, Sept. 1989, Kat.-Text v. Irene Below, Kiel 1989.
Below, Irene: Hella Guth, in: Theresa Georgen / Ines Lindner / Silke Radenhausen (Hg.): Ich bin nicht ich wenn ich nicht sehe. Dialoge – Ästhetische Praxis in Kunst und Wissenschaft von Frauen, Berlin 1991, S. 16–31.
Tönnies, Moya: Netz oder Hängematte. Alltagserfahrung und Werk der Künstlerin Hella Guth im Londoner Exil, in: Exilforschung. Ein internationales Jahrbuch, Bd. 10, München 1992, S. 65–73.

Dolly Haas
Stiftung Deutsche Kinemathek, s. Tl. 2.
Fernsehen:
Praunheim, s. Tl. 2 (Fernsehen).

Käte Hamburger
Käte Hamburger. Aufsätze und Gedichte zu ihren Themen und Thesen, zum 90. Geburtstag hg. v. Helmut Kreuzer u. Jürgen Kühnel, Siegen 1986.
Hage, Volker: Logik und Dichtung. Zum Tode der Germanistin Käte Hamburger, in: Die Zeit, 17.4.1992.
Janota, Johannes / Kühnel, Jürgen (Hg.): Ehrenpromotion Käte Hamburgers am 25. Juni 1980. Dokumentation, Universitätsgesamthochschule Siegen, Fachbereich Sprachw., Siegen 1980.
Ueding, Gert: Logik der Dichtung. Die Literaturwissenschaftlerin Käte Hamburger wird neunzig, in: Frankfurter Allgemeine Zeitung, 20.9.1986.
Radio:
Mayer, Hans: Käte Hamburger und die Philosophie der Dichter. Zum 90. Geburtstag von Käte Hamburger, SDR, 39 Bl. (Manuskript im Dt. Literaturarchiv Marbach a.N.), 11.11.1986.

Irene Harand
Aronsfeld, C.C.: Greathearted Champion of Justice. In memoriam Irene Harand, in: AJR (Association of Jewish Refugees) Information, Vol. 31, 1/1976, S. 7.
Haag, John: A Woman's Struggle against Nazism. Irene Harand and »Gerechtigkeit« 1933–1938, in: The Wiener Library Bulletin, New Series, Vol. 34, Nos. 53/54, 1981, S. 64–72.

Henriette Hardenberg
* Henriette Hardenberg. Dichtungen. Werkausgabe mit dokumentarischem und textkritischem Anhang, hg. von Hartmut Vollmer, Zürich 1988.
Rheinsberg, Anna: Die vergessene Dichterin, in: Brigitte, 2.5.1990.
Vollmer, Hartmut: »Im Straffen beben wir vor innerem Gefühl«: Über die expressionistische Dichterin Henriette Hardenberg, in: Hirschbach/Nowoselsky, s. Tl. 2.

Margarete Harich-Schneider
* Charaktere und Katastrophen. Ein Lebensbild, Berlin 1978.

Mela Hartwig
Schönwiese, Ernst: Im Exil vergessen: Mela Hartwig und ihr nachgelassener Roman »Die andere Wirklichkeit«, in: ders.: Literatur in Wien zwischen 1930 und 1980, Wien / München 1980, S. 97–102.

Nora Hauben
Pazi 1981, s. Tl. 2.

Elisabeth Hauptmann
* Julia ohne Romeo, Geschichten, Stücke, Aufsätze und Erinnerungen, hg. v. Rosemarie Eggert u. Rosemarie Hill, Berlin/DDR / Weimar 1977.
Rühle, Günther: Begegnung mit E.-H.: Eine Mitarbeiterin Bert Brechts, in: Frankfurter Allgemeine Zeitung, 5.10.1967.

Frieda Hebel
Pazi 1981, s. Tl. 2.
Reinfrank-Clark, s. Tl. 2.

Alice Herdan-Zuckmayer
* Die Farm in den grünen Bergen, Frankfurt/M. 1956.
Grieser, s. Tl. 2.

Eleonore Hertzberger
* Durch die Maschen des Netzes, aus d. Holländ. v. d. Autorin, bearb. v. Wolfgang Draeger, Zürich 1993.

Ida Herz
Jonas, Klaus v.: Ein Leben für Thomas Mann. Erinnerungen eines Sammlers und Biographen an Ida Herz (1894–1984), in: Hefte der Deutschen Thomas-Mann-Gesellschaft, 4/1984, S. 42–54.

Lida Gustava Heymann
* Lida Gustava Heymann in Zusammenarbeit mit Anita Augsburg: Erlebtes und Erschautes. Deutsche Frauen kämpfen für Freiheit, Recht und Frieden 1850–1940, hg. v. Margrit Twellmann, Neuaufl.: Frankfurt/M. 1990 (zuerst Meisenheim am Glan 1972).

Hedwig Hintze
Jütte, Robert: Hedwig Hintze (1884–1942). Die Herausforderung der traditionellen Wissenschaft durch eine linksliberale jüdische Wissenschaftlerin, in: Juden in der Wissenschaft, Tel-Aviv 1986, S. 249–278.
Oestreich, Brigitta: Hedwig und Otto Hintze. Eine biographische Skizze, in: Geschichte und Gesellschaft, 11. Jg., 4/1985: Frauenleben, S. 397–419.

Hilde Holger
Hirschbach, Denny / Takvorian, Rick (Hg.): Hilde Holger. Die Kraft des Tanzes. Wien – Bombay – London. Über das Leben und Werk der Tänzerin, Choreographin und Tanzpädagogin, Bremen 1990.
Mittag, Gabriele: »Sie lehrte den Tanz und das Leben«. Das Verborgene Museum zeigt eine Ausstellung über die Tanzrevolutionärin Hilde Holger, in: Tagesspiegel, 30.8.1992.

Karen Horney
Rubins, Jack L.: Karen Horney. Sanfte Rebellin der Psychoanalyse. Biographie, aus d. Amerikan. v. Ute Seeßlen, München 1980.

Lotti Huber
* Diese Zitrone hat noch viel Saft. Ein Leben, St. Gallen / Berlin / São Paulo 1990.
Horst, Sabine: Teilansichten einer Frau. Praunheims »Affengeil«, Kult-Hommage an Lotti Huber, in: Frankfurter Rundschau, 4.1.1991.
Makowsky, Arno: »Schocker der Nation? Sehr schön!«. Interview mit der Schauspielerin und Szene-Diva Lotti Huber, in: Süddeutsche Zeitung, 31.8./1.9.1991.
Supp, Barbara: Schöne Männer, Schwüle Nächte, (Portrait), in: Der Spiegel, 3.12.1990.

Fernsehen:
Gespräch mit Lotti Huber in »Zeil um zehn«, HR 3, 23.11.1990.

Hilde Huppert
* Hand in Hand mit Tommy. Ein autobiographischer Bericht 1933–1945, St. Ingbert 1988.

Gertrud Isolani
* Stadt ohne Männer, Zürich 1945.
* Kein Blatt vor dem Mund. Briefe – Gespräche – Begegnungen, Berlin / Basel 1985.
* Briefe, Gespräche, Begegnungen. Memoiren, Tl. 1: Berlin, Frankreich, Schweiz, Köln 1985.

Reinfrank-Clark, s. Tl. 2.

Lotte Jacobi
* Menschen von gestern und heute. Fotografien, Portraits, Skizzen und Dokumentationen, Katalog der Ausstellung im Museum Folkwang Essen 12.12.1973–13.1.1974, Essen 1973.
* Berlin New York. Schriftsteller in den 30er Jahren, fotografiert von Lotte Jacobi, mit e. Vorw. v. Ludwig Greve, zusammengest. v. Walter Scheffler, Marbach am Neckar / Stuttgart 1982.

Bauschinger, Sigrid: Bilder unseres Jahrhunderts. Die zwei Leben der Fotografin Lotte Jacobi, in: taz, 17.5.1986.

Beckers, Marion / Moortgat, Elisabeth: Gesichtszüge Kopfneigen. Am 17. August wird die Portraitfotografin Lotte Jacobi 90 Jahre alt, in: taz, 16.8.1986.

Bierther, s. Tl. 2.

Pfanner, Helmut F. / Samson, Gary: Lotte Jacobi. German Photographer and Portraitist in Exile, in: The Germanic Review, vol. 62, no. 3, 1987, S. 109–117.

Wise, Kely (Hg.): Lotte Jacobi, New Hampshire 1978.

Marie Jahoda
Sondergeld, Klaus: Leben ohne Arbeit – Über die Sozialpsychologin Marie Jahoda, die Arbeiter von Marienthal und die Frage, wie Arbeitslosigkeit die Menschen zerstören kann, in: Die Zeit, 13.5.1988.

Radio:
Niess, Frank: Die Sozialwissenschaftlerin Marie Jahoda im Portrait, BR 2, 28.30 Min., 5.6.1985.

Anna Maria Jokl
Reinfrank-Clark, s. Tl. 2.

Annely Juda
Kleinert, Lore: Jahrgang 1914, Geburtsort Kassel. Ein Portrait der Londoner Galeristin Annely Juda, in: taz, 3.7.1989.

Cläre M. Jung
* Bilder meines Lebens, in: Neue deutsche Literatur, 11/1971, 4/1972, 11/1972.

Ret, Joachim / Roscher, Achim : Gefährten im Kampf. Gespräch mit Cläre Jung, in: Neue deutsche Literatur, 1/1977, S. 77–100.

Stella Kadmon
Radio:
Deutschendorf, Ursula: Stella Kadmon. Schauspielerin, Kabarettistin, Avantgardistin – gestern, (»In eigener Sache«), WDR 1, 53.30 Min., 27.10.1984.

Marie Kahle
* What would you have done. The story of the escape of the Kahle Family from Nazi-Germany, London 1945.

Mascha Kaléko
Mülsch, s. Tl. 2.

Rheinsberg, Anna: Mascha Kaléko, in: Emma 7/1983, S. 50–52.

Zoch Westphal, Gisela: Aus den sechs Leben der Mascha Kaléko. Biographische Skizzen, ein Tagebuch und Briefe mit 62 Fotos und Zeichnungen sowie 19 Dokumente, Berlin 1987.

Radio:
* Wenn einer fortgeht ... ein Solo für zwei. Funkspiel in Vers und Prosa, SWF, 55 Bl. (Manuskript im Dt. Literaturarchiv Marbach a.N.), 26.8.1986.

Fernsehen:
Krüger, Horst / Bormbach, Peter: Zur Heimat erkor ich mir die Liebe, ZDF, 21.1.1985.

Eleonore Kalkowska
Stürzer, Anne: Das Zeitstück von Frauen – ein Lehrstück vom Vergessen. Die Dramatikerinnen Hilde Rubinstein und Eleonore Kalkowska, in: Hirschbach / Nowoselsky, s. Tl. 2.

Emma Kann
* Biographische Notizen und Gedichte, in: Exil. Forschung, Erkenntnisse, Ergebnisse, 1/1986, S. 66–77.

Gertrud Kantorowicz
Curtius, Ernst Robert: Gertrud Kantorowicz. In Memoriam Theresienstadt, Merkur, 2/1948, S. 474/475.
Landmann, Michael: Gertrud Kantorowicz, in: ders.: Figuren um Stefan George. Zehn Portraits, Amsterdam 1982, S. 38–51.

Hedwig Katschmer
* Kosmorose. Gedichte mit Vita, Baden / Wien 1987.

Gina Kaus
* Und was für ein Leben ... mit Liebe und Literatur, Theater und Film, Hamburg 1979, Neuauflage unter dem Titel: Von Wien nach Hollywood. Erinnerungen von Gina Kaus, Frankfurt/M. 1990.
From Matzod Island to Tinseltown. The stranger-than-Fiction Life of the Fiction Writer Gina Kaus, in: AJR (Association of Jewish Refugees) Information, London, Nov. 1989.
Molone, Dagmar: Gina Kaus, in: John M. Spalek / Joseph P. Strelka / Sandra H. Hawrylchak (Hg.): Deutsche Exilliteratur seit 1933, Bd. 1, Kalifornien, Bern / München 1976, Tl. 1, S. 751–761, Tl. 2, S. 66–68 (Bibliographie), Tl. 2, S. 193/194 (Quellenkundlicher Bericht).
Mulot, Sibylle: Gina, Almas Gegenstück, in: FAZ-Magazin, 8.9.1989.

Luise Kautsky
Zadek, s. Tl. 2.

Judith Kerr
* Warten, bis der Frieden kommt, aus d. Engl. v. Annemarie Böll, Ravensburg 1975.
* Eine eingeweckte Kindheit, Vortrag am 7.10.1990 im Berliner Renaissance Theater, Berlin 1990.
Münchhausen, Anna v.: »Die Leute haben mich nie gefragt« – Als Kinderbuchautorin hat sie ein deutsches Tabu gebrochen, in: Die Zeit, 3.6.1988.
Radio:
Judith Kerr im Gespräch mit Alfred Joachim Fischer, SFB, 30 Min., 18./19.1.1983.

Irmgard Keun
* Bilder und Gedichte aus der Emigration, Köln 1947.
* Wenn wir alle gut wären, hg. u. mit e. Nachw. v. Wilhelm Unger, Köln 1983.
* Ich lebe in einem wilden Wirbel. Briefe an Arnold Strauss 1933 bis 1945, hg. v. Gabriele Kreis, Düsseldorf 1988.
Bossinade, Johanna: Haus und Front. Bilder des Faschismus in der Literatur von Exil- und Gegenwartsautorinnen. Am Beispiel von Anna Seghers, Irmgard Keun, Christa Wolf und Gerlind Reinshagen, in: Neophilologus, 70/1986, S. 92–118.
Drewitz, s. Tl. 2.
Jelinek, Elfriede: »Über Irmgard Keun«, Rede, gehalten am 5.3.1980 in Köln. Unter dem Titel »Weil sie heimlich weinen muß, lacht sie über Zeitgenossen«, in: die horen, 25. Jg., 120/1980, S. 221–225.
Klapdor, Heike: Keine mehr von uns, schon lange... Zum Tod der Schriftstellerin Irmgard Keun, in: Exil. Forschung, Erkenntnisse, Ergebnisse, 2/1982, S. 79–81.
Krechel, Ursula: Irmgard Keun: Die Zerstörung der kalten Ordnung. Auch ein Versuch über das Vergessen weiblicher Kulturleistungen, in: Literaturmagazin 10: Vorbilder, Reinbek bei Hamburg 1979, S. 103–128.
Kreis, Gabriele: Was man glaubt, gibt es. Das Leben der Irmgard Keun, Zürich 1991.
dies.: »Schreiben aus eigener Erfahrung...«. Drei Schriftstellerinnen im Exil: Lili Körber, Irmgard Keun, Adrienne Thomas, in: Hirschbach/Nowoselsky, s. Tl. 2.
Lorisika, Irene: Frauendarstellungen bei Irmgard Keun und Anna Seghers, Frankfurt/M. 1985.
Oberempt, Gert: »Ich lebe in einem wilden Wirbel«. Irmgard Keun – Schreiben als Simulation des Lebens, in: die horen, 37. Jg., H. 166, 2/1992, S. 109–117.
Roloff, Gerd: Irmgard Keun. Vorläufiges zu Leben und Werk, in: Hans Würzner (Hg.): Zur Deutschen Exilliteratur in den Niederlanden 1933–1940, Amsterdamer Beiträge zur Neueren Germanistik, Amsterdam 1977, S. 45–60.
Rosenstein, Doris: Irmgard Keun. Das Erzählwerk der dreißiger Jahre, (Forschungen zur Literatur- und Kulturgeschichte, Bd. 28), Frankfurt/M. (u.a.) 1991.
Sautermeister, Gert: Irmgard Keuns Roman

»Nach Mitternacht«, in: C. Fritsch / L. Winckler (Hg.): Faschismuskritik und Deutschlandbild im Exilroman, Argument Sonderbd. 76/1981, S. 15–35.
Serke, s. Tl. 2.
Siegel 1991, s. Tl. 2.
Siegel 3/1992, s. Tl. 2.
Radio:
Kreis, Gabriele: Ich hab ein wildes, buntes Bilderbuch erlebt. Irmgard Keuns Briefe an einen Emigranten in Amerika, DLF, 31 Bl. (Manuskript im Dt. Literaturarchiv Marbach a.N.), 1.3.1988.
Merker, Christa: »Als die letzten Bomben fielen, atmete ich auf«. Irmgard Keun, verdrängt und vergessen, DLF, 44 Min., 3.5.1983.
Oberempt, Gert: Ich lebe in einem wilden Wirbel. Irmgard Keuns Briefe an Arnold Strauss 1933–1947, WDR 3, 30 Min., 1.1.1988.

Else Kienle
Siebert, Ulla: Das kalte Gesetz der Männer. Else Kienle – eine Ärztin, die in den zwanziger Jahren gegen den Paragraphen 218 kämpfte, in: Frankfurter Rundschau, 25.5.1990.
Steinecke, Verena: Ich mußte zuerst Rebellin werden. Trotz Bedrohung und Gefahr – das gute und wunderbare Leben der Ärztin Else Kienle, Stuttgart 1992.

Johanna Kirchner
Dertinger, Antje / Trott, Jan v.: »...und lebe immer in Eurer Erinnerung«. Johanna Kirchner – eine Frau im Widerstand, Berlin / Bonn 1985.

Charlotte von Kirschbaum
Stephan, s. Tl. 2.

Catherine Klein
* Escape from Berlin, aus d. Dt. v. Livia Laurent, London 1944.

Ruth Klinger
* Die Frau im Kaftan. Lebensbericht einer Schaupielerin, hg. u. eingel. v. Ludger Heid in Verbindung mit Rita Guggenheim-van Kollem, Gerlingen 1992.
Guggenheim-van Kollem, Rita: Zeugin einer Zeit, in: Dialog. Mitteilungen d. Steinheim-Instituts für deutsch-jüdische Ge-

schichte e.V., 3. Jg., Nr. 4, Dez. 1990, S. 4.
Heid, Ludger: Die Frau im Kaftan. Ruth Klinger und das jüdisch-literarische Kabarett »Kaftan«, in: Dick / Hahn, s. Tl. 2, S. 216–231.

Alma Johanna Koenig
* Vor dem Spiegel. Lyrische Autobiographie, ausgewählt u. mit e. Nachw. v. Oskar Jan Tauschinski, Graz 1978.
Raynaud, F.: Alma Johanna Koenig (1887–1942). Leben und Dichten einer Wienerin, in: Bulletin des Leo Baeck Instituts, 64/1983, S. 29–54.
Tauschinsky, Oskar Jan: Die lyrische Autobiographie der Alma Johanna Koenig, in: Literatur und Kritik, 72/1973, S. 65–77.
ders.: Kaddisch für eine Dichterin, in: Mit der Ziehharmonika. Zeitschrift der Theodor Kramer Gesellschaft, 9. Jg., 2/1992, S. 1–3.

Lili Körber
* Die Ehe der Ruth Gompertz, Roman, mit e. Nachw. v. Gabriele Kreis, Mannheim 1984 (Erstausgabe unter dem Titel: Eine Jüdin erlebt das neue Deutschland, Zürich 1934).
* Eine Österreicherin erlebt den Anschluß, Roman, mit Erläuterungen und e. Nachw. v. Victoria Hertling, Wien 1988, (zuerst 1938).
Friesen, s. Tl. 2.
Hertling, Victoria: Abschied von Europa: Zu Lili Körbers Exil in Paris, Lyon und New York, in: Shelley Frisch, s. Tl. 2., S. 118–129.
Kreis, Gabriele: »Schreiben aus eigener Erfahrung...«. Drei Schriftstellerinnen im Exil: Lili Körber, Irmgard Keun, Adrienne Thomas, in: Hirschbach / Nowoselsky, s. Tl. 2.

Olga Kokoschka
Radio:
Annemarie Stoltenberg interviewt die Witwe des Malers Oskar Kokoschka, NDR, 23 Min., 27.2.1986.

Annette Kolb
* Annette Kolb und René Schickele: Briefe im Exil 1933–1940, in Zusammenarbeit m. Heidemarie Gruppe, hg. v. Hans Bender, Mainz 1987.
Bauschinger, Sigrid: »Ein Kind ihrer Zeit«:

Annette Kolb, in: Amsterdamer Beiträge zur Neueren Germanistik, hg. von Gerhard P. Knapp, Bd. 31–33, 1990/1991.
Benyoetz, Elazar: Annette Kolb und Israel, Heidelberg 1970.
Drewitz, s. Tl. 2.
Lemp, Richard: Annette Kolb. Leben und Werk einer Europäerin, Mainz 1970.

Margarethe Kollisch
Niers, s. Tl. 2.

Hedda Korsch
Hirsch, Helmut: Tätig für eine bessere Zukunft. Die Pädagogin Hedda Korsch in Deutschland und im Exil, in: Vorwärts, 22.12.1984.

Berta Kraus-Rosen
Pazi 1981, s. Tl. 2.

Gerda Krautter
* Wie ich Russland erlebte, Hamburg 1948.

Martha Krehbiel-Darmstädter
* Briefe aus Gurs und Limonet (1940–1943), hg. v. Werner Schmitthenner (Jüdische Gemeinde/Berlin), Heidelberg 1970.

Susanne Kriss
* Kriss, Susanne / Fuchs-Ligeti, Herta / Herrnstadt-Steinmetz, Gundl: Wien – Belgien – Retour? Hg., bearb. u. eingel. v. Erika Thurner, Wien / Salzburg 1990 (Erinnerungen aus Verfolgung und Widerstand 1938–1945).

Anna Krommer
Friesen, s. Tl. 2.

Vera Lachmann
Friesen, s. Tl. 2.
Niers, s. Tl. 2.

Minna Lachs
* Warum schaust du zurück. Erinnerungen 1907–1941, Wien / München / Zürich 1986.

Hedy Lamarr
* Ecstasy and Me, (Ghost-written), New York 1957.

Anna Lambert
* Du kannst vor nichts davonlaufen. Erinnerungen einer auf sich selbst gestellten Frau, Wien 1992.

Lola Landau
* Vor dem Vergessen. Meine drei Leben, Frankfurt/M. / Berlin 1992, (zuerst Frankfurt/M. 1987).
Deuter, Jörg: Lola Landau. Lebensweg einer deutschen Dichterin von Berlin nach Jerusalem, in: Sprache im technischen Zeitalter, 91/1984, S. 209 ff.
Pazi 1981, s. Tl. 2.

Ruth Landshoff-York
* Klatsch, Ruhm und kleine Feuer. Biographische Impressionen, Köln / Berlin 1963.
Schoppmann, s. Tl. 2.

Marie Langner
Marie Langner. Von Wien bis Managua. Wege einer Psychoanalytikerin, Vorw. u. Interview v. Enrique Guinsberg, Einl. v. Armado Bauleo, Nachw. v. Jaime del Palacio, Freiburg 1986.
Radio:
Paul Assall und Klaus Figge im Gespräch mit der Psychoanalytikerin Marie Langner, SWF, 58 Min., 2.2.1986.
Gebhardt, Christina: »Wenn die Welt brennt, kann man nicht weiter den eigenen Nabel beschauen«. Portrait einer Psychoanalytikerin, WDR 3, 60 Min., 18.6.1987.

Lotte Laserstein
Rothe, Friedrich: Lotte Laserstein und Charlotte Salomon: Zwei künstlerische Entwicklungen unter den Bedingungen der NS-Zeit, in: Profession ohne Tradition. 125 Jahre Verein der Berliner Künstlerinnen. Ein Forschungsprojekt in Zusammenarbeit mit dem Verein Berliner Künstlerinnen, hg. v. d. Berlinischen Galerie, Berlin 1992, S. 151–158.

Berta Lask
Kändler, K.: Berta Lask, in: ders.: Drama und Klassenkampf. Beziehungen zwischen Epochendramatik und dramatischem Konflikt in der sozialistischen Dramatik der Weimarer Republik, Berlin 1970, S. 128–142.

Else Lasker-Schüler

* Briefe, Bd. 1: Lieber gestreifter Tiger, Bd. 2: Wo ist unser buntes Theben, hg. v. Margarete Kupper, München 1969.
* Was soll ich hier? Exil-Briefe an Salman Schocken (dokumentarische Erstausgabe), hg. u. kommentiert v. Sigrid Bauschinger u. Helmut G. Herrmann, Heidelberg 1986.

Bauschinger, Sigrid: Else Lasker-Schüler. Ihr Werk und ihre Zeit, Heidelberg 1980.

Busch, Arnold: Faust und Faschismus bei Else Lasker-Schüler, in: Exil. Forschung, Erkenntnisse, Ergebnisse, 1/1984, S. 60–64.

Hasecke, Ursula: Die Kunst, Apokryphen zu lesen. Zu einigen Momentaufnahmen ›weiblicher‹ Imagination in der literarischen Arbeit Else Lasker-Schülers, in: Irmela von der Lühe (Hg.): Entwürfe von Frauen in der Literatur des 20. Jahrhunderts, Argument Sonderbd. 92/1982, S. 27–63.

Hedgepeth, Sonja M.: Die Flucht ins Morgenland. Zum Orientalismus im Werk Else Lasker-Schülers, in: Helmut F. Pfanner (Hg.): Kulturelle Wechselbeziehungen Exil – Exile across Cultures (Studien zur Literatur der Moderne, Bd. 14), Bonn 1986, S. 190–201.

dies.: Betrachtungen einer Unpolitischen. Else Lasker-Schüler zu ihrem Leben im Exil, in: The Germanic Review, vol. 62, no. 3, 1987, S. 130–135.

Hessing, Jacob: Else Lasker-Schüler. Biographie einer deutsch-jüdischen Dichterin, Karlsruhe 1985.

Klüsener, Erika: Else Lasker-Schüler in Selbstzeugnissen und Bilddokumenten, Reinbek bei Hamburg 1980.

Pazi, Margarita: Else Lasker-Schüler in Jerusalem. Zur Nuancierung einer allgemeinen Meinung, in: Deutsche Vierteljahrsschrift für Literaturwissenschaft und Geistesgeschichte, 53. Jg., 1/1978, S. 115–124.

Schmid, Michael (Hg.): Else Lasker-Schüler. Ein Buch zum 100. Geburtstag der Dichterin, Wuppertal 1969.

Schuller, Marianne: Literatur im Übergang. Zur Prosa Else Lasker-Schülers, in: Dick / Hahn, s. Tl. 2, S. 232–247.

Serke, s. Tl. 2.

Weissenberger, Klaus: Zwischen Stein und Stern. Mystische Formgebung in der Dichtung von Else Lasker-Schüler, Nelly Sachs und Paul Celan, München 1976.

Radio:
Hamburger, Käte: Else Lasker-Schüler, (Essay), SDR, 21 Bl. (Manuskript im Dt. Literaturarchiv Marbach a.N.), 16.2.1988.

Fernsehen:
Bausinger, Brigitte: Ein Dialog mit Else Lasker-Schüler anhand von Werkzitaten, WDR/WDF, 7.2.1985.

Auguste Lazar

* Arabesken. Aufzeichnungen aus bewegter Zeit, Berlin/DDR 1957, (erw. Ausg. 1977).

Maria Lazar

Dähnhardt, Willy / Nielsen, Birgit S.: Maria Lazar. Pseudonym: Esther Grenen (1895–1948), in: dies.: Geflüchtet unter das dänische Strohdach, Schriftsteller und bildende Künstler im dänischen Exil nach 1933, Ausstellungskatalog der Königl. Bibliothek Kopenhagen, Heide in Holstein 1988, S. 42–52.

Nielsen, Birgit S.: Maria Lazar. Eine Exilschriftstellerin aus Wien, in: Text & Kontext, 11/1983, S. 138–194.

Ruth van Leeuwen

* Rückkehr zur Offenheit. Eine Frau lernt ihr Leben wieder lieben, dt. v. Manfred Ohl u. Hans Sartorius, Frankfurt/M. 1989.

Lotte Lehmann

* Anfang und Aufstieg. Lebenserinnerungen, Wien / Leipzig / Zürich 1937.

Newton, J.: Accompaning Lotte Lehmann's Classes, in: Opera, 1957.

Wessling, Berndt Wilhelm: Lotte Lehmann ... mehr als eine Sängerin, Salzburg 1969.

Maria Leitner

* Elisabeth ein Hitlermädchen. Erzählende Prosa, Reportagen und Berichte, hg. v. Helga Schwarz, mit e. Nachw. u. e. Bibliogr. d. Schriften Maria Leitners, Berlin/DDR / Weimar 1985.

Melchert, Monika: Maria Leitner. Vermutungen und Tatsachen, in: Neue deutsche Literatur, 8/1986.

Pfanner, Helmut F.: Maria Leitner – Eine Verschollene des Exils, in: Aufbau, 3.1.1986.

Ruge, Uta: Zwischen Liebe und Revolution, Antisemitismus und Krieg. Das Leben und

Schreiben der Schriftstellerin Maria Leitner, in: taz, 10.5.1986.
Schwarz, Helga: Maria Leitner – eine Verschollene des Exils?, in: Exilforschung. Ein internationales Jahrbuch, Bd. 5, München 1987, S. 123–134.
dies., s. Tl. 2.
Siegel 1991, s. Tl. 2.
Siegel 3/1992, s. Tl. 2.

Lotte Lenya
Spoto, Donald: Die Seeräuber-Jenny. Das bewegte Leben der Lotte Lenya, aus d. Amerikan. v. Michaela Grabinger, München 1990.
»Wie ein unberechenbares Tier«. Vom ungewöhnlichen Leben der Lotte Lenya, in: Frankfurter Neue Presse, 19.5.1990.

Charlotte Leonhard
Donat, Helmut: Charlotte Leonhard. Lebensbild einer deutschen Pazifistin, Bremen 1984.

Susanne Leonhard
* Gestohlenes Leben. Schicksal einer politischen Emigrantin in der Sowjetunion, 5. überarb.Aufl., Herfordo.J. (1.Aufl.1958).
Weber, Hermann: Susanne Leonhard gestorben, in: IWK Internationale wissenschaftliche Korrespondenz zur Geschichte der deutschen Arbeiterbewegung, 20. Jg., 2/ 1984, S. 155/156.

Jella Leppmann
* Women in Nazi Germany (unter Pseudonym Katherine Thomas), London 1943.
Nottebohm, Brigitte (Hg.): Dank an Jella Leppmann, Johann Wolfgang Goethe Universität, Abtlg. f. Erziehungswissenschaften, Frankfurt/M. 1969.
Scharioth, Barbara: Hartnäckig für Kinder, (zum 90. Geburtstag), in: Börsenblatt für den deutschen Buchhandel, 14.5.1991.

Gerda Lerner
* Das Patriarchat ist am Ende. Ursula Kubes-Hofmann im Gespräch mit der Doyenne der feministischen Geschichtswissenschaft in den USA, Gerda Lerner, die 1938 aus Österreich emigrieren mußte, in: Stimme der Frau, Wien, 7/8/1992, S. 29–33.

Maria Ley-Piscator
* Der Tanz im Spiegel. Mein Leben mit Erwin Piscator, aus d. Amerikan. v. Michael Prinz, Reinbek bei Hamburg 1989.
Fernsehen:
Praunheim, s. Tl. 2 (Fernsehen).

Mechthilde Lichnowsky
Jonas, Klaus W.: Die Schriftstellerin Mechthilde Lichnowsky. Aus den Erinnerungen eines Sammlers und Biographen, in: Börsenblatt für den deutschen Buchhandel, Frankf. Ausg., H. 26, 1976, S. A72–A83.
Mann, Golo: Mechthilde Lichnowsky, in: Neue Rundschau, 90. Jg., 4/1979, S. 554–560.

Ruth Liepmann
* Vielleicht ist Glück nicht nur Zufall. Erzählte Erinnerungen, Köln 1992.
Ledig-Rowohlt, Heinrich-Maria: Ehen stiften, bei denen es nicht zur Scheidung kommt, in: Börsenblatt für den deutschen Buchhandel, 21.4.1989.
Fernsehen:
Auch-Schwelk, Christa: Ruth Liepmann. Agentin in Sachen Literatur, ARD, 30 Min., 15.5.1990.

Lilo Linke
* Restless Flags. A German Girl's Story, New York 1934.
Holl, Karl: Erinnerung an eine Schriftstellerin. Lilo Linke – eine Berlinerin erforschte Ecuador, in: Das Parlament, 25.10.1986.
ders.: Lilo Linke (1906–1963). Von der Weimarer Jungdemokratin zur Sozialreporterin in Lateinamerika. Materialien zu einer Biographie, in: Exilforschung. Ein internationales Jahrbuch, Bd. 5, München 1987, S. 68–89.

Hilde Lion
Simmel-Joachim, Monika: Hilde Lion zum 100. Geburtstag (1893–1970), in: Archiv der deutschen Frauenbewegung, s. Tl. 2., S. 34–39.

Eva Lips
* What Hitler did to us, transl. by Caroline Newton, with an Introduction by Dorothy Thompson, London 1938.
* Rebirth in Liberty, New York 1942.

Irmgard Litten
* Eine Mutter kämpft gegen Hitler, mit e.

Vorw. v. Rudolf Olden, Frankfurt/M. 1984, Erstausgabe: A Mother fights Hitler, London 1940, (zuerst dt. 1947).

Lisa Löwenberg
* Vom Kampf um den jüdischen Traum, hg. v. Gero Lenhardt, Frankfurt/M. 1990.

Ilse Losa
* Die Welt in der ich lebte. Die Geschichte der Rose Frankfurter, aus d. Portugies. v. Maralde Meyere-Minnemann unter Mitarb. d. Autorin, Freiburg 1990, (Erstausgabe: O mundi em que viví. Porto 1949).
* Unter fremden Himmeln, von d. Autorin aus d. Portugies. übers., Freiburg 1991.
* Nur eine einfache Reportage, mehr nicht, in: Tranvia. Revue der Iberischen Halbinsel, Nr. 12, März 1989, S. 342–346.
* »Denn Sprache ist ja Heimat, dieses furchtbare Wort«. Gespräch mit Ilse Losa, Porto, Januar 1989, v. Elfriede Engelmeyer, in: Tranvia. Revue der Iberischen Halbinsel, Nr. 12, März 1989, S. 22 ff.
* Von der Heimat, die man haben muß, um sie nicht zu brauchen, in: Tranvia. Revue der Iberischen Halbinsel, Nr. 12, März 1989, S.20–22.

Gutzeit, Angela: »Die Welt in der ich lebte« – Begegnung mit einer Emigrantin, in: Anschläge, Nr. 19, Nov./Dez. 1988, S. 12–14.
Reinfrank-Clark, s. Tl. 2.
Schoppmann, s. Tl. 2.
Radio:
Ilse Losa – Kinderbuchautorin und Übersetzerin, ORF, 29.10.1989.

Paula Ludwig
* Ivan Goll und Paula Ludwig: Ich sterbe mein Leben. Briefe 1931–1940, hg. u. kommentiert v. Barbara Glaubert-Hesse, Wiesbaden 1984.

Schöfflin, Klaus: »... und ihre Gluten einlassen in mein Herz«. Paula Ludwig (1900–1974), Lyrikerin und Träumerin: Hoch gelobt – kaum beachtet, in: Börsenblatt für den deutschen Buchhandel, 24.1.1984.

Gerda Luft
* Chronik eines Lebens für Israel, Stuttgart 1983.

Anja Lundholm
* Das Höllentor. Bericht einer Überlebenden, mit e. Nachw. v. Eva Demski, Reinbek bei Hamburg 1991.

Anna Mahler
Brüx, Helga: »Ich möchte keine Note sein«. Über Anna Mahler, in: die horen, 33. Jg., 152/1988, S. 192–195.
Gombrich, Ernst H.: Anna Mahler. Ihr Werk, Stuttgart 1975.
Jungk, Peter: Anna Mahler, in: FAZ-Magazin, 17.5.1985.
Willnauer, Franz / Fistoulari, Marina (Hg.): Die Bildhauerin Anna Mahler, Salzburg 1988.
Fernsehen:
Kilian, Carla: »Ich bin nicht das, was man so tut«, ARD, 45 Min., 28.4.1987.

Alma Mahler-Werfel
* Mein Leben, 27. Aufl., Frankfurt/M. 1992, (Erstausgabe: Frankfurt/M. 1960).

Giroud, Françoise: Alma Mahler oder die Kunst, geliebt zu werden. Biographie, aus d. Franz . v. Ursel Schäfer, Wien / Darmstadt 1989.
Monson, Karen: Alma Mahler Werfel. Die unbezähmbare Muse, München 1985.
Torberg, Friedrich: Liebste Freundin und Alma. Briefwechsel mit Alma Mahler-Werfel nebst einigen Briefen an Franz Werfel, erg. durch zwei Aufsätze Friedrich Torbergs u. e. Vorw. v. David Axmann, München / Wien 1987.
Wessling, Berndt W.: Alma, Gefährtin von Gustav Mahler, Oskar Kokoschka, Walter Gropius, Franz Werfel, Düsseldorf 1983.

Mathilde Maier
* Alle Gärten meines Lebens, Frankfurt/M. 1987.

Erika Mann
* Briefe und Antworten. 1922–1969, 2 Bde., hg. v. Anna Zanco Prestel, Bd. 1: 1922–1950, München 1984, Bd. 2: 1951–1969, München 1985.
* Mann, Erika / Mann, Klaus: Escape to Life. Deutsche Kultur im Exil, hg. u. mit e. Nachw. v. Heribert Hoven, München 1991, (zuerst engl., Boston 1939).

Aigner, Dietrich: Zum politischen Debüt der Familie Mann in den USA. Das »Peace and Democracy Rally«, im New Yorker Madison Square Garden vom 15. März 1937, in:

Heinrich-Mann-Mitteilungsblatt. Sonderheft 1981, S. 29–42.

Chrambach, Eva: Erika und Klaus Mann: Bilder und Dokumente, Ausstellungskatalog, München 1990.

Frisch, Shelley: »Alien Homeland«. Erika Mann and the Adenauer Era, in: The Germanic Review, vol. LXIII, no. 4, 1988, S. 172–182.

dies: »Die Pfeffermühle«. Political Dimensions of a Literary Cabaret, in: Alexander Stephan (Hg.): Exil, Literatur und Künste nach 1933, Bonn 1990, S. 141–153.

Keiser-Hayne, Helga: Beteiligt euch, es geht um eure Erde. Erika Mann und ihr politisches Kabarett die »Pfeffermühle« 1933–1937, München 1990.

Kieser, Rolf: Die Legende von der »Pfeffermühle«, in: Helmut F. Pfanner (Hg.): Der Zweite Weltkrieg und die Exilanten. Eine literarische Antwort, Bonn 1991, S. 23–36.

Klein, Mars: Literarisches Engagement wider die totalitäre Dummheit. Erika Manns Kabarett »Die Pfeffermühle« 1935 und 1936 in Luxemburg, in: Galerie 3 (1985) No. 4, S. 543–579.

Lühe, Irmela von der: »Wegstreben vom Einst?« Überlegungen zu Erika Manns Arbeit nach der Rückkehr aus dem Exil, in: Exil. Forschung, Erkenntnisse, Ergebnisse, 1/1988, S. 22–38.

dies.: Die Publizistin Erika Mann im amerikanischen Exil, in: Exilforschung. Ein internationales Jahrbuch, Bd. 7, München 1989, S. 65–84.

dies.: Gegen den Alltag – Erzählungen aus dem Alltag. Erika Manns »The Lights go down« (1940), in: Helmut F. Pfanner (Hg.): Der Zweite Weltkrieg und die Exilanten. Eine literarische Antwort, Bonn 1991, S. 159–168.

dies.: Erika Mann. Eine Biographie, Frankfurt/M. 1993.

dies.: »Meine etwas kindische Art, Geschichtchen zu erzählen...«. Die Schriftstellerin und Publizistin Erika Mann im amerikanischen Exil, in: Hirschmann/Nowoselsky, s. Tl. 2.

Radio:

Hellberg, Traute: Lektorin beim »Zauberer«. Erika und Thomas Mann. RIAS Berlin, 3.6.1986.

Lühe, Irmela von der: Zwischen allen Stühlen. Porträt der Schauspielerin, Kabarettistin und Publizistin Erika Mann Radio Bremen, 1.1.1988.

Mittag, Gabriele: Erika Mann. Ein Porträt Radio 100 (»Dissonanzen«), 60 Min. 24.4.1990.

Schonauer, Franz: Kühnes, herrliches Kind. Zu Briefen von und an Erika Mann, WDR 6.6.1986.

Segel, Jerzy: Ein deutsches Kabarett im Exil. Zum 50. Geburtstag des Entstehens von Erika Manns »Pfeffermühle«, WDR 1, 54.44 Min., 1.10.1983.

Fernsehen:

Keiser-Hayne, Helga: »Ich bin ein sehr gebranntes Kind«. Portrait v. Erika Mann, BR 3, 60 Min., 15.12.1984.

Katia Mann
* Meine ungeschriebenen Memoiren, Frankfurt/M. 1976.

Monika Mann
* Vergangenes und Gegenwärtiges, München 1956.
* Bilder aus der Emigration, in: Neue Deutsche Hefte, 32. Jg., 2/1985, S. 263–264.

Zum Tode der Schriftstellerin, in: Frankfurter Allgemeine Zeitung, 14.4.1992.

Elisabeth Mann-Borghese
Fernsehen:
Gero von Boehm im Gespräch mit Elisabeth Mann-Borghese, (»Wortwechsel«), SWF 3, 45 Min., 25.8.1989.

Lucie Mannheim
Lehnhardt, Rolf: Die Lucie-Mannheim-Story: Geschichte eines Schauspielerlebens, Remagen-Rolandseck 1973.

Magdalene Marcuse-Grünberg
* Patchwork-Leben, Gedichte / Prosa, Montevideo 1983.

Hilde Marx
Reinfrank-Clark, s. Tl. 2.

Fritzi Massary
Schneidereit, Otto: Fritzi Massary. Versuch eines Porträts, Berlin/DDR 1970.

Hede Massing
* This deception, New York 1951 (dt. Über-

setzung: Die große Täuschung. Geschichte einer Sowjetagentin, Freiburg / Basel / Wien o.J.).

Lisa Matthias
* Ich war Tucholsky's Lottchen. Text und Bilder aus dem Kintopp meines Lebens, mit e. Vorw. v. Helmut M. Braem u. e. Nachw. v. Hermann Kesten, Hamburg 1962.

Ruth von Mayenburg
* Blaues Blut und rote Fahnen. Ein Leben unter vielen Namen, Autobiographie, 2. Aufl., Wien / München / Zürich 1969.
* Hotel Lux. Mit Dimitroff, Ernst Fischer, Ho Tschi Minh, Pieck, Rakosi, Slansky, Dr. Sorge, Tito, Togliatti, Tschou En-lai, Ulbricht und Wehner im Moskauer Quartier der Kommunistischen Internationale, München 1978.

Radio:
Barkhausen, Cord: Alabama: Kennwort für Angst und Adieu, Erinnerungen von Ruth von Mayenburg, Deutschlandfunk, 29.9.1986.

Fernsehen:
Ein Interview mit Ruth von Mayenburg, (»Wortwechsel«), SWF 3, 45 Min., 22.5.1987.

Aline Mayrisch
* Colpach, Luxembourg (Amis de Colpach) 1978.

Lise Meitner
Hahn, Otto: Erlebnisse und Erkenntnisse, m. e. Einf. v. Karl-Erik Zinnen, hg. v. Dietrich Hahn, Stuttgart / Hamburg / München 1978, (darin: Briefwechsel mit Lise Meitner Nov. 1938 – April 1939, S. 75–129).
Kerner, Charlotte: Lise, Atomphysikerin. Die Lebensgeschichte der Lise Meitner, Weinheim / Basel 1986.
Rife, Patricia: Lise Meitner. Ein Leben für die Wissenschaft, dt. v. Peter Jacobs, Düsseldorf 1990.

Radio:
Hermann, Armin: Lise Meitner, (»Portraits zur deutsch-jüdischen Geistesgeschichte«), SDR 2, 28.6.1988.

Ruth Michaelis-Jena
* Auch wir waren des Kaisers Kinder. Lebenserinnerungen, aus d. Engl. v. Regine Franzmeier, Lemgo / Detmold 1985.

Marta Mierendorff
Asper, Helmut G. (Hg.): Wenn wir von gestern reden, sprechen wir von heute und morgen. Festschrift zum 80. Geburtstag von Marta Mierendorff, Berlin 1991.

Jo Mihaly
Mittenzwei, Werner: Jo Mihalys Kunst, die Wahrheit zu sagen, in: ders.: Exil in der Schweiz. Kunst und Literatur im antifaschistischen Exil, Bd. 2, Frankfurt/M. 1979, S. 215–228.

Fernsehen:
Jo Mihaly im Gespräch mit Theo Otto, (»Zeugen des Jahrhunderts«), ZDF, 65 Min., 15.11.1987.

Susanne Miller
Rösch-Sondermann, Hermann / Zimmermann, Rüdiger: Susanne Miller. Personalbibliographie zum 70. Geburtstag, überreicht v. d. Bibliothek d. Archivs d. sozialen Demokratie, mit e. Vorw. v. Hans-Jochen Vogel, Bonn 1985.

Sibyl Moholy-Nagy
Paine, Judith: Sibyl Moholy-Nagy. A Complete Life, in: Archives of American Art Journal, 15/1975, S. 11–16.

Johanna Moosdorf
Andreae, Mechthild: Eine Westberliner Schriftstellerin. Gespräch mit Johanna Moosdorf, Nachdruck einer Sendung des WDR v. 6.3.1964, hg. v. Alfons Spielhoff, Kulturamt der Stadt Dortmund.
Bieber, Hedwig: Bibliographie der Werke von und Sekundärliteratur über Johanna Moosdorf bis zum Jahr 1964, in: Dichter und Denker unserer Zeit, Folge 32, Stadtbücherei Dortmund 1965, S. 19–29.
Venske, Regula: Schriftstellerin gegen das Vergessen: Johanna Moosdorf, in: Inge Stephan, Regula Venske, Sigrid Weigel (Hg.): Frauenliteratur ohne Tradition? Neun Autorinnenportraits, Frankfurt/M. 1987, S. 191–219.
dies.: »...uns bringen sie vielleicht um, aber du mußt weiterleben mit denen...« – Johanna Moosdorf, in: Hirschbach / Nowoselsky, s. Tl. 2.

Warsinsky, Werner: Johanna Moosdorf – Nelly-Sachs-Preisträgerin 1963, in: Dichter und Denker unserer Zeit, Folge 32, Stadtbücherei Dortmund 1965, S. 9–14.

Erica Morini
Bendiner, Alfred: Music to My Eyes, Philadelphia 1952.
Fisher, Renee B.: Musical Prodigies: Masters at an Early Age, New York 1973.
Schang, Frederick Christian: Visiting Cards of Celebrities, Paris 1971.
Wechsberg, Joseph: The Glory of the Violin, New York 1973.

Margarete Moses
Pazi 1981, s. Tl. 2.

Herta Nathorff
* Das Tagebuch der Herta Nathorff: Berlin / New York. Aufzeichnungen 1933–45, hg. v. Wolfgang Benz, München 1987.
Friesen, s. Tl. 2.
Koerner, Miriam: Das Exil der Herta Nathorff, in: Dachauer Hefte. Studien und Dokumente zur Geschichte nationalsozialistischer Konzentrationslager. Frauen – Verfolgung und Widerstand. 3. Jg., 3/1987, S. 231–250.

Carola Neher
Buber-Neumann, Margaret: »Caroline Neher«, in: Andreas W. Mytze (Hg.): europäische ideen, Heft 14/15: Exil in der Sowjetunion, Berlin 1976, S. 56–58.
Leber, Annedore (Hg.): Das Gewissen entscheidet: Bereiche des deutschen Widerstandes von 1933–45 in Lebensbildern, in Zusammenarbeit mit Willy Brandt und Karl Dietrich Bracher, mit Illustrationen, 4. Aufl., Berlin / Frankfurt/M. 1960 (zu C. Neher: S. 133–136).
Leggewie, Claus: Auch ein deutsches Schicksal: Vom Gulag ins KZ. Wie das Stalin-Regime mit emigrierten Sympathisanten umsprang. Der Fall Carola Neher, in: Frankfurter Rundschau, 9.9.1989.
Lenk, Rudolf: Nachricht über Carola Neher, in: Frankfurter Allgemeine Zeitung, 14.9.1973, Abdruck in: Andreas W. Mytze (Hg.): europäische ideen, Heft 14/15: Exil in der Sowjetunion, Berlin 1976, S. 59.
Mytze, Andreas W.: Zur Erinnerung an die Schauspielerin Carola Neher. Der Tod im Lager, in: Nürnberger Nachrichten, 31.10.1975, Abdruck in: ders. (Hg.): europäische ideen, Heft 14/15: Exil in der Sowjetunion, Berlin 1976, S. 60.
Radio:
Kreiler, Kurt: Theater ohne Schminke. Carola Neher im Portrait, NDR, 26 Bl., 29.10.1985.

Dinah Nelken
* Die ganze Zeit meines Lebens. Geschichten, Gedichte, Berichte, Berlin/DDR 1977.
Engelbert, Beate: Dinah Nelken oder Fleur Lafontaine geb. Schnedderich, in: taz, 17.5.1984.
Flessenkemper, Gabriele: Addio Amore, in: Emma, 8/1987.
Szepansky, Gerda: In der Emigration: Dinah Nelken, in: dies.: Frauen leisten Widerstand: 1933–1945, Frankfurt/M. 1983, S. 242–249.
Fernsehen:
Bräuer, Hasso: Dieser Ansturm von Welt. Die Schriftstellerin Dinah Nelken, (letztes Interview), (»Autoren als Zeitzeugen«), ZDF, 65 Min., 9.5.1989.

Waltraud Nicolas
* Viele tausend Tage. Erlebnisbericht aus zwei Ländern, Stuttgart 1960.
Uthmann, Gaby: Ein Lebensbild der Schriftstellerin Waltraud Nicolas, Osnabrück 1988.

Käte Niederkirchner
Salomon, Eleonore: »Ich hätte doch so gern die neue Zeit erlebt«. – Käte Niederkirchner, in: Beiträge zur Geschichte der Arbeiterbewegung, 23. Jg., 1/1981, S. 94–110.

Emmy Noether
Dick, Auguste: Emmy Noether. 1882–1935, aus d. Amerikan. v. Hans-Jürgen Blocher, Boston / Basel 1981.
Emmy Noether in Bryn Mawr. Proceeding of a Symposium sponsored by the Association for Women in Mathematics in Honor of Emmy Noether's 100. Birthday, Heidelberg (u.a.) 1983.

Tami Oelfken
* Fahrt durch das Chaos. Das Logbuch von Mai 1939 bis Mai 1945, Überlingen 1946.

Riedl, Barbara: Aus der Zeit des Kalten Krieges. Über die Bremer Schriftstellerin Tami Oelfken, in: dies.: Geborsten und vergiftet ist das Land, Köln 1984.

Oda Oldberg-Lerda
Hausjell, Fritz: »Die beste sozialistische Journalistin«, in: Medien & Zeit, 2. Jg., 1/1987, S. 17-21.

Anita Orientar
* Un pélérinage judéo-chrétien, Paris 1968.

Maria Osten
Brack, Simone: Ein schwarzes Schaf mit roten Stiefeln. Fragmentarisches über die Schriftstellerin Maria Osten, in: Notat. Informations- und Mitteilungsblatt des Brecht-Zentrums der DDR, 13. Jg., April 1990.
Müller-Waldeck, Gunnar: Maria Osten zum Gedenken, in: Notat. Informations- und Mitteilungsblatt des Brecht-Zentrums der DDR, 13. Jg., April 1990.
Schwarz, Helga: Reporterin in den Schützengräben vor Madrid, in: Neue Deutsche Presse, 9/1989.

Lilli Palmer
* Dicke Lilli – Gutes Kind, München / Zürich 1975.
Weno, Joachim: Lilli Palmer, Berlin 1957.
Fernsehen:
»Mein Leben war schon toll...«. Gero von Boehm interviewt Lilli Palmer, ARD, 6.2.1985.

Peggy Parnass
* Autobiographie, in: Erika Runge (Hg.): Frauen: Versuche zur Emanzipation, 2. Aufl., Frankfurt/M. 1970.
* »Kritische Justiz«, in: Femmes de notre temps, Paris, Okt. 1972.

Hertha Pauli
* Der Riß der Zeit geht durch mein Herz. Ein Erlebnisbuch, Wien / Hamburg 1970.
Mülsch, s. Tl. 2.
Patsch, Sylvia M.: »Nur eine Frau«. Hertha Pauli zum 80. Geburtstag, in: Literatur, Aug./Sept. 1989.
Stern, Guy: Hertha Pauli, in: Österreicher im Exil 1934-1945. Protokoll des Internationalen Symposiums zur Erforschung des österreichischen Exils von 1934-1945, abgehalten vom 3.-6. 6.1975 in Wien, hg. v. Dokumentationsarchiv des Österreichischen Widerstandes, Wien 1977, S. 495-508.
Tunner, Erika: Hertha Pauli et ses compagnons de route, in: Austriaca. Cahiers Universitaires d'Information sur l'Autriche, 19/1984, S. 119-131.

Margarita Pazi
Reinfrank-Clark, s. Tl. 2.

Lily Pincus
* Verloren – Gewonnen. Mein Weg von Berlin nach London, mit e. Vorw. v. Bernd H. Spappert, Stuttgart 1980.

Erna Pinner
Becker, Lutz: The Art of Erna Pinner. Book Illustration, Puppets and the Study of Animals, in: AJR (Association of Jewish Refugees) Information, London, Mai 1987.
Reinfrank-Clark, s. Tl. 2.

Nora Platiel
Haas-Rietschel, Helga / Hering, Sabine (Hg.): Nora Platiel. Sozialistin, Emigrantin, Politikerin. Eine Biographie, Köln 1990.

Else Rabin
Pazi 1981, s. Tl. 2.

Helene Radó-Jansen
Schwarz, s. Tl. 2.

Gertrud Rast
* Allein bist du nicht, Frankfurt/M. 1972.

Anna Rattner und Lola Blonder
* Zuflucht Palästina: Zwei Frauen berichten, bearb. u. eingeleit. v. Helga Embacher, Wien / Salzburg 1989, (Erinnerungen aus Verfolgung und Widerstand 1938-1945).

Anna Rauschning
* No Retreat, New York 1942.

Eva Reichmann
* Die Flucht in den Haß, Frankfurt/M. 1956, (Erstausgabe: Hostages of Civilization: The Social Sources of National Socialist Anti-Semitism, London 1950).
Rosenstock, Werner: Eva Reichmann at 90. A

Personal Tribute, in: AJR (Association of Jewish Refugees) Information, London, Jan. 1987.

Anna Reiner
s. Anna Gmeyner

Lenka Reinerová
* (Lenka Reiner): Grenze geschlossen, Berlin/DDR 1958.
* Es begann in der Melantrichgasse. Erinnerungen an Weißkopf, Kisch, Uhse und die Seghers, Berlin/DDR / Weimar 1985.
* Die Premiere. Erinnerungen an einen denkwürdigen Theaterabend und andere Begebenheiten, Berlin/DDR / Weimar 1989.

Ruth Rewald
Altner, Manfred: Ruth Rewald wiederentdeckt. Wer war Ruth Rewald, in: Beiträge zur Kinder- und Jugendliteratur 1/1990, Nr. 94, S. 5-10.
Krüger, Dirk: Die deutsch-jüdische Kinder- und Jugendbuchautorin Ruth Rewald und die Kinder- und Jugendliteratur im Exil, Frankfurt/M. 1990.
ders.: Wortmeldung zu Ruth Rewald, in: Beiträge zur Kinder- und Jugendliteratur, 1/1990, Nr. 94, S. 11-16.

Trude Richter
* Totgesagt. Erinnerungen, m. Nachbemerkungen v. Elisabeth Schulz-Semrau u. Helmut Richter unter Mitwirkung v. Irmfried Hiebel, Manfred Jendryschik, Alfred Klein, Halle / Leipzig 1990.

Emy Roeder
Emy Roeder. Bildwerke, Handzeichnungen. Ausstellung d. Städt. Galerie Würzburg 5. Juli – 30. August 1981, Würzburg 1981.
Evers, s. Tl. 2.
Gerke, Friedrich: Emy Roeder. Eine Werkbiographie, Wiesbaden 1963.
Muth, Hanswernfried: Emy Roeder. 1890–1971. Eine Bildhauerin aus Würzburg, Würzburg 1978.
Fernsehen:
Schäfer-Schuchardt, Horst / Friedrich, Günter: Emy Roeder (1890–1971). Stationen einer Bildhauerin. BR 3, 60 Min., 23.2.1990.

Mary S. Rosenberg
Bücher waren ihre besten Freunde. Zum Tod von Mary S. Rosenberg, in: Aufbau, 19.6.1992.
Knetsch, Anna-Luise: Die unendliche Bibliothek. Zum Tod von Mary S. Rosenberg, in: Frankfurter Rundschau, 22.6.1992.
Radio:
Knetsch, Anna-Luise: Mary S. Rosenberg. Portrait einer New Yorker Buchhändlerin, SWF 2, 22.8.1990.

Stella Rotenberg
* Biographie, in: Exil. Forschung, Erkenntnisse, Ergebnisse, 12/1981, S. 61.
* Ungewissen Ursprungs, in: Exil. Forschung, Erkenntnisse, Ergebnisse, 1/1983, S. 63–66.
* Scherben sind endlicher Hort. Ausgewählte Lyrik und Prosa, hg. v. Primus-Heinz Kucher u. Armin A. Wallas, mit e. Einl. v. Primus-Heinz Kucher, Wien 1991.
Reinfrank-Clark, s. Tl. 2.
Zadek, s. Tl. 2.

Frida Rubiner
* Einst unglaubliche Berichte, hg. u. eingeleitet v. Helga W. Schwarz, Berlin/DDR 1987.
Schwarz, s. Tl. 2.

Hilde Rubinstein
Schoppmann, s. Tl. 2.
Stürzer, Anne: Das Zeitstück von Frauen – ein Lehrstück vom Vergessen. Die Dramatikerinnen Hilde Rubinstein und Eleonore Kalkowska, in: Hirschbach/Nowoselsky, s. Tl. 2.
Radio:
Steinert, Hajo: Meine Heimat ist meine Sprache. Hilde Rubinstein, eine deutsche Schriftstellerin, DLF, 20 Bl. (Manuskript im Dt. Literaturarchiv Marbach a.N.), 21.5.1985.

Alice Rühle-Gerstel
* Kein Gedicht für Trotzki. Tagebuchaufzeichnungen aus Mexiko, mit e. Einl. v. Stephen S. Kalmar, Frankfurt/M. 1979.
* Der Umbruch oder Hanna und die Freiheit, mit Begleittext v. Ingrid Herbst u. Bernd Klemm, Nachw. v. Stephen S. Kalmar, Frankfurt/M. 1984.
Hilzinger, Sonja: »Ins Leere fallen«. Alice

Rühle-Gerstels Exilroman »Der Umbruch oder Hanna und die Freiheit«, in: Exil. Forschung, Erkenntnisse, Ergebnisse, 1/1990, S. 43–52.

Else Rüthel
Rheinsberg, s. Tl. 2.

Elisabeth Sabarowski-Ewert
Schwarz, s. Tl. 2.

Lessie Sachs
* Mittelwestliche Impressionen, in: Aufbau, 1.3.1938, Erstveröffentlichung unter dem Titel »Ich sah in Amerika« in: C.V. Zeitung. Blätter für Deutschtum und Judentum. Organ des Central-Vereins deutscher Staatsbürger jüdischen Glaubens e.V. (Beilage ›Das Blatt der jüdischen Frau‹ 1938).
Schoppmann, s. Tl. 2.

Nelly Sachs
* Briefe der Nelly Sachs, hg. v. Ruth Dinesen u. Helmut Müssener, Frankfurt/M. 1984.
Arnold, Heinz Ludwig (Hg.): Text + Kritik. Heft 23: Nelly Sachs, 2. rev. u. erw. Aufl., München 1979.
Bahr, Ehrhard: Nelly Sachs, München 1980.
Berendsohn, Walter A.: Nelly Sachs. Einführung in das Werk der Dichterin jüdischen Schicksals, Darmstadt 1974.
Dinesen, Ruth: Nelly Sachs. Eine Biographie, aus d. Dän. v. Gabriele Gerecke, Frankfurt/M. 1992.
dies.: Die Suche nach Identität. Das Jüdische bei Nelly Sachs, in: Exil. Forschung, Erkenntnisse, Ergebnisse, 1/1992, S. 19–29.
Drewitz, s. Tl. 2.
Falkenstein, Henning: Nelly Sachs, Berlin 1984.
Fritsch-Vivié, Gabriele: Nelly Sachs, mit Selbstzeugnissen und Bilddokumenten, Reinbek bei Hamburg 1993.
Holmqvist, Bengt (Hg.): Das Buch der Nelly Sachs, ausgew. Gedichte mit Bibliographie u. Beiträgen über das Werk der Nelly Sachs v. Gisela Dischner, Hans Magnus Enzensberger, Hellmut Geißner, Walter Jens, Thomas Kielinger, Olof Lagercrantz, Siegfried Melchinger, Frankfurt/M. 1968.
Kersten, Paul: Die Metaphorik in der Lyrik von Nelly Sachs. Mit einer Wort-Konkordanz und einer Nelly-Sachs-Bibliographie, Diss., Hamburg 1970.
Langkau-Alex, Ursula: Das Leben der Nelly Sachs, in: Exil. Forschung, Erkenntnisse, Ergebnisse, 1/1985, S. 72/73.
Naumann, Uwe: Ein Stück der Versöhnung. Zur Uraufführung des Mysterienspiels Eli von Nelly Sachs, in: Exilforschung. Ein internationales Jahrbuch, Bd. 4, München 1986, S. 98–114.
Nelly Sachs, eingel. v. Paul Kersten, hg. v. d. Freien Akademie d. Künste in Hamburg in Zusammenarbeit mit der Staats- und Universitätsbibliothek Carl v. Ossietzky, Hamburger Bibliographien, Bd. 7, Hamburg 1969.
Simon, Lilli: Nelly Sachs. Dichterin der großen Trauer, (Vortrag), in: Neue Deutsche Hefte, 35. Jg., 4/1988, S. 687–704.
Strobl, Ingrid: Nelly Sachs, in: Emma 8/1988.
Suhrkamp Verlag (Hg.): Nelly Sachs zu Ehren. Zum 75. Geburtstag am 10. Dezember 1966. Gedichte, Beiträge, Bibliographie, Frankfurt/M. 1966.
Vaerst, Christa: Dichtungs- und Sprachreflexion im Werk von Nelly Sachs, (Europäische Hochschulschriften, R. 1, Bd. 199), Frankfurt/M. / Bern / Las Vegas 1977.
Weissenberger, Klaus: Zwischen Stein und Stern. Mystische Formgebung in der Dichtung von Else Lasker-Schüler, Nelly Sachs und Paul Celan, München 1976.

Alice Salomon
* Charakter ist Schicksal. Lebenserinnerungen, aus dem Engl. v. Rolf Landwehr, hg. v. Rüdiger Baron, Rolf Landwehr, Weinheim / Basel 1983.
Landwehr, Rolf: Alice Salomon und ihre Bedeutung für die soziale Arbeit. Ein Beitrag zur Entwicklung der sozialen Berufsarbeit u. Ausbildung anläßl. des 10-jährigen Bestehens der FHSS Berlin, Berlin 1981.
Peyser, Dora: Alice Salomon, die Begründerin des sozialen Frauenberufs in Deutschland, Köln / Berlin 1958.
Wieler, Joachim: Er-Innerung eines zerstörten Lebensabends. Alice Salomon während der NS-Zeit (1933–1937) und im Exil (1937–1948), Darmstadt 1987.

Charlotte Salomon
* Charlotte Salomons Buch. Leben oder Theater? Ein autobiographisches Singspiel

in 769 Bildern, mit e. Einl. v. Judith Herzberg, Köln 1981.
Fischer-Defoy, Christine: Charlotte Salomon – Leben oder Theater? Das »Lebensbild« einer jüdischen Malerin aus Berlin 1917–1943. Bilder und Spuren, Notizen, Gespräche, Dokumente, Katalogbuch zur Ausstellung »Charlotte Salomon« in d. Akademie d. Künste 1986, Berlin 1986.
Rothe, Friedrich: Lotte Laserstein und Charlotte Salomon: Zwei künstlerische Entwicklungen unter den Bedingungen der NS-Zeit, in: Profession ohne Tradition. 125 Jahre Verein der Berliner Künstlerinnen. Ein Forschungsprojekt in Zusammenarbeit mit dem Verein Berliner Künstlerinnen, hg. v. d. Berlinischen Galerie, Berlin 1992, S. 151–158.

Mary Saran
* Never give up. Memoirs, Forew. by Sir Arthur Lewis, London 1976.

Helene Scheu-Riesz
Mülsch, s. Tl. 2.

Anna Schlotterbeck
* Die verbotene Hoffnung. Aus dem Leben einer Kommunistin, mit e. Vorw. v. Hans Noll, Hamburg 1990.

Malka Schmuckler
* Gast im eigenen Land. Emigration und Rückkehr einer deutschen Jüdin, Köln 1983.

Betty Scholem
* Betty Scholem und Gershom Scholem: Mutter und Sohn im Briefwechsel 1917–1946, hg. v. Itta Shedletsky in Verb. mit Thomas Sparr, München 1989.

Hannah Schramm
* Menschen in Gurs. Erinnerungen an ein französisches Internierungslager (1940–1941), mit e. dokumentarischen Beitrag zur französischen Emigrantenpolitik (1933–1944) v. Barbara Vormeier, Worms 1977.

Else Schrobsdorff
Schrobsdorff, Angelika: Du bist nicht wie andre Mütter. Die Geschichte einer leidenschaftlichen Frau, Hamburg 1992.

Margarete Schütte-Lihotzky
* Erinnerungen aus dem Widerstand 1938–1945, hg. v. Chup Friemert, mit e. Gespräch zw. Margarete Schütte-Lihotzky u. Chup Friemert, Hamburg 1985.

Elisabeth Schumann
* German Song, transl. from German by D. Millar Craig, London 1948.

Alice Schwarz-Gardos
* Von Wien nach Tel Aviv. Lebensweg einer Journalistin, Gerlingen 1991.
Reinfrank-Clark, s. Tl. 2.

Annemarie Schwarzenbach
* Auf der Schattenseite. Ausgewählte Reportagen, Feuilletons und Fotografien 1933–1942, hg. v. Regina Dieterle und Roland Perret, mit e. Nachw. v. Regina Dieterle, Basel 1990.
* Das glückliche Tal. Roman (Erstausgabe: Zürich 1939), hg. u. mit biographischen Nachw. v. Charles Linsmayer: Leben und Werk Annemarie Schwarzenbachs. Ein tragisches Kapitel Schweizer Literaturgeschichte, Frankfurt/M. 1991, S. 119–208.
* »Wir werden es schon zuwege bringen, das Leben«. Annemarie Schwarzenbach an Erika und Klaus Mann. Briefe 1930–1942, hg. v. Uta Fleischmann mit Beiträgen v. Irmela von der Lühe u. Fredric Kroll, Pfaffenweiler 1993.

Lilli Segal
* Vom Widerspruch zum Widerstand. Erinnerungen einer Tochter aus gutem Hause, Berlin/DDR / Weimar 1986.

Anna Seghers
* Briefe an F.C. Weißkopf, in: Neue Deutsche Literatur, 33. Jg., 11/1985, S. 5–46.
* Frauen und Kinder in der Emigration, in: Gewöhnliches und gefährliches Exil. Ein Briefwechsel aus der Zeit des Exils 1939–1949, hg. v. Anna Seghers und Wieland Herzfelde, Darmstadt / Neuwied 1986, S. 128–147.
Arnold, Heinz Ludwig (Hg.): Text + Kritik. Heft 38: Anna Seghers, 2. Aufl.: Neufassung, München 1982.
Barkhoff, Jürgen: Erzählungen als Erfahrungsrettung. Zur Ich-Perspektive in Anna

Seghers Exilroman »Transit«, in: Exilforschung. Ein internationales Jahrbuch, Bd. 9, München 1991, S. 218–235.
Batt, Kurt: Anna Seghers. Versuch über Entwicklung und Werke, Frankfurt/M. 1973.
ders. (Hg.): Über Anna Seghers. Ein Almanach zum 75. Geburtstag, mit einer Bibliographie, Berlin/DDR / Weimar 1975.
Bossinade, Johanna: Haus und Front. Bilder des Faschismus in der Literatur von Exil- und Gegenwartsautorinnen. Am Beispiel von Anna Seghers, Irmgard Keun, Christa Wolf und Gerlind Reinshagen, in: Neophilologus, 70/1986, S. 92–118.
Eckert, s. Tl. 2.
Franz, Marie: Die Darstellung von Faschismus und Antifaschismus in den Romanen von Anna Seghers 1933–1949, (Hamburger Beiträge zur Germanistik, Bd. 2), Frankfurt/M. (u.a.) 1987.
Haas, Erika: Der männliche Blick der Anna Seghers – Das Frauenbild einer kommunistischen Schriftstellerin, in: Notizbuch 2, Berlin 1980.
Hilzinger, Sonja: Im Spannungsfeld zwischen Exil und Heimkehr. Funktionen des Schreibens in der Novelle »Der Ausflug der toten Mädchen«, in: Weimarer Beiträge, 36. Jg., 10/1990, S. 1572–1581.
dies. (Hg.): »Das siebte Kreuz« von Anna Seghers. Texte, Daten, Bilder, Frankfurt/M. 1990.
dies.: Opfer, Täter und Richter. Versuch einer Annäherung an die Novelle »Der gerechte Richter« (bezieht auch Prosa der Exilzeit wie »Das siebte Kreuz«, »Das Ende«, »Die Saboteure« ein), in: Argonautenschiff. Jahrbuch der Anna-Seghers-Gesellschaft Berlin und Mainz e.V., 1/1992, S. 50–64.
dies.: Auswahlbibliographie der Sekundärliteratur über Anna Seghers von 1982–1992, in: Argonautenschiff. Jahrbuch der Anna-Seghers-Gesellschaft Berlin und Mainz e.V., 1/1992, S. 213–225.
LaBahn, Kathleen: Anna Seghers' Exile Literature. The Mexican Years 1941–1947, (American University Studies. ser. 1., Germanic Languages and Literature. vol 37), New York / Bern / Frankfurt/M. 1986.
Lorisika, Irene: Frauendarstellungen bei Irmgard Keun und Anna Seghers, Frankfurt/M. 1985.
Roggausch, Werner: Das Exilwerk von Anna Seghers 1933–1939. Volksfront und antifaschistische Literatur, (Phil. Diss.), München 1979.
Roos, Peter / Hassauer-Roos, Friederike (Hg.): Anna Seghers. Materialienbuch, Darmstadt / Neuwied 1977.
Walter, Hans Albert: Anna Seghers' Metamorphosen. Transit – Erkundungsversuche in einem Labyrinth, Frankfurt/M. / Olten / Wien 1985.
Zehl Pomero, Christiane: Anna Seghers mit Selbstzeugnissen und Bilddokumenten, Reinbek bei Hamburg 1993.
Fernsehen:
Beilharz, Thomas: Anna Seghers in Marseille. Nach Motiven des Romans »Transit«. Einführung in die Sendung mit Prof. Pierre Radvanyi (Paris), Sohn v. Anna Seghers, ZDF, 19.11.1985.

Toni Sender
* Autobiographie einer deutschen Rebellin, hg. u. eingeleitet v. Gisela Brinker-Gabler, aus d. Amerikan. v. Brigitte Stein, Frankfurt/M. 1981, (Erstausgabe: The Autobiography of a German Rebel, New York 1939).
Beier, Gerhard: »Eroberung des Staates« war ihr Ziel. Toni Sender – Eine deutsche Rebellin, in: Welt der Arbeit, 16.10.1980.
Derfinger, Antje: »... Als die Niedertracht herrschte«. Die Politikerin Toni Sender fand im Exil eine neue Heimat, in: Das Parlament, 7.4.1984.
Miller, Susanne: Toni Sender (1888–1964), in: Peter Lösche / Michael Scholing / Franz Walter (Hg.): Vor dem Vergessen bewahren. Lebenswege Weimarer Sozialdemokraten, Berlin 1988, S. 315–331.
Steen, Jürgen: Toni Sender 1888–1964. Rebellin, Demokratin, Weltbürgerin, Ausstellungskatalog, wiss. Mitarbeit: Cornelia Rohr, Kleine Schriften des Historischen Museums Frankfurt/M., Bd. 50, Frankfurt/M. 1992.

Lola Sernau
Skierka, Volker: Eine Dame voller Erinnerungen. Zum 90. Geburtstag der Sekretärin von Lion Feuchtwanger, in: Süddeutsche Zeitung, 29./30.6.1985.

Ruth Seydewitz
* Ruth und Max Seydewitz: Unvergessene Jahre. Begegnungen, Berlin/DDR 1984.

Anna Siemsen
* Der Weg ins Freie, Zürich 1943.
Schmölders, Ralf: Anna Siemsen zur Einführung, Hamburg 1989.
Schoppmann, s. Tl. 2.
Siemsen, August: Anna Siemsen. Leben und Werk, Hamburg / Frankfurt/M. 1951.

Sir Galahad (d.i. Bertha Helene Eckstein)
Mulot-Déri, Sibylle: Sir Galahad: Portrait einer Verschollenen, Frankfurt/M. 1987.

Specht, Minna
Hansen-Schaberg, Inge: Minna Specht – eine Sozialistin in der Landerziehungsheimbewegung (1918 bis 1951). Untersuchung zur pädagogischen Biographie einer Reformpädagogin. Hg. von Wolfgang Klein, Frankfurt/M., Berlin, New York, Paris 1992.

Hilde Spiel
* Rückkehr nach Wien. Tagebuch 1946, München 1968.
* Die hellen und die finsteren Zeiten. Erinnerungen 1911–1946, 2. Aufl., München 1989.
* Welche Welt ist meine Welt? Erinnerungen 1946–1989, 2. Aufl., München 1990.
Hermann, Ingo (Hg.): Hilde Spiel. Die Grande Dame. Gespräch mit Anne Linsel, in d. Reihe »Zeugen des Jahrhunderts«, Göttingen 1992.
Löffler, Sigrid: »In die Namensküche begebe ich mich furchtlos«. Interview mit Hilde Spiel, in: profil, Nr. 41, 9.10.1989.
Strickhausen, Waltraud: Im Zwiespalt zwischen Literatur und Publizistik. Deutungsversuch zum Gattungswechsel im Werk der Exilautorin Hilde Spiel, in: Exilforschung. Ein internationales Jahrbuch, Bd. 7, München 1989, S. 166–183.
dies.: Hilde Spiels historischer Roman »Die Früchte des Wohlstands«, in: Exil. Forschung, Erkenntnisse, Ergebnisse, 1/1990, S. 27–42.
Radio:
Leben im Exil. Gespräch mit Hilde Spiel, Gesprächspartner Wolfgang Müller-Funk, BR, 28 Min., 7.1.1983.
Fernsehen:
Gero von Boehm interviewt Hilde Spiel: »Meine Zukunft ist meine Vergangenheit«, HR 3, 45 Min., 1.2.1985.
Dinsenbacher, Gaby: Immer wieder Abschied nehmen. Erinnerungen der Schriftstellerin, BR 3, 60 Min., 5.5.1990.
Anne Linsel im Gespräch mit Hilde Spiel, (»Zeugen des Jahrhunderts«), ZDF, 65 Min., 9.5.1989.

Camilla Spira
Film:
»Theaterspielen, Theaterspielen und nicht sitzen« – Filmportrait Camilla Spira v. Annedore v. Donop u. Andrea Hohnen, Produktion: Zentraleinrichtung für audiovisuelle Medien der FU Berlin, 43 Min., 1986, Uraufführung 30.6.1987.

Steffi Spira Ruschin
* Trab der Schaukelpferde. Aufzeichnungen im nachhinein, Berlin/DDR 1985. Nachdruck: Steffi Spira: Trab der Schaukelpferde. Autobiographie, Freiburg 1991.
Nicolaus, Frank: »... und trotzdem bleibe ich Kommunistin!«, in: Brigitte, 4.4.1990.
Wangenheim, Gustav von: Da liegt der Hund begraben, Reinbek bei Hamburg 1974.
Radio:
Gilzmer, Mechthild: »Wer über gewisse Dinge nicht den Verstand verliert, der hat keinen zu verlieren.« Ein Porträt der Schauspielerin Steffi Spira, Emigrantin und ehemalige Internierte, Saarländischer Rundfunk, 25.5.1990, Norddeutscher Rundfunk, 9.11.1990

Ilse Stanley
* Die Unvergessenen, München / Wien / Basel 1964.

Margarete Steffin
* Konfutse versteht nichts von Frauen. Nachgelassene Texte, hg. v. Inge Gellert, mit e. Nachw. v. Simone Barck u. e. dokument. Anhang, Berlin 1991.
Barck, Simone: Soldat der Revolution – Margarete Steffin, in: Neue deutsche Literatur, 27. Jg., 5/1979, S. 165–169.
Dähnhardt, Willy / Nielsen, Birgit S.: Grete Steffin (1908–1941), in: dies.: Geflüchtet unter das dänische Strohdach. Schriftsteller und bildende Künstler im dänischen Exil nach 1933, Ausstellungskatalog der Königl. Bibliothek Kopenhagen, Heide in Holstein 1988, S. 74–79.
Korallow, M.: Der Meister und Margarete, in: Kunst und Literatur, 33/1985, S. 647 ff.

Reiber, Hartmut: Vier Treppen Proletarier-Parterre. Margarete Steffin – Entdeckung einer Autorin, (Gesprächsmontage), in: Sonntag, 4/1978.
Töteberg, Michael: Portrait einer Mitarbeiterin, in: Merkur 30/1976, S. 695–700.
Radio:
Hassing, Rudy: »Lieber Bidi« – Margarete Steffin: eine Mitarbeiterin Brechts, DLF, 9.2.1988.

Edith Stein
* Briefe an Hedwig Conrad-Martios, mit e. Essay über Edith Stein, München 1960.
* Briefauslese 1917–1942, mit e. Dokumentenanhang zu ihrem Tode, hg. v. Kloster der Karmeliterinnen »Maria vom Frieden«, Köln / Freiburg i. Br. / Basel / Wien 1967.
Endres, Elisabeth: Edith Stein. Christliche Philosophin und jüdische Märtyrerin, Zürich 1987.
Neyer, Maria Amata: Edith Stein. Ihr Leben in Dokumenten und Bildern, 2. Aufl., Würzburg 1987.
Wimmer, s. Tl. 2.

Charlotte Stein-Pick
* Meine verlorene Heimat, Bamberg 1992.
Radio:
Schlötzer-Scotland, Christiane: Portrait Charlotte Pick-Stein, BR 2, 22.3.1992.

Käte Steinitz
Gedenkausstellung anläßlich des 100. Geburtstags v. Käte Steinitz im Sprengel Museum Hannover, Ausstellungskatalog, Hannover 1989.

Grete Stern
Bierther, s. Tl. 2.
Frowein, Cordula: Emigriert – Grete Stern und Ellen Auerbach. Fotografien vor und nach 1933, Ausstellung in der Zentralbibliothek vom 25.10–19.11.1988, Wuppertal 1988.

Thea Sternheim
* André Gide. Thea Sternheim. Une correspondance 1927–1950, Edition Etablie, présentée et annotée par Claude Foucart, Collection Gide/Textes No. 6, Centre d'études Gidiennes Université Lyon II, Lyon 1986.

Helene Stöcker
Hiller, Kurt: Kameradin im Kampf: Helene Stöcker, in: ders.: Köpfe und Tröpfe. Profile aus einem Vierteljahrhundert, Hamburg / Stuttgart 1950, S. 259–264.
Rantzsch, Petra: Helene Stöcker. 1869–1943. Zwischen Pazifismus und Revolution, hg. v. Sekretariat der Liberal-Demokrat. Partei Deutschlands, Berlin/DDR 1984.
Wickert, Christl: Helene Stöcker 1869–1943. Frauenrechtlerin, Sexualreformerin und Pazifistin. Eine Biographie, Bonn 1991.

Toni Stolper
* Ein Leben in Brennpunkten unserer Zeit. Wien – Berlin – New York. Gustav Stolper 1888–1947, Tübingen 1960.

Louise Straus-Ernst
Ernst, Jimmy: Nicht gerade ein Stilleben, aus d. Amerikan. v. Barbara Bortfeld, Köln 1988.

Margarete Susman
* Ich habe viele Leben gelebt. Erinnerungen, Stuttgart 1964.
* Das Nah- und Fernsein des Fremden. Essays und Briefe, hg. v. Ingeborg Nordmann, Darmstadt / Neuwied 1991.
Delf, Hanna: »In diesem Meer von Zeiten, meine Zeit!« Eine Skizze zu Leben und Denken der Margarete Susman, in: Dick/Hahn, s. Tl. 2, S. 248–265.
Schlösser, Manfred: Auf gespaltenem Pfad. Für Margarete Susman, Darmstadt 1964.

Julia Tardy-Marcus
Kemper, Magdalena: Eine schöne Bescherung. Magdalena Kemper im Gespräch mit Julia Tardy-Marcus, in: Hirschbach/Nowoselsky, s. Tl. 2.

Hella Tarnow
Mittag, Gabriele: Balance zwischen Leben und Tanz. Auf den Spuren der Künstlerin Hella Tarnow – Engagement für den Frieden in Israel, in: Tagesspiegel, 13.8.1989.

Gerta Taro
Heilig, René: Die Lerche von Brunete. Mosaiksteine aus dem Leben der antifaschistischen Bildreporterin Gerta Taro, in: Neue Deutsche Presse, 9/1988.
Schaber, Irme: Rotschopf mit Kamera. Ein

Portrait der mutigen Stuttgarter Fotografin Gerta Taro, in: Stuttgarter Zeitung, 15.6.1991.
Schaber, Will: Gerta Taro. Eine Bahnbrecherin des Foto-Journalismus, in: Aufbau, 25.10.1991.
Westendorf, Klaus: Mit der Leica für die Volksfront, in: Neue Deutsche Presse, 6/1988.

Ruth Tassoni
* Erinnerungskapsel. Erzählungen, mit einer Lebenschronik u. Einführung v. Ruth Tassoni, Zürich 1987.
Hackl, Erich: Ruth Tassoni. Angst, Hast, in: Die Zeit, 12.2.1988.

Franziska Tausig
* Shanghai-Passage. Flucht und Exil einer Wienerin, (Biographische Texte zu Kultur und Zeitgeschichte, Bd. 5), hg. v. Verein Kritische Sozialwissenschaft und Politische Bildung, Wien 1987.

Gabriele Tergit
* Etwas Seltenes überhaupt. Erinnerungen, Frankfurt/M. / Berlin / Wien 1983.
Schlaeger, H.: Verbrannt und vergessen, in: Brigitte Sonderheft, 23/1983, S. 23 ff.

Lisa Tetzner
Humm, Werner / Schmitthenner, Hans Jörg / Oprecht, Hans / Tetzner, Hanns Leo (Hg.): Das Märchen und Lisa Tetzner. Ein Lebensbild, mit Bibliographie, Aarau / Frankfurt/M. 1966.
Winter, W.: Lisa Tetzner und Kurt Held, o.O. 1969.

Herta Thiele
Stiftung Deutsche Kinemathek, s. Tl. 2.
Radio:
»Immer wieder mit dem Kopf durch die Wand«. Die Film- und Bühnenschauspielerin Herta Thiele, zu ihrem 75. Geburtstag im Gespräch mit Anne Quirin, SFB, 30 Min., 7.5.1983.
Fernsehen:
Das Herz auf der linken Seite, T.V. Produktion, DDR 1975.

Helene Thimig
* Wie Max Reinhardt lebte, (Autobiogr.), Frankfurt/M. 1975.

Wurm, Ernst: Helene Thimig: Bildnis einer Persönlichkeit, Wien / München 1969.

Adrienne Thomas
* Exilerinnerungen, in: Österreicher im Exil 1934–1945. Protokoll des Internationalen Symposiums zur Erforschung des österreichischen Exils von 1934–1945, abgehalten vom 3.–6.6.1975 in Wien, hg. v. Dokumentationsarchiv des österreichischen Widerstandes, Wien 1977, S. 515–529.
* Reisen Sie ab, Mademoiselle. Roman, (Erstausgabe: Stockholm 1944), Vorw. v. Peggy Parnass, Nachw. v. Gabriele Kreis, Frankfurt/M. 1985.
* Hymnen, in: Exil. Forschung, Erkenntnisse, Ergebnisse, 1/1987, S. 53–60.
Kreis, Gabriele: »Schreiben aus eigener Erfahrung...«. Drei Schriftstellerinnen im Exil: Lili Körber, Irmgard Keun, Adrienne Thomas, in: Hirschbach / Nowoselsky, s. Tl. 2.
Mülsch, s. Tl. 2.
Sinnhuber, Karin: Adrienne Thomas. Eine Monographie, Diss., Wien 1990.
Zadek, s. Tl. 2.

Erica Tietze-Conrat
Millner Kahr, Madlyn: Erica Tietze-Conrat (1883–1958): Productive Scholar in Renaissance and Baroque Art, in: Claire Richter Sherman / Adele M. Holcomb (Hg.): Women as Interpreters of the Visual Arts 1820–1979, Westport/Connecticut 1981, S. 301–326.

Marietta Torberg
Grieser, s. Tl. 2.

Maria Augusta von Trapp
* The Story of the Trapp Family Singers, Philadelphia 1949.
* Yesterday, Today and Forever, Harrison 1952.
* Around the Year with the Trapp Family, Philadelphia 1955.
* Maria, Philadelphia 1972.

Regina Ullmann
* Erzählungen, Prosa, Stücke, Gedichte, mit Selbstzeugnissen und Lebenschronik, hg. v. Friedhelm Kemp, München 1978.

Salka Viertel
* Das unbelehrbare Herz. Ein Leben in   der

Welt des Theaters, der Literatur und des Films. Erinnerungen, mit e. Vorw. v. Carl Zuckmayer, Hamburg/Düsseldorf 1970.

Helen Vita
Schulz-Koehn, Dietrich: Vive la Chanson: Kunst zwischen Show und Poesie, Gütersloh 1969.

Hedwig Wachenheim
* Vom Großbürgertum zur Sozialdemokratie. Memoiren einer Reformistin, IWK (Internationale wissenschaftl. Korrespondenz zur Geschichte d. dt. Arbeiterbewegung), Beih. 1, Berlin 1973.

Margherita Wallmann
* Les balcons du ciel. Paris 1976.

Marianne Walter
* The Poison Seed. A personal History of Nazi Germany, forew. by Lin Golding, Sussex 1992.

Inge von Wangenheim
* Auf weitem Feld: Erinnerungen einer jungen Frau, Berlin/DDR 1954.
* Die tickende Bratpfanne. Kunst und Künstler aus meinem Stundenbuch, 3. Aufl., Rudolstadt 1977.
* Mein Haus Vaterland: Erinnerungen einer jungen Frau, Halle 1962.
* Schauplätze. Bilder eines Lebens, Rudolstadt 1983.
Grosse, Anneliese (Hg.): Auskünfte: Werkstattgespräche mit DDR-Autoren, Berlin/DDR / Weimar 1974.
Kahle, Werner: Interview mit Inge von Wangenheim: Essayistik im Literarischen Ensemble, in: Die Weltbühne, Bd. 17, Nr. 10, Berlin/DDR 1971.

Ingrid Warburg Spinelli
* Die Dringlichkeit des Mitleids und die Einsamkeit, nein zu sagen. Erinnerungen 1910–1989, bearb. v. Annette Kopetzki mit einer kleinen Enzyklopädie des Antifaschismus und des Widerstandes in Europa und Amerika, Hamburg 1990.
Duhm-Heitzmann, Jutta: Deutsch bis ins Exil, in: Zeit-Magazin, 27.4.1990.

Berta Waterstradt
* Blick zurück und wundre dich. Aus meinen zerstreuten Werken, 2. Aufl., Berlin 1987.
Radio:
Mittag, G. 1990, s. Tl. 2 (Radio).

Alex Wedding
(Ps. für Grete Weiskopf, geb. Bernheim)
* Aus vier Jahrzehnten. Erinnerungen, Aufsätze und Fragmente. Zu ihrem 70. Geburtstag herausgegeben, Berlin 1975.
Meyer, Hansgeorg: Die deutsche Kinder- und Jugendliteratur 1933 bis 1945. Ein Versuch über Entwicklungslinien, (Studien zur Geschichte der deutschen Kinder- und Jugendliteratur 6/7), Berlin 1975.
Mülsch, s. Tl. 2.

Kadidja Wedekind
Wedekind, Tilly: Lulu: Die Rolle meines Lebens, München / Bern / Wien 1969.

Elsbeth Weichmann
* Zuflucht. Jahre des Exils, mit e. Nachw. v. Siegfried Lenz, Hamburg 1983.
Radio:
Gespräch mit Elsbeth Weichmann zu ihrem Buch über ihre Emigrationszeit. NDR, 12.05 Min., 1.3.1983.

Helene Weigel
Braun, Matthias: Die Briefschreiberin Helene Weigel. Anmerkungen zu einer Korrespondenz, in: Notate, 6. Jg., Sept. 1983, S. 13–15.
ders.: »Die beste Schul für Dialektik ist die Emigration«. Überlegungen zu den Erträgen eines 15jährigen Exils der Schauspielerin Helene Weigel, in: Exil. Forschung, Erkenntnisse, Ergebnisse, Sonderbd. 2: Theater u. Dramatik 1933–1945, hg. v. Edita Koch u. Frithjof Trapp, Maintal 1991, S. 138–154.
Hecht, Werner / Teuschert, Joachim: Helene Weigel zum 70. Geburtstag, Berlin/DDR 1970.
Pintzka, Wolfgang: Die Schauspielerin Helene Weigel, Berlin/DDR 1959.
Schumacher, Ernst / Schumacher, Renate: Leben Brechts in Wort und Bild, Berlin/DDR 1978.
Völker, Klaus: Bertolt Brecht: Eine Biographie, München / Wien 1976.
Fernsehen:
Mühl, Christa / Hecht, Werner: Helene Wei-

gel. Documentary Film, DEFA, T.V. Produktion, DDR 1975.

Grete Weil

Eichholz, Armin: »Wenn Sie an meinem Herzen lecken könnten, wären Sie vergiftet«, in: Börsenblatt für den deutschen Buchhandel, 22.11.1988.

Meyer, Uwe: Grete Weil zum 85. Geburtstag. Eine unbestechliche Zeitzeugin, in: Aufbau, 3.7.1991.

Liz Wieskerstrauch im Gespräch mit Grete Weil: »Ich habe Auschwitz, wie andere Tb oder Krebs«, in: ANSCHLÄGE, Heft 14, Jan./Feb. 1988.

Fernsehen:

Braun, Carin: Frauengeschichten. Grete Weil, Schriftstellerin, BR, 43 Min., 10.9.1985.

Ruth Weiss

* Ein Lied ohne Musik. Politische Autobiographie, Gelnhausen 1981.

Bombitzki, Lilo: Eine Jüdin kämpft gegen die Apartheid. Ein Portrait der Journalistin und Schriftstellerin Ruth Weiss, in: Der Tagesspiegel, 27.1.1985.

Emmy Wellesz

Spiel, Hilde: Die Zeitgenossin Emmy Wellesz. Ein Portrait der Kunsthistorikerin und Frau eines Komponisten der Wiener Schule, in: Frankfurter Allgemeine Zeitung, 4.10.1986.

Dora Wentscher

* Vergangenes, nicht Vergessenes. Erinnerungen, Weimar 1947.
* Flößstelle Iskitim. Sibirisches Tagebuch 1941/42, Weimar 1962.

Gisela Werbezirk

Wicclair, Walter: Von Kreuzberg bis Hollywood, Berlin/DDR 1975.

Ruth Werner

* Sonjas Rapport, Berlin/DDR 1977.

Sagasser, Joachim: Auskünfte über Ruth Werner. Zum 75. Geburtstag, Berlin/DDR 1982.

Irene White

* I Came as a Stranger, London 1991.
* So shall we gather, London 1992.

Martina Wied

Berry, Jesse Leroy: Martina Wied, Austrian Novelist, (Diss. masch.), Vanderbilt University, Nashville/Tennessee 1966.

Gauß, Karl Markus: Versuch über Martina Wied, in: Mitteilungen des Instituts für Wissenschaft und Kunst, 42. Jg., 2/1987, S. 41–46.

Orlowski, Hubert: Martina Wied und Polen, in: Österreichisch-polnische Nachbarschaft, Uam Poznan 1979, S. 117–125.

Patsch, Sylvia M.: Martina Wied, in: dies.: Österreichische Schriftsteller im Exil in Großbritannien: Ein Kapitel vergessene österreichische Literatur. Romane, Autobiographien, Tatsachenberichte auf englisch und deutsch, Wien / München 1985, S. 155–162.

Prokop, Hans Friedrich: Martina Wieds Romane, (Diss. masch.), Wien 1972.

Jenny Wiegmann-Mucchi

Pansanová, Emerita: Jenny Wiegmann-Mucchi: »Ein Werk von stiller Kraft«, in: Profession ohne Tradition. 125 Jahre Verein der Berliner Künstlerinnen. Ein Forschungsprojekt in Zusammenarbeit mit dem Verein Berliner Künstlerinnen, hg. v. d. Berlinischen Galerie, Berlin 1992, S. 159–169.

Schmidt, Dieter: Zum plastischen Werk von Jenny Mucchi-Wiegmann, in: Jenny Mucchi-Wiegmann, Katalog zur Ausstellung in der Nationalgalerie, Staatliche Museen zu Berlin, Berlin 1970.

Christa Winsloe

Gebhardt, Herta von: Das Portrait, in: Tagesspiegel, 31.7.1947.

Reinig, Christa: Nachwort, in: Christa Winsloe: Mädchen in Uniform, München 1983.

Schoppmann, s. Tl. 2.

Gretchen Wohlwill

* Gretchen Wohlwill. Lebenserinnerungen einer Hamburger Malerin, bearb. v. Hans-Dieter Loose, hg. v. Gesellschaft der Bücherfreunde, Hamburg 1984.

Bruhns, Maike (Hg.): Gretchen Wohlwill. Eine jüdische Malerin der Hamburger Sezession, Hamburg 1989.

Lore Wolf

* Ein Leben ist viel zuwenig, Frankfurt/M. 1974.

Charlotte Wolff

* Innenwelt und Außenwelt. Autobiographie eines Bewußtseins, aus d. Engl. v. Christel Buschmann, München 1971.
* Augenblicke verändern uns mehr als die Zeit. Eine Autobiographie, aus d. Engl. v. Michaela Huber, Frankfurt/M. 1986.

Rieger, Eva: Charlotte Wolff: Grenzbereich zwischen Kunst und Wissenschaft, in: Virginia. Frauenbuchkritik, Oktober 1986.

Rieger, Eva / Lengerke, Christiane von: Charlotte Wolff, eine unbequeme aber leidenschaftliche Mitstreiterin, in: Virginia. Frauenbuchkritik, März 1987.

Ilse R. Wolff

Reinfrank-Clark, s. Tl. 2.

Siddy Wronsky

Heitz, Gertrud: Siddy Wronsky. Pionierin sozialer Arbeit, in: Bulletin des Leo Baeck Instituts, 80/1988, S. 19–36.

Mathilde Wurm

Brinson, Charmian: The strange Case of Dora Fabian and Mathilde Wurm, in: German Life and Letters, New Series, Vol. 45, 4/1992, S. 323–344.

Alice Zadek

* Alice und Gerhard Zadek: Mit dem letzten Zug nach England. Opposition, Exil, Heimkehr, Berlin 1992.

Hilde Zaloscer

* Eine Heimkehr gibt es nicht. Ein österr. curriculum vitae, Wien 1988.

Charlotte E. Zernik

* Im Sturm der Zeit. Ein persönliches Dokument, Düsseldorf 1985.

Clara Zetkin

Götze, Dieter: Clara Zetkin, Leipzig 1982.
Honeycutt, Karen: Clara Zetkin. Biographie, Diss., New York 1971.

Christiane Zimmer

Radio:
»Ich hab gemeint, die Welt ist in Ordnung« – Die Tochter Hugo von Hofmannsthals erzählt, aufgez. v. Joseph Weishaupt, WDR 1, 25 Min., 7.2.1987.

Hedda Zinner

* Auf dem roten Teppich. Autobiographie, Berlin/DDR 1978.
* Selbstbefragung, Berlin/DDR 1989.

Barck, S.: Gespräch mit Hedda Zinner, in: Weimarer Beiträge 24, 11/1978, S. 84–90.
Freund, Erich: Studio 1934. Die erste deutsche Bühne im Exil, in: Theater der Zeit, 2/7, Berlin 1947.
Schoppmann, s. Tl. 2.
Fernsehen:
May, Gisela: Mut zum Gefühl. Zu Gast im Dramatiker-Studio: Hedda Zinner, T.V. Produktion, DDR 1975.

Bertha Zuckerkandl

* Ich erlebte fünfzig Jahre Weltgeschichte, Stockholm 1939, (Erstausgabe: My Life and History, London 1938).
* Österreich intim. Erinnerungen 1892–1942, München 1970.

Meysels, Lucian O.: In meinem Salon in Österreich. Bertha Zuckerkandl und ihre Zeit, Wien 1984.

Hermynia Zur Mühlen

* Fahrt ins Licht. Sechsundsechzig Stationen, Wien 1936.

Müssener, Helmut: Töchter. Wie man sich »draußen« das »Drinnen« vorstellte. Zu Hermynia Zur Mühlens Roman »Unsere Töchter, die Nazinen«, in: Exil, Sonderband 1987: Realismuskonzeptionen der Exilliteratur zwischen 1935 und 1940/41, S. 127–145.
Siegel 1991, s. Tl. 2.
Siegel 3/1992, s. Tl. 2.
Siegel, Eva-Maria: »Unsere Töchter, die Nazinen«. Jugendliche im Werk Hermynia Zur Mühlens, in: Literatur in der Peripherie, hg. von der Theodor-Kramer-Gesellschaft, Wien 1992 (Zwischenwelt, 3), S. 233–245.

Friderike Maria Zweig

* Stefan und Friderike Zweig: Unrast der Liebe. Ihr Leben im Spiegel ihres Briefwechsels, Bern / München 1981.
* Spiegelungen des Lebens, Frankfurt/M. 1985.

Zohn, Harry (Hg.): Liber amicorum Friderike Maria Zweig. In honor of her 70. birthday December 4, 1952, Forew. by George N. Shuster, Stamford 1952.

Kurzbiographien der Autorinnen und Autoren

Ruth Dinesen, geboren 1935; lic. phil. (= ph.d.), mit Unterbrechungen durch Auslandsaufenthalte und anderwärtige Anstellungen seit 1975 am germanistischen Institut der Universität Kopenhagen tätig; wissenschaftliche Veröffentlichungen, vornehmlich über Nelly Sachs.

Dorothea Dornhof, Dr. phil.; arbeitet am Forschungsschwerpunkt Literaturwissenschaft, Berlin; Veröffentlichungen zur Geschichte der Literaturwissenschaft nach 1945, zur deutschen Nachkriegsliteratur (H.M. Enzensberger u.a.) und zur feministischen Literaturtheorie.

Sonja Hilzinger, geboren 1955; Literaturwissenschaftlerin und Kunsthistorikerin, Dr. phil.; Arbeitsgebiete: Frauenliteratur, Literatur der Weimarer Republik, des Exils und der DDR; Lehrtätigkeit an den Universitäten Mainz, Marburg, Frankfurt/M., Dortmund, Graz und an der TH Darmstadt.

Christhard Hoffmann, geboren 1952; Studium der Geschichte, Germanistik und Philosophie in Braunschweig und Berlin, Dr. phil.; Wissenschaftlicher Assistent am Zentrum für Antisemitismusforschung der Technischen Universität Berlin.

Gabriele Hofner-Kulenkamp, geboren 1940; ab 1962 Diplombibliothekarin an verschiedenen Bibliotheken; seit dem Wintersemester 1984/85 Studium der Kunstgeschichte, Geschichte und Italianistik, Magister 1991; Doktorandin an der Universität Hamburg.

Heike Klapdor-Kops, geboren 1952; Studium der Germanistik, Theaterwissenschaft und Politologie, Dr. phil.; Veröffentlichungen im Bereich der Exilforschung und der literaturwissenschaftlichen Frauenforschung, Mitherausgeberin der Zeitschrift »Film Exil«, Berlin, freie Mitarbeiterin der Stiftung Deutsche Kinemathek Berlin.

Dirk Krüger, geboren 1940; Lehre als Groß- und Außenhandelskaufmann; Hochschulreife im Zweiten Bildungsweg; Studium der Geschichte und Literaturwissenschaft in Wuppertal; 1. und 2. Staatsexamen für das Lehramt an der Grundschule; Promotion zum Dr. phil.; Lehrer an einer Grundschule in Wuppertal.

Irmela von der Lühe, geboren 1947; Studium der Germanistik und Geschichte an den Universitäten Tübingen, Münster und Berlin, Promotion 1977, Habilitation 1993; Studiendirektorin an einem Berliner Gymnasium.

Uwe Meyer, geboren 1961; arbeitet als Doktorand in Köln an einer Monographie über Grete Weils Werk (erscheint 1994).

Gabriele Mittag, geboren 1962; Studium der Theater- und Literaturwissenschaft in Berlin und Paris; Redakteurin beim Berliner Alternativsender Radio 100; Konzept und Durchführung der Ausstellung »Gurs – deutsche Emigrantinnen im französischen Exil« in Zusammenarbeit mit dem Werkbund-Archiv/Museum der Alltagskultur (1991); Promotion über Alltag, Kultur und Literatur im französischen Lager Gurs; Veröffentlichungen über Exilliteratur, dt. Emigrantinnen in frz. Lagern und über Künstlerinnen zur Zeit der Weimarer Republik in Berlin; Mitarbeiterin verschiedener Tageszeitungen und Rundfunkanstalten.

Laureen Nussbaum, geboren 1927 in Frankfurt/M.; 1936 Emigration in die Niederlande; seit 1957 in den Vereinigten Staaten, dort an der Universität des Staates Washington, promovierte über das Frauenbild im Werk Bertolt Brechts; Aufsätze zu Brecht, Aragon, Breton und zum Dokumentartheater; neuerdings Konzentration auf deutsche Literatur im niederländischen Exil, speziell auf Georg Hermann, ferner Beiträge über Fritz Heymann, Anne Frank und zuletzt Grete Weil; jetzt Professor emerita an der Portland State University, Portland, Oregon, USA.

Susanne Rockenbach, geboren 1963; Studium der Germanistik, Geschichte, Philosophie; Magistraexamen 1990 in Heidelberg; zwei Jahre Studienaufenthalte in Paris und Montpellier, Beschäftigung mit dem Thema Schriftstellerinnen im Exil; seit Oktober 1992 Bibliotheksreferendarin in Berlin.

Sabine Rohlf, geboren 1966; seit 1985 Studium der Germanistik, Geschichte und Kunstgeschichte an der Universität Hamburg.

Beate Schmeichel-Falkenberg studierte in Göttingen, London und Dortmund Germanistik, Anglistik und Pädagogik, arbeitete als Lehrerin, Übersetzerin und Journalistin, in den letzten Jahren vorwiegend über Exilliteratur; Veröffentlichungen u.a. über Tucholsky, Jura Soyfer, Frauen im Exil.

Eva-Maria Siegel, geboren 1957; Studium der Germanistik an der Friedrich-Schiller-Universität Jena; 1985 bis 1991 am Zentralinstitut für Literatur der Akademie der Wissenschaften der DDR; Dissertation über »Jugend, Frauen,

Drittes Reich. Autorinnen im Exil 1933-1938« (1993); 1991 Studienaufenthalt in Cambridge/GB; z.Zt. Lehraufträge an der Universität Köln und der UGH Essen.

Lutz Winckler, geboren 1941; Prof. Dr. phil., Literaturwissenschaftler; unterrichtet in Poitiers und Tübingen; Forschungsschwerpunkte: Literatursoziologie, Exilliteratur; letzte Publikation: Hg. zusammen mit Hélène Roussel: »Deutsche Exilpresse und Frankreich 1933-1940« (1992).

Exilforschung
Ein internationales Jahrbuch

Herausgegeben von Claus-Dieter Krohn, Erwin Rotermund, Lutz Winckler und Wulf Koepke

Band 1/1983
Stalin und die Intellektuellen und andere Themen
391 Seiten. DM 34,– / öS 265,– / sfr 35,–

»... der erste Band gibt in der Tat mehr als nur eine Ahnung davon, was eine so interdisziplinär wie breit angelegte Exilforschung sein könnte.«
Neue Politische Literatur

Band 2/1984
Erinnerungen ans Exil – kritische Lektüre der Autobiographien nach 1933
415 Seiten. DM 36,– / öS 281,– / sfr 37,–

»Band 2 vermag mühelos das Niveau des ersten Bandes zu halten, in manchen Studien wird geradezu außergewöhnlicher Rang erreicht ...«
Wissenschaftlicher Literaturanzeiger

Band 3/1985
Gedanken an Deutschland im Exil und andere Themen
400 Seiten. DM 38,– / öS 297,– / sfr 39,–

»Die Beiträge beschäftigen sich nicht nur mit Exilliteratur, sondern auch mit den Lebensbedingungen der Exilierten. Sie untersuchen Möglichkeiten und Grenzen der Mediennutzung, erläutern die Probleme der Verlagsarbeit und verfolgen ›Lebensläufe im Exil‹.«
Neue Zürcher Zeitung

Band 4/1986
Das jüdische Exil und andere Themen
310 Seiten. DM 38,– / öS 297,– / sfr 39,–

Hannah Arendt, Bruno Frei, Nelly Sachs, Armin T. Wegner, Paul Tillich, Hans Henny Jahnn und Sergej Tschachotin sind Beiträge dieses Bandes gewidmet. Ernst Loewy schreibt über den Widerspruch, als Jude, Israeli, Deutscher zu leben.

Band 5/1987
Fluchtpunkte des Exils und andere Themen
260 Seiten. DM 37,– / öS 289,– / sfr 38,–

Das Thema »Akkulturation und soziale Erfahrungen im Exil« stellt neben der individuellen Exilerfahrung die Integration verschiedener Berufsgruppen in den Aufnahmeländern in den Mittelpunkt. Bisher wenig bekannte Flüchtlingszentren in Lateinamerika und Ostasien kommen ins Blickfeld.

Band 6/1988
Vertreibung der Wissenschaften und andere Themen
243 Seiten. DM 38,– / öS 297,– / sfr 39,–

Der Blick wird auf einen Bereich gelenkt, der von der Exilforschung bisher kaum wahrgenommen wurde. Das gilt sowohl für den Transfer denkgeschichtlicher/theoretischer Traditionen und die Wirkung der vertriebenen Gelehrten auf die Wissenschaftsentwicklung in den Zufluchtsländern wie auch für die Frage nach dem »Emigrationsverlust«, den die Wissenschaftsemigration für die Forschung im NS-Staat bedeutete.

Band 7/1989
Publizistik im Exil und andere Themen
249 Seiten. DM 42,– / öS 328,– / sfr 43,–

Der Band stellt neben der Berufsgeschichte emigrierter Journalisten in den USA exemplarisch Persönlichkeiten und Periodika des Exils vor, vermittelt an deren Beispiel Einblick in politische und literarische Debatten, aber auch in die Alltagswirklichkeit der Exilierten.

Band 8/1990
Politische Aspekte des Exils
243 Seiten. DM 44,– / öS 343,– / sfr 45,–

Der Band wirft Schlaglichter auf ein umfassendes Thema, beschreibt Handlungsspielräume in verschiedenen Ländern, stellt Einzelschicksale vor. Der Akzent auf dem kommunistischen Exil, dem Spannungsverhältnis zwischen antifaschistischem Widerstand und politischem Dogmatismus, verleiht ihm angesichts der gegenwärtigen politischen Umwälzungen Aktualität.

Band 9/1991
Exil und Remigration
263 Seiten. DM 51,– / öS 398,– / sfr 52,–

Der Band lenkt den Blick auf die deutsche Nachkriegsgeschichte, untersucht, wie mit rückkehrwilligen Vertriebenen aus dem Nazi-Staat in diesem Land nach 1945 umgegangen wurde.

Band 10/1992
Künste im Exil
212 Seiten. Zahlr. Abb., DM 48,– / öS 375,– / sfr 49,–

Beiträge zur bildenden Kunst und Musik, zu Architektur und Film im Exil stehen im Mittelpunkt dieses Jahrbuchs. Fragen der kunst- und musikhistorischen Entwicklung werden diskutiert, die verschiedenen Wege der ästhetischen Auseinandersetzung mit dem Faschismus dargestellt, Lebens- und Arbeitsbedingungen der Künstler beschrieben.

Thomas Koebner
Unbehauste
Zur deutschen Literatur in der Weimarer Republik, im Exil und in der Nachkriegszeit

403 Seiten, DM 48,– / öS 375,– / sfr 49,–

Die Untersuchungen dieses Bandes gelten der Literatur der Zwischenzeit – zwischen den Weltkriegen, zwischen »Drittem Reich« und Nachkriegszeit, zwischen Moderne und Jahrhundertende. Allen Betrachtungen ist vor allem gemeinsam: einmal das Interesse an einer Literatur, die zur Agitation und Propaganda nicht taugt, die sich nicht der »Arroganz der Macht« angleicht; zum anderen die Aufmerksamkeit für das Unbehaustsein der Heldinnen und Helden, denn dies ist für etliche Schriftstellergenerationen seit 1910 ein deutsches Leitbild geworden: die existentielle Situation der Grenze und der Grenzüberschreitung, die unterschiedlichen künstlerischen Ausdruck findet.

Verlag edition text + kritik GmbH · Levelingstraße 6a · 81673 München

KRIEG UND LITERATUR
WAR AND LITERATURE

Internationale Beiträge zur Erforschung der Kriegs- und Antikriegsliteratur
International Research Papers on War and Anti-War Literature

KRIEG UND LITERATUR/WAR AND LITERATURE bietet als zweisprachiges Periodikum seit 1989 Wissenschaftlern aus Ost und West ein aktuelles Forum, neue Ergebnisse der Krieg-/Antikriegsliteratur-Forschung vorzustellen und zu diskutieren sowie sich über aktuelle Publikationen zum Thema zu informieren.

KRIEG UND LITERATUR/WAR AND LITERATURE ist inhaltlich und methodisch pluralistisch ausgerichtet und nicht einer spezifischen wissenschaftlichen Richtung oder einer Nationalliteratur verpflichtet. Die zweisprachige Edition deutsch/englisch ermöglicht die internationale Beteiligung, Verbreitung und Rezeption.

KRIEG UND LITERATUR/WAR AND LITERATURE enthält neben den wissenschaftlichen Beiträgen als ständige Rubriken ausführliche Rezensionen wissenschaftlicher Neuerscheinungen sowie zum Jahresende eine Bibliographie der wissenschaftlichen Publikationen des vorletzten Jahres zum Thema (mit Register).

Erich Maria Remarque Archiv/Forschungsstelle Krieg und Literatur, Fachbereich Sprach- und Literaturwissenschaften, Universität Osnabrück, Postfach 4469, D-4500 Osnabrück

KRIEG UND LITERATUR/WAR AND LITERATURE erscheint jährlich in zwei Nummern. Preis pro Heft: DM 39,80. Im Abonnement DM 72,- p.a. (+ Porto).

Dachauer Hefte

Studien und Dokumente
zur Geschichte
der nationalsozialistischen
Konzentrationslager

Im Auftrag des Comité International de Dachau, Brüssel, herausgegeben von
Wolfgang Benz
und Barbara Distel

Umfang bis zu 250 Seiten.
eine Ausgabe jährlich.
im Abonnement DM 19,80
(Einzelpreis DM 22,–)

Verlag Dachauer Hefte
Alte Römerstraße 75
D-8060 Dachau

Jede Ausgabe ist einem Thema gewidmet oder hat
einen thematischen Schwerpunkt:
Die Befreiung (1985)*
Sklavenarbeit im KZ (1986)
Frauen-Verfolgung und Widerstand (1987)*
Medizin im NS-Staat (1988)*
Die vergessenen Lager (1989)
Erinnern oder Verweigern (1990)
Solidarität und Widerstand (1991)
Überleben und Spätfolgen (1992)
Die Verfolgung von Kindern und Jugendlichen (1993)
Opfer und Täter (1994)

*vergriffen

www.ingramcontent.com/pod-product-compliance
Lightning Source LLC
Chambersburg PA
CBHW051212300426
44116CB00006B/536